The Nazi Menace: Hitler, Churchill, Roosevelt, Stalin, and the Road to War

ヒトラーはなぜ戦争を始めることができたのか

民主主義国の誤算

ベンジャミン・カーター・ヘット
寺西のぶ子 訳

亜紀書房

ヒトラーは
なぜ戦争を
始めることが
できたのか

目次

主な登場人物

ドイツ

◆ルートヴィヒ・ベック（一八八〇－一九四四）
陸軍参謀総長（一九三三－三八年）。次第にヒトラーに幻滅を感じるようになり、一九三八年には、政権に対して完全に反対の立場を取る。

◆ヴェルナー・フォン・ブロンベルク（一八七八－一九四六）
国防大臣（一九三三－三八年）。ヒトラーに忠実に従っていたが、一九三八年、性的スキャンダルを理由に更迭される。

◆ヴァルター・フォン・ブラウヒッチュ（一八八一－一九四八）
ヴェルナー・フォン・フリッチュから陸軍最高司令官の職を引き継ぐ（一九三八－四一年）。ヒトラーの計画は悲惨な結果につながるとわかっていたが、逆らえなかった。

◆ヴェルナー・フォン・フリッチュ（一八八〇－一九三九）
陸軍最高司令官（一九三四－三八年）。イデオロギー的にはナチズムに反対ではなかったが、ヒトラーの無謀な計画に懸念を募らせる。ブロンベルク同様、性的スキャンダルを理由に罷免される。

◆ハンス・ベルント・ギゼヴィウス（一九〇四－一九七四）
元ゲシュタポ将校。ヒトラー政権に対する抵抗派の主要メンバー。第二次世界大戦を生き延びた重要な回顧録作者。

◆ヨーゼフ・ゲッベルス（一八九六－一九四五）
文学博士号を持つ。一九二八年、ナチ党から出馬して国会議員に当選。政権獲得後は国民啓蒙・宣伝大臣として活躍。ヒトラーが頼りにした数少ない部下のひとり。

◆ヘルマン・ゲーリング（一八九三－一九四六）
空軍最高司令官をはじめ、四ヵ年計画全権責任者等、ヒトラー政権において多くの役職を歴任。

◆ハインツ・グデーリアン（一八八八－一九五四）
陸軍将校。機動性の高い機甲師団を提唱する。

◆フランツ・ハルダー（一八八四－一九七二）
陸軍参謀総長（一九三八－四二年）。ヒトラーを軽蔑し、抵抗派に接近するが、クーデター参加の意志は定まらない。

◆ハインリヒ・ヒムラー（一九〇〇－一九四五）
一九二九年、急速に勢力を拡大していた軍事および警察組織、親衛隊の全国指導者に就任。一九三〇年代の終わりには、ドイツで屈指の有力かつ危険な人物となる。

主な登場人物

◆アドルフ・ヒトラー（一八八九－一九四五）
第一次世界大戦に従軍するも無名のまま終戦を迎え、その後、国民社会主義ドイツ労働者党（ナチ党）党首となり、一九三三年にドイツ国首相、一九三四年に「総統《フューラー》およびドイツ国首相」となる。

◆フリードリヒ・ホスバッハ（一八九四－一九八〇）
総統付軍務担当副官（一九三四－三八年）。独立心が強く、大胆不敵で、常に誠実であり、一九三八年初頭以前のヒトラー周辺の変化に関する重要目撃者のひとり。

◆エーリヒ・フォン・マンシュタイン（一八八七－一九七三）
ヒトラー配下の将官のなかで、最も才能があると目された。一九四〇年のフランス侵攻に際して、「鎌刈作戦」を立案する。

◆ハンス・オスター（一八八七－一九四五）
不屈の情報将校。ヴェルナー・フォン・フリッチュに対するヒトラーの仕打ちに立腹し、陸軍内部の抵抗運動の中心人物となっていく。

◆ヨアヒム・フォン・リッベントロップ（一八九三－一九四六）
ヒトラーの政権獲得に重要な役目を果たし、外務大臣に登り詰める。

◆ヤルマール・シャハト（一八七七－一九七〇）
ライヒスバンク（ドイツの中央銀行）総裁。軍事費を抑えて財政を安定させるべきだとヒトラーに説くが、次第にヒトラーと対立するようになる。

イギリス

◆スタンリー・ボールドウィン（一八六七－一九四七）
一九〇八年、保守党庶民院議員に当選。三度首相に就任（一九二三－三七年）。

◆ネヴィル・チェンバレン（一八六九－一九四〇）
首相（一九三七－四〇年）。有能かつ尊大、辛辣で、心の底から戦争を嫌う。アドルフ・ヒトラーという難題に対し、恒久的な平和的解決を模索する。

◆ウィンストン・チャーチル（一八七四－一九六五）
軍人としても政治家としても大胆な人物。大臣を歴任し、ナチズムの脅威をいち早く認識する。一九四〇年、首相就任。

◆アンソニー・イーデン（一八九七－一九七七）
外務大臣（一九三五－三八年）。チェンバレンの対独宥和政策に反対し、対立する。

◆国王エドワード八世（一八九四－一九七二）
一九三六年一月、国王即位。同年一二月、離婚歴のあるアメリカ人女性、ウォリス・シンプソンと結婚するため退位。

◆国王ジョージ六世（一八九五―一九五二）
エドワード八世の弟。エドワード八世退位後に国王となる。

◆ハリファックス卿
（本名エドワード・ウッド　一八八一―一九五九）

戦間期の優れた政治家。インド総督（一九二六―三一年）。チェンバレン内閣、チャーチル内閣で外務大臣（一九三八―四〇年）。

◆バジル・リデル＝ハート（一八九五―一九七〇）
一九三〇年代のイギリスの軍事戦略に強い影響をおよぼした評論家。「イギリス流の戦争方法」を提唱する。

◆レジナルド・ジョセフ・ミッチェル（一八九五―一九三七）
スーパーマリン・アヴィエーション・ワークス社の主任設計士。設計した水上飛行機でイギリスにシュナイダー・トロフィーをもたらし、その後イギリス空軍の戦闘機、スピットファイアを設計する。

アメリカ

◆ジェラルド・P・ナイ（一八九二―一九七一）
ノースダコタ州選出の共和党上院議員。上院の「軍需産業調査特別委員会」委員長（一九三四―一九三六年）。中立法の成立に大きな役割を果たす。

◆フランクリン・デラノ・ローズヴェルト
（一八八二―一九四五）

第三二代アメリカ合衆国大統領。一九三二年、大統領に選出されて世界恐慌と戦うが、まもなく、独裁国家の脅威に立ち向かわねばならないと認識する。

ソヴィエト連邦

◆ヨシフ・スターリン（一八七八―一九五三）
一九二二年四月、共産党書記長就任。要員の配置を通じて党内で絶大な実権を手中にし、指導者レーニンの死後は後継者争いを制し、ソヴィエト連邦の最高指導者としての地位を確立する。

◆ミハイル・ニコラエヴィチ・トゥハチェフスキー
（一八九三―一九三七）

赤軍元帥。近代戦の優れた戦略家、理論家。スターリンに粛清された大勢の将官のひとり。

フランス

◆エドゥアール・ダラディエ（一八八四―一九七〇）
フランス首相（一九三八―四〇年）。対独宥和政策を進めたが、それを常に後悔していた。

◆**アンドレ・フランソワ=ポンセ（一八八七—一九七八）**
幅広い見識と人脈を持つ駐独フランス大使（一九三一—三八年）。

ポーランド

◆**ユゼフ・ベック（一八九四—一九四四）**
外務大臣（一九三二—三九年）。隣国であるソヴィエト連邦とドイツ国の間でバランスを取って自立に努め、大国となるという国家ビジョンを実現しようとする。

イタリア

◆**ガレアッツォ・チャーノ伯爵（一九〇三—一九四四）**
ムッソリーニの娘婿。外務大臣。虚栄心が強く、外相としての能力は低かったが、「チャーノ日記」には、当時の世界情勢、および人物評が鋭く、ときに批判的に記述されている。

◆**ベニート・ムッソリーニ（一八八三—一九四五）**
ファシスト党党首。首相就任と同時に独裁体制を敷く（一九二二—四三年）。

チェコスロヴァキア

◆**エドヴァルド・ベネシュ（一八八四—一九四八）**
チェコスロヴァキア大統領（一九三五—三八年、一九四五—四八年）。ヒトラーから嫌悪される。イギリス、フランスの宥和政策を受け入れざるを得なくなる。

◆**エミール・ハーハ（一八七二—一九四五）**
一九三九年、ベネシュの後を継いで大統領となる。ドイツによるズデーテン地方併合後に残されていたチェコ領土を、「保護領」としてドイツに譲り渡す。

オーストリア

◆**クルト・シュシュニック（一八九七—一九七七）**
首相（一九三四—三八年）。ヒトラーの脅威にさらされながら、国民の結束を保ちつつオーストリアの独立を維持しようと努力するが、不首尾に終わる。

プロローグ

民主主義の
危機

わずか数年前、世界の各地で民主主義革命が起きた。それまでの権威主義体制が倒れ、希望に満ちた新しい民主主義がとって代わった。中欧と東欧で生まれた民主主義の波は遠く東アジアにまでおよんだが、高まった波も、もはや頂点を過ぎ、減退のさなかにある。

そして、新たな流れがまたしても中欧と東欧で生まれ、またもや世界中に影響をおよぼしている。深刻な経済危機が世界経済を根底から揺るがし、長らく民主主義の中心であった西欧とアメリカ合衆国にも、憂慮すべき予兆が現れた。独裁主義国が民主主義国を敵視し、誹謗するなか、欧米でも多くの国民が、勇ましく自信に満ちた新しい独裁主義体制に心をひかれているかに見える。民主主義国のリーダーたちは、このような脅威に立ち向かう手立てを考えつつ、同時に自国民にも目を配らねばならない。一方で、独裁主義国の内側にも、自分たちは危なっかしい指導者によってどこへ連れて行かれるのかと懸念する者もいれば、荒っぽい発作的な攻撃を押しとどめようと手を尽くす者もいる。

このように記すと、まるで現在の世界情勢を描写しているみたいだが、実は、これは一九三〇年代の世界の描写だ。

これまで私たちの多くは、一九三〇年代と第二次世界大戦に関するわかりやすい話に納得してきた。いうまでもなく、フランクリン・デラノ・ローズヴェルトとウィンストン・チャーチルは賢く雄弁な民主主義の推進者だと納得し、アドルフ・ヒトラーは世界を巻き込む戦争を起こそうと躍起になる人物で、ヨシフ・スターリンは謎多きパートナーとして大連合に加わる前から謎に包まれた舞台裏の存在だったと考えてきた。

けれども私たちは、それぞれのできごとがいかに偶発的で予見不能だったかを軽視しがちだ。

確かに、ヒトラーは常に何らかの戦争に執着していただろうが、どんな戦争をするつもりか、いつ始めるのかについては、流動の幅が大きかった。一九三九年の春、戦争を早く始めたくて躍起になっていた段階でも、誰を相手に戦うのかは明確にわかっていなかった。

一方、ローズヴェルトとチャーチルも、一九三〇年代初め頃の考え方は、その後に落ち着く姿勢とはかけ離れていた。一九三〇年代初頭のチャーチルは、ひいき目に見ても、民主主義に関してあまり熱心ではなかった。彼の関心は戦略地政学にあり、その観点からは、ヒトラーとたいして変わらぬ発言もしていた。チャーチルの主張は、一九三〇年代後半にさまざまなできごとの圧力を受けて変化し、一九三八年の終わりには、ナチズムの脅威に対抗するイギリス民主主義のきわめて重要な役割について誰よりも雄弁に語るようになる。ローズヴェルトの方も、一九三七年までは外交政策について多くを語らず、その後は、本人も率直に認めているように、政策を模索し続け、行く先に何があるのかについて確信がなかった。彼は、たぐいまれな先見の明で差し迫る危険を察知したが、用心深い政治戦略家であったため、自分の考えはめったに明らかにせず、世論や議会の支持を見きわめてからでなければ少しも動こうとはしなかった。しかし、やがて起きた数々のできごとにいよいよ突き動かされたローズヴェルトは、周到で手抜かりのない（だが、おそらく心のこもった）演説で、キリスト教信仰と真っ向から対立するのが全体主義であると主張し、イギリスを支持する形で民主主義を支える。他方、スターリンは、一貫した目標――ソヴィエト連邦の安全保障と、激しいパラノイアで追求する自身の権力の保障――を達成しようとした。一九三〇年代後半のできごとに関する彼の予測は、他の三人に比べると明確ではなく、一九三八年の終わりには、捕らえどころのない保障をそれまで以上に衝動的に求めるようになった。

私たちがおろそかにしがちな要素は他にもある。それぞれのリーダーに立ちはだかったのは、ほぼ未知の問題だったという点だ。

第一次世界大戦の終わりとともに訪れた民主主義革命によって、かつての帝国は崩壊し、すでに民主主義国であった国の多くでは、財産の有無や納税額によって認められていた投票資格が廃止され、女性に公民権が与えられた。イギリスやアメリカでは、一九〇〇年以降の三〇年間で有権者数が三倍になり、まったく予測不能な、新たな形の民主主義が生まれた。このような政治上の変化は、新しいメディアテクノロジーの進展によってさらに拡大する――ラジオ放送、映画、レコード盤の技術が進歩したおかげで、政治家の演説が広く伝わるようになったからだ。そして、プロパガンダ、あるいはいわゆる「広報活動」によって、新たな有権者やテクノロジーが都合よく利用されるようになった。

第一次世界大戦は、機械化された総力戦では死が必然となると明白に示し、空爆や毒ガスなど新たに導入された軍事技術によって、将来のさらに破壊的な戦争への展望が開けた。一九三〇年代に生きた人々は、次の戦争は爆撃機の群れが飛来して自分の街を壊滅させ、大多数の住民が殺されるのではないかという大きな不安を抱えて暮らした。今考えれば、当時の爆撃機の能力をむやみに過大評価したゆえの不安だとわかるが、その時代にそこまで理解していた人はほとんどおらず、国民の不安は政治家が熟慮すべき現実だった。

イタリア、ドイツ、ソヴィエト連邦で成長した非民主主義政権は、空爆の恐怖と同じ程度に新しく、空爆と同じく第一次世界大戦を契機に本格化した。イタリアの独裁者、ベニート・ムッソリーニは、自らのファシスト政権を「全体主義《トータルテリアン》」政権と誇らしげに名づけた人物で、全体主義《トータルテリアニズム》と総力戦《トータル・ウォー》は、言葉のうえでも実際にも密接なつながりがあった。全体主義の政治体制は、どこまでも総力戦で戦うための恒久的な仕組みだ。全体主義体制は、一九一四年から一九一八年にかけての動員の取り組みが基になって生まれた――確立の過程で、政府は強引に経済を統制し、国民を動員して生産活動や戦争を行い、際限なくプロパガンダを広めて国民の忠誠と意欲を維持し、プロパガンダを受けいれない者の反対意見をつぶしていった。この新たな政治体制は、そうしたあらゆる活動を、歴史に前例のない技術ツールと暴力を駆使して徹底的にやってのけた。

本書が語るのは、そのような衝撃的ともいえる新しい世界で第二次世界大戦がどのように始まり、民主主義の危機が生まれたのか、そして、民主主義国のリーダーたちはどのようにして、徐々にではあるが危機という難題に対応できるようになっていったのかという話だ。多くの優れた学者がすでに発表している著書のように、一九三〇年代を包括的に語るつもりはない。また、あらゆる国のできごとを語るわけでもない――たとえば、イタリアや日本に関する記述はほとんどない。主題としてたどるのは、ドイツ、イギリス、アメリカ、ソヴィエト連邦など、いくつかの国で起きた代表的なできごとだ。

一九三〇年代の各国の首脳が直面したのは、当時としては先例のない問題だったが、現在の私たちにとってはなじみのある問題だと思える――西欧の民主主義は安泰であり、勝者でもあり、対抗する脅威はごくわずかだと思われていた数十年前と比較しても、おそらく現在の方がなじみが深い。自国のリーダーが無謀で危険である、あるいは無能であるとわかった場合、国家安全保障の担当官はどう行動すべきか？　ドイツの一部の将校や外交官が向き合ったのは、そういう問題だった。民主主義国は、敵意ある政権から安全保障上の脅威を突きつけられたらどう対応すればよいか？　戦略はどう立てるべきか？　戦略立案において、テクノロジーはどのような役割を果たすべきか？　民主主義国が戦争をする目的は何か、どう戦うべきか？　民主的に選ばれた自国の政治家が、敵意ある他国のプロパガンダの代弁者となったらどうするか？　民主主義国はすべて、このような問題と向き合っていた。アメリカの場合は、一九四〇年の大統領選挙が迫る頃に特に危機が高まった。政府は、何をすべきか、何をすべきでないかについて、国民にどう伝えればよいのか？　ナチズムの脅威は、世界の民主主義国のリーダーにこのような問題を突きつけた。

そもそも、一九三〇年代の世界は根本的な対立に苦慮していた。世界の秩序は、法の下の民主主義、自由貿易、普遍的な権利を基本に、開放的で国際的であるべきか？　それとも、世界は人種や国籍によって組織され、支配層はマイノリティに対して何も負わず、外界に対して経済空間をできる限り閉鎖すべきか？　今日の私たちが直面するのも、まさにそのような対立だ。

ナチ党政権も民主主義国も、対立が激化するにつれて、それぞれの側の主義、目標を明確に定義するようになる。ナチ・ドイツとの敵対、ひいては戦争によって、イギリスとアメリカは、民主化や自国および世界の人権についてさらに意欲的に取り組まざるを得なくなった。その高尚な理想が偽善や狭小な自国中心主義によって幾度となく霞んでも、方向性は変わらなかった。いくつかの重要な転換点においては、欧米の民主主義国との対立によって、ヒトラーはいっそう激しい憎悪と殺りくを押し進めた。

同様のプロセスはドイツ国内でも、ヒトラー政権に異議を唱える者たち、とりわけ軍人、外交官、情報将校など、ヒトラーを権力の座から追放できる地位にある高官の間で進んだ。彼らの大多数は、ヒトラーが政権に就いた一九三三年の時点では、ナチ党に反対してはいなかった。しかし無謀な扇動政治家が国を破滅に追いやるのを数年にわたって見せつけられた結果、彼らの多くは抵抗活動をせざるを得なくなり、なぜ自分たちがそうするのかを考えざるを得なくなった。

　本書を読めば、一九三〇年代から一九四〇年代初めにかけて、ドイツはもとより世界のリーダーがさまざまな問題の解決策をどうひねり出していったのか、「計画は模索中」と語ったローズヴェルトのように、手探りのなかでどう進めていったのかがわかる。彼らの経験は、私たちが現在の問題に取り組むうえで助けとなるかもしれない。

PART I

危機

1

首相の野望

「生存圏」の拡大

彼は、緊張で固くなっていた。顔をそろえているのは、まさしく彼が苦手とする連中だ。ほぼ全員が貴族の身分で、自らの地位、名声、代々受け継ぐ姓の重みを自負している。全員が権力を持つ有能な将官で、新参者に対していささかも引け目を感じておらず、感じる必要もなかった。一方、彼自身は正反対で、身ひとつでここまで上り詰めてきた。同席の自信に満ちた面々が司令官を務める軍隊に身を置いた時代も、彼の階級は上等兵止まりだ。身に合わぬ正装をまとった彼は、集まった将官たちに向かってぎこちないお辞儀を繰り返した。参加者は晩餐の席に着いたが、彼は世間話をするのも苦手だ。居心地の悪い時間が続いた。

一九三三年、二月三日。

アドルフ・ヒトラーがドイツ国の首相になって、まる四日がたとうとしていた。この夜彼を招いたのは、新しく任命された国防相であり、のちに陸軍元帥となるヴェルナー・フォン・ブロンベルクで、外相コンスタンティン・フォン・ノイラートの六〇回目の誕生日を一緒に祝うため、そして国軍の首脳部と引き合わせるための計らいだった。出席した将官は十数名で、なかには、まもなく陸軍最高司令官となるヴェルナー・フォン・フリッチュ、のちに陸軍最高司令官を引き継ぐヴァルター・フォン・ブラウヒッチュ、やがて陸軍参謀総長となるルートヴィヒ・ベック、陸軍元帥となるヴィルヘルム・リッター・フォン・レープ、陸軍司令官の任に就くゲルト・フォン・ルントシュテットなど、後年重要な役割を担う者もいた。会場は、ベルリン中心部のベントラー通りにある陸軍総司令官、クルト・フォン・ハンマーシュタイン＝エクヴォルト将軍の公邸だ。ハンマーシュタイン＝エクヴォルトは強硬な反ナチ党、反ヒトラー主義で、その日招待された将官のひとりは、ハンマーシュタイン＝エクヴォルトのヒトラーに対するあいさつはまさに「憐れみつつ見下す」態度で、この新参者に抱く軽蔑を隠せていないと感じた。

食事が終わると、ヒトラーは何よりの特技を披露する機会を得た。演説だ。この日の聞き手に対しても普段通り熱を入れた彼は、感情を高ぶらせ、テーブルの上で聴衆に向かって手を伸ばし、同じ言葉を繰り返しては力説した。

手始めは、第一次世界大戦後にミュンヘンで政治家を志した頃から一〇年以上、何度も口にしてきたメッセージだ。ヨーロッパは危機に直面している、と彼は話し始めた。「強いヨーロッパ人種」は文化を築き、帝国をつくり、工業製品をアフリカやアジアの植民地の生産品と交換してきた。ところが今では、ヨーロッパの製品の生産量は植民地の消費量を上回り、東アジアなどの地域が工業化され、低賃金による生産でヨーロッパを打ち負かしている。ドイツから先進国への輸出は、輸入額の引き上げや産業の自動化を招くきっかけとなるにすぎず、結果として失業者はさらに増える。要するに、世界経済はドイツにとって落とし穴でしかない。しかも、一九一七年のロシア革命以降、「世界はボリシェヴィズムによって汚染されており」、共産主義革命の脅威がつきまとう。「どうすれば、ドイツは救われるのでありましょうか？」彼は耳を傾ける将官たちにそう尋ね、それには「ドイツ国民の生存圏の拡大が見込める、大規模な入植政策をとるしかありません」と結論を述べた。つまり、他国の領土を征服するというわけだ。ドイツは、その目的を果たす準備を整えねばならない。それはすなわち「国の強化でありますが……われわれはもはや世界の市民にはなり得ません。民主主義も平和主義も不可能でありま す……マルクス主義にかぶれた兵士からなる軍が何になりましょう？　兵士は兵役の前にも後にもあらゆる種類のプロパガンダにさらされるというのに、兵役義務が何の役に立ちましょう？　まずは、マルクス主義がせん滅されねばならんのです」。ヒトラーは、ナチ党の教育活動により必ずや「一流の新兵となる素材」をお届けすると将官たちに約束した。

ヒトラーの演説は、さらに核心へ踏み込んでいく。ナチ党統治の開始から六年、あるいは八年も経過すれば、ドイツ軍が「ドイツ国民のための生存圏」を、おそらく東方に向かって拡大する準備が整うだろう。彼はますます遠慮のない発言をした。「併合、あるいは征服した領土の人民をドイツ化するのは困難でしょう。ドイツ化できるのは国土だけです」。では、ドイツ化できなかった人民はどうなるか？　戦いが終わった時点で、ドイツ人は「何百万という人間を容赦なく追放する」ことになる、とヒトラーは述べた。

彼は演説の締めくくりに、「偉大な目標に向かって私とともに戦っていただきたい」と将官たちに求めた。そして、内政問題に軍の兵士を借り出したりはしないと約束もした。そのような場合には自前の人員、褐色シャツの突撃隊をあてがう。軍が対戦するのは国外の敵だけだ、と彼は断言した。

この最後のくだりを将官たちは何よりも気に入り、その後も最も鮮明に記憶した。政変期に内戦に巻き込まれたことは、軍にとって最低の悪夢のような経験だったからだ。

その一方で、将官たちは「生存圏」のくだりには注意を払わなかったとみえる。あまり深刻に受け止めていなかったようだ。この首相の考えを重要視せねばならないほど、政権が長続きするとは考えなかったのかもしれない——しょせん彼は、一九一九年以降一四番目に政権に就いた人間にすぎない。あるいは、ヒトラーの発言を勝手に解釈し、ドイツが第一次世界大戦後に失った領土の回復計画という程度にしか受け取らなかったのかもしれない。それならば、将官全員が望むところだ。数年後、ベック将軍は、ヒトラーが何を言わんとしたのか見当もつかなかったし、いずれにせよたいして興味はなかったと主張する。

驚くのは、その場にスパイがひとりいたことだ。フォン・ハンマーシュタイン゠エクヴォルト将軍の一〇代の娘、ヘルガは、名の知られた共産主義活動家と恋仲で、それが縁で、ソヴィエト連邦の情報機関の諜報員として活動するようになっていた。ヒトラーの演説の内容は彼女を通じてモスクワまで届き、おかげでソヴィエト連邦統合国家政治保安部と外相マクシム・リトヴィノフは、ヒトラーがソヴィエト連邦に何をする気でいるのか、当初から察しをつけることができた。リトヴィノフは、手を組んでドイツの攻撃を阻止しようと、フランスと相談を始めた。

ヒトラーの演説に対するドイツの将官たちの反応は冷ややかで懐疑的だった。拍手したのは儀礼にすぎない。いつもの大きな集会ならば、聴衆はうっとりとヒトラーの言葉に聞き入り、女性は気を失わんばかりとなり、男性はテーブルの上で飛び跳ねて叫ぶのがあたり前だった。ヒトラーの知らない将官の世界には、演説者に対してあまり熱意を示さないという暗黙のルールがあり、それはどんな演説者に対しても同じだった。ヒトラーにとって、それはおもしろくなかった。彼はのちにこぼしている。「初めから終わりまで、壁に向かってしゃべっているようなものだった」。

その夜の会合は、指導者《フューラー》と将官たちの関係が以後どう展開するかを示す前触れにもなった。お互いに絶対に相手を好きにはなれないし、信頼もできない。だが、ヒトラーの演説の少なくとも一部は、将官たちが望む内容ではあった――再軍備、ヨーロッパにおけるドイツの勢力拡大、自分たちの威信の回復などだ。年月がたつにつれて、将官たちはヒトラー政権との共謀に深くはまっていく。抵抗して流れを断ち切ろうとした将官は、わずかだった。

とはいえ、この時点では彼らのほとんどが新首相を見くびっていた。ヒトラーが暇《いとま》を告げた後に残った将官たちは、しばらく雑談を続けた。「彼は今後、想定外の事態に何度か出くわすだろうよ」。フォン・ブラウヒッチュ将軍は、そっけなくそう言った。

だが数年のち、何人かの将官たちは認めることになる。「想定外があったのは、すべてわれわれの側だった」。

ベルリンは緯度五二・五度で、カナダの大多数の街やソヴィエト連邦のキエフ、クルスクといった都市よりも北にある。一九三七年一一月五日、金曜日。その日は午後四時半になると夜のとばりが下り始めた。気温はセ氏六度で、時期相応に寒い。雨は降っていないものの雲は多く、夜には霧がかかるという予報が出ていた。

一一月のどんよりとした空に闇が迫るなか、三人の軍高官と二人の閣僚が、ヴィルヘルム通り七七番地の首相官邸に向かっていた。

「総統《フューラー》およびドイツ国首相」となっていたアドルフ・ヒトラーは、ドイツの大規模な再軍備を推進するにあたり、陸海空軍の資源配分をめぐる争いを解決するため、会議を招集した。ヒトラーは、さまざまな問題に手をつけようとしていた――ヨーロッパ各国との地上戦に備えて陸軍を増強するため戦車や大砲類を必要なだけそろえる、貧弱な海軍を拡充してイギリスやアメリカの巨大海軍力をとりあえず抑止できるような戦艦や巡洋艦を持つ、空軍の能力を高めて陸軍の地上作戦を空から援護する、といった問題だ。だがドイツでは、そのすべてを同時にかなえるだけの鋼鉄を生造できなかった。その数日前、海軍上級大将のエーリヒ・レーダー提督が、建艦計画に要する鋼材の削減について不満を漏らし、三軍の優先順位を決める会議を開くよう求めていた。ヒトラーはその求めに応じ、国防相ヴェルナー・フォン・ブロンベルクが、レーダー、陸軍最高司令官ヴェルナー・フォン・フリッチュ将軍、ドイツ空軍《ルフトヴァッフェ》最高司令官ヘルマン・ゲーリング上級大将と、外相コンスタンティン・フォン・ノイラートを公式に招き、一一月のこの陰鬱な午後に首相官邸でヒトラーと会う手はずを整えた。

会議にはもうひとり将校が出席し、テーブルをはさんでヒトラーの正面に腰かけていた。総統付軍務担当副官のフリードリヒ・ホスバッハ大佐だ。

ホスバッハは四二歳ながら、滑らかな肌と童顔のせいで若く見える。ドイツ国大統領で国防軍最高司令官でもあったパウル・フォン・ヒンデンブルクが一九三四年八月に逝去して以来、副官として三年余りヒトラーに仕えてきた。ヒンデンブルクの大統領としての役目のひとつは国軍の統帥だったが、ヒンデンブルクが亡くなると、ヒトラーは直ちに自らがその職権を引き継いだ。その際、自分の命令の連絡役をする将校が必要となり、ホスバッハをその任に就かせた。

ホスバッハが比較的若いことや経験が浅いことに気を取られていると、頑固そうに結ばれた彼の唇には気づかないかもしれない。脅しには屈しないと示すかのような口元だ。彼はプロイセンの伝統とそれに伴う厳格な価値基準――規律、服従、質素、奉仕、犠牲――を重んじていた。決まりにうるさく、冗談の通じないタイプだったようだ。仲間の将校のひとりは、規律に厳しい鬼軍曹タイプだと彼を評した。多くの陸軍将校と同じく、ホスバッハもヒトラーによる新政権に異を唱えてはいなかった。第二次世界大戦が終わってかなりたった頃には、彼ならではの単刀直入な調子で、ヒトラーがヴァイマル共和国末期の混乱した政治経済に「回復と上昇」をもたらすと期待したと記している。「私は、一部の人たちのように、すでに一九三三年に、あるいはそれよりも前に、一九四五年にいたるまでの変化を見越していたわけではなかった」と彼は述べている。

ただしホスバッハは、ヒトラーに対しても同じように単刀直入で、総統が聞きたくないことを耳に入れる場合もそれは変わらなかった。ホスバッハは、一七一三年から一七四〇年までプロイセンを統治した偉大な「プロイセン王」、フリードリヒ・ヴィルヘルム一世を見習うようにヒトラーを説得しようとした。フリードリヒ・ヴィルヘルム一世は「軍人王」として歴史に名を残すが、王が国のために最大の偉業をなすのは戦時ではなく平時であると説いていた。ホスバッハは、フリードリヒ・ヴィルヘルム一世の名高い遺訓をヒトラーの目につくところに置いたりもした。軍人王はその書で、何よりも「不当な戦争」をしかけてはならないと後継者に警告し、「侵略者になってはならない」といさめている。ホスバッハは、この助言は「ヒトラーにとっても有益ではないか」と考えた。もちろんヒトラーは、「軍人王」の息子と同程度にしかその書に注意を払わなかった。父の跡を継いでプロイセン王となったフリードリヒ二世（大王）は、即位してすぐに最初の戦争を始め、オーストリア〔ハプスブルク帝国〕を攻撃した。

だが、それでもホスバッハは、ヒトラーがいずれは助言を聞き入れ、多少なりとも考えを変える気になってくれるのではないかと思った。彼はヒトラーが、経済相でライヒスバンク（ドイツの中央銀行）総裁のヤルマール・シャハトと興奮して議論を交わしたときのようすを覚えていた。室内を歩き回りながら怒りをぶちまけるヒトラーに対して、シャハトは、際限なく膨らむ軍事費を抑えて財政を安定させるべきだと力説し、ヒトラーの過激な衝動をなだめようとしていたが、ホスバッハはそんなシャハトに同情した。ホスバッハがヒトラーの長い独演に割って入ろうとすると、総統はぞんざいに遮った。いら立ったホスバッハは、ヒトラーに言う。「今日はもう、忌憚なくお話ししても無駄なようですね」。それを聞いたヒトラーはせわしなく歩くのをやめ、目を丸くしてホスバッハを見て言った。「いや、むしろざっくばらんに言ってくれ、いつものように」。

しかし、やがてホスバッハは、「正直者はやがてヒトラーの側近のなかで居場所をなくす」と理解するようになっていった。ヒトラーは絶対的な忠誠を要求する一方、自らは「ほめたたえ、無謬性を認め、無条件で献身的に尽くしてくれる者」しか大切にしない。そのような信奉者だけが、「弱さや、影の顔や、悪事」を大目に見てもらえる。

ホスバッハをはじめとする軍人たちが単刀直入な発言を許されていたのは、ヒトラーが軍人に一目置き、軍人をそばに置くのを好んでいたからだ。だがヒトラーは、絶対に軍人のような暮らしをしたがらなかった。ホスバッハは、総統付軍務担当副官としての自分の最大の仕事は、軍の最高司令部の「時間厳守や秩序正しさ」と、ヒトラーの「無秩序な生活様式や働き方」との大きな隔たりに折り合いをつけることだと理解していた。ヒトラーは毎週のようにバイエルン州南部の町、ベルヒテスガーデンにほど近い、バイエルンアルプス山腹にある自身の山荘、ベルクホーフで日曜日をすごした。つまり彼の部下は土曜日には、場合によっては月曜日も、移動途中にある総統と連絡が取れず、仕事の話ができない。いずれにしても、ヒトラーは常に落ち着きがなく、ひとところにじっとしていられないたちだった。したがって、約束の時刻に彼と会い、決められた時間を使って報告したり命令を受けたりするのは容易ではなかった。自分を秩序あるきちんとした役人のようにしたがる部下のことを、彼は怒りと皮肉を交えて話した。彼は決して、デスクの前に座って遅くまで報告書を読むタイプの統治者ではなかった。「彼にとって、デスクは調度品のひとつでしかなかった」と部下のひとりは回想している。ヒトラーの個人的な副官を務めたフリッツ・ヴィーデマンは、ヒトラーは「書類を読むのが嫌いだった」と記憶している。「彼に決裁を仰ぐ際、たとえそれが重要な案件であっても、書類を求められないことがあった。彼は、たいていの問題は放っておいてもおのずと解決すると考えていた」。ヒトラーは、国事においても自分なりのリズムを持ち込んだ。たとえば、陸軍の大演習で軍の規律に従わざるを得ず、早朝に起床してどんな天候でも屋外で長時間すごさねばならない場合、彼は疲れ果ててしまう。その後はたいてい車中で眠りこけ、ホスバッハの目撃によれば、列車のテーブルに突っ伏して寝ることもあった。

一九三七年一一月、アドルフ・ヒトラーがドイツ国の首相となってまもなく五年がたとうとしていた。彼の政権は、一九三三年一月の発足時に経験豊富な論客の多くが想像したよりもずっと長く続き、大きな実績を上げていた。当初、ヒトラーを首相に据えた軍の上層部や大企業の経営者たちは、彼を役に立つ道具としか見ていなかった。ナチ党の党首の周りに集まる支持者を利用するつもりでいたのだ。なぜヒトラーに大勢の支持者が集まるかを理解している企業幹部や将校はほとんどおらず、自分たちの最重要目的を遂げるため、すなわち、議会による統治を終わらせ、社会経済を回復させ、労働組合の力を破壊し、資本主義を企業本位の形に改め、ドイツの再軍備を行うために、彼を選んだ。そして目的が達成されれば、ヒトラー本人を排除するつもりでいた。彼らの考えでは、この下層階級の扇動政治家が、軍隊や経済を支配する貴族階級の紳士や明敏な経営者とまともに張り合えるはずはなかった。

ところがヒトラーは、驚くべきスピードと手腕で彼らの手のうちから抜け出た。反対勢力の土台となり得ていた新聞社、政党、労働組合、各州政府、専門家団体などの独立機関は、廃止されたりナチ党管理下に置かれたりしていく。一九三四年六月末には、ヒトラーの配下にある準軍事組織、ＳＡ（突撃隊）の幹部でありながら、自分たちの革命が本筋から離れていくと感じて怒りを募らせていた者たちも殺害した。そればかりか、さらに大きな脅威となる存在——ヒトラーを権力の座から排除しようと企てた政治と軍事の内部関係者——までも攻撃し、元首相で現副首相のフランツ・フォン・パーペンの側近のひとりと、保守派の優秀な知識人、そしてふたりの軍高官（そのうちのひとりは同じく元首相のクルト・フォン・シュライヒャー）が、残忍な粛清の犠牲となった。その結果、国軍は自分たちを脅かしていた突撃隊が消滅したと確信し、むしろかつてないほど満足げにヒトラーのリーダーシップのもとで結集するようになった。それから一ヵ月余りのち、尊敬を集めていた大統領、パウル・フォン・ヒンデンブルクが逝去すると、ヒトラーは大統領の職位を廃止し、権限だけを引き継いだ。国防相ブロンベルクの提案で、国軍の全兵士がヒトラー個人に忠誠を誓った。彼らはそれに先立ち、憲法にも忠誠を誓っていた。

それからの数年間、ヒトラー個人の権力は強まり、政権は安定していく。一九二〇年代後半から一九三〇年代前半にかけて社会を揺るがした失業問題も消滅した——公式記録では一九三二年に四〇パーセントに達したものの、一九三八年には国全体として労働力不足に陥る。一九三五年、ヒトラーは、ドイツの軍事力を厳しく制限した第一次世界大戦後の講和条約、ヴェルサイユ条約を、大胆に破っても許されるかもしれないと賭けに出る。その年の三月、ヴェルサイユ条約で禁じられていた徴兵制の復活とドイツ空軍の設置を発表するが、イギリス、フランス、イタリア（第一次世界大戦の連合国）は、そうした動きをほぼ黙認した。そもそも、国家ファシスト党の統領《ドウーチエ》、ベニート・ムッソリーニが率いるイタリアは、ヒトラー側に近づきつつあった。一九三六年、ヒトラーはさらに賭けに出る。小規模な軍隊をライン川の西の、川とフランス、ベルギー、オランダとの国境線の間の地帯——ラインラントと呼ばれる非武装地帯——に進駐させた。ヴェルサイユ条約は、ドイツがその地域に軍を配置するのを禁じていた。だが、このときも連合国側は、自国軍によるほんのわずかな抵抗でドイツ軍を川の向こう側に退散させられたかもしれないのに、ヒトラーの大胆な行動に屈してしまった。ヒトラー自身、このリスクを伴う行動はあまりにも恐ろしいと自覚し、以後少なくとも一〇年は同じような経験をしたくないと部下に漏らしている。

ドイツの軍備増強のペースは著しく速まり、一九三六年には、製鋼業者および兵器製造業者がヒトラーの要求に応えるのをためらうようになった。再軍備が完了して、生産能力が過剰に拡大したまま放置されたら自分たちはどうなるのか？　防衛産業に極端に偏るドイツ経済は、いびつではないのか？　独裁者ヒトラーは、重工業と兵器生産業を管轄する新しい政府機関を設置することでそのような疑念に答えた。だが意外にも、激しい反共産主義者であるはずの彼が手本に選んだのは、ソヴィエト連邦のヨシフ・スターリンが経済を変換させた五ヵ年計画だった。共産主義の独裁者とまったく同じではないと見せかけるため、自分のバージョンは「四ヵ年計画」と名づけ、ドイツ空軍最高司令官のヘルマン・ゲーリングに実施の権限を与えた。思慮ある財界首脳のなかには、資源不足、国際収支問題、深刻なインフレーションリスクについて、なお不安視する者もいた。

問題の核心は、充分な鋼鉄の確保にあった。一九三三年までは、ドイツの製鋼業の有力者といえば実業家のなかでも政治的に最右翼の立場をとる人々で、ヒトラーの支持者のなかで非常に大きな割合を占めていた。そして一九三六年、ヒトラーの要求に応えてかつてないほど膨大な数の戦車、鉄砲、戦艦、戦闘機を次々に生産するため、兵器工場ではそれまで以上に大量の鋼鉄が必要となった。普通なら、それは製鋼業者にとってよいニュースなのだろうが、ドイツの製鋼業では政府が求めるほど大量の鋼鉄を製造できなかった。しかも、問題はそれだけではない。鋼鉄の製造には、上質の鉄鉱石が要る。ドイツの鋼鉄業者の多くはスウェーデンから鉄鉱石を輸入していたが、その支払いには乏しい外貨を充てねばならない──そして皮肉にも、その外貨を稼ぐには完成した鋼鉄を輸出しなければならず、問題の解決にはならない。考えられる解決策のひとつは、国内で採れる鉄鉱石の利用だ。けれども、ドイツの鉄鉱石は非常に質が悪く、製鋼王たちはスウェーデンから輸入する方が無駄がないと考えた。

ヒトラーは、鉄鉱石の輸入も鋼鉄の輸出もしたくなかった。ドイツが世界経済に依存するのが気に入らず、自給自足経済を望んでいた。そこで政府は、製鋼業者がしり込みし始めると、あらゆる力を駆使して巨大コングロマリット「ヘルマン・ゲーリング国家工場」をつくり上げ、低品質の国産鉄鉱石から鋼鉄を製造しようとした。だが、事業が軌道に乗るには時間がかかる。陸海空軍の間の鋼鉄の割り当てをめぐる対立は、依然として激しく続いていた。

軍の幹部たちは、ヒトラーがこの国をどこへ導くのかについても不安を感じるようになった。彼らの望みは一九一四年以前、すなわち第一次世界大戦以前に、自分たちが享受していた権力と名声を取り戻すことだ。そして、彼らが絶対に望まないのは、イギリス、フランスとの戦争だ――戦争になればまたしても敗北を喫すると、賢明に判断していたからだ。軍の幹部は第一次世界大戦の経験から、世界の覇権を握る豊かな帝国を相手に、とりわけ測り知れない資源を持つアメリカを後ろ盾とするヨーロッパの民主国家を相手に戦えばどういう結果を招くかについて、冷静な見通しを持つようになっていた。

けれども、ヒトラーは急いでいた。一九三九年には五〇歳になる。母親が四七歳でがんを患って亡くなったため、自分も若くして死ぬという恐怖が頭から離れなかった。もしも自分が死んだら、なんとしても必要だと信じるドイツの領土拡大作戦を、誰が率いてくれるのか? 政権に就いた当初は、領土拡大の仕事はいずれ誰かに任せようと考えていたが、今となっては、やはり自分がやらねばならないと思い込むようになっていた。ヒトラーの側近たちは、彼の習慣の変化に気づく――古い取り巻きとのつき合いが減り、見たこともない薬を次々と飲み始めた。それも、自分の使命を果たさぬうちに命が尽きると怯えているからだ。もはや、あらゆることをスピードアップするしかない。

ヒトラーは自分の切迫感を、軍や外務省の幹部にも植えつけておくべきだと強く感じていた。彼にとっては、それこそが一一月のどんよりと曇った午後に司令官たちを集めた大きな理由だった。

ヒトラーが部屋に入ってきた瞬間から、会議は出席者たちが予想もしない方向へ向かった。彼は講演するときのようにメモを用意していた。ホスバッハによれば、ヒトラーは穏やかに、熱情を抑えて話したが、それでもやはり彼が用いる言葉は煽情的だった――冒頭で、もしも自分が死んだらこれから話すことを自分の「遺言状」とみなすようになどと告げるものだから、なおさらだった。

ヒトラーはこう説明した。「ドイツの人種共同体は」八五〇〇万人から成り、多くがドイツ国境の外で暮らす。九〇〇万人がオーストリア、三〇〇万人がチェコスロヴァキアにいるのは「歴史的発展」の偶発的結果であり、「ゲルマン人種の現在の最大数を維持するうえで最悪の危機をもたらしている」。八五〇〇万人のドイツ人は、不充分な広さの土地に詰め込まれた人種の核であり、必然的に「他の国民よりも広大な生存圏を得る権利を有する」。ドイツの最大の目標は「人種共同体を維持してさらに増大させること」であらねばならない。すなわち「生存圏が問題となる」。

議事録を取るように命じられている者はいなかった。だが、ヒトラーが語る言葉に込められた重要性に驚いたホスバッハは、記録を残すべきだと心に決め、猛烈な勢いでメモを取り始めた。

その日の出席者のなかでとりわけ重要だったのは、国防相のヴェルナー・フォン・ブロンベルクと陸軍最高司令官のヴェルナー・フォン・フリッチュだ。

五九歳のブロンベルクは第一次世界大戦に従軍して立派に殊勲を立て、誰もがうらやむプロイセン軍の最高名誉勲章、プール・ル・メリット勲章（別名「ブラウアー・マックス」）を授与された。一九二七年には「兵務局」の局長に抜擢されるが、兵務局の実態は、ヴェルサイユ条約によって設置を禁じられた陸軍参謀本部だった。しかし、やがて彼は政治の陰謀で更迭され、東プロイセンの軍管区指令官となる。返り咲くきっかけは、ドイツ代表に任命されて出席した一九三二年のジュネーヴ軍縮会議で、一九三三年にヒトラーが政権に就くと、一気に国防相に出世した。

ブロンベルクは外交的で人づき合いがよく、風格を備え、上級大将と聞けば誰もが思い浮かべるタイプだった。また彼は、順応力のある政治家でもあった。ヴァイマル共和制においては、民主的意識が高い国軍の将官と目され、東プロイセン時代には、将校のなかでも特に左寄りで「赤毛のエリック」と異名を取った参謀総長、エーリヒ・フォン・ボニンを補佐した。だが、その後ブロンベルクは、ナチ党員であると公言していた数名の陸軍将校のひとり、ヴァルター・フォン・ライヒェナウの影響を受けるようになったとみえ、左派とは対極にあるヒトラーに肩入れするようになり、他の将校たちから、ナチ党の宣伝映画のタイトルをもじって「ヒトラー青年クヴェックス」とあだ名をつけられた。

一方、ヴェルナー・フォン・フリッチュは、ブロンベルクとは異なるタイプの将官だった。恥ずかしがり屋で寡黙で、自分のことを話すのが大嫌いで、いかなる類であれ無駄口はすべて軽蔑した。子どもの頃から左目の視力が極端に弱く、成人して片めがねをかけるようになると、いかにもプロイセン風の厳格な印象が備わった。フリッチュも第一次世界大戦に参謀将校として従軍し、ドイツの敗戦後も軍に籍を置いた。多くの将校と同様、彼も保守的な君主制主義者で、ヴァイマル共和国の民主主義を嫌ってはいたが、一部の将校たちとは違って大衆扇動やクーデターの企てをよしとせず、むしろ平和的な政治の進展を好んだ。一九三四年の初めには、ヒンデンブルク大統領の強い勧めにより、ヒトラーが目をかけていたライヒェナウではなく、フリッチュが陸軍最高司令官に昇進する。彼は革新に慎重な人物とされ、多くの将校から篤い信頼を得ていたが、最高司令官の職に就いた直後から、政権内のナチズム的傾向が強い組織、特にハインリヒ・ヒムラーの指揮下で急速に拡大した警察や準軍事組織のSS（親衛隊）との対立で抜き差しならない状態となった。SSは軍隊としての職責を担いたがっていたが、フリッチュとしては決して承諾できなかった。

ブロンベルクとフリッチュはヒトラーの独裁政権下でおよそ四年間、大がかりな再軍備を取り仕切ったうえに、従来通りの権威を維持しようとする軍幹部へのナチ党の不満にも対処し、国軍の指導者としてむずかしいかじ取りを続けた。そして、この一一月の夜の首相官邸で、寡黙なフリッチュと外向的なブロンベルクは、「ドイツ人種の核」に何が必要かというヒトラーの解説に耳を傾けた。やがて、総統の話題は経済問題に移る。ホスバッハ大佐は、すさまじい勢いで筆記を続けた。

ドイツの諸問題の解決は、「世界経済への関与の増大」によって可能となるのか、それとも「自給自足経済」政策によって可能となるのか、とヒトラーは問うた。聞く側にしてみれば、気をもみながら話の続きを待つほどではない。自給自足は経済ナショナリズムの極端な形態で、金融、食糧供給、原材料、工業製品などの国際市場と自国を切り離し、国内の物資だけで賄う。ナチ党はもともと、一九二〇年代の結党当初から経済のグローバル化に対する抵抗運動を行ってきた。

ヒトラーは以前から口にしていたように、世界経済はドイツにとってどのようにうまく機能するのか、と強い疑念を示した。世界市場における価格変動によってドイツ経済は脆弱になり、しかも「通商条約があるからといって、彼らがそれを実際に守る保証は何もない」。一九三〇年代は経済帝国の時代であり、大帝国以外の諸国は「経済拡張の機会を著しく妨げられる」とヒトラーは主張した。ヒトラーにとって重要だったのは、「そうした諸国は明らかに軍事力が弱く、国の存立は貿易頼みになる」という点だった。そのうえ、ドイツの貿易は「イギリスが支配する海上ルートを通じて」行うしかない。ヒトラーは多くのドイツ人と同じく、第一次世界大戦中にイギリスの海上封鎖によってドイツの海上供給路がすべて断たれ、国民が飢えたことを鮮明に覚えていた。

だが、自給自足経済には問題もある、とヒトラーは続けた。現在の国境線内のドイツでは、鉄鉱石はもちろんのこと、銅、錫《すず》といった重要な金属を自給自足できず、当然ながら食糧供給もままならない。

「唯一の救済策であり、」と彼は結論に向かう。「本質に迫ると考えられる策は、より広大な生存圏の獲得である」。そして、「わが国の食糧供給の安全保障を問題の主点とする」ならば――ヒトラーの頭のなかでは確実にそれが主点だった――「生存圏はあくまでヨーロッパ内に求めるべきで、リベラルな資本主義者が考えるような植民地における搾取を行うべきではない」。イギリスには、アフリカやアジアの遠く離れた領土に国旗を掲げさせておけばよい。この場ではさほど明確に述べなかったものの、彼が言わんとするところは明らかだった──ドイツにとっての解決策は、なんといってもソヴィエト連邦の穀倉地帯にある。

しかしドイツは、「憎悪に満ちたふたつの敵対者を考慮に入れておかねばならない」とヒトラーは警告した。イギリスとフランスを指している。経済に関する一風変わった理解とは対照的に、英仏両国の戦略上の問題については、総統は鋭い認識を示した。「自治領」（当時のイギリス連邦においてイギリス本国と対等な地位の主権国家である、カナダ、オーストラリア、ニュージーランド、南アフリカ連邦）から、ドイツに対しては植民地に関する譲歩をしてはならないというプレッシャーを受けている。また、イギリスの帝国は過剰拡大という問題を抱え、帝国の領地はイギリスよりも強い国々に囲まれている。カナダがアメリカ合衆国から攻撃されたら、あるいは東アジアの領地が日本に攻撃されたら、イギリスはどうやって各国を守るのか、とヒトラーは疑問を呈した。そのうえ、アイルランドやインドの独立運動を見れば、もはや「パワー・ポリティクス」だけでは帝国そのものを維持できないことは明らかだ。フランスの帝国は防衛に適した土地にあるが、近い将来のフランスの課題は国内の政治分裂で、おそらく内戦につながる、とヒトラーは考えを述べた。

ドイツの問題は「武力」によってのみ解決できる、というのがヒトラーの結論だった。彼は、想定される三つのシナリオを示した。ひとつ目は、「ドイツの生存圏問題の解決」に向けて、遅くとも一九四三年から四五年に戦争を開始するシナリオだ。だが彼は、その戦争とは東欧への武力侵略であることを明確にしたいとも、明確にする必要があるとも思わなかった。ふたつ目のシナリオは、やや具体的ではあった。フランス陸軍がフランスの国内紛争に気を取られる状況になれば、ドイツには「チェコスロヴァキアに対して行動を起こす好機が訪れるだろう」。三つ目のシナリオでは、さらに一歩踏み込んでいる。フランスが「他の国」——彼の考えではイタリア——との戦争に巻き込まれる事態となれば、ドイツは「チェコスロヴァキアとオーストリアを同時に倒す」好機を逃してはならない。この両国を叩いておけば、ドイツとフランスがいかなる戦争をしようとポーランドは中立を保つだろう。

ヒトラーは、イギリスはすでにチェコスロヴァキアを見限っていると考え、フランスもイギリスに追随すると推測していた。イタリアは、ドイツによるチェコスロヴァキア併合に反対するまいが、オーストリアについてはどのような態度に出るか予測できない。すばやくことを起こしていく限り、ポーランドは勝利を収めたドイツと戦う気はないだろう。ソヴィエト連邦は日本の脅威のせいで手を出せまい。

ヒトラーの楽観的なシナリオは、将官たちの胸に響かなかった。ブロンベルクとフリッチュは、イギリスやフランスとは戦争などできないと抗議した。フランスとイタリアが戦争を始めたとしても、フランス軍はわずかな兵力を割くだけで、仏独国境には依然としてドイツの部隊に優る部隊が残る。ドイツには西側国境を固める時間の余裕はなく、逆にフランスは機械化師団を動員して、ドイツ工業の中心地であるルール渓谷を攻撃する可能性がある。ブロンベルクは、チェコスロヴァキアはソフトターゲットではなく、要塞化した国境は「マジノ線（フランスが対ドイツ国境を中心に築いた難攻不落の要塞線）並みで、攻撃は困難をきわめるだろう」ともつけ加えた。

外相のノイラートも、イギリス、フランス、イタリアがかかわる戦争の可能性は、ヒトラーが示唆するほど高くはないと反対した。ヒトラーは、これは来年の夏の話だからと、ノイラートの心配は杞憂《きゆう》だとばかりに説明した。さらに彼は、ブロンベルクとフリッチュの不安を和らげようと、イギリスはヨーロッパ大陸のいかなる戦争ともかかわり合いを避けるだろうから、ドイツはフランスからの攻撃を恐れなくてもよい――フランスはイギリスの支援なしにあえて行動を起こしはしまい、と主張した。

のちにホスバッハは、この日の会議の発言を事務的に記した自分のメモでは、ブロンベルク、フリッチュ、ノイラートとヒトラーのやり取りの激しさが伝わらなかったと後悔する――「私が犯した不作為の罪だ」と彼は述べている。ホスバッハは、ブロンベルクとフリッチュがゲーリングと「即製戦闘車両問題《テクニカル》」についてやり合ったことも記憶していたが、詳細は覚えていなかった。ふたりは、ヒトラーが鋼鉄の配分問題について話し合う時間をほとんど取らなかったのでいら立っていたのだろうが、ヒトラーに怒るわけにもいかず、その怒りをゲーリングにぶつけた。そして、ゲーリングには四ヵ年計画を実施する能力がないと非難し、あまりにも激しく責められたゲーリングは、自分にも考えを述べる機会が与えられてしかるべきだと拗ねる始末だった。ヒトラーは口を挟まなかった。権謀の達人として、配下の上級大将が辱められるのを楽しんでいたのかもしれない。

だがホスバッハは、ブロンベルクとフリッチュが「ヒトラーの戦争計画を断固拒否する」と唱えたときにヒトラーが浮かべた表情は覚えていた。ヒトラーは、このふたりの反対を水に流そうとはしないだろう。そのうえふたりは、強大な力を持つゲーリングも敵に回してしまった。ホスバッハの考えでは、ヒトラーがより強く敵視するのはフリッチュだ。チェコスロヴァキア、オーストリアとの戦争の必要性について陸軍最高司令官を説得できる見込みがないとすれば、フリッチュの排除についてすぐにも検討を始めねばならない。ヒトラーは、ゲーリングは自分に賛同すると当てにしていた、とホスバッハは述べている。一方で、国軍全体の指揮権を得ようとするゲーリングの前にはブロンベルクが立ちはだかる。ゲーリングは、ブロンベルクを追放すべきだとヒトラーを説得するのは非常にむずかしいと理解していた。「理由を探さねばならなかった」とホスバッハは振り返る。ヒトラーが「否応なしに」ブロンベルクを手放すしかなくなる理由を。

一九三三年二月の会合とは異なり、将官たちはワインのおかわりをしたり総統を待ち受ける想定外の事態について得意げに冗談を交わしたりはしなかった。今や、何もかもが違っている。その日首相官邸でヒトラーが語ったことは、数日のうちに軍の高官、外務関係者、情報関係者の間で不安げにささやかれ、拡散していった。ノイラートとフリッチュの間には、ある種の同盟が生まれた。ふたりは互いに、この人ならば、ブロンベルクよりも毅然とヒトラーの構想に反対すると評価していた。一一月九日、フリッチュは休暇を取る前にヒトラーと個人的に面会した。当時の彼の懸念を知る手がかりは、友人であるフォン・シュッツバール男爵夫人への手紙にある。「新しい難題が次々と持ち上がり、出発までに片づけておかねばなりません」。フリッチュは、ドイツがオーストリアやチェコスロヴァキアを攻撃すれば、フランス、イギリスが介入してくるという憂慮をもう一度ヒトラーに伝えた。それに対してヒトラーは、数日前の会合でも言った通り、そのようなことを「近い将来に」計画しているわけではないとフリッチュに請け合ってみせた。ノイラートも同じく面会を申し込んだが、総統に相手にされず、翌年の一月まで面会はかなわなかった。しかも、ようやく会えはしたが、もっと平和的な方法で目的を達成できると訴えるノイラートにヒトラーは冷ややかに応対し、「自分にはもう時間がない」と告げた。

ホスバッハ大佐が、一一月五日の議事録をもとに数日で書き上げた覚書は、軍や情報局で回覧された。「ホスバッハ覚書」と呼ばれるようになるこの文書は、この時代の史料のなかでも特によく知られている。舞台となった会合自体も、「ホスバッハ会議」と呼ばれるようになった。

ホスバッハ覚書に特に顕著な反応を示したのは陸軍参謀総長のルートヴィヒ・ベック大将だった。

ベックは、ずば抜けた知性と能力を持つ人物で、当時のドイツには、そのような軍人が他国とは比べ物にならないほど大勢いたようだ。長身で顔つきは厳めしく、外務次官のエルンスト・フォン・ヴァイツゼッカーの言葉を借りれば、「整った聡明な顔だちで、職責の重さがにじみ出ており、物憂げでもあった」。ベックがいかに知的で幅広い尊敬を集めていたかは、彼がミットゥヴォッホスゲゼルシャフト（水曜会）に招かれて参加していたことからもわかる。多方面の著名な学者や専門家が定期的に集まり、互いの講演を聞く会だ。参加者のなかには名高い外科医のフェルディナント・ザウアーブルッフや、同じく高名な物理学者、ヴェルナー・ハイゼンベルクもいた。多くの陸軍将校と同じく、ベックもヒトラーの首相就任を歓迎し、「一九一八年以降、初めての希望の光だ」と熱く語りもしたが、一九三三年に事実上の参謀本部である兵務局の局長となってからは、ドイツ政界の支配者たちへの幻滅をしだいに強めていった。

ベックは平和主義者ではなく、道徳的見地から戦争に反対するわけでもなかった――もしもそうであれば、陸軍将校としての出世はほぼ望めない。だが、戦争は最終手段であり、頻度は最小限に抑えるべきだと本気で考えていた。大半の職業軍人と同じく、彼も自分の国が負けるような戦争を始めたくはなかった。彼の判断では、アメリカはいうにおよばず、イギリスやフランスとの衝突も、まさに負け戦となる。

そのような理由から、ベックはホスバッハ覚書に「大きな衝撃」を受けていたと、後年ホスバッハは振り返る。ドイツは領土を拡大する必要があるというヒトラーの主張に、ベックは心を動かさなかった。ベックの記述によれば、ヨーロッパにおける人文地理学上の大きな変更は、「どれほど長期にわたるか見通せないほどのきわめて激しい大変革」がなければ行われるべきではないし、四ヵ年計画の裏側にある自給自足の考え方は、「期限つきの緊急措置」でしかない。ベックは、世界経済への参加によってドイツの独立が制限されるという点については「残念ながら真実だ」と認めつつも、軽蔑がにじむ言葉で「この真実をもって、生存圏の拡大が唯一の解決策だと推論するのは、熟慮のない難問解決だと私には見える」と結んでいる。彼はさらに軽蔑を込めて、純粋に軍事的な問題は政治家の仕事ではなく、軍事の専門家が検証すべきことだとつけ加えている。

興味深いことに、フランスとイギリスの敵意というヒトラーの主張に対して、ベックは英仏がドイツに対してとる「宥和政策」と同じ考えで臨んだ。政治とは「可能性の術策なり」というビスマルクの言葉を引きながら、ベックは記している。フランス、イギリス、そしてドイツは「世界のなかで、そしてヨーロッパのなかでともに」あり、それゆえ「折り合いをつけるためにできる手段は、すべて尽くされねばならない」。いずれにせよ、その方が「のちに断交するよりも賢明である」──戦争を回避すべくあらゆる手を尽くしたうえで、それでも戦争になったのであれば、道義的には相手に非があると言えるからだ。

ヒトラーの野望を懸念していたのは、ベックのようなドイツ軍将校だけではなかった。フランスの情報機関がドイツ軍最高司令部に送り込んだ諜報員からホスバッハ会議の内容が漏洩し、会議翌日の一一月六日、ベルリン駐在のフランス大使、アンドレ・フランソワ＝ポンセは、昨日「重要な会議」が開かれてブロンベルク、レーダー、ノイラート、ゲーリングが出席したと本国に報告した。会議の主題は「原材料の問題と、再軍備に影響する鉄や鋼鉄の不足という難題」と記され、諜報員の報告で得たらしき内容も示唆されていた──議題が原材料に関する問題だけなら、これほど多くの将官が集められたりはするまい。この一報を知ったフランス大使館の職員のひとりは率直に反応し、「たいへんだ、あり得ない！」と叫んだ。「戦争だぞ」。

ホスバッハ覚書に対するヒトラーの反応は露骨だった。ブロンベルクは覚書を読んで署名をしたが、ヒトラーは、会議の冒頭でこれから話すことを自分の「遺言状」とみなすようにとまで言ったにもかかわらず、二度までも覚書に目を通すのを拒んだ。時間がないのだ、と彼は言い張った。

ヒトラーはベルリンを離れ、機嫌を損ねたままバイエルンアルプスの山荘に引きこもった──何週間も。その不機嫌がどこへ向かうのかは、まもなく明らかになる。

2

グライヴィッツ市で何があったのか

ポーランド侵攻のきっかけ

フランツ・ベルンハイムは、ドイツ南東部のポーランドと国境を接する地域、オーバーシュレージエンにあるグライヴィッツ市に住んでいた。生まれはオーストリアのザルツブルクだったが、転居を繰り返したのち、一九三一年九月から一九三三年三月末までドイツ家族百貨店《ファミーリエンカウフハウス》のグライヴィッツ支店で働いた。解雇は突然だった。理由はユダヤ人だったからだ。

ベルンハイム自身は、政治活動をしていたわけではない。だが義理の兄は、ヴィーラント・ヘルツフェルデという著名な共産党員の出版人で、ナチ党からは嫌われていた。またヘルツフェルデの兄はフォトモンタージュの優れたアーティスト、ジョン・ハートフィールドで、ナチ党を痛烈に風刺する彼の作品は、数年にわたって『アルバイター・イルストリーアテ・ツァイトゥング（労働者画報）』誌の表紙を飾った。彼の代表作には、右手を挙げて立つヒトラーがいつもの「ハイル」式敬礼をしつつも肘から先を後ろに傾け、背後に立つ肉づきのよいスーツ姿の男が、その手のひらに紙幣の束を握らせようとするところが描かれている。「私の後ろには数百万人がついている」という総統の力強い言葉も画面のなかにある。解雇されたベルンハイムは、ヘルツフェルデやハートフィールドとのつながりから厄介な状況に陥るのを恐れてプラハへ移り、そこで――まさに彼のような人物を探していたパリの活動家たちの手を借りて――当時としてはかなり異例の法的手段に訴えた。

ベルンハイムが活用したのは、新たな形態の国際法だった。ジュネーヴに本部を置く国際連盟に請願書を出し、少なくともオーバーシュレージエンにおいてはユダヤ人を差別する法律を無効とするように、ドイツ政府に求めたのだ。

一九二〇年代から三〇年代にかけて、ヨーロッパではマイノリティの権利を保護する国際条約が重要視されるようになったが、適用されたのは特定の地域──すなわち、第一次世界大戦の終結によって新しく生まれた国、あるいは著しく形を変えた国だけだった。

第一次世界大戦が終わると、民主主義の波が中欧および東欧に押し寄せた。チェコスロヴァキア共和国や、のちにユーゴスラヴィア王国と改名するセルブ＝クロアート＝スロヴェーン王国が新しく建国され、ポーランドは一七九〇年代半ば以来初めて独立国家として再生した。フィンランド共和国はすでにロシア帝国から自治権を取り戻しており、オーストリアとハンガリーはかつての帝政を廃止し、それぞれが国土を大幅に縮小したうえで独立した国民国家として生まれ変わった。第一次世界大戦中にドイツと同盟を結んでいたブルガリア王国は領土を失い、連合国側で英仏とともに戦ったルーマニア王国は、主としてハンガリーの犠牲によって領土を拡大した。そしてドイツは、東部領土の一部をポーランドに割譲し、西部および北部をデンマーク、ベルギー、フランスに譲り、全体として戦前の国土の約一〇パーセントを失った。

欧米の民主主義国、特にイギリス、フランス、アメリカは、アメリカ大統領ウッドロウ・ウィルソンが提唱した民族自決原則を実践しようとした。これからのヨーロッパは、ひとつの民族集団がひとつの国家を有し、ひとつの国家にひとつの民族集団が暮らすという考え方だ。だが実際には、この考え方は機能しなかった。中欧と東欧では民族集団、言語、宗教が入り乱れ、誰もが歓迎するようなうまい区切りの国境線は地図上のどこにもなかった。講和条約によって、およそ二五〇〇万人が「自国」ではない国に入れられ、なかでも最大のマイノリティ集団となったのがドイツ人だった。約七〇〇万のドイツ人がドイツでもオーストリアでもない新たな国で暮らすことになり、その大半がポーランドとチェコスロヴァキアの国境線の内側にいた。

連合国は民族自決を説いてはいたものの、自分たちの国と、ポーランドやルーマニアの文明の度合いは同等でないとみなし、新生の国では、国内のマイノリティがしいたげられるのではないかと疑いを持った。そこで連合国は新生国に対して、国際社会における承認と引きかえに、マイノリティの個人の権利と集団の権利を一体として保障させた。

ヴェルサイユ条約と同日に調印された「ポーランドのマイノリティ条約」は、その種の条約の第一号であり、他の同様の条約のひな型となった。すべてのポーランド市民は「法の下では平等であり、人種、言語、宗教によって差別されず、公民権と参政権を等しく享受する」と規定し、さらに、通商もリベラル国際主義の理想とかけ離れるべきではないと示すため、連合国にも最恵国待遇を適用するようにポーランドに求め、連合国の知的財産を保護できるようにした。その後新たに発足する国際機関、国際連合も、新生国が条約を確実に守るように求めていく。

戦勝国は、全世界におよぶ不可侵権の制度をつくる気はなかった。そのような制度は、英仏の帝国主義体制にとって、アメリカが抱える人種差別問題と同様の大問題となる可能性があったからだ。連合国は、日本がパリ講和会議の国際連盟委員会で提案した人種差別撤廃の明記も完全に否定した。

連合国が望む制度には、非情な政治の現実が多分に絡んでいた。連合国側は、中欧と東欧には将来的な安全保障上の脅威が存在すると充分に承知していた。ドイツとハンガリーは広大な領土を失い、多くのドイツ人、ハンガリー人は、復讐と再征服の戦争を夢見ている。一方、誕生してまもないソヴィエト連邦は、革命的な共産主義の信念をいつなんどき西方にある中欧諸国に持ち込むかわからない。連合国側の望みは、帯状につながる国々が潜在的脅威を包囲して阻むこと——すなわち、フランスが上品に命名したいわゆる「防疫線」を敷き、小さな同盟諸国と連帯してソヴィエト連邦を封じ込め、同時にドイツも阻止することだった。この体系を機能させるには、新生各国の政治が安定している必要があるが、各国の怒れるマイノリティは安定を乱しかねない。さらに、怒れるマイノリティは、特にドイツとハンガリーの怒れるマイノリティは、彼らの「母国」にしてみれば領土拡大の戦争——連合国が食い止めたい戦争——を始めたくなる不変の誘因だ。したがって、マイノリティ条約の本来の長期的な目的は、マイノリティがいずれ同化してマイノリティでなくなることにあった。

意外にも、ドイツにはマイノリティ条約がなかった。連合国は、新生国には敬意を払わなかったが、かつての敵国には敬意を示したからだ。ただし、ひとつだけ小さな例外があった。一九二二年、ドイツとポーランドはオーバーシュレージエン——かつてはドイツの領土で、第一次世界大戦後、ドイツとポーランド両国に分割された地域——の住民に関する協定を結んだ。協定には、国境線を越えた反対側で暮らすドイツ人マイノリティとポーランド人マイノリティのために、多くのマイノリティ条約と同様の保護条項が盛り込まれ、ドイツ人とポーランド人以外のマイノリティ集団にも適用されると記された。

冒頭のベルンハイムは、そこにチャンスを見出した。ドイツは、通商上あるいは産業上の職権行使も含め、オーバーシュレージエンのマイノリティを差別しないと法律で定めていた。一九三三年六月、国際連盟理事会はベルンハイムが自身の処遇を含めて訴えた請願を受けつける。各国代表として理事会で議決したメンバーには、一九三〇年代の国際政治の舞台で中心的な役割を果たす人物がふたりいた。イギリスのアンソニー・イーデンとチェコスロヴァキアのエドヴァルド・ベネシュだ。ドイツの立場は苦しかった。一九二六年以降、中欧や東欧に離散した「自国の」国民のためにマイノリティ条約を積極的に利用してきたのはドイツだったからだ。理事会で、ドイツの代表は気弱にこう主張した。ベルンハイムは本来オーバーシュレージエンとは関連がなく、よって請願を出す立場にはない、しかしながらドイツがオーバーシュレージエンにおいて法的義務を守らなかったとすれば、それは当該自治体が犯した過ちであり、誤りは「正されることになる」。

そして、誤りは正された。少なくとも当面は。一九三三年から、ドイツとポーランドの協定が失効する一九三七年まで、ベルンハイムがいたドイツの小さな一区画に暮らすユダヤ人は幸運な暮らしをした。オーバーシュレージエンではナチ党の抑圧行為は一度もなく、差別法――公務員欠格、市民権喪失、結婚禁止、ユダヤ人と「アーリア人」の性交渉の有罪化など多数――の施行も一切なかった。

国際法、人権、民主主義に基づく世界秩序は、ナショナリズム、権威主義、力に基づく異なる秩序とぶつかってきた。シュレージエンの小さな一区画、グライヴィッツでは、しばしの間、前者が後者に勝利した。

それから六年余りのち、そのグライヴィッツで、ナチ党は強制収容所の囚人たちにポーランド軍の制服を着せて撃ち殺し、死体をラジオ局の送信機のそばに置き去りにした。そして、これはポーランド軍がドイツを襲撃した証拠だと言い張り、報復としてポーランドに侵攻する。こうして第二次世界大戦はグライヴィッツで始まり、力による世界秩序が法による世界秩序に総攻撃を開始する。


ヒトラーは東方に領土を拡大して「生存圏」を得るとたびたび口にしたが、その東方とは、フランツ・ベルンハイムが暮らした一帯を指していた。すなわち、ヨーロッパの脆弱な新生国、マイノリティ条約で守られる国々、怒れるマイノリティ集団がいる国々を指していた。第一次世界大戦の戦勝国は、民主主義的資本主義、国際法という、現在の私たちがグローバリゼーションと呼ぶものの根幹となる構想を強いたが、ヒトラーは、そうした体制に対抗する誰よりも危険な挑戦者として台頭した。彼がホスバッハ会議で示した計画は、欧米の体制を転覆させて彼自身の人種帝国という概念に置き換える計画に他ならない。

ベルンハイムの事例の核心にあったのは、一九三〇年代の国際政治におけるまさに根本的な問題だった。世界は、法の下のリベラル国際主義路線で体系化され、あらゆる地域で民主主義制度を整え、自由貿易を行い、すべての人の権利を認めるのか？　それとも、人種と国家に基づく国際制度を整え、支配者層はマイノリティに対して何も負わず、外界に対して経済空間をできる限り閉鎖するのか？

一九三〇年代には、世界中で頻繁に「人種」という言葉が用いられたが、その使い方は現在の私たちとは違っていた。当時の「人種」には国籍、民族性をはじめとするさまざまな意味合いがあり、肌の色はもちろんのこと、宗教や言語の違いまで指す場合があった。ウィンストン・チャーチルはたびたび自国民を「島国人種」と呼び、カナダ人はあたり前のように、国内のフランス語を話す人と英語を話す人は別の人種だと言った。けれども、たとえどんな意味合いがあろうと、人種は政治と国際情勢を構築する根本となる。それは、海外に領土を持つイギリス、フランス、オランダ、ポルトガル、ベルギーなどの帝国が、アジア人、アフリカ人に正式な市民権やその他の権利を決して与えようとしなかったのを見ればよくわかる。また、アメリカ南部の人種差別、アメリカの移民政策、ナチ党の反ユダヤ主義にもはっきりと表れている。

一方この問題は、フィンランドからユーゴスラヴィアへと帯状につながる新生国では、同じく重要でありながら、さほどはっきりとは見えていなかった。この地域の住民に対する人種差別的な考えによって、新生各国に対する他国の態度はさまざまに方向づけられた。たとえば、一九二〇年代後半にソヴィエト連邦の独裁的な指導者となったヨシフ・スターリンは、強い人種的偏見によってポーランド人を毛嫌いしていた。多くのドイツ人も同じだ。アドルフ・ヒトラーのポーランド人に対する嫌悪はスターリンほどではなかったが、それを補うかのごとく、彼はロシア人、ユダヤ人はもちろんのこと、他の東欧諸国民、特にチェコ人とセルビア人を軽蔑した。イギリスがこの地域を見下す態度も、ソヴィエトやドイツに比べれば多少ましという程度だった。そもそも、この地域の内側にも自分とは異なる民族、人種に対する嫌悪があり、その結果、やがてこの地域に変化が訪れる。そしてその変化は、世界全体を揺るがすほど重要なできごととなる。

第一次世界大戦後に生まれた民主化の波は、中欧と東欧で大きな渦を巻いていた。だが一九三〇年代には、その波が民主主義の危機へと変化し、この地域から世界各地へと広がった。民主主義の危機のもとはナショナリズムという危機であり、それが人種の危機を生み出した。

中欧と東欧の新生国は、どこもかしこも激しい内部分裂に見舞われた。ベニート・ムッソリーニはチェコスロヴァキアを、「ツィエコ－ジェルマーノ－ポロノ－マジャロ－ルテノ－ロマノ－スロヴァキア〔チェコ人、ドイツ人、ポーランド人、マジャール人、ルテニア人、ローマ人、スロヴァキア人の国〕」と嫌味を込めて呼んだが、彼は間違ってはいない。皮肉にも、多国籍のオーストリア＝ハンガリー帝国から自由を勝ち取った国、チェコスロヴァキアでは、かつての大帝国が抱えていた多様性とあつれきが縮図となって再現されていた。一九二一年の国勢調査によれば、チェコ人は全人口の五〇・八パーセントにすぎず、スロヴァキア人も一四・七パーセントだった。人口のおよそ四分の一にあたる二三・四パーセントはドイツ人で、その大多数がドイツとの国境沿いの馬蹄形の地域、ズデーテン地方に居住していた。そしてチェコスロヴァキアでは、マジャール人〔ハンガリー人の自称〕、ルテニア人〔オーストリア＝ハンガリー帝国内に住んだウクライナ人のドイツ語名〕、ユダヤ人、ポーランド人も大きなコミュニティーを形成していた。

この一帯にある国は、どこも同じ状況だった。ラトビアでは人口の四分の一、ポーランドでは三分の一近くをマイノリティが占め、新生の民主主義国の政治には民族同士の争いがついて回った。チェコスロヴァキアでは、さまざまな民族集団のなかに、国の政治的スペクトルを縮小したようなスペクトルがあった。たとえば、チェコ人が暮らす地域に社会民主党があり、ドイツ人地域にも別の社会民主党があり、かつてのスロヴァキア側にはハンガリー・ドイツ社会民主党がある。また小規模業者のためのチェコスロヴァキア商工中産党もあれば、ドイツ商工中産党もあり、さらにドイツ人国民党が一九三三年に禁じられてからはズデーテン・ドイツ人党がとって代わり、もっぱらズデーテン・ドイツ人の利益を代表することを活動目的としていた。民族色の濃い政党も、スロヴァキア人民党、シオニスト・ユダヤ人党、ポーランド人民党、右派のロシア国家自治党など、あきれるほどたくさんあった。

戦間期には多くの政治思想家が、リベラルな民主主義の国家では国民の同質性が求められ、差異があれば民主主義は機能しないと確信していた。イギリスの哲学者、ジョン・スチュアート・ミルは、ヴィクトリア時代に同様の説を唱えた。しかしその後、ドイツの右派の法学者カール・シュミットのような強硬な思想家たちは、大衆民主主義〔普通選挙などの実施により大衆が政治に参加する民主主義社会〕においては同質性が求められるだけでなく、多様性を「必要に応じて廃絶あるいは根絶する」ことも求められると主張するようになる。

第一次世界大戦後の民主主義体制は、ドイツ、ロシア、オーストリア、オスマンの各帝国が崩壊して中欧と東欧に権力の空白が生じた結果の産物だった。そして一九三三年、ドイツに誕生したヒトラー政権がきっかけとなり、マイノリティに対する一段と激しい暴力と迫害を伴う人種ナショナリズムが中欧と東欧一帯に広がり、難民危機が着実に高まっていった。

民族に対する嫌悪は、経済的苦境によって強まったり特定の方向性を帯びたりする場合が多く、一九三〇年代には世界恐慌が民主主義の危機を招く一翼を担った。しかも、国内で民族ごとに分裂する中欧と東欧では、政治家が世界恐慌に対して有効な政策をとるのは事実上不可能だった。この一帯は、一九二〇年代に起きた食料品価格の世界的な大下落で特に大きな打撃を受けていた。チェコスロヴァキアやドイツのような工業化された国を含め、ほとんどの国が農業に大きく依存していたからだ。やがて一九二九年には、ほぼ全世界を襲う世界恐慌が始まり、一九三一年には金融危機が起きて状況は急激に悪化していく。経済の問題は権威主義支配への転換に拍車をかけたが、そこにはふたつの大きな原因があった。正統派経済学では、経済の悪化に対する政府の適切な対応は「デフレーション」——今日の言葉でいえば「緊縮財政」——すなわち、市場の魔法で自然回復するまでは財政支出を削減して、落ち込んだ税収と一致させることだとされていた。問題は、民主主義体制のもとでは短期間しかデフレーションに耐えられない点だ。デフレーションが長期間——数年間——におよぶと、困窮する国民はそれまでとは異なる政治体制を強く求めるようになる。逆にいえば、権威主義体制でなければ長期のデフレーションを強いることはできない。つまり、長期にわたる経済危機においては、反リベラルな政治体制でなければリベラルな経済を維持できない。しかし、経済政策が自由企業体制型ではなくなっていくと、結果的には反グローバル、反民主主義に向かいがちになる。なぜなら、ファシズム体制であろうと共産主義体制であろうと、計画経済は世界の金融市場と遮断されるからだ。

一九三一年の金融危機によって欧米の民主主義が衰弱すると、権威主義体制に向かう傾向は加速した。数百万もの人が、国際貿易や国際金融があらゆる苦境の根源だと思っていた。ヨーロッパの多くの国で起きていた民族ごとの激しい分断は、政治が行き詰まっているのに民主主義政府には有効な対策がとれないことを意味し、その結果、民主主義の信頼性はさらに揺らいだ。ハンガリーとイタリアでは、第一次世界大戦後まもない一九一九年と一九二二年に、それぞれ権威主義体制への道筋ができた。その後一九二〇年代後半から三〇年代初めにかけて、ブルガリア、オーストリア、ポーランド、ユーゴスラヴィア、ルーマニアがあとに続く。やがて政治および経済の危機が高まるにつれ、各国の政権は権威主義の支配者の手に、権力をいっそう集中させていった。ユーゴスラヴィアのアレクサンダル国王は、一九三一年に新憲法を布告して自らの権力を強化した。ブルガリアの国王、ボリス三世も、一九三四年に同様の道をたどった。ルーマニアのカロル国王も、一九三八年に自ら独裁権を握った。その年、中欧でただひとつ、まだ議会制民主主義が機能していた国はチェコスロヴァキア共和国だった。だが国内に深い分裂を抱えるチェコスロヴァキアは、ライオンのようなドイツから見れば、傷ついたアンテロープのごとき存在となる。ヒトラーには、どうすればチェコスロヴァキアを餌食にできるかがわかっていた。

そして、西欧の大国が中欧と東欧の諸国を見下す帝国主義がまたしても明白になる――新生国では民主主義が機能していないと見た西欧の首脳たちは、民主主義は彼らにとって適切な体制ではなかったと判断した。東欧の人々に対する人種差別意識を反映した態度だ。とはいえ、新生各国の内政を見下していても、ともに作戦行動をとることは可能だ――各国で起きていることが大国の戦略上の利害に反しない限りは。フランスはポーランド、ユーゴスラヴィアと軍事同盟を結んでいたが、ユーゴスラヴィアの警察が国内のマイノリティのマケドニア人を不当に扱おうと、ポーランド政府が国内のウクライナ人に対して残忍な「鎮定」作戦を取ろうと、あまり気にとめなかった。大切なのは、同盟国が政治的に安定していて、必要とあらば効果的な軍事行動をとれることだ。イギリスは、マイノリティの権利を強化する国際連盟の取り組みが、マイノリティの同化を妨げていると信じていた。イギリス外務省のある職員は、一九二二年にこう記している。「彼らは、自分たちの苦情を国際連盟に持ち込めると考える限り、落ち着こうとはしないだろう」。また、ロンドンの『タイムズ』紙は、イギリスのスペイン内戦介入に異議を唱える記事で、イギリスらしい態度をあらわにしている。「彼らの争いはイギリス人の争いとは違う」とスペインの両陣営について述べ、「イギリス式の議会政治が適合する国は、他にほとんどないだろう」と書いた。

ホスバッハ大佐はのちに、ヒトラーはドイツ人的ではなくオーストリア人的な考えを持っていたと述べる——軍の高官たちは第一次世界大戦後に失った領土を取り戻すことばかり考えていたのに対し、ヒトラーの視線は常に、かつてオーストリア＝ハンガリー帝国領であった東欧諸国に向いていたからだ。ホスバッハの見方は的を射ていたが、現実は彼の予想よりもはるかに先まで進んだ。ヒトラーを突き動かしていたのは、二〇世紀初頭に欧米で広まった社会ダーウィニズムの最も極端な型だ。ヒトラーにとって唯一現実性があり、唯一価値があるのは集団——国民、あるいは人種という集団だった。強い集団は他の集団の領地や資源を求めて拡大すべきで、弱い集団は縮小し破綻する。ヒトラーは、従来型のナショナリストでもなかった。彼の社会ダーウィニズムはあまりにも暴力的で、歴史学者のティモシー・スナイダーの言葉を借りれば、彼はまさに「動物学的なアナーキスト」だった。

ヒトラーの世界には、国際法や国際機関が存在する余地はない。多国間の枠組みは決して受け入れず、応じるのはせいぜい二国間交渉のみで、悪くすれば他国を攻め、征服し、最終的には奴隷化するか撲滅しようとする。ドイツの国際弁護士や国際機関代表者は、たちまちヒトラーと同じ考えに立ち、人は人種ごとに独自の法を持つと論じ始めた。すべての人に適合する国際法をつくろうとするのは意味がないというわけだ。彼らは、ドイツの法観念を国外に広めたいとも考えなかった――「たとえば、黒人の共和国であるリベリア、アビシニア〔エチオピア帝国〕、赤いロシア〔ソヴィエト連邦〕の法をドイツの法観念に改めさせて、他国と一緒に普遍的な性質の真の社会を建設することをわれわれの目的にすべきではないし、してはならない」。ナチ党のある法学者はそう記している。

新生国の大多数が多民族国家であったこと、新生国のほぼすべてで民主主義が失敗したこと、ファシズムが広まったこと――この三つの要素と旧来の民主主義国が「宥和政策」を取ったことには直接の関連がある。三つの要素はどれもが、世界の民主主義に立ちはだかる大危機を示す現象だった。

東欧を見下すイギリスは、傍観者となってヒトラーの東欧への勢力拡大を容認してもおかしくはなかった。そうすれば、ヒトラー政権のドイツは決してイギリスを敵に回すまい。ヒトラーは、自分はイギリス帝国を高く評価しており、イギリスとは戦うのではなく、ともに世界を分かち合いたいのだとしきりに語っていた。その考えは、一九二八年に口述したのちに自ら刊行を禁じ、一九六一年になって刊行された『第二の書』の大きなテーマにもなっている。ある報告書によれば、遅くとも一九三九年八月、ヒトラーは訪ねてきた人物にこう語った。「私が企図することはすべてロシアに対するものだ。それがわからぬほど西欧諸国が愚かで節穴であれば、私はロシアと合意して西欧に打ち勝ち、そののちに今度は総力を挙げてソヴィエト連邦に立ち向かうしかなくなるだろう」。

一方フランスは、ドイツの脅威を強く感じており、中欧諸国との同盟を必要としていた。そしてイギリスは、フランスの大規模な陸軍がイギリスの防衛の心柱《しんばしら》となってくれるとあてにしていた。

こうして、ドイツとソヴィエト連邦に挟まれた国々、あるいはバルト海とエーゲ海に挟まれた国々では、いくつかの宿命的な流れが交差した。ヨーロッパの民主主義の危機がこの地域で最も深刻になった大きな理由は、当時、人種差別と極端なナショナリズムがこの地域で絶頂に達していたからだ。オーストリアの動物学的なアナーキストであるヒトラーの野望はこの地域に集中し、ソヴィエト連邦の独裁者、ヨシフ・スターリンも物欲しそうなまなざしでこの地域を眺め、西欧各国の政治家は侮蔑的な無関心と戦略的計算が不穏に入り混じる視線を向けていた。

そのような流れの交差によって、戦争につながる申し分のない方程式ができあがった。

3

「同罪」

赤軍将校の
命運

ミハイル・ニコラエヴィチ・トゥハチェフスキーは陸軍将校らしさに欠ける人物で、共産党員らしさについてはもっと欠けていた。彼は一八九三年、ロシア帝国の都市スモレンスクの近くに地所を持つ教養ある貴族の家庭に生まれ、父と弟はピアノ、ミハイルと兄のひとりはバイオリン、もうひとりの兄はチェロをたしなんだ。しかし、やがて一家は経済的に困窮し、ミハイルは大学進学の夢をあきらめてモスクワのアレクサンドロフスキー士官学校に入学した。そこで彼は、軍事戦略のおもしろさを知る。ドイツ語、フランス語、英語を理解する彼は、一九一四年六月、歴代の卒業生のなかでも特に優秀な成績で卒業した。卒業から二ヵ月後、第一次世界大戦が始まる。若いトゥハチェフスキー少尉は、軍功を立てようと夢見て前線へ向かった。

その夢は果たせずじまいとなる。一九一五年の初め、トゥハチェフスキーはドイツ軍に捕らえられてインゴルシュタットの捕虜収容所に送られ、何度も脱走を試みた。当時の捕虜仲間のひとりが、若き日のフランス軍士官、シャルル・ド・ゴールだ。一九一七年、脱走に成功したトゥハチェフスキーはロシアに生還するが、直後に十月革命が起こる。彼は志願して赤軍に入隊した。

およそ三年間続いた激しい内戦で、トゥハチェフスキーは勇猛果敢で優秀な赤軍司令官として地位を確立した。しかし、内戦と並行して始まったポーランド・ソヴィエト戦争では、決定的な勝利をいくつか収めたものの、ワルシャワ攻略がポーランドの巧みな反撃に阻まれ、一九二一年春にポーランドに有利な条件で講和が成立した。そしてこの結果が、トゥハチェフスキーとライバルの赤軍司令官、クリメント・ヴォロシーロフ、セミョーン・ブジョンヌイ、そしてヨシフ・スターリンとの、長期にわたる因縁のいさかいにつながる。

とはいえ、トゥハチェフスキーの出世はさらに続いた。一九二四年五月、副参謀長に昇進し、二五年に参謀長が不慮の死を遂げたため、彼が参謀長の職を引き継いだ。最初の挫折が訪れたのは一九二八年で、レニングラード軍管区指令官に降格させられるが、理由ははっきりしなかった。彼がドイツ型の参謀本部をつくろうとしたことと関係があったかもしれない。というのも、ソヴィエト連邦の指導者たちは、そのような組織ができれば新たな権力の中枢になりかねないと腹を立てていたからだ。

そうしたなかでトゥハチェフスキーとよい関係にあったのが、スターリンの古い仲間、セルゴ・オルジョニキーゼだった。彼のおかげでトゥハチェフスキーは一九三一年にモスクワへ戻り、国防人民委員代理兼赤軍装備部長に任命された。それからの数年は、再びすべてがうまく運んでいるかに見えた。一九三五年に最高位であるソヴィエト連邦の元帥に昇進し、一九三六年一月には外相マクシム・リトヴィノフとともにイギリスへ行き、ジョージ五世の葬儀に参列するという特別な栄誉にあずかった。国を離れて大勢のイギリス、フランスの政治家や士官と面会した彼は、言語能力が高く知性豊かで独創的な考えの持ち主であることをすべての人に印象づけた。

トゥハチェフスキーは、暮らし向きもよかった。モスクワにある、当時としては非常に珍しいセントラルヒーティング、テニスコート、図書館などの設備が整う支配層向けのアパート、「河岸の家」に広大な部屋を持ち、音楽の夕べを開いては、友人のドミートリィ・ショスタコーヴィチや国軍のオーケストラを招いて演奏を楽しんだ。彼の存在感は大きく、ヨシフ・スターリンが「ナポレオンチク（小さなナポレオン）」とあだ名をつけたほどだった。容姿端麗でさっそうとしているトゥハチェフスキーは、女性からは人気を得たが、男性からはたびたび敵視された。

トゥハチェフスキーも非情な軍人であり、残酷な一面があったのは間違いない。内戦時には、人質を取り、反逆者と見れば周囲を巻き込みながら無差別に撃って反乱を制圧する軍人として通っていた。彼は、愚か者に容赦がなかったが、スターリンを支える軍の高官には、ブジョンヌイやヴォロシーロフなど、明らかな愚か者が何人かいた。彼らはときに、トゥハチェフスキーの怒りをまともに浴びた。ある日、トゥハチェフスキーは国防人民委員（国防相に相当）――すなわち彼の上司――のヴォロシーロフに報告を行った。ヴォロシーロフはそれに対していくらか注文をつけたが、トゥハチェフスキーは静かに拒否した。そして理由を尋ねられると、こう説明した――「あなたの修正は無意味です、同志人民委員」。この件がもとで、やがて彼は苦難に遭うが、ヨシフ・スターリンから憎まれて被る苦難ほどではない。スターリンの憎しみも、ポーランド戦以来の積年のライバル関係に由来していた。

トゥハチェフスキーの独創性も、災いのもとになった。彼は新しい技術、特に戦車技術の近代化の可能性を重視する革新者だった。しかしスターリンが支配する世界では、革新は往々にして権力者にとっての脅威となる。あるとき、軍の機械化を推奨するトゥハチェフスキーの覚書を読んだスターリンは、この将校の考えは「ばかげて」いて「マルクス主義者」には合わない、と文句をつけた。一九三四年に開かれた共産党第一七回大会では、頭の鈍い騎兵軍団長、ブジョンヌイが、トゥハチェフスキーの機械化推進を猛烈に批判した。ソヴィエト連邦共産党機関紙『プラウダ』も、一九三六年五月の記事で、馬よりも機械化を望む者たちを攻撃した。トゥハチェフスキーを名指ししてはいなかったが、標的にされていたのは間違いない。

スターリンはマキアヴェリを熱心に読み、カリスマ的で軍功を挙げた兵士は脅威になり得ると理解していた。マキアヴェリは、君主はそのような士官を殺すべし、あるいは少なくとも信用を傷つけるべし、と助言している。よって一九三七年の初めには、スターリンによるいわゆる「見せしめ裁判」で、スターリン体制へのトゥハチェフスキーの忠誠心に疑いが生じるような、明らかに拷問によって用意された証拠が提示された。実はスターリンは、一九三七年の初めには、軍の高官の間で背信が蔓延していると決めてかかっていた。だが、軍を標的にしてテロを行うのは、ウクライナの農民を標的にするのとはわけが違う。軍は、いざとなれば反撃できるし、勝つ可能性もある。そうした危険を避けるため、スターリンには軍の裏切りを示す有力な証拠が必要だった。他国から得た証拠ならば、なおさら効果的だ。

スターリンと配下の諜報機関、ＮＫＶＤ（内務人民委員部）の外国課は、トゥハチェフスキーにとってたいへん不利になる証拠を収集した。そのほとんどは虚偽で、なかには親衛隊全国指導者兼全ドイツ警察長官ヒムラーの副官、ラインハルト・ハイドリヒなど、ナチ党首脳部が捏造してこっそりとソヴィエトに送り込んだ証拠もあった。ＮＫＶ

Dがフランスの情報機関にしかけ、わざわざフランス経由でモスクワに入れた証拠もある。スターリンのパラノイアも手伝って、ソヴィエト連邦は最も有能な兵士を失うことになる。

モスクワの外交関係者の間では、トゥハチェフスキーの逮捕が迫っているという噂が飛び交った。四月の公式発表ではまだ、トゥハチェフスキーはジョージ六世の戴冠式に出席するためイギリスへ渡航予定とされていたが、五月になると話は変わり、トゥハチェフスキーは体調不良で渡航に耐えられないと発表された。

一九三七年五月一〇日、共産党政治局の命により、トゥハチェフスキーは国防人民委員代理の職を解かれ、遠く離れたヴォルガ軍管区の司令官に任ぜられる。現地の司令部に到着するなり、彼は逮捕された。妻と娘はモスクワへ引き返したが、妻もまもなく逮捕され、母親と兄弟姉妹も逮捕された。妻と兄弟はのちにスターリンの命令で銃殺され、姉と妹のうち三人はグラグ〔政治犯を収容する強制労働収容所〕に送られた。また、娘のスヴェトラーナは、「人民の敵」の子どもを収容する施設に入れられた。

「ナンバー・ワンの頭のなかで何が進行中なのか?」

ニコライ・ルバショフはそう尋ねる。ルバショフは、幻想を捨てた共産主義者アーサー・ケストラーが著した、一九三〇年代のソヴィエト連邦に吹き荒れた「大粛清」を題材とする傑作小説、『真昼の暗黒』の主人公だ。「ナンバー・ワン」のモデルは、いうまでもなくヨシフ・ヴィサリオノヴィチ・ジュガシヴィリ。ヨシフ・スターリンという名でよく知られる人物だ。彼は一九二〇年代末から、ソヴィエト連邦の絶対的独裁者となっていた。

ルバショフの疑問に明快な答えを出せた者は、いまだにいない。私たちはスターリンがしたことを知っている。しかし、なぜあのようなことをしたのかは謎のままだ。ドイツのジャーナリスト、エミール・ルートヴィヒは一九三二年にスターリンにインタビューをして、こう書いている。「今の時代の支配者のなかで――私はそのほとんどに会っているが――彼ほど窺い知れない人物はいない」。また、スターリンの元秘書はこう回想する。「彼にはとても優れた沈黙の才能が備わっており、その点において、誰もがあまりにもしゃべりすぎる国ではかなり異色だった」。

スターリンは日記をつけず、覚書も残していない。アドルフ・ヒトラーとは違い、側近に延々と長話を聞かせたりもしなかった。黙ったまま周りを観察したり耳を澄ませたりすることが多く、特徴的なまなざしは油断がなく、不気味だ。話し声は柔らかで小さく、聞き取るには耳をそばだてねばならない。取り巻きとともに酒盛りで騒ぐ気取らない雰囲気を常に好みはしたが、周囲の監視は怠らなかった。黒海のクルーザーに招待されたある女性は、飲んで踊るスターリンはキャビンのあちこちで無骨に「よろめいたり足を踏み鳴らしたり」したが、それでも「充分にしらふだったらしく、彼のふるまいに対する私の反応はしっかりと観察していた」と記憶している。彼の警戒は、凍りつくほど恐ろしい。「なぜ今日は、そんなにきょろきょろしている?」、「今日はやけに違う方を向くじゃないか、まっすぐこっちを見ないつもりか?」。仲間に対しても、たびたびそんなことを言った。

スターリンは貪欲に本を読み、並外れた記憶力を持っていた。愛読書はマルクス、レーニンからドイツの軍事戦略家クラウゼヴィッツまでと幅広く、トルストイ、チェーホフなど、ロシアの古典にも親しんだ。一九三七年、独裁者スターリンにインタビューした亡命中のドイツ人作家、リオン・フォイヒトヴァンガーは、こう記している。「彼は（知識がある）さまざまな分野について実に自由に語り、メモも持たずに、記憶にある名前、日づけ、事実をどれも正確に挙げた」。また、航空部門のある役人も、会議に出席した「スターリンが、ドイツ、イギリス、フランス、アメリカの空軍の主力戦闘機に精通し、戦闘能力、輸送能力、上昇速度、最大高度について」語り、「メモもなく、すべてを記憶していると、その場にいた専門家や飛行士が驚いていた」と振り返っている。

だが、この地味な独裁者の命令は比類がないほど残忍だった。一九三〇年代の初めには農業集団化を強制的に推し進め、没収した家族経営の農地を大規模な国営農地に統合したために飢饉が起こり、約五五〇万人が死亡した。また一九三四年一二月には、スターリンの盟友でレニングラード市党委員会第一書記だったセルゲイ・キーロフが単独の武装犯に暗殺され、スターリンはこの殺人事件を、その約二年前にヒトラーが国会議事堂炎上事件で用いたのとまったく同じ手法で利用した。さらに彼は、「テロリスト」を即時に処刑できる法案を強引に通過させ、ソヴィエト連邦指導部内の陰謀や指導部に対する陰謀について、敵意を込めた話をするようになる。やがて彼は、追放、逮捕、見せしめ裁判、処刑を次から次へと実行していく。いわゆる「大粛清」だ。彼が行った殺りくは、どのような政治的脅威と比べてもあまりにも恐ろしく、合理的な説明が見つかりそうにない。だが、何ごとにおいても根底にあるのはパラノイアで、それは内政問題にとどまらず、外交政策においても同じだった。

パラノイアと孤立主義は、ソヴィエト連邦の政治風土と切っても切れない関係にある。「一国社会主義」――自分たちの革命が、他の資本主義国には期待通りに広まらなかった問題に対するボリシェヴィキの答え――という考え方自体が、資本主義世界に対するパラノイアと簡単に合致する。「われわれは先進国から一〇〇年遅れている」。スターリンは一九三一年の委員会でそう語った。「われわれはこの差を一〇年で埋めねばならない。さもなければ、われわれは潰される」。ソヴィエト連邦の指導者は、自分たちは否応なく恒久的な戦争状態にあり、敵は資本主義の他国だけではないと考えていた。自国内にも「内なる敵」、すなわち政権が脅威とみなす社会階級や他国籍の人々がいて、その多くが外国勢力と結びつきかねないと考えられた。そうした恐怖は、当時の東欧諸国ではどこにでもあった人種を理由とする憎悪に、たやすく姿を変える。一九三九年以前でみれば、スターリンが民族性を理由に殺した人の数は、ヒトラーの一〇〇〇倍にのぼる。一九三七年、NKVDがソヴィエト連邦に逃亡中のポーランド人を標的として組織的な大量殺りくの作戦行動を実施すると、彼はNKVD長官のニコライ・エジョフにメモを届けて、満足していると伝えた。「よくやった！　もっとかき集めてポーランドのごみを一掃しろ」。

ナチ・ドイツと同じくソヴィエト連邦の土台にも、欧米式で、リベラルで、資本主義の民主主義国に対する意識的な拒絶があった。そして、合理的で科学に基づいた政策を基本とすると主張しつつ、その実、ナチ党と変わりのない部族主義によって動いた。おそらくそれが理由で、ナチ党員と共産党員はたびたび交流を楽しんだのだろう。モスクワを訪れたナチ党外交団のひとりは、ソヴィエト側の要人とうちとけ、「まるで古くからの党員仲間と一緒にいる」みたいだったと話した。

スターリンが目をかけた悪名高き検事総長、アンドレイ・ヴィシンスキーは、証拠など「政治的勘」に比べればさほど重要ではない、と部下たちを教育していた。正しいことも間違っていることも「階級的本能」が証拠に勝るというのが彼の考えだ。そのようなアプローチは、ナチ党の「血で考える」という考え方とさほど遠くはない。個々の人間の存在も、証拠に基づく判断も、ともに姿を消す。それが全体主義の本質だ。

ヨシフ・スターリンとアドルフ・ヒトラーは、生い立ちにも特筆すべき類似点がある。どちらも、やがて自らが支配する大国の辺境地域――スターリンはグルジア〔現ジョージア〕、ヒトラーはオーストリアのオーバーエスターライヒ州――に生まれた。ふたりの父親はどちらも農家から身を起こし、スターリンの父は靴職人に、ヒトラーの父は下級官吏になった。しかも、どちらの家も系譜には不確かな部分がある。ヒトラーの父は婚外子で、独裁者の祖父が誰なのかについていまだに正確な情報がない。一方、スターリンの場合は本人の親子関係がはっきりせず、母親であるエカテリーナ・「ケケ」・ゲラーゼの夫、ヴィッサリオン・ジュガシヴィリ以外にも、複数の風変わりな人物（どこかの王子や旅行家など）がスターリンの実父候補として挙げられる。一番もっともらしいのは、スターリンの父親は、ケケが家政婦として働いた、地元の裕福な商人ではないかという話だ。その人物が学費を出したおかげで、若いヨシフ・ジュガシヴィリは、貧困家庭の子どもはめったに通えないような学校でよい教育を受けたともいわれている。

ヒトラーと敵対する者たちは、当初、彼を理髪師や駅の食堂の給仕のごとく見下した。一九三三年にドイツ国の首相となってからも、右派の閣僚たちは自分たちの目的のために彼を支配して利用できるものと思っていた。スターリンも同じような経験をしている。ライバル関係にあったある社会主義者は、一九一七年のボリシェヴィキ革命〔十月革命〕当時のスターリンは「灰色にかすんでいて、ときたま弱々しい光を放ち、何の痕跡も残さない」存在でしかなかったと記している。一九二〇年代に入ってから、才気煥発なレフ・トロツキーによれば、スターリンは「わが党の傑出した凡才」で、ボリシェヴィキの他の首脳もほとんどが同じ考えだった。だからこそ、彼らはスターリンを党の中央委員会書記局長に選んだ。彼なら退屈な管理業務にうってつけだとふみ、新たな社会を構築する仕事には才能ある理論家をあてた。

ナチ・ドイツと同じくソヴィエト連邦も、高度な民主主義政権——一九一七年のロシア臨時政府——の崩壊によって誕生した。したがって、ナチ・ドイツと同じくソヴィエト連邦でも、一九三〇年代の民主主義の危機は如実に現れていた。はたしてソヴィエト連邦は国際社会においてどんな役割を果たすのか、あるいは果たせるのか？　ナンバー・ワンの頭のなかで何が進行中なのかは、自国から見ても他国から見ても謎だった。ウィンストン・チャーチルは、ソヴィエト連邦の政策は「不可解な謎のなかにある不思議な謎で覆われた難解な謎だ」と表現した。ヒトラーのドイツと同じく、ソヴィエト連邦は、欧米の民主主義国から見れば重大な危機だった。ナチ党の諜報員と同様に、ソヴィエトの諜報員も世界各地の政敵に対してテロ活動や殺人を行った。一九四〇年、スターリンのライバルとして名高かったレフ・トロツキーがメキシコでＮＫＶＤに殺害された事件は、そうしたテロ活動のなかでもとりわけ悪評が高い。ソヴィエト連邦の欧米に対する諜報活動は、ナチ党よりもはるかに広範におよび、巧みで功を奏した。

一方のナチ党は、何年もの間、ソヴィエト連邦の共産主義を憎めと説くばかりだった。誰もが、全体主義の二大政権は不倶戴天の敵どうしとみなしていた。だとすれば、民主主義の敵の敵は民主主義の味方となるだろうか？　欧米諸国のなかには、そう考える者もいた——チャーチルもそのひとりで、ソヴィエト連邦との反ナチ同盟に向けて地道な取り組みを続けた。ソヴィエト連邦の政権内部では、世界にどうアプローチするかについて議論があり、そのおかげでこの国の真意はいっそう測りにくくなっていた。外務人民委員〔外相〕のマクシム・リトヴィノフは欧米志向で、国際連盟および集団安全保障に視線を向けていたが、やがて彼の後任となるヴャチェスラフ・モロトフは――おそらくスターリンも――孤立主義の傾向が強かった。事態はどこへ向かうのか？　一九三七年の半ば以降、流れは孤立主義に向かうと見えた。

スターリンは、対ドイツ戦の脅威を粛清の正当化に利用し、共産党員、政治局員、赤軍司令官などを大量に処刑していった。ミハイル・トゥハチェフスキーは、最初に犠牲となった六名の将校のひとりだ。六名のうち一名はＮＫＶＤに踏み込まれたときにピストル自殺したが、他の五名はＮＫＶＤの尋問を受けた。

尋問とは、すなわち拷問であり、脅迫であり、約束を反故にすることだった。トゥハチェフスキーは他の将校たちと同じく、自白すれば家族の命は助けるという約束で陰謀の容疑を認めた。公式報告書には「彼の抵抗を制圧するためにあらゆる手段が取られた」と記され、本人の供述調書には血痕が残っていて、署名の最中も殴られていたのがわかる。尋問記録は、ＮＫＶＤの頂点に立ち大粛清を実行するニコライ・エジョフによって、日々直接スターリンに届けられた。

一九三七年六月二日、スターリンは尋問記録を盾にとって、国防人民委員部の会議で演説した。危機が高まる時期に最も能力の高い司令官を逮捕するというあまりの非合理に、さすがのスターリンも説明に苦労したようだ。「同志諸君、」と彼は出席者に語りかけた。「ソヴィエト政権に対する軍事的政治的陰謀が、ドイツのファシストによる」教唆と資金援助によって「企てられたのを疑う者はいないと希望する」。いつもなら、スターリンの演説はうまく整理されていたが、このときはまとまりがなかった。将校たちの逮捕の理由は「トロツキスト」だったからではないと否定したかと思えば、次の瞬間にはその理由を肯定するような話しぶりをした。そして、トゥハチェフスキーの供述書を読んだかと聴衆に尋ね、こう主張した。「あの男はわれわれの作戦計画を——われわれの作戦計画、聖域中の聖域を——ドイツ軍に伝えていたのだ。やつは、ドイツ軍の代表者と取引をしていた。スパイなのか？　スパイだとも」。出席していた将校のなかには、その紛れもない狂気に不安げな表情を見せる者もいた。だが、誰ひとりとして声を上げなかった。

トゥハチェフスキーをはじめとする将校たちは、スターリンが選んだ判事によって密かに裁判にかけられた。なかには、ブジョンヌイのように、はなからトゥハチェフスキーを嫌っている判事もいた。被告人が自白を撤回する気になった場合に備えて、尋問者や拷問者の立ち合いのもと、裁判は一日で終了した——いかにもスターリンらしい手際だ。証人もいなければ被告側弁護士もおらず、上訴もできない。将校たちは供述調書の内容は曲げなかったものの、判事を務める軍人たちの質問にあいまいに答えたり明言を避けたりした。たとえば判事のひとりは、トゥハチェフスキーに、一九三二年以前にもスパイ活動にかかわっていたかどうかを尋ねた。するとトゥハチェフスキーは、一九二〇年代に国の政策の一環でドイツ軍と接触を持ったことに触れつつ、「あれがスパイ行為に当たるかどうかはわかりません」と答えた。その後の告発については、「私は夢でも見ているのではないか」と彼は発言している。

トゥハチェフスキーの法廷に向けた最後の言葉はたいそう勇敢で、その真意はさまざまに受け取られた。「そして、裁判員の諸君」、彼はそう述べた。「あなた方も、被告人席のわれわれも、みな同罪だと知ってもらいたい。すべてを傍観して口を閉ざすのは犯罪だ。もう何年も、われわれは傍観して口を閉ざしてきた。したがって、あなた方もわれわれも銃殺に値する」。

予想通り、トゥハチェフスキーと将校たちは死刑判決を受け、ただちに地下室へ連行されて銃殺された。その後、スターリンが判事役を果たした軍人たちのふるまいを尋ねると、死刑宣告に熱意を示したのはブジョンヌイだけだったと答えが返ってきた。スターリンは激怒した。

一九三七年の初め、ソヴィエト連邦軍には一四万四〇〇〇人の将校がいた。それから一年半で三万三〇〇〇人が粛清に遭い、そのうち九五〇〇人は逮捕され、七〇〇〇人が処刑された。なかでも、最上層部に対する大虐殺はすさまじかった。ソヴィエト連邦の上位七六七人の将校のうち五〇〇人から六〇〇人、管区司令官一八六人のうち一五四人、最高司令官九人のうち八人、元帥五人のうち三人が処刑、または投獄されるにいたった。

この暗黒の時代、ソヴィエト連邦は舞台裏に仕込んだ磁石のように方々で他国を引き寄せたり遠ざけたりして、ヨーロッパの政治に影響をおよぼした。だが赤軍将校の粛清により、イギリスとフランスは、ナチズムの脅威を阻止するために手を組む相手として、ソヴィエト連邦の価値に大きな疑念を抱き始めた。ヒトラーはトゥハチェフスキーや他の高官の運命を大きな驚きと疑いを持って見守り、やはりナンバー・ワンの頭のなかで何が進行中なのかといぶかった。「スターリンは、おそらく精神を病んでいるのだろう」。トゥハチェフスキーが処刑された直後、彼はゲッベルスにそう言った。「そうでなければ、この殺りくは説明がつかない」。そして、こうも言った。スターリンの狂気が意味するのは「危機であり、われわれがいつか叩き潰さねばならない」。

ソヴィエト連邦の殺りくは当時のさまざまなできごとのひとつにすぎなかったが、それによってヒトラーは世界が動いていると実感し、今こそドイツが拡大するときだと考えた。自ら弱体化したソヴィエト連邦は、ドイツにとって心をそそられる標的になると同時に、オーストリアとチェコスロヴァキアを先に攻撃する時間の余裕を与えてもくれた。トゥハチェフスキーの死と、ホスバッハ会議でヒトラーが語ったことは一本の線でつながる。

一九三七年六月、レニングラード党委員会第一書記（のちの最高会議〔ソヴィエト連邦の立法府〕議長）のアンドレイ・ジダーノフは、欧米の民主主義の衰退は現在の世界情勢の大きな特徴だとする演説を行った。イギリスとフランスは「平和に役立つことを何ひとつできなかった。彼らの戦略が中途半端であるため、ファシストは平和への興味をみるみるなくし、ますます武力侵略に傾いている」と彼は語った。スターリンは、将校たちが企てたと思われる陰謀は、「国内問題というよりは国際問題だ」とみなしていた。

いうまでもなく、この考えに従えば、彼自身も、彼の権力基盤も、責任を回避できる。だが一方で、この考えによって、ソヴィエト連邦という国家はナチ・ドイツを封じ込めるいかなる同盟からも遠ざかりつつあるのが明らかになり、同時に、将校の粛清で軍事力が大幅に弱体化したことも明確になった。やがてスターリンは、自分がとんでもない間違いを犯したと気づく。

4

「計画は模索中」

チャーチル、チェンバレン、ローズヴェルト

ある晩、彼は書斎で絵を描いていた。彼は熱心なアマチュア画家として、第一次世界大戦の頃から並外れた才能を発揮してきた。肖像画はあまり描かないが、このときは、何年も前に亡くなった父の肖像画の模写に精を出していた。描きながらふと妙な気配を感じて後ろを向くと、父が赤い革の肘掛椅子に腰かけていた。父は、第二次ソールズベリー侯爵内閣で財務大臣を務めた盛時と変わらぬように見える。父と息子は話し始めた。話題はもっぱら、一八九五年に父が他界してからの社会情勢だった。

ウィンストン・チャーチルがこの話をどう楽しんでもらいたかったのかは、定かでない。子どもたちにせがまれて書き、その後は鍵のかかる箱のなかにずっとしまってあった。だが、いずれにせよ、この話はたいへん示唆に富む。ウィンストンが記した親子の話題の中心は、近代戦の恐ろしさだった。

ウィンストンはまず、MI5〔軍情報部第五課〕が「戦時に設立された」と何気なく触れた。

ランドルフ・チャーチル卿は仰天する。「戦争、と言ったか？　戦争があったのか？」。

ウィンストンは、多くの人が耳を疑うような組合せの言葉で答えた。「民主主義が実権を握ってからというもの、戦争しかありませんでしたよ」。

ランドルフ卿は、息子が話す戦争の規模を懸命に把握しようとした。「お前が言っているのは本物の戦争か？　ただの国境地方への遠征ではなく？　何百、何千という命が奪われる戦争だというのか？」。

「ええ、その通りですよ、お父さん、ずっとそういうのが起きているのです。あなたが亡くなってからというもの、戦争、そして戦争の噂ばかりですよ」。

ウィンストンは順を追って説明した。まず、一八九九年から一九〇二年にかけてブール戦争〔ボーア戦争〕が起こり、イギリス帝国は苦戦を強いられ、激戦も交えた末にオランダ系定住農民〔アフリカーナー〕を制圧した。続いて「扇動家連中と専制君主たちが国家どうしの戦争を始めたのです」。

ランドルフ卿は情報を咀嚼しながら、気づいたことを口にした。「そのような戦争では、何十万もの命を犠牲にせねばなるまい」。

息子は、まさに何十万という命が奪われたと答えた。「ヴィクトリア女王の治世も、安定した世界秩序の時代も、はるかに遠くなりました」。ウィンストンはそう話す。「ですが、たいへんな経験ではありますが、われわれは絶望していません」。

ランドルフ卿は、今聞かされたことに「衝撃を受けた」と打ち明けた。「そのようなことが起こり得るとは考えもしなかった」と驚き、「命あってこの目で見なかったのは何よりだ」と語った。

そして父は、新たに浮かんだ考えを口にした。「そのような恐ろしい事実を披露してくれるとは、おまえはそういうことについて随分とよく知っているようだな」。


一九三七年五月三一日、イギリス保守党の庶民院、貴族院の国会議員が、新首相となったネヴィル・チェンバレンを党員集会で正式に党首として選出するため、ロンドンのカクストンホールに列をなして入っていった。「イングランドの富と気高さの結集」と言われた集まりのなかで、ダービー伯爵が指名提案を行う。伝統により、推薦演説を行うのは集会に出席している長老枢密顧問官で、ちょうどこの日はエッピング選挙区の議員である枢密顧問官がその役にあたった。そのエッピング選出の議員が、ウィンストン・スペンサー・チャーチルだった。

チャーチルの推薦演説について報道した『タイムズ』紙は、「寛容が彼の人格の際立った特徴であると、一度ならず」証明されたと伝えた。まさにその通りではあった。だが彼の演説には、注意深く聞いていた者にはわかる、複雑な思いが秘められていた。

一九三一年以来、労働党のラムゼイ・マクドナルド内閣、保守党のスタンリー・ボールドウィン内閣と、二度の連立内閣で閣内にいたネヴィル・チェンバレンは、次期首相と目されたプリンスであり、過去ふたつの内閣の誰よりも能力が高く精力的だった。その間ずっと、彼はチャンセラー・オブ・エクスチェッカという古風な呼称の財務相の職にあり、新しい国王、ジョージ六世の即位後にボールドウィンが退陣を決意すると、チェンバレンこそが疑う余地のない新首相候補となった。

チャーチルは演説で、その事実に最大の敬意を示し、チェンバレンの「忘れられない偉業」として、一九三一年の世界金融危機後にイギリスの財政を立て直し、対外貿易の振興を図ったことを挙げた。だが、彼は続いて、党首の職にある者が「独裁的、あるいは専制的」であってはならないと出席者に気づかせようとした。庶民院は常に「自由討論のアリーナ」であり、「われわれが今から選出する党首は……党内の同じ目的を持つ者どうしの正直な意見の食い違いに腹を立てず、党の意見を何よりも重んじるわけではないにしても頭のなかで正当な位置に置く」と確信していると彼は述べた。保守党議員のヘンリー・「チップス」・シャノンは、「優れた熱弁で、皮肉の色合いがないともいえない」とこの演説を評した。

チャーチルはアメリカの『コリアーズ』誌で、さらに詳しく論じたが、そこでのチェンバレンの性格に関する擁護は、熱が入っているとはいえず、むしろどっちつかずに感じられる。冒頭で「ネヴィル・チェンバレンは、冷たく、よそよそしく、ずいぶんと人間味のない人物だという見方が強まりつつある」と述べ、チェンバレンは「安直な熱意を嫌い、疑う」と認めたうえで、たとえ「友人がほとんどおらず、人づき合いを避けているとしても」、だからといって「彼が冷徹で薄情だとはいえまい」と主張している。また、一九二〇年代に保健相を務めたチェンバレンの仕事ぶりを、彼の「社会正義への情熱」を示す証拠として挙げ、彼が成功させた妊産婦死亡防止の施策は、彼自身の母が出産時に亡くなったことから生まれたと述べている。チェンバレンの何よりの楽しみは釣りとバードウォッチングで、どちらも「ひとりでするのが一番」だとしても、「あたり前の人情が欠けている」せいで他人との交流が乏しいわけではなく、むしろ「家庭生活では幸せな同志意識を育み」、「政治の世界に入ってからはあまりにも多忙で、あえて人と会おうとはしなかった」というのが本当のところだ、としている。

社交的で饒舌家のチャーチルとはまったく異なる男に関する、これ以上はない性格描写だ。チェンバレンにも、違いはわかっていた。彼の方は、チャーチルについてこう話している。「われわれの性分には大きな相違があるため、私にしてみれば、彼といるとくつろぐとか、彼に愛着を感じるなどという気分にはならない」。一九三〇年代後半にイギリスが直面した、悪化の一途をたどる問題の対処法をめぐっても、ふたりの考えは対照的だった。だがチャーチルは、敬意と恭順を慎重に示しながらチェンバレンとのつき合いに努力し、庶民院の平議員として、首相であり党首でもある人物に対して気負いのない自然体で臨んだ。とはいえ、ウィンストン・チャーチルはただの平議員ではない。チェンバレンも、慎重な取り扱いで応じた。

チェンバレンは、チャーチルの好意の裏にある真意を冷静に見据えていた。チャーチルはチェンバレンよりも五歳若かったが、入閣は二〇年ほど早い。この頃のチャーチルは、不遇な時期にあった。一九三一年以降「政治の荒野」をさまよい、考え方が極端だと思われたり、突飛で無責任な言動をとると評判が立ったりしたせいで、疎んじられる存在となっていた。彼は閣僚だけが行使できる権限を取り戻したいと切に願ったが、それは単なる個人的野心からだけではなく、ヒトラーのドイツに対するイギリスの政策は、危険が一段と増している状況下で致命的な間違いを犯していると思うからだった。

だがチャーチルは、依然として党内でのけ者にされ続けた。一九三一年以降、イギリスではマクドナルド首相に続いてボールドウィン首相が、中道右派の保守党、中道左派の自由党、左派の労働党という三大政党による、「挙国一致内閣」と呼ばれる連立政権を率いた。庶民院で圧倒的多数を占めたのは保守党で（一九三一年には六一五議席中五二二議席、一九三五年には四二九議席）、結果として閣内も保守党が優勢となった。院内の反対派は、ほとんどが労働党や自由党の不満を持つ議員だったが、チャーチルは保守党員でありながら、自党の内閣や首相に対して、労働党、自由党の誰よりも激しく異を唱えた。しかし、閣内に返り咲いて何かを変える立場に就きたければ、まずは新首相の覚えをめでたくする必要がある。そこでチャーチルは、チェンバレンに対して低姿勢で臨み、たびたび批判の矛先を緩めた。

ふたりは個人的にも、互いにさほど寛容ではなかった。チェンバレンは一九三五年に、チャーチルは「カクテルや年代物のブランデーの力を多分に借りて、おびただしい数の演説を行っている」が、「彼の支持者は増えるどころか減っている」とあざ笑った。さらにその一年後には、「われわれがウィンストンを同僚にしなかった」のは幸いだと喜び（姓だけで呼ぶのが一般的だが、イギリス政界では誰もがチャーチルのことを人気者のサッカー選手やミュージシャンと同じように「ウィンストン」と呼んだ――不遇な時期にあっても彼が独自の立場を保っていたのがわかる）、「彼は例の、戦争のにおいを嗅ぎつけたときの興奮状態にある。もしも閣内にいたら、われわれは彼を抑えるのにすべての時間を費やし、本来の仕事を進められなくなる」と述べた。チャーチルの方も、ライバルをより手厳しく批判している。チェンバレンが亡くなってもなお、個人的にではあるが、「とにかく視野が狭く、無知で、狭量な人物」と評した。

とはいえ、一九三七年当時は、どちらも相手を表立って避けたり無視したりしてはいられなかった。それまでの一〇年あまりと同じく、警戒し合い、尊敬の念を抱き合いつつ、直接顔を合わさないようにしていた。そしてふたりは、イギリスの対ドイツ政策について次第に対決色を強めていく。

一九三七年五月、ウィンストン・スペンサー・チャーチルは六二歳だった。彼は屈指の高貴な血筋を引き、マールバラ公爵〔第七代〕の孫として、一族が代々継承する邸宅、ブレナム宮殿で生まれた。だがウィンストンの父、ランドルフ・チャーチル卿はマールバラ公爵の三男であったため、爵位も財産も受け継がなかった。そのような理由もあって、ランドルフ卿は、ニューヨーク市ブルックリン区の裕福な家庭で育った若い女性、ジェニー・ジェロームと恵まれた結婚をし、彼女がウィンストン・チャーチルの気まぐれで無頓着な母となった。

名門パブリック・スクール、ハーロー校（イギリスの「パブリック」スクールとは、実は学費の高い私立寄宿学校）に入学したにもかかわらず、大学進学の道が断たれるという悲惨な経験ののち、ウィンストンはサンドハースト王立陸軍士官学校に進み、騎兵将校となる訓練を受けた。だが、遠方の辺境地に駐屯するだけでは彼の冒険心は満たされず、実戦を体験できる土地を自ら探し出しては繰り返し出かけていった。一八九八年には、現在のスーダン共和国の首都ハルツームに近い場所で行われた、イギリス史上最後の大騎兵戦となる「オムドゥルマンの戦い」に身を投じた。そして翌年には、特派員として南アフリカのブール戦争に従軍する。ブール人に捕らえられて捕虜になったものの大胆にも脱走し、そのドラマチックな逃走が世界中で大きく報道されて、政界進出の後押しとなった。一九〇〇年、ウィンストンは保守党から出馬してイギリス庶民院議員に選出される。その後、ほんの一時期を除いて、一九六四年まで議員を続けた。

一九〇〇年、保守党はイギリス史上最後の爵位を持つ貴族の首相、第三代ソールズベリー侯爵、ロバート・ガスコイン＝セシルの下で強固な政権の座にあった。だが、ネヴィルの父、ジョセフ・チェンバレンの影響力により、保守党は保護貿易政策に傾き始める。チャーチルは、従来の自由貿易政策を強く支持しており、政治の流れが変わりつつあることを見抜いてもいた。そこで彼は、一九〇四年に自由党に鞍替えし、自由党は一九〇六年初頭の総選挙で圧倒的勝利を収めた。そこからチャーチルは、とんとん拍子に出世していく。三三歳で入閣し、商務長官、内務大臣、海軍大臣に、相次いで就任した。一九一四年、第一次世界大戦開戦時は海相の職にあり、やがて政界入り後初の大失態を演じる。オスマン帝国がドイツ側について参戦したため、彼はダーダネルス海峡を突破してトルコとドイツを叩き潰す布石にするという思い切った計画を立てた。機動力と想像力を駆使して強大な海軍力を利用するという、いかにもチャーチルらしい構想だった。ところが、この作戦は壊滅的な失敗に終わり、チャーチルは責任を取らざるを得なくなる。彼は海相を退き、その後しばらく西部戦線で大隊長を務めたのち、第一次世界大戦終盤の二年間に軍需相として政界に復帰した。

一九二〇年代に入ると、イギリス議会の労働党が中道左派の自由党を議席数で凌ぐようになり、チャーチルは先を見越して保守党へ戻った。第二次スタンリー・ボールドウィン内閣で五年間財務相を務め、在任中の一九二五年には金本位制復活を決めて最大の功績を挙げる――第一次世界大戦によって覆されたグローバルな自由市場資本主義への回帰を象徴するできごとだった。しかし戦後のイギリスは、もうかつての体制では生きていけなかった。しかもチャーチルは、一九一四年の米ドルレート、四・八六ドルで金本位制復活を行ったため、英ポンドがあまりにも過大評価される事態となった。数年後には、この政策の悲惨な結果として輸出競争力の低下や雇用の悪化が顕著となり、そこへ世界恐慌が重なる。

一九二九年、保守党は総選挙で敗北し、ラムゼイ・マクドナルドの労働党内閣が誕生した。イギリスでは野党が「影の内閣」を組閣するのが一般的で、チャーチルも「影の」財務相に就任した。そこへ、インド自治の問題が持ち上がる。当時の主だった政治家は、インドに何らかの形で自治を認めることに賛成していたが、チャーチルはインド亜大陸に対するイギリスの監督権の維持を声高に唱えて完全な右寄りの立場に立ち、影の内閣を辞した。一九三一年に挙国一致内閣ができて保守党も政権側に復帰したが、チャーチルは野党席に陣取り、ネヴィル・チェンバレンが財務相に就任した。

チャーチルは一九三〇年代の大半を平議員席を温め続けてすごし、名はよく知られているものの必ずしも尊敬されているわけではなく、他の国会議員から必ず耳を傾けてもらえる存在でもなかった。ヒトラーが政権に就く前年の一九三二年には、ドイツの軍事力増大の危険性について庶民院で警告し、一九三三年以降は他のほとんどの議員が気づかないなかで、ヒトラーがもたらす脅威を感じ取っていた。しかしイギリスの政治家、有権者のほとんどは、チャーチルの警告について、マハトマ・ガンディーを「ミドル・テンプル法曹院〔正しくはインナー・テンプル法曹院〕出身の扇動的な弁護士」と一蹴したときと同じで、極右の妄言だとしか思わなかった。一九三〇年代の半ば、スタンリー・ボールドウィンは、多くの人がチャーチルをどう見ているかについてこう表現した。チャーチルが誕生すると「妖精たちが彼のゆりかごに舞い降りてきて」すばらしい贈り物をした――「想像力、雄弁、勤勉、能力」という贈り物だった。しかし「次に来た妖精が『ひとりでそんなにたくさんの贈り物をもらう権利は誰にもありません』と言って彼を抱き上げ、身体をゆすったり回したりしたので、贈り物のなかから判断力と知恵がなくなった。だから、われわれは彼の話を議場で喜んで聞くが、彼の助言は聞き入れないのだ」。

とはいえ、ボールドウィンは鋭い政治本能で、チャーチルの重要な面を理解していた。一九三五年の末頃、彼はチャーチルを閣内に入れたくない理由をこう書いている。「もしも戦争に向かうとしたら――そして、戦争にはならないと誰にも言えなければ――われわれは彼を戦時の首相にするため、手垢をつけずに残しておかねばならない」。

チャーチルが一九二〇年代の後半と同じような政治の表舞台に戻るまでには、たいへん長い時間が必要となる。おそらく彼自身を含めて、多くの者がもう二度と戻らないだろうと思っていた。

歴史の皮肉のひとつは、ウィンストン・チャーチルとネヴィル・チェンバレンの軍備およびドイツの脅威に関する立場が、二〇世紀初頭と後年とでは大きく変わった点だ。一九〇九年、イギリスがドイツ帝国と建艦競争を繰り広げていた時期、チャーチルは閣内の「倹約家」のひとりで、ドレッドノート型戦艦の建造費用を最小限に抑える考えを支持した。彼はのちに、「海相は六隻要求したが、倹約派は四隻と提示し、最終的には八隻で落着した」と回想している〔ドイツの同盟国と考えられていたオーストリアとイタリアも建造中という情報が入り、さらに四隻加えることになったため〕。その頃、ネヴィル・チェンバレンはまだ政治家にはなっていなかったものの、海軍同盟、全国兵役連盟など、兵力増強を訴えるロビー団体で活動していた。彼は、ハーバート・ヘンリー・アスキス首相の自由党内閣ではイギリスの海軍力を充分に保てず、「何がなんでも価格を抑えろと声高に要求する過激派や扇動家」に屈してしまうのではないかと懸念していた。「本当の敵はドイツである」とチェンバレンは主張し、「平和を維持するのに、条約は当てにならない」と語った。「われわれの軍事的な弱点が、敵にとっては誘惑となる」と彼は危惧していた。

その後の三〇年で、何が変わったのだろうか。一九三〇年代には、ネヴィル・チェンバレンの防衛、経済、国家安全保障に関する考えは変化し、彼とチャーチルの立場は入れ替わっていた。けれども、ふたりの問題意識は同じだった。民主主義で平和主義のイギリスは、いかにしてナチズムの脅威に立ち向かうべきか？　答えを見つけるのに、ふたりはそれぞれ長い時間を要し、たどり着いた答えによってふたりのヒトラーへの――そしてお互いへの対応は変化した。

チェンバレンが考える国家安全保障政策の中心にあったのは、世界のなかのイギリスの立場に関する冷静で感情に左右されない評価――今日であれば現実主義の外交政策と呼ぶような展望だ。彼の理解では、イギリスは四七〇〇万の人口を抱え、陳腐化で衰弱した経済基盤で国際競争、世界恐慌にさらされつつどうにか世界帝国を立ち行かせようと奮闘し、安全保障上の三つの重大な問題――極東の日本、地中海のイタリア、ヨーロッパ大陸のドイツ――にも直面している。一九三七年には、軍の参謀総長たちも内閣にこう警告した。「ドイツ、イタリア、日本を同時に相手にして、満足な対決ができるとは思えません」。ゆえに「仮想敵国の数を減らす」ことが必要不可欠である。何より、ドイツの脅威を弱めることができれば、イタリアも日本もドイツの援護なしにイギリス帝国を攻撃するとは考えられず、この二国の脅威もおそらく弱まる。六年間の財務相経験があるチェンバレンは、イギリス経済を健全に保つために不可欠な戦略目標について、慎重に考えを巡らせた。彼は、イギリスのリーダーたるものは、経済の働きを念頭に置きながら防衛上の優先順位をつけるべきだと確信していた。

そこで浮上したのが「宥和政策」だ。目新しさはどこにもない。遅くとも一九世紀の半ば以降、イギリスのリーダーたちは、戦うわけにはいかない敵とは折り合いをつけるように努力してきた。たとえば第一次世界大戦以前には、植民地支配に関する取引を通じて、フランスやロシアの脅威を弱めていた。歴史学者のスーザン・ペダーセンによれば、これが「帝国の考え方」だ。一九三七年から三八年の初めにかけて、チェンバレンはナチ・ドイツにも同様のアプローチをとるという野心的な計画を持っていた。だが、その計画には決定的な問題があった――チェンバレンは、ヒトラーとニコライ二世〔帝政ロシア最後の皇帝〕の違いを把握しておらず、ヴィルヘルム二世〔ドイツ帝国第三代皇帝〕とどこが違うかさえも理解していなかった。ヒトラーのドイツは、世界の秩序全体に存続の危機を突きつけていた。植民地がどうこうという、限られた危機とは比べ物にならない。そのような規模の脅威に対して、宥和政策というイギリスの伝統が有効かどうかは、正解のわからない問題だった。

いうまでもなく、宥和政策を推進すれば、イギリスは相手政権の方針にあれこれと口出しできなくなる。チェンバレンはいかにも彼らしく、考えが異なる点があれば、大人になって現実を直視すべきだと思っていた。「強力な同盟国がない状況では、軍備が整うまでは外交政策を環境に合わせて調整し、忍耐強く機嫌よく、本来なら許しがたいことも耐えしのばねばならない」と彼は述べている。こうした考え方がチャーチルと大きく異なるのは、彼もよく承知していた。「ウィンストンの助言に従い、通商を犠牲にして武器を製造するとなれば、われわれは交易においてそれなりの傷を負い、その回復には何十年という時間がかかるかもしれぬ。われわれは今ある喜ばしい自信を失い、収支のバランスを崩すことになる」と彼は考えた。

だが、一方で彼は楽観的だった。妹ヒルダへの手紙には「丁寧な外交によって、われわれはおそらく無期限に（戦争を）回避できると信じている」と記している。首相になった彼は、まさにその通りに実行しようとした。

チェンバレンが望む「丁寧な外交」とは、ドイツに手を差し伸べ、大々的な最終合意ですべての問題や対立を解決しようとする外交だった。チェンバレンは、閣内でも特に尊敬を集める大臣のひとり、第三代ハリファックス子爵エドワード・ウッド――のちの初代ハリファックス伯爵

――を自分の政策遂行における右腕にすると決断する。

ハリファックスは、文句のつけどころがないイギリス貴族だった。息子たちが結婚する際には、義理の娘となる結婚相手に、自分を「ハリファックス卿」と呼ぶように求めたと言われている。身長は一九五センチメートル、外見はそっけなくよそよそしい感じで、常に正しく、慇懃で冷静だった。生涯にわたって政治家として外交畑を歩む一方、狩猟とイギリス国教会、イースト・ヨークシャーのギャロウビーにある領地に情熱を注いだ。彼はイングランドの田舎と、田舎ならではの社会階級、秩序ある自由、低俗とは無関係であるところ――子爵の目にはそう映っていた――を深く愛した。彼はそうしたすべてを守るために、自らのキャリアを捧げた。

一八八一年生まれのハリファックスは、一九一〇年に庶民院に初当選し、第一次世界大戦では、西部戦線で殊勲を立てた。一九二五年、インド総督に任命され、一九三一年まで任務を全うした。インド総督就任によって、彼はのちにマハトマ・ガンディーやインド独立運動との和解に理解を示すようになる。ハリファックスは、インドの自治は避けられないと見て、イギリスの舵取りで、インドが自治権を得てもイギリス連邦にとどまるように決着させるべきだと考えた。ハリファックスにとっては、それがシンプルな現実主義だった。

インドを去る少し前、ハリファックスはガンディーを何度も引見した。のちに彼は、父親にこう話している。「まるで、この惑星に二週間ばかり滞在しようかと別の惑星からふらりとやってきた人物と話しているみたいであり、彼の全体的な精神のあり方は、彼が足を降ろしたこの惑星で大方のことを取り仕切る者たちとは著しく異なっておりました」。だが、初めのうちこそなかなかうちとけなかったものの、ふたりの関係は徐々に進展し、互いを敬うようになった。その理由のひとつは、それぞれが相手の篤い信仰心を認め合ったことだ。ふたりの議論は、一九三一年三月の「ガンディー＝アーウィン協定」という形で実を結び、ガンディーは市民的不服従運動の中止、および憲政改革を議題とする円卓会議への出席に同意した。チャーチルは、この同意を導き出した交渉に猛烈に反対し、それがもとで政治の荒野をさまようことになる。一九三一年二月にハリファックスが初めてガンディーを引見したときは、「托鉢僧を装った半ば裸の姿で副王宮殿の石段を登り、イギリス国王兼インド皇帝の名代と対等に交渉するとは」と悔しさをぶちまけた。

ロンドンへ戻ったハリファックスは、王爾尚書、枢密院議長――部門を束ねる責任は伴わず、自分が好む問題を自由に取り上げたり、首相から直に頼まれる案件を引き受けたりする立場――など、閣内のさまざまな職に就き、もっぱら外交問題に専念した。

ハリファックスは、ガンディーと向き合った経験から得たいくつかの教訓を、ドイツとの関係に生かそうとした。彼は、問題の解決には個人的に接触するのが一番だという考えにいたっていた。心して相手側の尊厳を重んじ、細かいことにこだわりすぎないように注意を払えば、交渉はうまくいくものだと彼は考えた。この姿勢は、インドに対して功を奏したように、歴史の流れが相手に味方していそうな場合には特に重要だろう。ハリファックスは、ヒトラーとガンディーには「似ている部分がある」という、イギリスの官僚の示唆に同意した。どちらも「同じように、強い劣等感、理想主義、自らが国民を導くという天命への信念」を抱き、「聞き分けのない部下に手を焼いている」のではないか？　同じくインドとドイツの状況は似ていると見ていた保守党の政治家、ラブ・バトラーは、一九三五年にこう記している。ハリファックスは「人と人が会ったときの人間的側面に関心があり、ヒトラーと会って折り合いをつけることに、とても興味があるのかもしれない」。

ナチ党の指導部のなかでさまざまな任務を負っていたヘルマン・ゲーリングは狩猟にも熱心で、国益のため、一九三七年一一月にベルリンで国際狩猟展覧会を開くことにした。新任の駐独イギリス大使、サー・ネヴィル・ヘンダーソンからイギリスも出席すべきだと強く勧められたチェンバレンは、ヒトラーと「折り合いをつける」というハリファックスの望みを思い出した。ミドル・ハウンズ狩猟協会会長のハリファックスは、国際狩猟展覧会に出席する正当な理由がある。イギリス政府は、ハリファックスの出席はまったくの私用だとしたが、公式にハリファックスをドイツへ招待したゲーリングも、チェンバレンと外相のアンソニー・イーデンも、彼の訪独に満足していた。そして、個人的なミッションとはいえ、ハリファックスは期せずして第三帝国の指導者全員と顔を合わせることになる。

ホスバッハ会議から二週間とたたない一一月一八日木曜日、ハリファックスは予定通りベルリンに到着し、ドイツ外相のフォン・ノイラートと落ち合って狩猟展覧会に出向いた。ウィットに富み、あだ名をつけるのがうまいベルリン市民は、たちまち訪問者の名をハラリファックス卿と読み換え、「ハラリー!」と呼んだ——ドイツでは、キツネ狩りで獲物を見つけたときにそう叫んで犬をけしかける。ヒトラーはベルクホーフに滞在中で、ベルリンへわざわざ戻る気がなく、山の別荘まで来ないかとハリファックスを誘った。快適な列車も用意した。

一一月一九日金曜日の朝九時、列車がベルヒテスガーデンに到着すると、輝くメルセデス・ベンツが数台待ち受けていて、山道を登り、ヒトラーの山荘へと運んでくれた。到着すると地面には雪が積もっていたが、建物へ続く急こう配の階段はきれいに除雪してあった。そのとき、このミッションで得られるかもしれない外交成果が吹き飛びかねない大惨事が起きかけた。ハリファックスは、のちにこう記している。「車の窓から外に目をやると、ちょうど目の高さの辺りに雪を掃いた階段があり、その中ほどに黒いズボンをはいた脚が見えた。絹の靴下とフォーマルな靴をはいている。私は、従僕が来て車から降りる手助けをしてくれるのだろうと思った」。貴族のハリファックスが、まさにその「従僕」に外套を渡しかけた瞬間、惨事が起きるのを察知したノイラートがあわてて耳元でささやいた――「総統です！ 総統閣下です！」。ハリファックスも、「目線を上げていくと、ズボンの上にはカーキ色の上着があり、鉤十字のついた腕章がついている」のに気づいた。ヒトラーは一九三〇年代後半、ナチ党の制服である褐色の上着を着用することが多く、鉤十字の腕章と、第一次世界大戦の西部戦線で武勲を挙げて授与された鉄十字章だけを装飾品としてつけていた。ハリファックスは、ヒトラーが「丁重に挨拶をして私を家に招き入れ、書斎へ案内してくれた。暖房が効きすぎていたが、大きな窓から見える山の景色は壮大だった」と回想している。

このように始まりが気まずかっただけに、ハリファックスとしてはヒトラーとの会話を進めにくかったのも無理はない。そもそも、このような会談が行われたこと自体、すべてのイギリス国民が喜んだわけではなかった。「率直に申し上げねばなりませんが、私個人といたしましては、ハリファックス卿の訪独に不安を抱いておりました」。数週間後、ウィンストン・チャーチルは庶民院でそう発言した。彼の考えでは、イギリスはドイツの歓心を買おうと必要以上に努力し、自らをあまりにも弱く見せていた。多くの国がイギリスに「平和、自由、民主主義、そして議会政治のために闘い続ける」ように期待している。そうした国々から、イギリスは自分たちを見捨てて自国の利益のために取引するのだと思われたら、「私は、絶望の鐘がヨーロッパのあちらこちらで鳴り響くであろうと思うのであります」。だからこそ、とチャーチルは続ける。「ハリファックス卿の旅で動揺が広がったのです」。

「私は、ロンドンから何ひとつ新しい提案を持ってきておりません」。ハリファックスは、ヒトラーに向かってそう切り出した。自分が来たのは、ただ「政治の現状に関するドイツ政府の見解を確かめ、どのような解決の可能性があるかを探る」ためだと、彼は説明した。だが、ヒトラーにしてみれば、イギリスの首脳から幾度も聞かされてきたお決まりのせりふと同じだった。ハリファックスの言葉を伝えた通訳のパウル・シュミットには、ヒトラーが不機嫌そうな表情になるのがわかった。総統は「機嫌を損ね、話すのを拒まれる」かもしれないと彼は思ったが、すぐに「ヒトラーには、ずっと黙っているのが苦痛なのだ」と思い出した。

シュミットは正しかった。口を開いたヒトラーは、お決まりの不平から始めた――イギリスの新聞はドイツに対する「無責任な批判」を書き立てる。さらに、民主主義国と取引するのは相当にむずかしいとも不満をもらし、「私の提案はすべて――軍備縮小も政治も――議会と新聞の」暗礁に「乗り上げている」と言った。対するハリファックスは、のちの本人の説明によれば、遠慮のない返答をした。「彼が本心からそう思うのなら、私が時間を無駄にしているのは明らかで、さらに重要なことだが、私が面会を求めたせいで彼にも彼の時間を無駄にさせている、と言い返した。というのも、グレート・ブリテンが、国のあり方や政治形態を変更するはずがないと思ったからだ」。ハリファックスはさらに一歩踏み込んで、他国とのつき合いについてヒトラーに指南した。ヒトラーの「軍備縮小やその他の提案」が破綻したのは新聞報道が誤っているせいではなく、「理由がどうであれ、他の国々は、その提案で現実に可能となる安全保障策に満足感を覚えないからだ」。ヒトラーは「数々の条約義務を無視しており、新たな約束を提示したところで、他国の人々がその点を忘れていないのは驚くにあたらない」。

ヒトラーは一瞬あっけにとられ、自分が批判したのはイギリスではなくフランスだとぼそぼそと言った。しかし、不機嫌はまだ続いた。第一次世界大戦の終戦で失った植民地を取り戻したいというドイツの願望について語り、「われわれの間には、他にどんな問題があるのかね」とハリファックスに質問した。イギリス国民はヒトラーが国際連盟と軍備縮小についてどう考えるかを知りたがっている、とハリファックスは答え、中欧の国境問題に話題を移した。

「他にも、ヴェルサイユ条約に起因する諸問題が間違いなく存在します」とハリファックスはヒトラーに告げた。「軽率な対処をすれば、もめごとが起きる可能性があります――自由市ダンツィヒ、オーストリア、チェコスロヴァキアの件です」。ハリファックスの発言は、その地域――かつてはドイツの西プロイセンに属し、第一次世界大戦後は国際連盟の管理下にある自由市ダンツィヒと、もとのオーストリア＝ハンガリー帝国から切り分けられた新生国――には、ドイツ語で会話する住民が数百万人いて、ヒトラーがその住民をドイツ国に組み入れたがっているのを自分は理解しているという意味だった。ハリファックスはさらに続けた。「そのすべての問題において、われわれは必ずしも今日の現状に与することを重要視してはいませんが、さりとて、もめごとが起きかねないような取り扱いを確実に回避することは大いに重要視しています」。

いうまでもなく、用いられているのは周到な外交用語で、「もめごと」とは戦争を指す。「もしも、主な関係国の自由な意思による同意を得て理性的な解決にいたるのであれば、われわれとしては、それを阻むつもりは毛頭ありません」。ハリファックスはそう述べた。

それは、チェンバレンがハリファックスに届けさせたメッセージの核心部分だった——イギリス政府は次の大戦が起こるのを防ぐ目的で、ヨーロッパが全般的和解にいたることを望む。全般的和解にいたるためなら、一九一九年のパリ講和条約で作成した政治地図を大きく変更するのもいとわない。当然ながら、イギリス政府の誰ひとりとして、ヒトラーがホスバッハ会議で口にした「遺言状」のことも、オーストリアとチェコスロヴァキアを併合する計画も、知る由はなかった。とはいえ、このときハリファックス卿は、ヒトラーが目的をかなえる道筋を示してしまった。

ヒトラーの方は、メッセージを聞いて、ハリファックスの意図とは違う受け取り方をした。ハリファックスとしては、ガンディーのときと同じように、イギリスらしい伝統的なアプローチを取ったつもりでいた。和解を達成するという願望の根底にあるのは強い自信と正義感であって、退廃や弱さではない。だが駐独大使のヘンダーソンが見たところ、ヒトラーは、気弱なイギリス人がドイツの東欧への拡大を容認するという卑屈な意志を打ち明けたととらえていた。それこそ、ヒトラーが聞きたかったメッセージだ。しかしそれでも、総統の機嫌は目に見えてよくはならなかった。

ハリファックスがヒトラーとの面会で感じたことは、数年前にガンディーを引見した際の所感と酷似する。「誰しも常々感じるのは、」と彼は日記に書きとめている。「われわれはみな、まったく異なる価値観を持ち、異なる言語で話しているということだ」。ヒトラーはハリファックスに、自分は「今日の現実と苦闘したからこそ」権力の座に就いた、と語った。それに引きかえ「イギリス政府は、いまだに自らつくり上げた世界、奇妙なおとぎの世界でぬるま湯に浸り……『集団安全保障』『全般的和解』『軍備縮小』『不可侵条約』といったご立派な幻想にしがみついている」。

会談が中断されて昼食の時間になると、会話はいっそう気まずくなった。肉を一切食べないヒトラーは、たばこも吸わなければ酒も飲まず、野菜スープ、野菜の盛り合わせ、クルミとチョコレートが載ったひと皿を食しただけだった。招かれた者たちには「そこそこの肉料理」が出されたと、ベルヒテスガーデンまでハリファックスに同行した在独大使館の一等書記官、アイヴォン・カークパトリックは回想している。給仕をしてくれたのはヒトラーの執事と、長身で白い上着をまとった三人のSS隊員だった。ハリファックスはドイツ語が話せなかったが、カークパトリックは流ちょうに話せたので、果敢にも会話を弾ませようと努力し、まずはイギリス人の定番、天気の話題から始めた。だが、ヒトラーはイギリス人ではないので、嚙みつくように言い返す。「天気ですか。天気予報士というのは愚か者でしょう。彼らが晴れると言えば必ず雨が降り、悪天を予報すると晴れる」。カークパトリックが航空に話題を移すと「電車や車で行けるのに航空機に乗るのは、ばか者だけですな」と答える。狩猟展覧会に関する感想も同じようなもので、ミドル・ハウンズ狩猟協会会長であるハリファックスに向かって、「私には、狩猟のどこがおもしろいのかわかりませんな――高性能の現代兵器で武装して身の危険を排し、無防備な動物を殺しに行くとは」と文句を言った。カークパトリックには、ヒトラーは終始「甘ったれて、すねた子ども」のようにふるまっていると思えた。

コーヒーを飲むために階下の居間へ降りてからも、事態はよくならなかった。その部屋には巨大な窓があり、手回しハンドルで上下に開け閉めすれば、山の絶景を楽しめた。映写機も備えつけられ、日中は二枚のタペストリーの裏に隠されているスクリーンもあった。ヒトラーは大の映画好きで、アメリカやイギリスの映画も含め、ひと晩に二本見ることも珍しくなかった——この年のクリスマスには、宣伝相のヨーゼフ・ゲッベルスからミッキーマウスのアニメ映画を一八本プレゼントされて、大喜びする。ハリファックスと会った日には、一九三五年公開の映画『ベンガルの槍騎兵』を熱心に鑑賞した。主演はゲイリー・クーパーで、訓練された冷静なイギリス兵がインド北西部の国境をイスラム教徒の反乱者から守るストーリーだ。

イギリスのインドにおける経験で総統が得た教訓が、ハリファックス卿が得た教訓とまったく別物であるのは、すぐにも明らかになった。ヒトラーはハリファックスに、イギリスがなぜ「混乱を容認」したり、ガンディーやインド国民会議の独立運動指導者と交渉を持って時間を無駄にしたりしたのか、理解できないと言った。ヒトラーから見れば、事態の収拾にはもっと簡単な方法がある。「ガンディーを撃てばいい」とヒトラーは告げた。「それでも彼らを服従させられなければ、国民会議の指導的メンバーをまとめて撃つ——それでもだめなら、二〇〇人ばかり撃って秩序が整うまで撃ち続ければいい。あなたが本気だとはっきり示せば、彼らはたちまち崩れますよ」。長々とそう語るヒトラーを、「ハリファックス卿は驚きと嫌悪と哀れみの混じった表情で見つめた」と、のちにカークパトリックは述べている。ハリファックスは、総統に反論を試みるのは時間の無駄でしかないと思った。

ヒトラーが多少礼儀にかなう態度を示したのは午後四時頃、ベルヒテスガーデンからミュンヘン、そしてベルリンへと戻る一行を見送るときだ。通訳のシュミットの記憶によれば、ハリファックスは「感激しているようすも、がっかりしているようすもなく、終始、いかにも寡黙で沈着なイギリス紳士らしい態度」のままで、「いら立ちも見せずに、いとまを告げた」。一方ノイラートは、ホスバッハ会議の話とその日の話が恐ろしいほど類似しているとあれこれと考えたはずで、イギリスからの客人たちの目にヒトラーがどう映ったかを痛いほど感じ取っていた。ベルリンへ戻る列車のなかで、ノイラートは総統の顔を立てようとした。彼はふたりのイギリス人に向かって、「総統が疲れていて機嫌が悪かったのは残念だった」と言い、さらに、訪問は有益だったと言い張った。「ヒトラーに外部の世界の人と会ってもらうのは」少なくとも喜ばしい。カークパトリックは、ヒトラーは自分が求めるものについてすでに決断をすませていて、ハリファックスのような仲裁役と話して時間を無駄にするのが不快だったのだと思った。

それでも、帰国したハリファックスは、迷いなく楽観的に内閣に報告した。ベルリンに滞在した最後の二日間、彼はブロンベルク、ゲーリング、ゲッベルスなど、何人ものナチ党の指導者と面会した。シュミットは、ヒトラーかノイラートのどちらかが、特別に友好的に応対するようにと指導者たちに指示していたのではないか、ハリファックスにとってそのような好印象を自国に持ち帰ることが、同じく狩猟好きのゲーリングと会った本当の成果になるのか、といぶかった。いずれにしても、ハリファックスは一一月二四日に開かれた閣議で、自分は「友情と良好なる関係の切望」に接し、「チェコスロヴァキアに関して（ヒトラーは）『かの国が、国境線の内側に暮らすドイツ人を正当に扱い、彼らが完全に満足すればそれでよい』と言い……ヒトラー氏は、大惨事が目前に迫っているという巷間に広がる噂を厳しく批判し、世界が危険な状況にあるとは考えていない」と報告した。ハリファックスは、ドイツ人に「ビーバーのように粘り強く」中欧に要求を訴え続けてもらいたいと期待しつつも、ドイツ人には「近い将来に冒険を犯す方針はない」と希望的観測を持っていた。彼は、ドイツの爆撃機保有の制限とドイツが再び海外植民地を保有する問題について英独は合意できるかもしれないと考えたものの、現実にイギリスが許容可能としたのは後者だけで、「全般的和解の見返り」としてならばという条件つきだった――いいかえれば、ドイツを軍備縮小、国際連盟への復帰など、別の計画に誘い込む餌として植民地を認めるにすぎない。ともかく、まもなくチェンバレン政権が熱心に取り組むのはそのような戦略だった。

一方、ドイツがハリファックスのメッセージをどう受け取ったかは明白だ。一一月二二日にハリファックスがイギリスへ帰ると、ノイラートはイタリア、イギリス、フランス、アメリカのドイツ大使館に次のように報告した。ヒトラーは「客人たちにイギリスとフランスの政策に関する厳しい事実をあえて伝えた」。それにもかかわらず、ハリファックスは、「ヨーロッパの体制におけるある程度の変更は、長い目で見ればおそらく避けられない」と明言した。変更が起きる可能性がある場所には、「ダンツィヒ、オーストリア、チェコスロヴァキア」が含まれる。ハリファックスは、ドイツは「ボリシェヴィズムに対する西欧の防波堤」だと述べたと、ノイラートは断言している。

ヒトラーはその後まもなく、ミュンヘンのゲルトナープラッツ州立劇場にオペレッタ、『こうもり』を見に行って、ヨーゼフ・ゲッベルスと会った。ハリファックスは「氷のように冷たく、革のように頑丈だった」と、ヒトラーはゲッベルスに伝えた。会談は四時間も続いた割に「得るところがほとんどなかった」。ヒトラーから見れば、ハリファックスは「中欧について自由裁量を与える」代わりに、総統が植民地問題に関する議論を「先延ばし」するように「誘い込む」つもりだった。ヒトラーが中欧は万事うまくいっていると答えると、今度はドイツをイタリアから切り離そうとして、やはりしくじった。つまり、会話は無駄だった。ゲッベルスは、それは「残念」ではあるが、「(イギリスと良好な関係を築く) 機はまだ熟していない」と思った。

ヒトラーは中欧で得る利益には関心がないと装っていたが、もちろんそうではなかった。ドイツの戦争計画は、ホスバッハ会議およびハリファックスとの会談を経て、著しく変化する。一九三五年の時点では、陸軍の主な配置計画はフランスからの攻撃に対する防衛、「赤作戦」だった。一九三七年の中頃には、新たな要素――フランスの同盟国チェコスロヴァキアに先制攻撃を行う「緑作戦」――が加わったが、実行はフランスと戦争状態になった場合に限られた。方向性はあくまでも防衛で、赤作戦が断固として重要視された。ところが一九三七年一二月、国防軍作戦課長のアルフレート・ヨードル大佐は緑作戦に決定的な新解釈を加えた。すなわち、チェコスロヴァキアへの攻撃は対フランスの防衛に優先する。計画の文言は明確だ。「ドイツの戦争準備がすべての面で完全に整ったうえで、チェコスロヴァキアに対して攻撃をしかける軍事状況となれば、たとえ他の列強がわれわれを妨害したとしても、ドイツの生存圏の問題は勝利の結果とともに解決される」。この計画を見れば、ヒトラーと軍人たちがハリファックスの訪問で何を理解したかがわかる。もしも「イギリスがヨーロッパ全般の戦争を嫌うせいで、(そして) イギリスが中欧の問題にさして関心を払わないせいで、ドイツが対峙する敵はチェコスロヴァキアの方角にあるロシアしかいなくなる可能性」が生じる状況となれば、緑作戦は、ドイツの戦争準備が充分に整っていなくても開始できるかもしれない、と理解したのだ。

ナチズムの脅威の兆しをイギリスの外交政策立案者が初めて感じ取ったとき、ウィンストン・チャーチルが示した反応の根底には、ふたつの重要な要素があった。ひとつは、近代の総力戦の本質に関する深い理解。もうひとつは、近代戦の到来に関する恐ろしく優れた予見だ。

すでに一九〇一年に、彼は新人の国会議員として、近代戦の特質についてたいへん鋭く予言的な主張をしている。「かつての戦争は……大臣の政策や国王の執着から始まり、職業軍人による小規模な常備軍が戦い……戦闘員の負担を限定できました」。しかし現在は、「強力な国民どうしが互いにかりたてられ……ヨーロッパの戦争は、敗戦国の荒廃と、それと同じくらい致命的な戦勝国の商業的混乱と疲弊を必ずやもたらして終わるのです」。民主主義はかつての君主制よりも報復的だ、と彼は述べた。「国民の戦争は、国王の戦争よりも恐るべきものになるでありましょう」。一九〇一年の時点で、近代の大規模戦争がそのような残虐性を伴うと鋭く察知していた者はほとんどいなかった。

一九一一年、まもなく海相となるチャーチルは、来るべきヨーロッパの戦争の進行を予測する優れた覚書を執筆した。イギリスとフランスはロシアと同盟関係となり、ドイツとオーストリア＝ハンガリー帝国の連合軍に立ち向かう。ドイツはふたつの前線で戦うジレンマを解決するため、まずベルギーを経てフランスを攻撃するだろう。充分に訓練された大規模部隊を動かせるドイツはたちまち優位に立ち、フランス軍をパリ付近まで後退させる。しかしイギリスの援軍が到着して決戦に貢献し、およそ四〇日目にはドイツの進軍を止めるだろう。一九一四年八月、ドイツ軍は実際にベルギーからフランスへ攻め込んですぐに優勢に立つ。しかし、三七日から四一日目にはイギリス軍の応援を受けたフランス軍が、パリからわずか数十マイルの地点におけるマルヌ会戦で、ドイツ軍の進行をくい止めた。その後は膠着状態が数年続き、チャーチルが一九〇一年に予見した通りの、大量殺りくと経済破綻がもたらされた。

チャーチルの予知は、科学技術の分野にもおよんだ。おそらく物理学者フレデリック・リンデマンと親交があったからだろうが、一九三一年には核エネルギーの平和利用と軍事利用の双方を予測した。また、やがて「無線電話やテレビジョン」を「各自の部屋に設置すれば、持ち主どうしが接続され、窓から首を突っ込んでいるのと同じように相手の話を聞いたり会話をしたりできるようになる」とも予測し、「親しい人と同じ家に住まなくても、同じ街に住まなくても構わなくなる」と述べている。

彼の考え方のふたつ目の要素は、一九三〇年代に世界の民主主義が直面していた危機の大きさを彼が認識していたからこそ生まれた。第一次世界大戦で獲得した「気高い勝利の頂き」は「その後の和平に続く年月の間にほとんど失われてしまった」。彼は一九三〇年にそう記している。「われわれの人種は与えられた使命を疑い、もはや自らの道義に自信を持てなくなり……激しく荒れた大洋の潮の流れに身を任せて行ったり来たりしている。方位磁石は壊れ、海図は古びたままだ」。

チャーチルは常々、情熱ある民主主義者であると自認してきたが、新しい民主主義がヨーロッパ各地で失敗するのを目にするにつけ、情熱は失われているかに見えた。民主主義は、イギリスやフランスという国でさえも新たな課題に対処できていないようだった。

チャーチルは、イギリスの選挙制度改革となる、一九一八年国民代表法の影響をやや案じていた。この法律によって、最後まで残っていた男性の納税による選挙資格が取り払われ、三〇歳以上の女性に参政権が認められた。その一〇年後、女性は男性と同等の選挙権を勝ち取る。制度改革の結果、有権者数は三倍になった。「この膨大な数の有権者は、この国にいる大勢のきわめて貧しい人々で構成され」、それは「不確定要素」となる、と彼は書いている。彼の気分は、ときとともに暗くなるばかりだった。一九三〇年には、議会政治は「普通選挙を基本とするようになって、権威を大きく損なったようだ」とこぼしている。そして一九三一年に金融危機が始まり、彼自身も政治の荒野へ追いやられると、気分はますます暗さを増していった。彼はこの年の終わりにそっけなく書き連ねた。「民主主義は、進歩の指針や原動力としては意味をなさないと長らく考えられてきた」。民主政治は「最も抵抗を受けにくい方向へ流され、目先のことばかり考え、ごくわずかな費用しか負担せず、聞こえのよいたわごとで地ならしをする」。

民主主義によってまずい経済政策が生まれたというだけではない。チャーチルの考えでは、新たに生まれた民主主義は重大な国家安全保障問題もはらむ。彼は、ドイツでナチ党が政権に就く前から、「民主主義は、政治的地位を確立してしまうと、自らの政治制度について不注意になるのがあらわになった」と案じていた。民主主義は「何世紀もかけて苦労して手に入れた具体的な権利を、政党組織、同盟や結社、軍司令官、さまざまな形態の独裁国家に、いつ明け渡してもおかしくない」。

多くのイギリス人と同じくチャーチルも、イギリス型の民主主義を輸出してもうまくいくわけではないと考えていた。「イギリスのオーク材は、ラテン系やスラヴ系の土壌では育たないように思える」と一九三一年に記している。彼は、ベニート・ムッソリーニのイタリア式ファシスト政権を進んでほめそやし――一九二七年には「全世界に寄与する」と述べた――スペインの「最良の時期」はミゲル・プリモ・デ・リベラの独裁政権のもとで訪れた、とも語った。

ドイツでナチ党が政権を獲得すると、チャーチルは、見るからに強大な独裁の力に影響されて、ヨーロッパに残る民主主義の士気がくじかれるのではないかと心配した。「われわれは、熟慮すべきです。西欧の議会政治は……ドイツで樹立された独裁政治がドイツ国民に与えるのと同程度に、国民の満足はいうにおよばず、身の安全も与えることができるのでしょうか」。彼は庶民院でそう述べた。

インドの自治とナチズムの脅威は、今日の私たちが考えるのと同様に異なる問題だったが、それぞれに対するチャーチルのアプローチの根源は、まさに共通していた。彼にとっては、イギリス帝国の力の維持が何よりも気がかりで、帝国の力に対する脅威を、民主主義国の政治家のなかでは誰よりも的確に把握していた。それは、彼が二〇世紀の戦争と政治の陰惨な本質をよく理解していたからだ。その点が、チャーチルとチェンバレンの違いだった。チェンバレンは冷徹な現実主義者で、経済的合理性を追求する限り戦争はあり得ないと考えていた。チャーチルの展望はもっと悲観的で、悲惨で、暴力をいとわない部分がある。実際に彼は、一九三〇年代の初め頃、ヒトラーと非常によく似た発言をしていた。

一九三二年、チャーチルは、のちにインド総督となるリンリスゴー侯爵宛の手紙でぼやいている。「二〇世紀初めの穏健であいまいなリベラリズム」は「議会と選挙を重んじる手法に対する暴力的反発によって、また、表立っているにせよベールに隠れているにせよほぼすべての国にいる独裁的な権力者によって、すでに取って代わられています」。さらに、彼はこうも述べている。「外国との連携の後退」や「外国貿易および船舶輸送の縮小」によって「イギリスの職にあぶれる人々は破滅寸前にまで追いやられています」。彼は、「われわれがこれから迎える、自己保存を目的に闘う時代においては、人口が密集する工業国が非常に重要となってくる」と考えていた。したがって、日本やイタリアはいうにおよばず、オランダやフランスなど他の強大な帝国が決して足並みをそろえはしないなかで、イギリスのみが「インドのような広大な属領地の支配」を放棄すべきという提案は「妥当性を欠いた論理」である。チャーチルは腹を立てていた。「貴殿と貴殿のご友人方は」――リンリスゴーは、インド独立運動に対する譲歩を支持していた――「遠い過去のたやすく圧勝できた時代のように月並みで中身のない発言を続けている……私の考えでは、イギリスは生き残るための新たな苦闘と戦いの時代の入り口におり」、そういう時代においてはインドの保持が「核心」となる。

このように、チャーチルはヒトラーと同じく、国家安全保障は帝国の維持と自給自足にかかっているのであって、首尾よく世界を資本主義経済に統合させることにかかっているのではないと考えていた。この点が、独創性に乏しく実利的なチェンバレンとの違いの本質だった。チャーチルのそうした発言を耳にするにつけ、イギリスの左派の政治家は、チャーチルがイギリスのファシスト政権の指導者になるのではないかと不安視したが、そのような不安は杞憂だった。とはいえ、このような公式発言をする以上、反ファシストとしてのチャーチルの評判は上がらない。一九三〇年代半ば、彼は日本やイタリアの武力侵略、あるいはスペインで起きた反乱軍の蜂起について、ドイツに対して行ったような非難をしなかった。いいかえれば、彼は世界の紛争に関していまだ純粋なナショナリストの観点に立ち、道義的で大局的な観点を持つにいたっていなかった。ヒトラーがドイツ政界で頭角を現しつつも、まだ政権にはついていなかった時期、チャーチルは自分の考えをこう語っている。「私は、戦争で敵対した側の人であっても、敗北した自国のために立ち上がる人物を尊敬する」。彼の考えでは、ヒトラーは「自ら望むならば、愛国的なドイツ人となる権利を完全に有していた」。一九三八年一一月になっても、チャーチルは演説でこのように語っている。「常々申し上げていますが、もしもグレート・ブリテンが戦争で敗北するようなことがあれば、国家間において本来あるべき位置にわれわれを連れ戻してくれる、わが国のヒトラーを見出したいものだと思うのであります」。

ヒトラーが統治するドイツのような脅威と向き合う民主主義国にとって、どちらの――チャーチルか、チェンバレンか――見解が、有効な政策を打ち出す可能性が高いのだろうか？　チャーチルの方は年とともに考えが変化し、ヒトラー政権の底知れぬ恐ろしさを目の当たりにするにつけ、民主主義を重視する信念が戻ってきた。反対にチェンバレンは、実利的な和解を重視する信念がしだいに損なわれていく。そして、ちょうど同じ頃、もうひとりの重要な世界のリーダーが同じ問題と格闘していた。

一九三〇年代の終わり頃、複数の時事漫画家が第三二代合衆国大統領フランクリン・デラノ・ローズヴェルトを、頭部が人間で胴体がライオンの、謎かけをするという神話の獣、スフィンクスに見立てた絵を描くようになった。

神話を比喩に用いるならば、理解しにくい表現で未来を予言したという「デルポイの神託」の方がふさわしいかもしれない。ローズヴェルト大統領は、スフィンクスのように自ら謎めいた問いを投げかけるというよりは、明確な質問にあいまいに答えたり、ときには答えなかったりすることが多かったからだ。だが、スフィンクスのイメージは固定してしまった。大小を問わず、あらゆる問題に関して、ローズヴェルトの考えや意図はごく身近な者にとってもほとんどが謎めいていた。ひとりっ子にありがちな、独立独歩の性格が原因かもしれない。だが、政治的な計算が働いていた部分もある。答えを先延ばしにしてさらに情報を収集してから、どのような方策をとるのか態度を明らかにするという局面は多かった。また、むずかしい問題は時間とともに自然と解消される可能性もある。事態の進展を待ち、その間に手の内を見せなければ、大統領の支配力は保たれる。

大きな問題でも小さな問題でも、彼はずっとそういう手法をとってきた。ルイジアナ州知事（扇動政治家《デマゴーグ》でもある）ヒューイ・ロングは、ローズヴェルトと話すといつも「彼は『はい！　はい！　はい！』と言う」とこぼしている。翌日に、ロングの政敵で上院多数党院内総務のジョー・ロビンソンがローズヴェルトと面会しても、大統領は「はい！　はい！　はい！」と答える。「おそらく、彼は誰にでも『はい！』と言うのだ」とロングは結論づけている。ローズヴェルトは、自身の発言や指示の内容を書面に記録するのを嫌ったため、彼が行った最重要の意思決定の多くは公式に記録されていない。彼は大統領として、一九一九年から開催されたパリ講和会議――もちろん彼はかかわっていなかったが――の四人会議[*1]の議事録公開も、そのような記録は決して作成すべきでなかったという理由で禁止した。

ローズヴェルトが常に冷静で表情を変えないのは、政治問題に限らない。一九三三年二月、大統領就任の一ヵ月前、彼は一一日間の航海を経てマイアミに到着した。ベイフロント・パークに集まった聴衆に簡単な演説をして立ち去ろうとすると、大統領に会うためにマイアミに来ていたシカゴ市長、アントン・J・サーマクが、ローズヴェルトの車に近寄り、次期大統領に話しかけた。その瞬間、暗殺を企てた男が撃った弾が、誤ってサーマクに当たった。ボディガードが急いで大統領を避難させようとしたが、ローズヴェルトはボディーガードを制止し、後部座席の自分の隣にそっとサーマクを乗せた。「トニー、静かに――動いちゃいけない。じっとしていれば大丈夫だ」。彼は、致命傷を負った市長にそう語りかけた。サーマクを病院へ送り届けたのち、ローズヴェルトは自分のクルーザーに戻った。間一髪で死を免れた身でありながら瀕死の男をいたわり、その夜の次期大統領はまるで動じていないように見えた。ローズヴェルトの顧問、レイモンド・モーリーは、ローズヴェルトは「一筋の筋肉もぴくりとさせず、額に汗もかいていなかった」と回想している。彼はまったく普段通りで、「ゆったりと自信に満ち、落ち着き払って、どこから見ても動じていなかった」。

ウィンストン・チャーチルが繰り返し行ったあることを、ローズヴェルトは決してしなかった。それは、人気や権勢を致命的に失うリスクを冒しても確固たる主義を守ることだ。あるときローズヴェルトは、反体制派の学生の集団に向かって、自分は「国民全体が受け入れる速度でしか国の問題を解決しない」と警告した。また、公民権運動と労働組合の指導者A・フィリップ・

＊1【四人会議】英首相デヴィッド・ロイド・ジョージ、仏首相ジョルジュ・クレマンソー、米大統領ウッドロウ・ウィルソン、伊首相ヴィットリオ・オルランドの四巨頭による非公式会議。

ランドルフの人種差別撤廃の議論に、こう反論したこともある。「よろしい、私を納得させたなら、次は行動させてみたまえ」――自分は秩序ある世論の圧力がなければ対応しないという意味だ。信念だけでは充分ではない。このような手法とスフィンクスめいた性質が合わさり、経済から最高裁判所の人事、ナチ党の脅威にいたるまで、あらゆる問題に対して大統領がどう対処するかには、常に謎と不確実性がついてまわった。

フランクリン・ローズヴェルトは、民主主義は自国においても世界においても救援を必要としていると理解したうえで政権に就いた。それを心得ていたのは彼だけではない。イギリスの経済学者、ジョン・メイナード・ケインズは、ローズヴェルトは「自国の苦境を何とかしようとする民主主義国の人々のために、既存の社会体制の枠組みのなかで理にかなう実験を自分がやろうと、自ら受託者となったのだ」と考えた。

「実験」という言葉を用いたケインズは、よいところに着眼している。ローズヴェルトは、自分が直面する問題について鋭い感覚を持っていたが、解決策についてはおよそ何の考えもなかった。彼の政策に関する歴史学者の評価は、柔軟で寛容で独善的でないアプローチに対する控えめな賛辞もあれば、問題はやがて消散するという希望のもとで問題を無視したり「どうにかやりすごし」たりする傾向への批判もあり、さまざまだ。ローズヴェルトの伝記を著したジェームズ・マグレガー・バーンズは、政権一期目の外交政策を酷評し、「彼は孤立主義の高潮にどうしようもなくただ浮かんでいるように見え、何かことが起きて人々が学ぶ」日が来るのを待っている、と記した。ローズヴェルト自身も、一九三四年にこう認めている。「率直に言って私は、どうすればアメリカの外交政策に永続性がもたらされるのかがわからない」。彼は、文句なしに鋭い知性によってアメリカが直面するあらゆる問題を正確に認識したが、有能な政治家として、関与は間接的であるべきで、行動はその場次第、戦術は秘密で謎めいているのがよいと心得ていた。気にかけるのはいつも、世界のできごとがアメリカの世論に変化をもたらすかという点であり、アメリカ国民がより積極的に国際問題にかかわるように導くため、あるいは多少なりとも仕向けるため、大統領は何をすべきかという点だ。彼にとってはドイツの再軍備も、イタリアのアフリカにおける帝国主義的拡張の開始も、日本の中国における戦争の拡大も、アメリカの政治のなかで展開するドラマだった。

アメリカ国内の、国際的関与に賛同する勢力と孤立主義を好む勢力のせめぎあいはとてつもなく激しく、厳しい対立は、一九四一年一二月に日本軍の真珠湾攻撃を受けて挙国一致の傾向が生まれるまで続く。

一方の勢力は、アメリカの第一次世界大戦参戦を決め、国際連盟創設に尽力したウッドロウ・ウィルソンの国際主義を引き続き支持する人々だ。彼らは概してリベラル主義者で、一九三〇年代には、ファシズムに対する強い嫌悪と、アメリカは世界の民主主義を守るために権力を行使する国であってもらいたいという願望が彼らの原動力となっていた。ウィルソン政権時に海軍次官を務めたローズヴェルトも、旗幟《きし》を鮮明にしてはいなかったが、間違いなくこちらの陣営だった。

もう一方の勢力は、ノースダコタ州選出の上院議員、ジェラルド・P・ナイをはじめとする、孤立主義と中立政策を熱心に提唱する人々だ。ナイは進歩派の共和党員で、大企業に対して深い疑念を持っていた。彼は上院議員に選出されるまでシカゴから東へ行こうとはせず、ヨーロッパを訪れたこともなかった。一九三四年、ナイは、上院に設置された軍需産業調査特別委員会の委員長となった。メンバーはみな、ナイと同様に、東部の企業や金融システム、そしてイギリスに疑念を抱いていた。調査特別委員会が一九三六年二月に発表した最終報告により、「アメリカが世界大戦に参戦したのは、ひとつには、イギリスへの軍需物資供給と信用供与で過度の負担がかかっていた銀行家を破綻から守るためだった」という考えが広まった。

将軍はいつも最終戦争を戦う準備をする、という使い古された言葉がある。一方で、政治家は最終戦争を防ごうとする、というのもまた真実だ。ナイ委員会の成果によって生まれた中立法は、後者の好例といえる。

最初の中立法は一九三五年、ヒトラーがドイツ空軍《ルフトヴァッフェ》の編成と軍備拡張のための兵役義務復活を発表し、続いてムッソリーニがエチオピア帝国に侵攻した、警戒感が高まりつつある国際情勢のなかで成立した。中立法は、交戦中の国への武器輸出を違法とするだけでなく、交戦国の船籍の船でアメリカ人が旅をすることも抑止しようとした。アメリカ議会はナイ委員会の意図をくみ取り、「死の商人」がアメリカを戦争へ導かないように力を注ぐとともに、第二の『ルシタニア』事件[*2]が起きて、外国船に乗船中のアメリカ人が攻撃によって溺死し、戦争の危険性につながるのを防ごうとした。ローズヴェルトは法によって大統領の権限が制限されることに不服だったが、それでも法案に署名し、「海の向こうの大陸で何が起ころうと、アメリカ合衆国は――かつての建国の父がかくあれと祈ったように――それに巻き込まれずに自由な立場を維持すべきであり、そうせねばならない」と述べて孤立主義者を喜ばせた。

法案の賛成派が懐疑派に配慮した主な譲歩は、六ヵ月の時限立法とすることだった。したがって、一九三六年の初めには施行期間が延長されて、重要な条項が追加され、交戦中の国に対する軍需物資の提供だけでなく、資金の提供も禁止となった。ナイ委員会は、アメリカはフランスとイギリスに多額の貸付をした銀行を守るためだけに第一次世界大戦に参戦したというのが事実ならば、資金提供を禁じれば戦争への道は閉ざされるのではないかと考えた。

中立法の延長が可決された直後、一九三六年七月にスペインで内戦が始まり、議会は見落としがあると気づいた。中立法は主権国家どうしの戦争という枠組みを前提としていたため、スペインの左派を中心とする人民戦線政府とフランシスコ・フランコ将軍率いる反乱軍の戦争を対象とする条項がない。ナチ・ドイツとファシストのイタリアはフランコを援助し、ソヴィエト連邦は人民戦線を支援した。主だった民主主義国は不干渉政策をとると同時に、他の大国にもかかわり合いを持たせまいと、実りのない努力をした。アメリカでは、一九三七年一月に招集された議会で、スペイン内戦に対しても中立を維持することが諮られた。上院外交委員会のキー・ピットマン委員長は、次のように語って決議案を提出した。「スペインでは、ふたつの統治組織による『内戦』という戦争が起きています。しかし、これは他国の理屈のぶつかり合いであり、民主主義国にはかかわりがなく、敵対する勢力はどちらもそれぞれに、大義を抱く強大な他国政府から援助や共感を受けています」。決議案は満場一致で上院を通過し、下院でも四一一票対一票で議

＊2【『ルシタニア』事件】一九一五年五月、イギリス船籍の旅客船『ルシタニア』がドイツ軍のUボートの雷撃で沈没した。溺死した一一〇〇余名の乗客の内一〇〇余名がアメリカ人であったため、アメリカの世論が刺激され、のちのアメリカ参戦の一因となった。

決した。

決議を経て提出されたのは、さらに厳格な中立法だった。サンセット条項[*3]は含まれず、交戦中の主権国家のみならず、内戦が起きている国への軍需物資輸出についても適用されることが明確に示された。それまでと同様に、アメリカが他国の紛争に参加する口実を制限するため、アメリカの商船の武装も禁じられる。新たな中立法は、やはり上下院で圧倒的多数により可決されたが、そこには、「キャッシュ・アンド・キャリー」方式という重大な抜け穴があった。交戦国であっても、自国の船をアメリカの港に送り、現金で支払いをすれば、アメリカで製造した武器を輸送できる。この条項は、議会の二大勢力――アメリカを「国外の紛争」から遠ざけたい勢力と、国際貿易および海外の戦争犠牲者の救済を重視する勢力――にとって必要な架け橋だった。再びヨーロッパで大きな戦争が起きた場合、海軍力のあるイギリスはキャッシュ・アンド・キャリーを確実に活用できるが、ドイツ海軍にはそれはできないと誰もが理解していた。

五月一日、ローズヴェルトは中立法に署名した。七月の終わりには日中戦争が本格的に始まり、この年の終わりには日本が中国沿岸全体と北京、上海に続き南京を――一般市民に対する恐ろしい残虐行為を伴う軍事作戦により――占領するにいたった。だが、日本の前進はそこで行き詰まる。蒋介石総統のもと、中国は降伏も譲歩も拒否した。日本は出口を探り、もう一度だけ戦いに勝てば中国を降伏させられるのではないかと希望をつないだ。日本にとってこの戦争は、今日でいう泥沼状態となっていった。

ローズヴェルトに対して、アジアの戦争についても中立法を行使せよという圧力が強まった。しかし彼は、そうすれば日本を、すなわち近代戦に備えて経済的な準備が整っている側の国を有利にするだけだと知っていた。中立法は、ヴェルサイユ条約の世界、すなわち、大半の国が民主主義国でその民主主義国どうしがおのずと結束して無法国家による武力侵略を阻止する世界を前提としていた。戦争を始めるならば、攻撃の前にきちんと布告するのがあたり前の世界だ。だが一九三七年には、そのような世界は消えていた。民主主義は世界各地で破綻し、独裁的国家の武力侵略によって戦争はイデオロギーの戦いとなり、集団安全保障は錯覚だったと証明され、戦争はモーニングコートに身を包んだ大使が紳士的に布告するのではなく奇襲攻撃によって始まるようになった。中立法は、そのような世界に適合させるにはあまりにも概念的で、超然としていた。ローズヴェルトには、それがわかっていた。だがどういうわけか、彼は一九三六年の選挙で地滑り的勝利を収めて再選されたにもかかわらず、一九三七年にはかつてないほど自身の力の限界を感じていた。一九三七年は、ローズヴェルトにとって悲惨な年だった。ニューディール政策関連の法律に違憲判決を出し続けた最高裁判所を「封じ込め」ようとした計画が失敗し、多くの民主党員までもが、最高裁判所判事の定員を増やすのはやりすぎだと考えた。さらに、痛みを伴いながらも四年かけて少しずつ成長してきた経済が、「ローズヴェルト不況」[*4]によって再び減退に転じた――最高裁封じ込めの失敗と同様、自ら招いた傷でもあった。一九三七年の秋、著しく危険

＊3【サンセット条項】法律、規制などにおいて、あらかじめ適用期間を定める条項。適用期間の終了までに延長の必要性があると判断され、手続きが行われなければ、その法律、規制などは適用期間の終了とともに失効する。

＊4【ローズヴェルト不況】ニューディール政策により経済を好転させたのち、財政赤字を削減するために緊縮財政に転じたが、そのとたんに景気が急降下し、失業者が増加した。

性を増した世界と向き合わねばならなかったのは、そのように弱った大統領だった。

一九三七年一〇月五日、そのような世界情勢——不足する鋼鉄の奪い合いがヒトラーの再武装の意欲に水を差してホスバッハ会議の場が設けられ、ネヴィル・チェンバレンがヒトラー政権をどう扱うべきか思案し、スターリンの粛清と銃殺が最高潮へと向かい、日本が中国沿岸部を掌握していた情勢——のもとで、ローズヴェルトは外交問題においてかつてないほど重要な介入を行った。彼は演説をするため、公共事業局の財源でシカゴに新設されたアウター・ドライブ・ブリッジの竣工式に出席した。数十万人が、大統領をひと目見ようと詰めかけた。

ローズヴェルトは聴衆に向かって、「(昨今の状況下の)アメリカ国民は、国民自身の将来のために、世界の他の国々のことを慮らねばならないゆえ、このすばらしい内陸都市を」重要なテーマについて話す地に選んだと語った。本当の理由は都合よく割愛された——シカゴを選んだ理由は、この街が孤立主義者の牙城だったからに他ならない。

第一次世界大戦直後の大きな期待があった時代は、戦争、内戦、テロの時代に取って代わられた、とローズヴェルトは説明した。そのようなことが起きている状況で、アメリカ国民は「この西半球だけが攻撃されず、静穏かつ平和的に文明の倫理や本質を維持できると」想像すべきではない。ただひとつの選択肢は、「平和を愛する諸国」が「協力して、平和が確実に宿る唯一の礎である法秩序と規範を守ることなのです」。

「不幸なことに」と、ローズヴェルトは結論に入る。「世界に無秩序という伝染病が広がっているのは間違いないようです。よく考えてみてください——身体をむしばむ伝染病が広がり始めると、共同体は、共同体全体の健康を伝染病の感染から守るために患者を隔離することに同意し、協力します」。われわれは「巻き込まれるリスクを最小限にするために、現在の手段をとっていますが、このままでは、信頼と安全が崩壊している無秩序な世界で国を完全に守ることはできません」。

大統領就任以来、自身の国際主義をひた隠しにしてきた人物のきわめて率直な発言だった。だが、この「隔離演説」に対する賛意は、必要とされる場面では得られなかった。国務長官のコーデル・ハルは静かに、だが冷ややかに異を唱えた。アメリカ労働総同盟は他国の戦争への関与に反対する決議案を通過させた。下院の投票では大多数の議員が、アメリカが国際連盟と共同歩調をとって東アジアの戦争を解決することに反対した。報道機関の反応は概ね好意的だったが、演説の直後に行われたギャラップ調査では、回答者の六〇パーセントが中立法のより厳格な運用を支持した。

こうした批判を受け、ローズヴェルトはスフィンクスめいたあいまいな態度に逆戻りする。ある記者会見では、演説は中立性の拡張の表明であり、否定ではないと言い張った。記者のアーネスト・K・リンドリーに、「隔離」は中立法と矛盾するようだがと突っ込まれると、「世界には、まだ試されていない方法がたくさんある」と答えたものの、さらに問い詰められると、こう認めた。「具体的な手がかりを私から示すことはできない。君たちがこしらえるべきだろう」。彼は、アドバイザーでスピーチライターでもあるサミュエル・ローゼンマンにこう話している。「先頭に立って進もうとしているのに、振り返ると誰もついてきていないとは、ひどい話だ」。その後まもなく彼は、合衆国が戦争をせずにヒトラーを抑える方法にたどり着こうと努力しているところだ、と閣議で話した。「われわれはこれを経済制裁とは呼ばない、隔離と呼ぶ。われわれは、戦争に結びつかない手法を開発したい……われわれは現代的な方法でやりたいのだ」と彼は言った。彼は「隔離」についても、同じような説明をした。「隔離は大まかな考え方であり、具体的な計画を決めているわけではない――計画は模索中ということだ」。

ここがまさしく重要な点だ。ローズヴェルトには、自分がやろうとする政策の青写真がなかった。総力戦の時代に、民主主義を維持しつつ、できれば平和な状況で、民主主義が全体主義の侵略者を封じ込める方策をどう見出すかという青写真がなかった。どれもがかつて経験のない問題であり、どれもが想像できないほど深刻な結果をもたらす。間違えれば多数の犠牲者が生まれ、経済は破綻し、敵国に占領される可能性もある。チェンバレン、チャーチル、ローズヴェルトは、それぞれ異なる考えと動機を持っていた。だが彼らはみな、新たな手法、時代にふさわしい手法を開発しようとしていた。

5

「王は、ここでは理解していらっしゃる」

スキャンダル

――八九四年、ヴィクトリア女王のひ孫にあたる男子が誕生するにあたり、ある社会主義の国会議員が不満げに、いみじくも予言した。「彼は将来、世界各国を歴訪する旅に送り出されたのち、身分違いの相手との婚姻の噂がついて回り、最後にはすべてこの国がつけを払わされる」。

やがて判明したのは、予言された妻は外国人で、彼と彼女は一九三一年にイングランドのメルトン・モウブレイに近い個人の邸宅で催されたキツネ狩りで出会ったという事実だった。彼はたちまち彼女の遠慮のないところ、自信、妥協しない態度を魅力に感じ、心をひかれた。当時、彼女は二度目の結婚生活を送っており、彼の方は別の既婚女性と恋愛関係にあったが、ふたりは多くの時間をともにすごすようになる。一九三四年には愛し合うようになり、一九三六年には、彼は何があっても彼女と結婚したいと思っていた。

しかし、これはただの情事ではなく、特権階級の若者たちが自由奔放にふるまう「ブライト・ヤング・シングス」でもなく、下世話なタブロイド紙のゴシップネタにしかならない話だった。彼とはプリンス・オブ・ウェールズ、すなわちイギリスの皇太子、エドワード。そして彼女とは、上昇志向の強いアメリカ人、ウォリス・シンプソンだ。彼の恋愛は国家に影響を与える。というのも、イギリス国王はイングランド国教会の首長であり、イングランド国教会は離婚を容認せず、ましてや一九三〇年代には、「立派な」人々の間に容認の意見はなかった。識者の大多数が、国王と離婚経験者との結婚は憲法で認められないだろうと考えた。

イギリス人の多くが、第一次世界大戦で打撃を受けたうえに、あまりにも拡大した民主主義、ファシズムと共産主義《コミュニズム》によるイデオロギーの脅威、世界恐慌の危機といった課題を抱える自国において、王位はかつてなく重要だと信じていた。また、新聞は国王を絢爛と英知の象徴に仕立てあげ、それがまた国王の安定的な役割を維持していくには好都合だった。だが問題は、国王自身がそうしたイメージを望み、受け入れるかどうかだ。

一九三六年一月、病床にあったエドワードの父、ジョージ五世が崩御し、皇太子は国王エドワード八世となった。ところが新国王は、ウォリス・シンプソンに熱を上げるあまり、公務に集中できない状態だった。周囲がきまりの悪い思いをすることもしでかした。たとえば、ソヴィエト連邦の外相リトヴィノフを引見した際には、「なぜ余の従弟を殺したのだ?」とあからさまに尋ね、トロツキーが国外追放になったのはどういうわけかと首をかしげてみせたかと思えば、ふいにロシアの大物猟事情についてあれこれ世間話をするという具合だった。きまりが悪いどころか厄介な場合もあった。ヒトラーのラインラント非武装地帯への進駐やベニート・ムッソリーニによるアビシニア〔エチオピア帝国〕侵攻に賛同しているかのような態度を取ったり、軍事外交機密が含まれる公文書に無頓着なあまり、そういう文書を恋人のウォリスに見せたりもした。当時ウォリスは、ナチ党の支持者だと考えられていた。

一九三六年八月、ウォリスとエドワードは地中海クルーズに出かけ、激しい報道の嵐にさらされる。国王の情事の一部始終が、世界中に知られるところとなった。イギリス人だけが、というよりも、ロンドンのエリート政治家とは無関係のイギリス人だけが、知らされていなかった。イギリスの各紙が忠誠を示し、国王の困った行いに関するあらゆる報道を止めたからだ。一〇月、イプスウィッチの巡回裁判所で、数ヵ月以内に確定となるウォリスと夫の離婚許可の仮判決が出た。海外の記者が大勢法廷に詰めかけるのを見た地元の住民は、いったい何ごとかと当惑した。一一月、国王はボールドウィン首相に、たとえ退位せねばならないとしてもウォリスと結婚するつもりだと告げた。

一二月の初め、ニュースはついにイギリス全土に伝わり、政治危機が表ざたになる。ボールドウィンは、ウォリス・シンプソンと結婚するのなら国王は王位を去るしかないと心を決めた。一方で「王党派」もつくられ、カナダ出身で新聞社を経営するビーヴァーブルック卿をはじめ、妻クレメンタインから「最後のひとりとなっても、最後まで王権神授説を信じる人」と言われたチャーチルも、国王に肩入れした。

分別がなく自分本位な国王は、行く先々で惨事を引き起こすのが得意だった。ウィンストン・チャーチルも、そんな国王の犠牲者のひとりとなった。

チャーチルは労働組合の指導者、ウォルター・シトリンに、国王を擁護するのは自分の義務だと説明した。シトリンが「王が何をしてもか?」と異議を唱えると、チャーチルは両手を胸に当てて「王は、ここでは理解していらっしゃる」と答えた。そのひと言がチャーチルのすべてを、彼の人生と政治のすべてを表していた。そこが、彼とネヴィル・チェンバレンとの、チェンバレンの冷静で突き放した論理との大きな違いだった。

ボールドウィンは、国王のスキャンダルをともかく早急に——遅くともクリスマスまでに——片づけたいと考えた。チャーチルの方は、自分が国王に尽くす最善の方法は、性急に進めてしまわないことだと心に決めていた。一二月七日、彼は庶民院で演説し、ボールドウィンの話を「すべて聞き終えるまでは、取り返しのつかない措置を取らないように」と求めた。ところが、そこで思いもかけないことが起きた。庶民院の考えはすでに反国王に傾いていて、チャーチルに同調しなかったのだ。議員たちは、チャーチルの演説を聞きながら怒りを募らせた。「もうやめろ！」「詐欺師！」などと声が上がる。独自路線を行く保守党議員、レオ・アメリーによると、チャーチルは「庶民院の満場の反対に驚愕していた」。やがて議長が、クエスチョンタイム〔首相、閣僚に対する議会質問の時間〕に演説を始めたチャーチルを規則違反と判定すると、チャーチルは怒りと落胆で自制心を失った。彼はボールドウィンに向かって「あなたは、国王を打ちのめさねば気がすまないのですね？」と叫び、すさまじい剣幕で議場を飛び出した。

チャーチルの演説に対する敵意に満ちた反応は、その後も続いた。庶民院のある古参議員は「これほどの激しい怒りがひとりの庶民院議員に向けられるのを、初めて聞いた」と語った。チャーチルの秘蔵の部下、ボブ・ブースビーでさえ、激怒して師に書き送った。「本日の午後に起きた事態で、個人的に心からあなたに尽くす者であっても、もう政治において（これまでのように喜んで）やみくもにあなたについていくのは、ほぼ不可能だと感じました。なぜなら、この先どこに連れて行かれるのか、さっぱりわからないからです」。

ブースビーはきわめて重要な点をついている。国会議員で日記作家でもあるハロルド・ニコルソンは、チャーチルは「忍耐強く二年かけて再建したものを、五分で元のもくあみにした」と感じた。週刊誌『スペクテイター』も、「議会には無用の気まぐれな天才という評判が振り払われつつあったのに、再び彼の両肩にしっかりとどまった」と論じた。これが現実に起きた結果であり、現実に負った痛手だった。一九三三年から三四年にかけて、情報に通じる政界関係者は、ナチズムの脅威に関するチャーチルの警告を、過激論者の妄言だと概ね退けていた。だが、警告がその後も続けられ、国際社会に対するヒトラーの威嚇があらわになってくると、人々は今一度チャーチルの言葉に耳を傾け始めた。ところが彼は、一瞬にして自らをスタート地点に戻してしまったのだ。

一二月一〇日、国王は正式に退位し、翌日にはラジオ放送を通じて「愛する女性の助けと支えがなくては、重責を担い、国王としての責務を申し分なく果たすことはできないとわかった」と国民に語りかけた。

この王室のスキャンダルは、短期的にはもちろんのこと、長期的にも人々に強い印象を残し、それはイギリス国内にとどまらなかった。アドルフ・ヒトラーは、すぐさま彼らしい反応を示し、エドワードはこう語るべきだったと側近たちに演説してみせた——「お前たち反動主義者、金権政治家、マルキシストは、余が平民出身の女性と結婚するのを止められはしまい！」。だが、この言葉は皮肉にも他人事ではなくなる。まもなくドイツでも、軍の高官が「平民出身の女性」との結婚でスキャンダルを起こし、同じく重大な結果をもたらす。

一方、チャーチルは何が起きているかを痛いほど理解していた。彼は自らの、そして世界の窮地を短く言い表している。「私は、一九三七年の危機を大いに恐れる」。

ベルリンの軍人たちはホスバッハ会議について、そしてヒトラーの新計画が自分たちや国家にとってどのような意味を持つかについて、やきもきしつつ噂し合っていた。一方、当のヒトラーはベルヒテスガーデンに滞在し、あれこれと考えを重ねていた。彼は、自分は「夢遊病者が何かに導かれて進むかのように」神に導かれて進む完全無欠の人間であると信じ、予想外の政治的成果が次々と得られるにつけ、なおさらそう考えた。歴史学者のハロルド・C・ドイッチュが書いているように、その頃の「アドルフ・ヒトラーの考えでは、人はますますもって二種類に大別される傾向にあった――無条件で追従する者たちと反対する者たち」だ。だとすれば、ヒトラーにとっては、ヴェルナー・フォン・ブロンベルク、ヴェルナー・フォン・フリッチュ、コンスタンティン・フォン・ノイラートがホスバッハ会議で示した懐疑的な態度は、胸が悪くなるような不服従に他ならない。

ヒトラーが国家安全保障担当の懐疑的な高官たちをどうしたものかと思案する一方、ゲーリングはゲーリングで怒りを募らせ、ホスバッハ会議で味わった屈辱の復讐をしようと躍起になっていた。そこへブロンベルクが、自らゲーリングに復讐の機会を与えてしまう。

イギリスのエドワード八世の退位に、世界の多くの人はあっけにとられ、興味をかき立てられた。ドイツの最高司令官も例外ではなかった。ブロンベルクは、重要な公職にある者は清廉な人生を送る特別な責任があると考える人間だった。ロンドンのドイツ大使館駐在武官、レオ・ガイヤー・フォン・シュヴェッペンブルクは、イギリス国王のスキャンダルの具体的な内容について、ブロンベルクに簡潔に報告した。それを聞いたブロンベルクはため息をつき、こう言った。「要するにだ、ガイヤー、セックスだよ!」。ブロンベルクは戦争相〔一九三五年五月、国防省は戦争省に改称〕として、将校の結婚に関する国軍規則の厳格化を支持してきた。だが皮肉にも、彼の運命はやがてイギリス国王の運命をなぞっていく。

ブロンベルクは、一九二九年からずっとやもめ暮らしだった。八年がたち、五九歳となっても、端正で気品の感じられる容貌は衰えていなかった。子どもたちは成人しており、彼は禁欲的な生活に嫌気がさしながらも、わびしく暮らしていた。その年の秋、彼はエファ・グルンというベルリン出身の三四歳下の女性と関係を持つようになる。グルンの父は第一次世界大戦で命を落とし、母はベルリン王宮で使用人として働いていた。一九一八年にドイツ革命が起きて皇帝ヴィルヘルム二世が国外亡命を余儀なくされると、グルン夫人はマッサージ師として身を立てた。エファは当初母とともに働いたが、ふたりは折り合いが悪く、エファはほどなく独立した。一九三一年、一八歳になった彼女は、ポルノ写真のモデルとなる。なかには、当時の恋人だったチェコスロヴァキア出身のエンジニアになり損ねた男性とセックス中の写真もあり、彼はユダヤ人でもあったため、ナチ党にしてみればなおさら容赦できない話ではある。その後エファは、ベルリンの警察署に売春婦として登録し、客の持ち物を盗んで逮捕されたこともあったが、告訴は取り下げられた。

エファ・グルンとヴェルナー・フォン・ブロンベルクの出会いについては、相反する話が存在する。ブロンベルクの家族は、骨折した脚のマッサージ治療でエファの母親のもとを訪れたとしている。一方、情報通であり、抵抗勢力のしたたかな戦士でもあり、回顧録作者でもあったハンス・ベルント・ギゼヴィウスの記述によれば、わびしい陸軍元帥が通うようになったベルリンのある安酒場でふたりは出会った。だが、最も説得力があるのはブロンベルクの副官、カール・ベーム＝テッテルバッハによる報告だ。ベーム＝テッテルバッハはのちに、ブロンベルクは午前中にベルリン中心部の大きな公園、ティーアガルテンで乗馬する習慣があったと説明している。ところが九月のある朝、ブロンベルクがいつも乗る馬が負傷していて、代わりに厩舎が差し出した馬は長身の陸軍元帥には小さすぎた。朝の乗馬ができなくなっていら立つブロンベルクは、午後は仕事を早めに切り上げてティーアガルテンを散歩するとベーム＝テッテルバッハに告げた。「改めて考えてみると、」とベーム＝テッテルバッハは記している。ティーアガルテンを散歩した「数日のいずれか」で「ブロンベルクは、やがて大惨事をもたらす女と出会ったという事実が示される」。そして彼は、ずばりと指摘する。「すべては、あのいまいましい老いぼれ馬のせいだ！」。

ホスバッハ会議が開かれた頃には、ブロンベルクはエファ・グルンに心底夢中で、結婚したいと思っていた。だが、厄介な問題もひとつあった。ライバルの存在だ――グルンは同年代の若い男とも会っていた。ホスバッハ会議の直後、ブロンベルクはあろうことか、ヘルマン・ゲーリングに助けを求めようと決断する。賢明な判断ではない。ゲーリングはホスバッハ会議以来、ブロンベルクに腹を立てていただけでなく、ブロンベルクの職を奪いたがっていた。

ゲーリングの副官を長く務めたカール・ボーデンシャッツによれば、ブロンベルクはドイツ空軍《ルフトヴァッフェ》最高司令官ゲーリングに、「一般家庭の子女」だが「過去のある」女性と結婚するつもりだと話し、階級意識の強いドイツの将校たちはいろいろと邪魔するかもしれないと心配した。ゲーリングは、ナチ・ドイツは時代遅れの考えにとらわれてはいないし、ブロンベルクの結婚は社会の発展において歓迎すべき例となる、とおおらかに請け合ってみせた。

ゲーリングはそのときすでに、ブロンベルクの情事とグルンの過去について知っていた可能性がある。というのも、一九三三年から三四年にかけてプロイセン州秘密警察局の長官を務め、ゲーリング王国を築いた彼は、自らが掌握する航空省に「調査局」という組織をつくり、電話の盗聴を行っていたからだ。軍の高官の多くが、調査局は日常的に盗聴しているのではないかと疑っていた。ヴェルナー・フォン・フリッチュにいたっては、母を訪ねたときも電話機に枕をかぶせるほど用心していた。だが、もしもブロンベルクの情事が盗聴によってゲーリングの耳に届いていなかったとすれば、ブロンベルク本人が漏らしたグルンの「過去」は大いにゲーリングの興味を引いたに違いない。しかも、話はそれで終わりではない。ブロンベルクは数日後に再びゲーリングを訪ね、もうひとつ頼みごとをした――ゲーリングの有り余る力で恋敵を追い払ってはくれまいか? ゲーリングはこのときも、自分は本当の友人だと請け合った。ボーデンシャッツは、第二次世界大戦後にこう説明している。ゲーリングは上席の経済官僚に「グルン嬢と非常に親しい青年に海外の仕事の口を見つける」という任務を与えた。その官僚は若者のために、「給料のよい仕事をアルゼンチンで見つけた」。

その若者は、餞別でゲーリングに恩返しをした。アルゼンチンへ発つ前にゲーリングに会いに行き、グルン嬢の過去はブロンベルクが漏らした話よりもずっとすごいと教えたのだ。

ゲーリングはホスバッハ会議から数週間で、ブロンベルクにとって不都合な情報が自分の手元にあり、それを利用できると知った。たとえブロンベルクが理解していなかったとしても、ゲーリングは完璧に理解していた。エファ・グルンの過去によって、たとえどんな形であっても、結婚すればブロンベルクの戦争相という地位は致命傷を受ける。だとすれば、慎重に策を練らねばならない。ゲーリングが望むのは復讐だが、現在のブロンベルクの地位も欲しい。だが、ブロンベルクが失脚すると、後釜には陸軍最高司令官のフリッチュが座る可能性が高い。となれば、フリッチュも追い払う必要がありそうだ。ふたつの獲物を同時に追える材料は持ち合わせていないが、誰が持っているかは知っていた。彼は、気安く頼めるふたりの盟友、SS（親衛隊）およびゲシュタポ（秘密国家警察）を統率するハインリヒ・ヒムラーと、彼の副官であるラインハルト・ハイドリヒを頼った。

結成後まもないながら、警察組織として、また準軍事組織として急速に成長した親衛隊を率いるヒムラーにも、高慢な貴族の将校たちと陸軍に傷を与えたいと思う、彼なりの個人的、政治的理由があった。彼は一九三四年以降、陸軍とSSの縄張りをめぐってフリッチュと激しく争い続けてきた。将校たちが恥をかき、大きな顔ができなくなれば、その分だけSSの軍事的役割拡大の障害は小さくなる。ゲシュタポはすぐにエファ・グルンのアパートを張り込み、休暇でエジプトへ行くフリッチュには尾行をふたりつけた。ゲシュタポの膨大なファイルからは、フリッチュが同性愛者と関係していたという、信憑性の低い過去の告発が再浮上した。

ドイツの将校のふるまいを定める厳格な規則では、結婚にはあらかじめ上司の許可が要るとされていた。ブロンベルクの唯一の上司はヒトラーだったため、一二月に行われた第一次世界大戦の司令官エーリヒ・ルーデンドルフの葬儀で、彼はエファ・グルンとの結婚を希望しているとヒトラーに伝えた。また、グルン嬢には「過去」があることもそれとなくほのめかしたが、詳しくは語らなかった。いずれにせよヒトラーはあまり関心がなかったとみえ、ゲーリングと同じように、ナチ党の精神でいえば戦争相は「一般家庭の子女」と結婚すべきだとブロンベルクに告げた。

こうした奇異な結婚の備えから窺えるのは、ブロンベルクは新婦の経歴をすべて承知で、情報が漏れるかもしれないと恐れていたということだ。結婚式は一月半ば、戦争省において早急に、内密に行われた。ヒトラーとゲーリングが立会人として出席したが、それは当初の計画とは違っていた。もともとは、レーダー提督とフリッチュ将軍が立会人となる予定だった。将校が参列すれば、この結婚による汚点が彼らにもついて回ることになり、SSにもハイドリヒにも好都合だったはずだ。ハイドリヒは一九三一年、別の将校の妻との情事が原因で海軍を除隊させられ、海軍最高司令官であったレーダーに特別な恨みを抱いていた。ところがブロンベルクの結婚式の直前になって、ハイドリヒはある友人の前で、まもなく手にする勝利にほくそ笑むようすを見せた。その友人は、フリッチュの知り合いでフリッチュに好感も持っていた。そこで彼は、進行中の事態についてフリッチュに警告した。フリッチュはレーダーと話し合い、ヒトラーに立会人として参列してもらわないと、怒りを買うのではないかとブロンベルクに話すことにした。

結局、土壇場になってヒトラーとゲーリングが立会人として招かれた。ゲーリングが見たところ、ブロンベルクの子どもたちは結婚を喜ぶようすがなく、きまり悪そうにしていた。ゲーリングは、式の雰囲気が「奇妙」だったとも述べている。ハンス・ベルント・ギゼヴィウスの回想によれば、各新聞は新婦のフルネームを掲載せず、控えめな報道で、「第三帝国では祝いごとがあるたびに羽目を外して喜ぶことを思えば、特筆すべきこと」だった。結婚式でも、その数日後に行われたブロンベルクの母の葬儀でも——エファ・グルンが他のナチ党幹部と同席したのはその二回のみ——彼女の存在は厚いベールに覆われたままだった。

ブロンベルクが恐れていた情報漏洩は、いずれにせよ現実となった。おそらく、ゲーリングとハイドリヒが手を尽くした結果だろう。一月の中頃、短期の新婚旅行に出かけた夫妻の写真が各紙に掲載され、ベルリンの風紀犯罪取締班が、ブロンベルク夫人となった女はかつてのエファ・グルンであると気づいたようだ。

ベルリンの警察署に強力なつてがあるギゼヴィウスは、捜査が進展しつつあるのを目の当たりにした。ある朝、彼は友人の全国刑事警察長官、アルトゥア・ネーベに会うため、アレクサンダー広場にある巨大な警察本部内のネーベの執務室を訪ねた。「部屋に入るなり、彼はいつものように思わせぶりに私を見た」。ギゼヴィウスは、そう回想している。ネーベは薄いファイルをつかみ、ギゼヴィウスを廊下へ連れ出した。「われわれは階段を上がり、いくつも角を曲がり、複雑な建物のなかの遠く離れた廊下まで行って立ち止まった」。そこでようやくファイルを開くと、なかには「刺激的な写真が五枚」入っていて、どれも「行儀がいいとはお世辞にもいえなかった」。ネーベの補足によれば、過去の逮捕状の記録簿を確認したところ、かつて窃盗の容疑で逮捕されたグルンの記録があり、指紋も採取されていた。「悪意からなのか、先見の明があったからなのか」とギゼヴィウスは書いている。「警察は、彼女の嫌疑が晴れたあともあえて記録を抹消していなかった」。ギゼヴィウスは、指紋に見とれた。「陸軍元帥の正妻の指紋を見られるなんて、夢にも思わなかった。たとえ、一〇〇〇年続くヒトラーの帝国を生き抜いたとしても」。

エファ・グルンのファイルは、上層部へと回っていった。一月二一日金曜日に、ベルリン警察長官、ヴォルフ＝ハインリヒ・フォン・ヘルドルフ伯爵がファイルをゲーリングに届ける。翌週の月曜日には、ゲーリングがヒトラーにファイルを見せた。

ブロンベルクのストーリーは、同性愛者疑惑でフォン・フリッチュ将軍の信用を落とそうとするゲーリングおよびSSの陰謀と交差し、複雑に進展していく。妙なことも確かに起きていた。フリッチュは友人に宛てて、一月初めに「ちょうど」休暇から戻ったと書いている。そして、のちの回想によれば、一月一五日には、陸軍兵士の間に広がる君主制主義のプロパガンダについてヒトラーから不平を聞かされた。フリッチュが調査すると申し出ると、ヒトラーはそれを断り、このような問題は陸軍司令官ではなくブロンベルクに任せるべきだろうと言った――「私に対する不信任投票だ」とフリッチュは書いている。さらに、同じく彼の回想によると、同日の晩、彼は「まじめに耳を傾けるべきさる人物から、ヒムラーと党がいよいよ私を追放することにした」と知らされた。

実はその日――ヒトラーがブロンベルク夫人の素性について正式に知らされる日の九日前――ゲシュタポは、フリッチュが一九三三年に同性愛行為におよび、男娼から恐喝されたという告発について調査した。というよりも、そのような事件を精一杯でっち上げた。なぜなら、ゲシュタポの幹部は、フリッチュに対する告発は間違いで、告発されるべきは別人であったとすでに知っていたからだ。実際に関与していたのはフォン・フリッチュ将軍ではなく、フォン・フリッシュ大尉だった。ヒムラーとハイドリヒはこの事件について、一九三六年、あるいは一九三七年に、何度か文書で報告を上げた。ヒトラーは当時、その件に関心を示さず、ヒムラーとハイドリヒにファイルを破棄するように命じた。だが今になって、おそらく一月一五日以降、そして間違いなく二四日以前のどこかの時点で、突如としてあのファイルを復元させて持ってくるようにと命じたのだ。

一月二四日にゲーリングからブロンベルクの件を知らされたヒトラーは、目撃者によると、心から衝撃を受けて嘆いた。しかし、彼にとって芝居はお手のものだ。前年の一二月下旬にブロンベルクから、そしておそらくゲーリングからも結婚の話を聞いた時点で、エファ・グルンの過去について少なくとも何か思うところはあっただろう。見た目ほどはショックを受けていなかったかもしれない。

さらにその日の晩、フリッチュに関するでっち上げのファイルもゲーリングから受け取ったヒトラーは、どうすべきかとしばらく思案した可能性が高い。ゲーリングと会った後は、明らかに総統付軍務担当副官のホスバッハと話すのを避けている。ホスバッハはしかたなく家に帰ったが、深夜二時一五分の電話で、ただちに首相官邸に来るように呼び出された。主体性を重んじるホスバッハはそのように遅い時間に官邸へ出向くのを拒み、朝になってから行くと答えた。ヒトラーは普段から、むずかしい決断には時間をかけるが、いったん決めたらすぐに行動を起こす。その夜半過ぎの電話は、まさにそのとき、ヒトラーには自分がどうしたいかがわかったという明確なサインだった。ブロンベルクとフリッチュを追放したいとわかったのだ。ブロンベルクは、自ら解雇の根拠を与えるというへまをしでかした。ヒトラーはフリッチュについても、捏造された証拠を使うことにした。

ホスバッハは翌朝一〇時に、首相官邸に到着した。ヒトラーがまず話したのは、ブロンベルクの件だ。ドイツで一番優れた軍人が、自らと陸軍にもたらした「不名誉」について聞かされたホスバッハは、「怒りと憤り、口惜しさがこみ上げた」と回想している。ところが、フリッチュの件に話が移ると、彼の見方は大きく変化する。普段の打ち合わせと同じように、広々とした書斎のなかを行きつ戻りつしながら、ヒトラーは話し続けた――男色行為におよんだ以上、フリッチュも去らねばならない。ヒトラーが握っているという証拠は、実際には何年も前から存在した。「最初はブロンベルク、そして次はフリッチュか！」。ホスバッハはそう思った。「度がすぎる。私はすぐさま直感的に、これは陸軍の上層部に対する卑劣なクーデターだと認識した」。ブロンベルクと妻にかかる嫌疑はおそらく事実だろうと、ホスバッハは認めた。だが、フリッチュにかけられた嫌疑は違う――「以前からずっと気に食わなかった上級大将を解任するための、ヒトラーの口実でしかない」。

ヒトラーはホスバッハに、この件についてはー切フリッチュに漏らすなと命じた。けれども、ホスバッハは命令に背き、その日の夜にフリッチュを訪ねて情報を提供した。ホスバッハはいつものように率直に、命令には従わないかもしれないと事前にヒトラーに告げ、やはり従わなかったと事後に報告した。

ホスバッハがフリッチュに警告したのは、ヒトラーに対する忠誠よりも上司である指令官と陸軍に対する忠誠を優先させたからだ。だが結局、警告はフリッチュを救えず、むしろ傷つけた。フリッチュは、ホスバッハの前で怒りを爆発させた。「嘘っぱちだ！」と断言し、なぜ自分にそのような嫌疑がかけられたのか、必死で答えを出そうとした。そして最後には、もしもヒトラーが私を馘《くび》にしたいのなら、「ひとことそう言えばさっさと辞めてやる」と叫んだ。窮地に立たされた彼には、計略の大きさがわからなかった。彼はホスバッハと同様に、ゲーリングとヒムラーが糸を引いているのではないかと考えた。だが、誠意を持って行動するヒトラーならば、事実と合理的な論拠があれば心変わりするかもしれないと思い込んだ。嫌疑はどこからきたのか？　もしかすると、数年前に友人になったヒトラー・ユーゲントの貧しい少年ではないか、とフリッチュはホスバッハに話した。フリッチュは、その少年を何度か自宅に招いて昼ご飯を食べさせたという。ホスバッハは、その事実は今回の件によい影響をもたらしそうにないと即座に判断したが、フリッチュには何も言わなかった。

翌二六日、首相官邸に出勤したホスバッハは、彼らしく率直に、総統の命令には従わなかったこと、フリッチュが嫌疑をきっぱりと否定したことをヒトラーに告げた。ヒトラーは初めのうち、フリッチュの否定を理解するようなようすを見せたものの、すぐに態度を変えた。「同性愛者は、地位が高かろうが低かろうが、嘘をつくものだ」。ヒトラーはそう言った。名誉をかけて誓うというフリッチュの意志も、ヒトラーから見れば疑いを晴らす理由にはならなかった。ホスバッハは、名誉回復のための軍法会議を開催して容疑を調べるように進言したが、拒否された。その後、ヒトラーが法相フランツ・ギュルトナーを呼ぶと、即座に公正よりも政治的私欲を選択したギュルトナーは、フリッチュのファイルに記載された嫌疑は起訴の裏づけとして充分であると言った。この件を合理的に検討した法律家ならば、決して到達し得ない結論だった。ホスバッハは、フリッチュと話してほしいとヒトラーに根気よく訴え、ヒトラーも最後には応じた。だがその会合は、フリッチュにとって申し開きの場とはならず、待ち伏せ攻撃を受ける場となった。

誰かが――ホスバッハはこれについてもヒムラーを疑った――フリッチュと対決する「目撃者」を喚問していた。オットー・シュミットという名のその目撃者は、詐欺や恐喝を働く男で、警察の情報屋でもあり、フリッチュが「バイエルンのジョーイ」と呼ばれる若い男娼と同性愛行為におよんでいるのを目撃し、後日脅迫して金を受け取ったと主張した。その夜の会合でフリッチュを見たシュミットは、自分が脅迫したのはこの男だと言い張った。フリッチュは、冷静で独立自尊のプロイセンの将校らしさを失うまいと固く心に決めていた。だが、感情的にならない彼の態度は、彼が罪を認めているという印象を――あるいは、認めているに違いないと断言する根拠を――糾弾者たちに与えただけだった。彼らが言うには、激怒した方がまだ説得力があった。けれどもフリッチュは、前夜ホスバッハの面前で激しい怒りを使い果たしてしまっていた。しかも彼は、自宅に昼食を食べに来たヒトラー・ユーゲントの少年のことまで話した。ホスバッハは、目撃者がフリッチュを見て本人だと認めても驚くには当たらないし、信憑性はないと主張した。だがヒトラーは、信じる方を選んだ。

のちにブロンベルクも述べるように、ヴェルナー・フォン・フリッチュはどう見ても「色好みの男」ではない。一度も結婚したことがなく、女性との浮いた噂もまるでなかった。当時の道徳的観念に照らせば、フリッチュを擁護する者たちが彼が同性愛者だと想像すらできなかったのは、同性愛の男が自分たちの司令官にふさわしい高潔で誉れ高い人物であるはずがないと思ったからに他ならない。だが、フリッチュの私生活がどうであろうと、彼が一九三八年一月に突きつけられた嫌疑は、間違いなくでっち上げだ。でっち上げた理由が、この話のきわめて重要な部分となる。

翌日、二七日の午前中、ブロンベルクはヒトラーの最後の引接を受けるために私服で首相官邸へ出向いた。ホスバッハはブロンベルクが入るところと出ていくところを見たが、ふたりの会話の場には立ち会わなかった。第二次世界大戦終了後、ブロンベルクはイギリスの取調官にこう話している。「面会の始まりはとてつもなく荒々しく、その間私は、私を追放するやり方について思う存分怒りを爆発させた」。ヒトラーも「辛辣に」やり返したが、やがて議論は「穏やかに」なった。ヒトラーは、誰を後任に推薦するかと尋ねた。ブロンベルクがゲーリングを推すと、驚いたことにヒトラーはその案を却下し、ゲーリングの怠け癖や無能さをあれこれとなじった。のちにブロンベルクは、他に適任の将軍がいるとは思えなかったと断言している――ベックはあまりにおよび腰だし、フリッチュは「変わり者」だ。いっそのことヒトラーが自ら就任したらどうか、とブロンベルクは提案した。戦後、弁護士のリュディガー・フォン・デア・ゴルツは、気さくで巧みな反対尋問で、ブロンベルクにその提案の本心を認めさせている――道徳観を理由に職を奪った将校たちへの復讐だった。

こうして危機は回避され、ことなきを得た。一月二七日、ヒトラーはブロンベルクとフリッチュの解任を決めた。ふたりの免職の効果が明らかになったのは翌週の金曜日、二月四日だ。ヒトラーは退任した戦争大臣の助言に従い、自ら国防軍の指揮権を掌握した。しかも戦争省自体を廃したうえで、新たに国防軍統合司令部（ＯＫＷ）を組織した。それまでフリッチュやホスバッハなど、意志の強い部下を相手にしてきただけに、ヒトラーはＯＫＷの責任者には凡庸な人物を充てたかった。ブロンベルクを最後に引見した際、ヒトラーは「これまで君の司令部にいたあの将軍の名は、何といった？」と尋ねた。その将軍はヴィルヘルム・カイテルだった。「彼は取り立てていうほどの者ではありません」。ブロンベルクはそう答えた。「雑務を取り仕切っているだけの男ですから」。それを聞いたヒトラーは返答した。「それこそ、私が探している男だ」。

ブロンベルクとエドワード八世の事件が類似していると思い当たった者は大勢いた。カイテル将軍の娘、リザは、母親にこう書き送っている。「お歳を召しているのに若い心をお持ちのこの方たち――それで何が起きたかをご覧くださいな。イギリスの国王もあんなことに」。また、一月二六日、アルフレート・ヨードル大佐は日記にこう記した。「ひとりの女性が自分でも知らぬ間に、一国の歴史に、ひいては世界の歴史に、いかに大きな影響をおよぼすことか。イギリス国王と彼の妻にしても、同様だ」。

エドワード八世の場合と同じく、ブロンベルクの結婚も個人の問題ではすまなかった。エドワード八世に代わってジョージ六世がイギリスの王位を継承したということは、まったく別の国王がまったく別の優先順位によって、一九四〇年という重大な年に誰を首相として召喚するかを決めるという意味でもある。ドイツでは、ブロンベルクが去ると、ヒトラーはただの名目ではなく、ドイツ国防軍の実権を握る本物の最高司令官となった。

しかも、それはほんの手始めでしかなかった。ヒトラーは、生存圏拡大計画の邪魔になりそうな軍司令官や外交官を広く追放する機会を逃さなかった。ホスバッハ会議で対立したもうひとりの人物、外相ノイラートを解任し、その埋め合わせとして新設の枢密閣僚会議の議長に任命したものの、会議は一度も開かれなかった。少し前には、あなたを父親のように思っているので決してそばを離れたくないなどと、ノイラートを安心させていたというのに。世界の主要国の首都に駐在する大使の多くが、突如として自分が更迭や異動の処分を受けたと知る羽目になった。そのうちのひとり、駐伊ドイツ大使のウルリヒ・フォン・ハッセルにいたっては、新聞を見て初めて自分が解任されたと知る。ヒトラーは、東プロイセンの陸軍部隊に所属していたヴァルター・フォン・ブラウヒッチュ将軍をフリッチュの後任に据えた。

ヒトラーの国軍改変は、ふたりの最高司令官の解雇にとどまらなかった。他に一二人の将軍が退職させられ（うち六人が空軍）、加えて五一人の高官も職を解かれた。このような粛清を行った本当の動機は、なぜ海軍には手をつけないかを説明したヒトラーの言葉にはっきりと表れている。レーダー提督は「危機の間ずっとすばらしい行動をとり、海軍ではすべてが順調だ」。ヒトラーはゲッベルスにそう言った。明らかに、陸軍ではすべてが順調だ、とは思っていなかった。退職させられた将軍のひとり、ヴィルヘルム・リッター・フォン・レープは不屈で独立心が強く、尊敬を集める将官だった。彼はフリッチュの友人で、ふたりは粛清後に憤怒の手紙をやり取りしていた。フリッチュはレープに、「いろいろと苦い経験をしただけに、この国で再び公務を担うのは不可能だろう」と書いている。

ゲッベルスは、「全体のできごと」に「煙幕を張る」必要があると記した。ブロンベルクとフリッチュにまつわる実際の、あるいは告発によるスキャンダルの情報は、ごくわずかな高官や将軍の間にとどめられていた。ギゼヴィウスはこう書き加えている。「立証できない同性愛行為を理由にフリッチュを解任し、同じ日に同性愛者として悪評高い（ヴァルター・）フンクを閣僚に任命するとは、なんたる皮肉！」。フンクに経済大臣の椅子を譲るはめになったヤルマール・シャハトは、ライヒスバンク総裁の地位については当面維持した。フンクの閣僚任命からわかるのは、ヒトラーにはフリッチュが同性愛者であろうとなかろうとどうでもよかったということだ。彼は、フリッチュが計画の妨げとなることしか頭になかった。

二月五日、ヒトラーは閣議を開いて異動を合法化させた。ドイツの閣議の議事録といえば、討議や論争の経緯を記した長く詳細な資料が多いが、このときの記録はきわめて簡潔だ。「総統《フューラー》およびドイツ国首相は、政治情勢について報告した」。ノイラートを含む招集された閣僚たちは、ヒトラーの「最新の判断」によって「国家の政治、経済、軍事の権力が集中し強化されたことにたいへんな満足を示した」。ただそれだけだった。そして、この日以降、閣議は二度と開かれなかった。

ブロンベルクとフリッチュのスキャンダルは、ヒトラーが絶対的権力を完全掌握する第三の局面となった。第一の局面は一九三三年二月、ヒトラーが首相になってわずか四週間後に起きた国会議事堂炎上の直後にあった。ヒトラーはこのできごとを利用して――ドイツの国会議事堂を損傷させた火災は共産主義者の蜂起ののろしだと、濡れ衣を着せて――一九一九年制定の民主憲法で保障されていた個人の権利と自由、各州政府の自治権をはく奪した。次の局面はその一六ヵ月後、一九三四年六月の「長いナイフの夜」で、ヒトラーはナチ党内の幹部や、自分を権力の座から降ろそうと計画した保守派の政府高官など、敵対する者たちの殺害を命じた。その流血の粛清から一ヵ月余りでフォン・ヒンデンブルク大統領が死去し、ヒトラーは大統領府を廃止したうえで大統領の権限を引き継ぎ、すべての公務員および軍人から忠誠の宣誓を受けた。

ブロンベルク＝フリッチュ事件は、権力掌握のための最終局面だった。ホスバッハ会議を起点に展開した一連の劇的なできごとが、やがて第二次世界大戦につながっていく。ブロンベルクとフリッチュをめぐるスキャンダルがあのような顛末にいたったのは、ヒトラーがそう望んだからだ。一九三四年以降、名目上の国軍最高司令官だったヒトラーは、ブロンベルクとフリッチュをいつでも、いかなる理由でも、解任できた。だが、情事がからむ不祥事となれば、ふたりの将軍は職業上やり直しがきかなくなるだけでなく、不名誉の烙印まで押されてしまう――そして軍部は、ふたりは将校の名誉を傷つける汚点だと感じる。その結果、ドイツの将校全体が勢いを失い、ヒトラーの軍部支配は強まる。ヒトラーは最終的に、しぶしぶながら、軍法会議でフリッチュに対する告発の裁定を行うことを許可した。驚くまでもなく軍事法廷は、フリッチュが容疑について無罪なのは証拠により明らかだと認めた。けれども、すでにときは遅かった。フリッチュ個人にとっても、さま変わりした第三帝国の権力構造にとっても、遅きに失していた。

遠慮がなく正直なフリードリヒ・ホスバッハも、粛清の犠牲者となった。ブロンベルクとフリッチュの解任と同様に、ヒトラーはホスバッハの解雇にも口実を設けて心の奥にある動機を隠した。当初ヒトラーは、フリッチュに告発の件を教えてはならないという命令にホスバッハが背いたことを許しているようすだった。しかし一月二八日、ヒトラーと昼食をとっている最中に電話がかかり、ホスバッハは席を外して電話に出た。相手は参謀本部のホスバッハの部下のひとり、フォン・ツィールベルク少佐だった。ホスバッハは即座に、自分の解雇を告げるために電話してきたのではないかと考え、ツィールベルクが何も言わないうちに電話を切って、静かに昼食の席へ戻った。食卓のヒトラーは、緊張して落ち着かないようすだった。食事のあと、ヒトラー個人の副官、フリッツ・ヴィーデマンに証人として同席してもらい、ツィールベルクに改めて電話をかけたホスバッハは、総統付軍務担当副官の職はルドルフ・シュムント少佐が即刻引き継ぐと知らされた。

この扱いに激怒したホスバッハは、ヒトラーのもとへ戻った。彼の記憶によれば、そこからは芝居のような修羅場となり、「途中で怒りの涙が込み上げてきた」。「ひとりの将校を犬のように扉の外へ追い払うものではありません!」。彼はヒトラーに怒鳴った。するとヒトラーは、命令に背いたのだからいつだってホスバッハを撃てたと指摘した。「覚悟はできていました!」。ホスバッハがそう答える。フリッチュがのちに記しているように、ヒトラーの本意は、もはや自分と議論する知識や誠意のある将校を求めてはいないという点にある。彼は従順な道具が欲しかったのだ。

ブロンベルク＝フリッチュ事件の当事者はみな、ヒトラーが将軍たちの解任を企てたのは、ホスバッハ会議におけるブロンベルクとフリッチュの態度が原因に違いないと思っていた。フリッチュは二月の初めに、「私をしかるべき理由で退けることができなかったため、今になって非常にありふれた卑劣な方法が取られた」と述べている。彼の弁護士によれば、フリッチュは、同性愛行為におよんだという告発は自分を「別の理由で問責したくなった」ときに利用するためにずっと「凍結」されていたと考えた。フリッチュ解任の直後、ゲーリングは駐独イギリス大使、サー・ネヴィル・ヘンダーソンに、フリッチュが馘になったのは彼がヒトラーの外交政策に反対したからだと話し、イギリスの首相も国軍の反抗的な最高司令官には同じことをするだろうとつけ加えた。その数ヵ月後、ヒトラーも個人的にではあるが、フリッチュは「妨害者」だといつも思っていたと認めている。

誰よりも筋道の通った検証を行ったのは、やはりホスバッハだ。数年後、彼はこう述べた。「ヒトラーは、気持ちのうえで軍の首脳部と決別したのだと確信している。いずれにせよ、間違いなくフリッチュとは、そしておそらくブロンベルクとも、決別していた。一九三七年一一月五日の会議がもたらした結果だ」。ホスバッハは、彼らしく几帳面に、自分の見解を裏づける事実をリストにしていた。たとえば、その年の一一月、一二月には、ヒトラーが軍の首脳に対する不信感をあらわにする言葉が著しく増えた。ホスバッハは他の部署に異動させてほしいと何度もヒトラーに願い出ていたが、ヒトラーはそのたびに要望を退けた。だが、ブロンベルク＝フリッチュ事件を受けて、ヒトラーは考えを変えた。かつてはあらゆる問題についてホスバッハと話すのが習慣だったにもかかわらず、一一月の会議については一度も話し合わず、それどころか、すべての問題からホスバッハを締め出すようになった。SSの情報部門、SD（親衛隊保安部）が一一月から一二月にかけてフリッチュの調査を行い、彼が休暇でエジプトへ行く際にはゲシュタポが尾行した――他でもないSSとヒトラーの連絡将校、カール・ヴォルフがのちに認めた事実だ。「軍の路線変更のために、一九三七年の最後の二ヵ月と一九三八年の最初の一ヵ月にまかれた種が、ブロンベルクが自ら招いた解任、および、ヒトラー、ゲーリング、ヒムラーの卑劣な手段によるフリッチュの追放という惨事を伴って、一九三八年二月四日に芽を出した」。ホスバッハはそう結論づけた。

結果の重大性も明らかだった。ホスバッハはこう述べている。ひとりの「素人軍人」に剣が与えられ、「その人物が国家の全組織と党を独裁的に支配し、独自の流儀で世論に影響を与え、大多数の国民から神とあがめられた」。すなわち、「この国の未来は、ただひとりの男の意志に」任されてしまった。

やがて軍の高官たちは、フリッチュに対する告発は捏造《ねつぞう》だったと知る。ギゼヴィウスもアルトゥア・ネーベから、「フリッチュの『事件』は、人違いだった」と聞かされた。ヒムラーとハイドリヒがこの真実を隠ぺいした。ギゼヴィウスは、軍の情報機関、アプヴェーアに所属するハンス・オスターに連絡を取り、ネーベから聞いたことを伝えた。オスターがアプヴェーアの司令官、ヴィルヘルム・カナリス提督に報告する。カナリスはベックに話す。小さな石がひとつ、転がり始めた。数名の将校がヒトラー支配への抵抗を考え始めたのはこのときだ。それからの一年で、事態はさらに激しく変化していく。

ブロンベルクとフリッチュはもちろん平和主義者ではなく、ヒトラーやヒトラー政権の敵でもなかった。数年後、なおも自身の解任の意味を理解したいともがいていたブロンベルクはこう書きとめた。「私は、総統とともにオーストリアへの道を進んだであろうに」。そして、こうも書き加えている。「であれば、新たな大ゲルマン帝国の建国と完全な再軍備に必要な期間は一〇年と設定したであろう」。彼は第二次世界大戦のさなかにも、第一次世界大戦の敗戦は決して忘れていない、ドイツの仮想敵国の強さは認識している、ドイツの準備が整わないうちに戦争に突入すれば「大惨事」となる、と書いている。そのように考えるだけでも充分な敵対となり、ヒトラーは思い切った手段に走りかねないとは思わなかったようだ。一九三七年末、ヒトラーは新たな切迫感を持って戦争へ突き進もうとしていた。勢いを削ごうとする将軍たちには我慢がならなかったのだ。

フリッチュも、ナチ党の計画に敵対してはいなかった。むしろ彼は、激しい反ユダヤ主義の考えを持っていた。けれどもブロンベルクと同様に、同じ理由で、性急に戦争に突き進むことには反対した。ホスバッハの記憶では、フリッチュは「周りに流されないイギリス人」に比肩するとヒトラーは述べたが、ヒトラーにとってフリッチュは「ふさわしい道具」ではなかった。フリッチュは国の最高司令官を前にしても、「見習いではなく親方のようにふるまい、その自信に満ちた態度にヒトラーは気圧されていた」。

およそ一年後の一九三八年一二月、フリッチュは元駐伊大使のウルリヒ・フォン・ハッセルにこう話す。もしもヒトラーが「地獄に落ちるなら」――彼はきっとそうなると思っていた――「われわれはみんな道連れにされる。なすすべはない」。同じ時期、フリッチュは友人宛にこう書き送った。「事態はまたも大戦に向かって突き進んでいる気がしてならない」。その頃には、そう考えるのは彼だけではなくなっていた。

6

「将来がとても心配だ」

イギリス空軍戦闘機、スピットファイア

スーパーマリン・アヴィエーション・ワークス社の主任設計士、レジナルド・ジョセフ・ミッチェルは、同僚のジョー・スミスの回想によれば、仕事中はたいてい「図面の上に頬杖をついて考え込んでいた」。ミッチェルほどの高い集中力があれば、尋常ではない数の飛行機を次々と設計しても不思議ではない――水上飛行機、レース用高速水上機、爆撃機と、二〇年間に設計した数は二四機にのぼる。彼はいつも卓越した想像力で、設計上の問題に新しい答えを出そうとした。当然ながら、邪魔が入るのは大嫌いだ。同僚たちは慣れたもので、ミッチェルのオフィスに入った瞬間、彼が製図版の上に身をかがめていたら、まず首の後ろを注意して見る。特に変わりがなければ、彼が口を開くのを待てばよい。だが、首がさっと赤くなったら、「すぐさま退散せよ!」。

ミッチェルの怒りは、ときとしてすさまじかった。息子のゴードンも、「一緒に暮らすのが嫌になるほど、とんでもなくむずかしい男になる」ことがあると語っている。普段のミッチェルはとても魅力的で笑顔に愛嬌があるが、ともすれば、その笑顔が一瞬にして消え、張り詰めた表情に変わる。

レジナルド・ジョセフ・ミッチェルは、ライト兄弟が初飛行に成功する八年前に誕生し、一三歳にして独自モデルの飛行機を設計して飛行させた。一六歳で高校を卒業すると、機関車製造会社、カー・ステュアート・アンド・カンパニーで見習いとして働き始める。当時の話からは、ミッチェルが悪ふざけを好んだこと、一方で自身の尊厳や誇りを頑なに守ろうとしていたことが伝わってくる。職場の監督とは折り合いが悪く、ミッチェルはいつも、監督だけでなく他の見習いにもお茶を入れるように命じられた。ある日、入れたお茶を「小便みたいな味だ」と言われたミッチェルは、翌日、水ではなく尿を薬缶いっぱいに入れ、同僚たちには飲むなとあらかじめ警告しておいた。監督はカップに注がれたものを喜んで飲み、こう言った。「えらくうまいお茶じゃないか、ミッチェル、毎日こういう具合に入れてくれりゃいいんだがな」。

ミッチェルは一九一六年、第一次世界大戦が本格的に激しさを増した頃に見習いを終えた。入隊を二度志願したが、彼ほどスキルの高いエンジニアはぜひとも国内にとどめておくべきだという理由で、二度とも却下された。一九一七年に、サウサンプトンの小さな会社、スーパーマリン・アヴィエーション・ワークスに仕事の口を見つける。社名の通り、水上飛行機の設計、製造が専門の会社だ。ミッチェルは、そこですぐに頭角を現した――一九一九年、二四歳で主任設計士となり、一九二七年には同社の役員となる。翌年、スーパーマリンは、大コングロマリットのヴィッカーズ・アームストロング社の傘下に入った。ヴィッカーズの主な目的はミッチェルの獲得で、彼が社にとどまることが条件のひとつだった。

ミッチェルの経歴に関する記述は、書かれた時期によってさまざまだ。死後の一九四〇年には彼が生涯をかけた仕事の重要性がきわめて明白になるが、生前に取り上げられた話題は、シュナイダー・トロフィー・レース参加のために設計して、幾度も華々しい成功を収めた水上飛行機が中心だった。シュナイダー・トロフィー・レースは一九一三年、フランスの実業家が水上飛行機の発展を促すために始めた。ルールでは、五年間に三度優勝した国がトロフィーを永久に保有すると規定されていた。第一次世界大戦後、シュナイダー・トロフィーはスーパーマリンにとって社を挙げてのプロジェクトとなり、一九二二年には、ミッチェルが設計した『シー・ライオンII』が勝ってイタリアの三連覇を阻んだ。その後、『シー・ライオン』の性能をさらに洗練させた後継機が一九二七年から三一年にかけて三連覇を遂げ（二七年以降、開催は隔年）、イギリスにトロフィーの永久保有権をもたらした。最後のレースに参加したミッチェル設計の『S.6B』の最高速度は、時速四〇〇マイルに達した。当時としても、その後の数年間においても、驚くべき速さだった。

一九三〇年、将来の戦争における爆撃機の脅威を意識したイギリス空軍省は、次期戦闘機の仕様書F.7/30を提示して、最高速度時速二五〇マイル、低速度降下、高速度上昇、および容易な操縦性を求めた。ミッチェルは水上飛行機の成功で得たことを高性能戦闘機の設計に生かそうと、仕事にとりかかった。

最初に完成したのは、満足できる機体ではなかった。タイプ224と呼ばれたその戦闘機の降着装置は格納できない固定型で、操縦席は風防のない開放式、最高速度は時速二三〇マイルがやっとだった。テスト飛行もしないうちからミッチェルは不服で、一九三三年の夏にはさらに革新的な改良を加えるべく設計を開始した。ところが、その新たなプロジェクトに取り組むさなかに直腸がんが見つかる。手術を受けたものの、人工肛門を装着せざるを得ず、ほぼ絶え間のない痛みが残った。医師からは、いつ再発しても不思議ではなく、再発すればもう手の施しようはないと告げられた。当時、ミッチェルはまだ三八歳で自分のプロジェクトのことしか頭になかった。以後彼は、時間が尽きてしまうのを恐れながら一心不乱に働いた。

ミッチェルは、病状が重いそぶりを見せなかった。同僚は誰も人工肛門に気づかず、彼の方も始終さいなまれる痛みをこらえ通した。同僚たちが感じ取ったのは、ますます怒りっぽくなったということだけだった。

ミッチェルは痛みに耐え続け、一九三四年も三五年も新型戦闘機の設計に打ち込んだ。そしてようやく、驚くべき美しさと高度なテクノロジーが形となり始めた。新しい機体の降着装置は格納可能で、操縦席は密閉式だ――このふたつが違うだけでも、速度は格段に増す。ミッチェルと、彼が採用した空気力学者のビバリー・シェンストーンは、さらに新型機の翼の形も変えることにした。翼厚を極力薄くして特徴的な楕円翼を採用し、根元の部分は幅広く、後縁は先端に向けて徐々に細くなるようにする。その結果、以前と比べてたいへん美しく優雅な形になるが、肝心なのはそこではない。空気力学的にも、必須装備の搭載においても優れていた点が重要だった。「楕円であろうとなかろうと、どうでもいい」。ミッチェルは美しい翼について、シェンストーンにそう言った。「銃が隠れればいいんだ!」。同じく重要だったのは、この新型機はパワフルな新しいエンジン、のちに「マーリン」と命名される「ロールスロイスＰＶ12」に合わせた設計となっていたことだ。

一九三五年の終わりには、ミッチェル設計の試作機の飛行準備がほぼ整った。空軍省はヴィッカーズ社提案の「スピットファイア」という名称を承諾したが、ミッチェルは

「とびきりバカげた名前を考えたもんだ」と偉そうに文句をつけた。しかし彼は、その年の大晦日の日記に体調がすぐれないと記し、「将来がとても心配だ」と書き加えている。

一九三六年三月五日、ヴィッカーズ社の主任実験テストパイロット、「マトゥ」・サマーズ大尉（テスト飛行の前に必ず、犬のマーキングのように飛行機の後輪に小便をかけたので雑種犬《マトゥ》とあだ名がついていた）が、スピットファイアの試作機を初飛行させた。それを見守ったのはサマーズの補佐のテストパイロット、ジェフリー・クイルだった。彼はのちにこう振り返る。「新しい戦闘機は順調に離陸して上昇していった」。そして八分間の飛行後、サマーズは機体を降下させて完璧な着陸を果たし、「これ以上手を加えてほしくない」と感想を言った。

その後、三度テスト飛行を行ったサマーズは、「この機の操縦性は抜群にいい」と報告書に書いた。当時イギリス空軍の調達部門の責任者でもあった少将、サー・ヒュー・ダウディングも胸を躍らせたが、気むずかしい気性だけに心を抑え、テスト飛行は「まったく申し分ありませんでした」と空軍大臣に告げた。

その後のスピットファイアの操縦士たちは心を抑制するどころか、美しく優雅な機体を女性の容姿のように称えた。一九三八年に初めてスピットファイアを目にした、当時の空軍政務次官、ハロルド・バルフォア卿は、「彼女に恋してしまったようだ」とのちに語った。「彼女の純粋な美しさに魅了されたんだ。ほっそりとしていてきれいなプロポーションの体と、本来あるべきところにある優雅な曲線……だがね、彼女を崇拝する連中のなかには、あれは母親たちがよく言う『あばずれ』だ、なんて忠告してくれるやつもいたよ」。バトル・オブ・ブリテンでパイロットとして戦ったH・R・「ディジー」・アレンも、スピットファイアは「私を虜にした……（彼女は）ほぼ完ぺきで」、たとえ「少しくらい性悪なところがあるとしても、今まで出会ったなかで誰よりもいい女だった」と振り返った。

一九三六年の暮れ頃から、R・J・ミッチェルの痛みはますます悪化していった。一九三七年の初めにはがんの再発が明らかとなり、二月に入ると、医師から余命はおそらく四、五ヵ月だと告げられた。「六月まで」と、ミッチェルは訪ねてきた人物に話している。「私には、やることがまだとてもたくさんあるというのに、六月までしかない」。すでにスーパーマリン社の自分のオフィスに行くこともできなくなっていたが、スタッフは彼のもとを訪ねて問題を話し合った。その年の春、彼は無理を押してウィーンへ行き、著名ながん専門医の診察を受けたが、そこでも、もう治療法はないという判断は覆らなかった。五月の終わり、彼はサウサンプトンの自宅に戻り、庭に座って他人のことばかり心配した──隣の家の娘の体調、自分の息子の職業、自分に忠実なスタッフたちのプロとしての将来。六月八日、ミッチェルは昏睡状態となり、三日後に亡くなった。四二歳になったばかりだった。

『タイムズ』紙は、「ミスターR・J・ミッチェル──レース用水上飛行機の設計者」と題する長い死亡記事を載せた。記事は、ミッチェルの技術革新でシュナイダー・トロフィーを獲得したことに焦点を当て、豊富な情報で詳細に報じている。担当記者はスピットファイアについては、その名も含め、まださほど知り得なかった。それでも記事の終わりの方には、ミッチェルの最後のプロジェクトは戦闘機で、水上飛行機を陸上機に発展させたと記されている。「その戦闘機の性能はまだ非公開だが、世界一速い軍用機だと考えられる」。

スピットファイアは、いかにもイギリスらしい製品だった。一九三〇年代のイギリスの産業といえば、衰退して退化し、這い上がれず、石炭鉱業や綿織物などのローテク産業に甘んじているというイメージが定着しつつあった。だがそのようなイメージは、せいぜい半分程度しか真実でない。イギリスの航空産業は、質も量も世界の最先端にあった。イギリスの航空機の大半は軍用に製造され、航空機の利用は国の軍事防衛のあり方に関するイギリスの伝統的な考えとうまく適合していた。イギリスの文化において大きな意義があったのは、スピットファイアもロールスロイスのエンジン「マーリン」も、政府と民間の協調で誕生したという点だ。一九三〇年代の終わりには、スピットファイアは驚異的な防空システムの構成要素のひとつとしても、イギリスが将来の戦争でどう戦うべきかというきわめて広い概念においても、欠かせない存在となった。その概念こそは、ネヴィル・チェンバレン政権の対ドイツ政策を決定づけた真相――いいかえれば、ナチズムの脅威に対するチェンバレンのアプローチを決定づけた真相だった。

一九三七年一二月二二日に開かれたふたつの会議を経て、ネヴィル・チェンバレン内閣はたいへん重要かつ特色ある決断にいたった。再びドイツと戦火を交えるとしても、イギリス政府はフランスに地上部隊を送る計画を持たない、という決断だ。イギリス陸軍は、主として遠方の植民地において作戦行動を行う。ドイツとの戦争はイギリス海軍とイギリス空軍の仕事となる。

その決断の背景には財政事情もあれば、世論もあった。その年の一〇月、財務相のサー・ジョン・サイモンは、イギリスの軍事的関与は国の財力に合わせて行うべきだと内閣を説得していた。実行の方法については、国防調整担当大臣のサー・トーマス・インスキップが、この一二月の会議で報告書を提出した。彼の何よりも重要な提言は、「いかなる同盟国であっても領土防衛に関する連携は」――すなわち、フランスへの地上部隊の派兵は――イギリスの国防における優先順位を最も低くすべき、という内容だった。陸軍大臣、レズリー・ホーア＝ベリーシャが述べたように、一九三七年の状況は一世代前の一九一四年とはまったく違っていた。「この国の世論は、軍隊を大陸へ送るという考えを支持していません」とホーア＝ベリーシャは言った。

インスキップの提言を内閣が受け入れた場合、イギリスの外交は重大な影響を被る。「長い目で見れば、」とインスキップは述べた。「われわれが自由に行える範囲の適切な防衛の準備が整うのは、わが国の長期外交政策において現在の敵国に関する現時点での想定を的確に変更した場合に限ります」。そこで内閣は、爆撃機を制限するという方向で「ヒトラー氏と（ハリファックスと）の会談をできるだけ早く再開するのが望ましい」と決断した。

チェンバレンは、「わが国の経済の安定」が「わが国の防衛力において重要な要素となるのです」と強調して議論を締めくくった。それは、イギリスには「持久力」、すなわち長い戦いに耐える力が要るという意味でもある。「持久力」を得るには、何をおいても本土の防衛を第一に考えねばならない。

内閣の議論と決断は、R・J・ミッチェルのスピットファイアと深く結びついていた。インスキップは、防御とコスト意識に的を絞る考えから、爆撃機よりも戦闘機の製造をはるかに重要視するようになる。それは、イギリスの防衛政策、ひいては外交政策が将来的に目指す方向のひとつでもあった。

一九三五年まで、完全に独立した空軍を持つ国はイギリスだけだった（アメリカのように、陸軍の一部として空軍があるのが一般的だった）。第一次世界大戦の終戦直後、創設されたばかりのイギリス空軍は生き残りをかけて奮闘した。その時代は、民主主義国の軍隊にとって厳しい時期で、大幅な予算削減に遭い、軍部間の激しい競争にもさらされた。存在意義を高めるためには、確かな論拠が必要だった。空軍参謀総長として事実上空軍を統帥する立場にあったサー・ヒュー・トレンチャードは、「戦略爆撃」という考え方でその論拠を示した。彼の構想は「トレンチャード・ドクトリン」と呼ばれる。

トレンチャード・ドクトリンでは、これからの戦争は、敵国の都市を破壊する爆撃部隊で勝敗が決まるとされた。当時、多くの人が爆撃に対して抱くイメージは、のちの世代の人々が核による大量殺りくに対して抱くイメージとよく似ていて、想定する結果や影響に多くの共通点があった。トレンチャードは、爆撃を受ければ防御は不可能だと確信していた。唯一の対抗手段は敵国よりも強い力を維持することで、うまくすれば抑止力となり、悪くても強力な報復の備えとなる。このような構想は、イタリアの将校、ジュリオ・ドゥーエをはじめとする軍事思想家によって各国に広まり、スタンリー・ボールドウィンなどの政治家に受け入れられた。ボールドウィンは、一九三二年に庶民院でこう述べている。「一般の人々においても、爆撃されれば身を守ろうにもどうにもできないと自覚するのがよいかと考えます……爆撃機はいつであろうと侵入してきます」。

トレンチャード・ドクトリンは、戦間期にイギリス空軍内で大勢を占めていたが、防御の可能性を信じて反対意見を唱える者もいた。なかでも有力だったのが、気むずかしく神経質で風変わりなヒュー・ダウディングだ。ダウディングは第一次世界大戦中、トレンチャードとともにイギリス陸軍航空隊――イギリス空軍の前身――に所属したが、その当時から空軍の適正な役割に関するふたりの考えは対立していた。それぞれのニックネームが、人となりをよく表している。トレンチャードは「ブーン」、ダウディングは「堅物」と呼ばれていた。

ダウディングは「爆撃機はいつであろうと侵入してくる」という考えを決して受け入れず、イギリスには、到来する爆撃機を妨害して爆撃を阻止する速い戦闘機が必要だと考えた。また、効果的な警戒システムも必要で、それがあれば常時パトロールする必要がなくなり、エンジンとパイロットの消耗を防げる。警戒システムは空軍基地と接続され、円滑に機能する制御ネットワークによって戦闘機を誘導する。一九三〇年、空軍少将ダウディングは、新型機その他の技術開発の責任を負う「研究および補給担当空軍将校」の地位を与えられた。爆撃の防御は可能であるという彼の信念によって、空軍内には根本的かつ、決定的な対立を招きかねない問題が生じた。爆撃を防御する方法があるとすれば、ドイツ軍も同じことを考えるはずで、だとすれば独立した空軍にどんな意味があるのか？　だが、トレンチャード派が強く反対したにもかかわらず、ダウディングは自らの頭に描く航空防衛システムの開発を可能にした。

最初にとりかかったのは戦闘機だ。ダウディングはミッチェルのスピットファイア、および同時期に開発されていた姉妹機、ホーカーハリケーンを支援した。次に、警戒システムに着手する。イギリス軍は長らく「音響ミラー」を試行してきた。現代の衛星通信用パラボラアンテナのような、巨大なくぼみのある物体を少し傾けて屋外に備えつけ、その前にマイクを設置した設備だ。荒唐《こうとう》無稽《むけい》だとはいえアイディアは独創性に富み、飛来する爆撃機の音をアンテナが拾うと、モニターが空軍基地に知らせる手はずになっていた。だが、当然といえば当然だが、音響ミラーは一度もうまくいかなかった。

一九三五年の初め、著名な科学者、ロバート・ワトソン＝ワットはイギリス政府の委員会で、電波を利用すれば航空機の飛来を探知できるはずだと述べた。新しい考え方に理解を示しつつも、いつも通り冷静で理性的なダウディングは、その考えが本当に機能すると科学的に納得できれば開発費の予算をつけてもよいと話した。ダウディングのために行われた実験では、八マイル〔約一三キロメートル〕先の爆撃機を探知できるのがわかった。上々だ。サフォーク州の沿岸、オーフォード・ネスに研究拠点が設けられ、一九三六年には、ロンドンに近いビギン・ヒル空軍基地でさらに実験が続けられた。この新しいテクノロジーはradio detection and ranging、すなわちRADAR《レーダー》と呼ばれるようになった。

やがて、レーダー送信機は四〇マイル〔約六四キロメートル〕圏内の航空機を探知できるようになる。ふたつの基地で発する電波が敵機の侵入を感知すれば、その位置と方角の特定も可能だ。イギリス南部から東部にかけての沿岸にレーダー基地が次々と建設され、「チェーンホーム」と呼ばれる航空機監視網が築かれた。また、チェーン・ホームは三〇〇フィート〔約九〇メートル〕以下の高度で――すなわちレーダーよりも低く――飛ぶ飛行機は探知できないため、それを補う目的で「チェーンホーム・ロウ」という低空侵入探知網も築かれた。

敵機が内陸に到達すると、もはや沿岸のレーダーでは確認できず、防衛はイギリス防空監視隊のボランティアが頼りとなる。忍耐強いボランティアたちは、電話機、双眼鏡、通過する飛行機の高度と方角を推測する装置を持たされ、屋上や丘の頂上で配置についた。海を渡ってイギリス本土の上空に達した敵機編隊の動きを戦闘機統制局に知らせるのが、彼らの仕事だった。

一九三六年七月、ビギン・ヒルのレーダー実験が軌道に乗った頃、ダウディングは新たな転機を迎える。イギリス空軍は複数の機能的な軍団に再編され、そのなかで特に重要視されたのが戦闘機軍団と爆撃機軍団だった。トレンチャード派が相変わらず幅を利かせるなか、爆撃機軍団の評判は高く、人気のないダウディングは戦闘機軍団の司令官に任命された。

ダウディングは戦闘機軍団に対しても、研究開発に対する場合と同様の成果を挙げた。彼の任命に続いて大がかりな建築が相次ぎ、初のレーダー運用基地が設置されるとともに、防空監視隊が整備された。続いて、戦闘機軍団のありとあらゆる最新式基盤設備が築かれる。なかでも際立っていたのは、レーダー基地や防空監視隊から報告を受けて戦闘機隊に伝え、その結果必要となる迎撃や戦闘を指示するオペレーションルームだ。戦闘機軍団は、主体となる飛行場を中心に据え、周辺に小規模な飛行場を分散して確保し、そこで戦闘機を待機させるシステムを構築した。また、ダウディングは、全天候型の舗装した滑走路を強く要求した。思いがけず空軍省の反対に遭ったが、それは、舗装された滑走路は格好の標的となるというのが理由だった。

ダウディングの支持者とトレンチャードの支持者は、互いに激しい対抗意識を持っていたかもしれないが、別の観点から見れば、彼らはみなイギリス文化を象徴する存在だった。科学とテクノロジーを高く評価し個人主義と結びつける文化、常に——あるいは、ほぼ常に——ヨーロッパ大陸における大規模部隊の戦闘や地上の密集戦とは距離を置く文化だ。スピットファイアに支えられた戦闘機軍団もトレンチャード・ドクトリンに支えられた爆撃機軍団も、まさに「イギリス流の戦争方法」という概念の代表例だった。イギリス流の戦争方法は、ネヴィル・チェンバレン政権の外交政策に決定的な影響を与える。

一九三〇年代、イギリス流の戦争方法を提唱する理論家として最も大きな影響力を発揮したのは、バジル・リデル＝ハート大尉だ。

リデル＝ハートは、さまざまな意味で異色の将校であり、軍事史家であり、戦略研究者だった。第一次世界大戦で軽歩兵連隊の少尉に任ぜられ、戦後は人命と資金を費やすにもかかわらず意義ある勝利がない戦争に対する厳しい批判に共鳴し、怒りを感じるようになった。彼は、このような戦争を二度と繰り返してはならないと心に決め、自らの怒りを軍事史と戦略理論の研究に注いだ。『デイリー・テレグラフ』紙、さらに『タイムズ』紙の軍事問題担当記者となったリデル＝ハートは、イギリスは「海軍力を用いて与える経済的圧力を基本とし、原則として効率的な戦争を遂行するわが国の伝統」を放棄していると感じた。その伝統こそが「イギリス流の戦争方法」、彼が一九三一年に世に問うた概念だった。

その意味とは？

リデル＝ハートの「イギリス流」は基本的かつ大いに重要な事実、すなわちグレート・ブリテンは島であり、何世紀もの間、ヨーロッパ大陸で絶え間なく起きた武力衝突とは遮断されてきたという事実に端を発する。二〇世紀初頭に空軍力を持つまで、イギリスが国防上どうしても必要としていたのは、強い海軍だった――一五八八年にサー・フランシス・ドレークがスペイン無敵艦隊を撤退させたときから、イギリスはすでに強い艦隊を擁していた。またイギリスは、石炭や鉄鉱石をはじめとする天然資源に恵まれていた。本国が安泰で、世界の海上貿易を支配して富める国となっていたイギリスは、世界で初めて産業革命を経験する。富と海上覇権によってかつてない規模の世界帝国を築き上げ、二〇世紀初頭には地球の陸地面積と人口の四分の一がイギリス帝国に属するまでになった。そして、国民と帝国を守るため、イギリスは自国の海軍力を、世界第二位の国と第三位の国の海軍力の合計以上に維持する「二国標準主義」を堅持した。地上戦はごく限定的に、小規模にとどめ、帝国内の反抗的な先住民を制圧したり、大規模な衝突にわずかに介入したりする程度とする。フランスのブルボン朝の代々の国王やナポレオンのような大敵が相手でも――リデル＝ハートの主張によれば――イギリスが頼りにしたのは自国の資金力と海軍力、そしてもっぱら他国の地上部隊だった。イギリスの艦隊はあちこちで兵士を上陸させたものの、大陸における戦いで勝利できたのは、ロシア、プロイセン、オーストリアなど、同盟関係にあった国の兵士が血を流したおかげだった。

だが、一八七〇年以降、イギリスの戦略的バランスはいっそう維持がむずかしくなる。ドイツとアメリカ合衆国が一流の工業大国となり、海軍を創設した両国は世界市場でグレート・ブリテンと競うようになった。他のヨーロッパの国々も後に続き、いかなる場所においてもイギリスが最強だとはいえなくなった。戦略的選択を行わざるを得なくなり、その結果ジレンマが生じた。政府が防衛費を増やせば、その分だけ財政の安定が脅かされ、イギリスは魅力的な借入国となってしまう。その反面、イギリスの借入能力は、体力の劣る敵国を相手に息の長い戦いができる理由のひとつでもある。一方、軍事支出は民間経済の資力も圧迫する。ヨーロッパ大陸における戦争のために、軍事力、とりわけ地上部隊の増強を図ると、本来ならイギリス軍が守るべき国の繁栄を損なうだけでなく、本当に必要なときに軍事資源を購入する借入能力を失わせ、長丁場の戦争を維持する力を直に奪いかねない。

イギリス流の特徴的な戦略概念は、第一次世界大戦を契機に固まった。理由のひとつとして、一九一四年から一九一八年の間に、ある重要な点において従来のやり方に終止符を打ったことが挙げられる。イギリスは第一次世界大戦で六〇〇万人を動員して、大規模な地上部隊をフランスやベルギーの戦場に配備した。兵士の給与も、膨大な量の弾薬やその他の物資も、国の信用力を基にアメリカの銀行からの借入で調達した。しかし、戦争が終わってみると、こうした方策のすべてがとんでもない失敗だったと思えた。イギリス政府はアメリカの債権者に膨大な額の借金を作り、ロンドンは国際金融センターとしての輝きをニューヨークに譲ることになった。しかも、大陸の戦場に送り込まれたイギリスの息子たちは七五万人が命を落とし、さらに数百万人が生涯にわたる心身の傷を負った。

リデル＝ハートの考えによれば、イギリスは最初に一〇万人規模の部隊をフランスに派遣したのちは追加の派兵を行うべきではなく、限定的な戦いをすべきだった。そのうえで、海軍による封鎖でドイツ経済を圧迫し――彼は、どのみち海上封鎖で勝敗が決着すると考えた――チャーチルが主張した一九一五年のガリポリ半島上陸作戦のような周辺作戦を進める。膠着状態が続いた場合は、「われわれの伝統に忠実に従えば……和平交渉に持ち込む――すなわち通常の戦争終結につながり、結果としてわれわれは最大限の恩恵を得る」。イギリスは財政力、海軍力という「これまで通りの交渉の切り札」を頼れたかもしれないし、「今日ほどは低下していない力」で交渉を切り抜けられたかもしれない。彼はこう結論づけている。「真の意味の勝利とは、戦後の暮らし向きが戦争をしなかった場合よりもよくなる状態に他ならない。その意味における勝利は、結果が速やかに得られる場合、あるいは資源や資金に余裕がある場合のみ可能になる」。

リデル＝ハートの考えには、もうひとつ重要な要素がある。第一次世界大戦中、彼は歩兵隊を木っ端みじんにする機関銃や砲兵射撃の威力を目の当たりにした。彼も多くの者と同じく、近代戦では防御力が高い方が大いに有利だと判断し、防衛を重視するのが賢明な戦略だろうと考えた。

リデル＝ハートの冷静な戦略の根底にあったのは、彼が徹底したリベラルな民主主義者であるという事実だ。彼は、リベラルな民主主義国がナチ・ドイツに代表されるような好戦的な全体主義国に対応するには、新たな政治的、軍事的戦略が必要になると信じ、自らその戦略を考案するプロジェクトに取り組んだ。

また、一九三〇年代という時代の空気には、きわめて重要な側面があった――政治体制によるイデオロギーの違いが戦略の考え方にどうしても影響するという側面だ。イデオロギーの違いは、その二〇年前と比べると非常に大きくなっていた。一九一四年、イギリスとフランスは概ねドイツやオーストリアよりも民主主義的立場を取っていたが、その差は大きくはなかった。一九一四年の時点で、ドイツおよびオーストリアでは、すべての成人男性に国政選挙の投票権があり、両国は法治国家だった。またヨーロッパ各国の文化は、戦争に対する考え方から社会関係、階級間の関係、芸術にいたるまで、ほとんどの面で共通していた。しかし一九三〇年代に入ると、民主主義国はより民主的になり、いっそう反戦的になっていた。一方ドイツ、イタリア、そしてソヴィエト連邦の政治体制下では、社会の軍事化はいうにおよばず、組織的弾圧や残虐行為も、近代においては類を見ないレベルで行われていた。

　リデル＝ハートは、このような状況下では、民主主義国は全体主義国の脅威に臨む方策を考え直すべきだと理解していた。ナチ・ドイツに対する宥和政策に反対する政治家をはじめ、イギリスの有力者の多くは、それがわかっていなかった。閣議では、イギリスとルイ一四世やナポレオンとの戦闘がさかんに引き合いに出され、国家安全保障の問題は一世紀前、二世紀前と何ら変わらないかのごとく議論された。リデル＝ハートは、国際政治に新たなイデオロギー的側面が生まれているとわかっていた。たとえば、スペイン内戦で、共産主義者が支援する人民戦線政府側の義勇兵、国際旅団に志願したドイツ市民は、国に帰れば反逆を企てたとして有罪になる可能性があった。なぜなら、ある裁判で裁判所が判断したように、「スペイン内戦は単なるスペイン国内の問題ではなく」、むしろ「共産主義対ファシズム、ナチズムの初めての大きな闘争であり」、ゆえに国際旅団のための戦いは結果としてドイツ政府を転覆させる試みとなるからだった。

　またリデル＝ハートの理解によれば、第一次世界大戦はヨーロッパ大陸に民主主義の危機をもたらし、「ある形態の政府を有し、個人の権利についてはアングロ・サクソンの伝統と基本的に相いれない姿勢をとる国が、いくつも現れた」。イギリスは、空軍力においては「戦略的に島である優位性が弱まるとしても、政治的にはこれまでになく島である優位性が高まる」。はたして「イギリスは、全体主義の潮流のなかで、引き潮となるまで岩のごとく動じずにいられるのだろうか？」と彼は疑念を持った。共産主義とファシズムにとって「同質化は理想、非同調は罪である」が、他方イギリスでは第一次世界大戦後に「寛容の精神がさほど広まったわけではなく、暴力が広く疎んじられたわけでもない」と思い当たったからだ。

むずかしいのは、この平和主義でリベラルな国に、防衛について考えさせることだ。平和主義者と「生来の愛国者」は互いを理解しないが、理解するように努めるしかない。若者は「地理的領域や居住民、自分たちの物質的関心を維持する」ためだけの「愛国的防衛」には意欲を示さない。「新たなビジョンが必要であり……そのためには、アングロ・サクソンの伝統において重要な要素――何よりも自由の精神――を理解しなければならない」。ファシズムや共産主義が「若者を熱狂させる」とするならば、「われわれには、熱狂を生むさらにすばらしい源があるのか」。

民主政治と独裁政治のイデオロギー的な差が以前より開いたというだけではない、とリデル＝ハートは指摘している。民主政治では、独裁政治と同じ要求を国民に突きつけることはできない。だからこそ、彼の戦略は戦争の阻止、あるいは万が一の場合でも戦争の影響を最小限にとどめることを目的とした。彼が徴兵制度に反対したのは、全体主義との闘いに全体主義の手法を取り入れてもよい、あるいは取り入れるべきだとは思えなかったからだ。もともと彼は、機甲戦の理論家として名を揚げたにもかかわらず、イギリスの地上部隊のいかなる「大陸関与」にも反対の立場を取り、たとえば封じ込めによる抑止、経済制裁（イギリスが古くから得意としてきた海上封鎖を含む）など、他のさまざまな手段を行使し、戦争が起きた場合もごく限られた手段で戦い、周辺作戦、代理戦争、防衛中心主義に徹するように推奨した。彼は戦略爆撃の強力な支持者でもあり、その理由は、たとえ爆撃される側であっても、戦争を早く終わらせて犠牲者数を抑えることができるからだった。また彼は、ナチ・ドイツとの全面戦争は意味がないとも考えていた。イギリスが勝つとは思えず、たとえ勝ったとしても、前の戦争以上に、敗北したような感覚を伴うのではないか。最良のアプローチは、勝ち目がないのだから戦争に走る価値はないと相手に納得させることだ。

後世の文筆家はリデル＝ハートについて、一貫性がない、歴史の理解が浅い、出世欲の塊だなどと批判してきた。彼自身の着想による考察はほとんどなく、かつての海軍戦略思想家、ジュリアン・スタフォード・コーベットによる研究の援用が多い。しかし一九三〇年代、リデル＝ハートは、第一次世界大戦の再現は最も恐るべき悪夢だと考える幅広い層のイギリス国民の代弁者だった。彼のメッセージはチェンバレン政権にたいへん歓迎され、当時のイギリス政府の政策には彼の影響を受けた形跡がいくつもある。

チェンバレンは首相になってまもない頃、リデル＝ハートにこう書き送っている。「貴兄が『タイムズ』紙に寄稿された陸軍の役割に関する記事は、きわめて有用かつ示唆的であると考えました。わが国としては、第一次世界大戦で大陸に送ったのと同規模の陸軍部隊は二度と送るまいと肝に銘じています」。チェンバレンは、防衛のための必要最低限度のアプローチを意味する、リデル＝ハートの「限定的関与」という概念を参考にして、限定的関与を実行する決意で政権に就いた。その決意が最も大きな成果として形になったのが、一九三七年一二月二二日に行われた、イギリスは戦争が起きたとしてもフランスに地上部隊を送らないという閣議決定だった。

チェンバレンの思考の大部分は経済や財政との関連があり、その点でもやはりリデル＝ハートとのつながりがあった。「行進の隊列は、かしこまって見物する市民にはすばらしいと思えたかもしれない」。リデル＝ハートは、そう書いている。だが兵隊たちは、民間の経済や資源を提供する「ベルトコンベヤーかパイプラインに依存する巨大な操り人形だ」。戦争の勝敗は、どちらかの側が速やかに勝利する方法を見出さない限り――近代戦では幻想となりつつあったが――長引く戦いを維持する経済力があるかどうかで決まるという意味だ。チェンバレンは、対外資産が減少したうえに第一次世界大戦の戦費や戦後の復旧費でアメリカに対して多額の債務を負うイギリスの財政状態は、一九一四年当時よりもかなり悪化していると認識し、リデル＝ハートの指摘を重く受け止めた。イギリスはアメリカに対する債務を履行しておらず、アメリカのジョンソン法（一九三四年）の規定により、これ以上はアメリカから資金の借入ができない状況だった。

サー・トーマス・インスキップは、一九三七年一二月、内閣にこう報告している。「安定した経済の維持は、より正確には、わが国の防衛体制における必須要素のひとつといえます」。陸軍、海軍、空軍に次ぐ「防衛における第四の軍と考えられます」。インスキップは、イギリスの財政の安定は戦争が起きた場合に不可欠であるというだけでなく、まず戦争を抑止するためにも重要な役割を果たすと考えた。

チェンバレン内閣の閣僚のほとんどは、もしも戦争が始まれば防衛費と政府借入金を増やさざるを得ないと承知していたが、その事態がいつ生じるかについては、わかるはずもなかった。財務相のサー・ジョン・サイモンは、一九三八年三月、内閣にこう告げる。「われわれはレースを走る選手と同じで、いざというときまで力を温存したいのですが、ゴールのテープがどこにあるのか知らないのです。危険なのは、ともすれば早々に財政を破綻させてしまいかねないことです」。もうひとつの危険は、いうまでもなく、長期戦で勝利しようと計画しても短期決戦で大敗を喫すれば意味がないということだ。外相アンソニー・イーデンは、「空軍が力不足でロンドンが全滅したとしても、財政状態がよければ少しは慰めになるだろう」と論じた。

つまり、リデル＝ハート、チェンバレンの考えとヒュー・ダウディングの考えには重要な関連性があったことになる。一九三七年一二月の報告のなかで、インスキップは、イギリス空軍の役割は攻撃ではなく防御を基本とすべきだと主張した――トレンチャード派にとっては異説だが、ダウディングの考えには沿う。インスキップは、爆撃機だけで戦争に勝つという構想をトレンチャード派が論理的に証明できるとは思えず、イギリス空軍はドイツを襲撃して短期戦で勝つ準備をするのではなく、長期戦でイギリス諸島を防衛できるようにすべきだと考えた。

ネヴィル・チェンバレンは、インスキップと完全に同じ考えだった。一九三四年以降、チェンバレンは、爆撃機ではなく戦闘機の開発を促進する立場だった。財務相として、空軍省に支出の増加を課しさえした。空軍省は、希望する爆撃機ではなく戦闘機が求められているとあって、そのような支出は望まなかった。チェンバレンは、本土防衛を重要視するならば、海軍の削減が必要ではないかとも考えた。

「イギリス流」は、突き詰めればイギリス文化に根差している。土台の大部分をなすのは道徳であり、戦争への嫌悪と民主主義が平和を主導すべきだという考えが基本にある。そして、そのような考えの基礎となるのが、イギリスのキリスト教会の世俗的でもあれば純粋でもある福音主義の伝統だ。「聖なる狐《ホーリー・フォックス》」と呼ばれたハリファックス卿は、純粋な立場の信者だ。一九三九年九月に第二次世界大戦が勃発した数日後、リデル＝ハートは、連合国は「われわれは、戦いの手段としての軍事攻撃を放棄する」と宣言すべきだ、そうすれば「われわれの名分が立つ」とともに「攻勢をかける責任をドイツに負わせられる」と記した。

イギリスにも、「攻勢をかける」ために万全の作戦を準備している分野がひとつあった——それは戦略爆撃、つまりトレンチャード・ドクトリンだ。確かに、そこにもある種の民主主義の論理が働いてはいる。なぜなら、民主主義社会には戦争犠牲者の数を抑えるべきだという重圧があり、敵国の都市への爆撃は味方の犠牲者よりも敵方の犠牲者数を増やす手段となるからだ。しかし、この残忍で強引なドクトリンは、チェンバレン政権の防衛姿勢とは道義的にも戦略的にもうまく調和しなかった。もしもイギリスが長期戦の構えならば、経済力によって最終的にはドイツに勝利する可能性があるが、短期決戦であれば、爆撃でイギリスを叩きのめそうとするドイツから本土を守らねばならない。したがって、宥和政策を主導する政治家たち——チェンバレン、インスキップ、航空相スウィントン子爵、前任の航空相ロンドンデリー侯爵が気むずかしいヒュー・ダウディングと手を取り合って、イギリスの高度な防空システムを開発し、イギリス空軍の重点を爆撃機から戦闘機に移したのは、完全に理にかなっていた。この点においても、スピットファイアはイギリスにとって大きな価値のある武器だった。

現代の視点で見れば、このように防御と道徳を同時に重んじる姿勢は認識が甘いかもしれない。だがイギリスがイギリスである以上、それ以外の戦略を考案するのはむずかしかったのではないか。チェンバレンとチャーチルは、政策については意見が食い違ったが、「限定関与」戦略については完全に意見が合わないわけではなかった。チャーチルはふたつの世界大戦において、とりわけ第一次世界大戦中の海相就任時と第二次世界大戦中の首相就任時に、彼なりにイギリス流の戦争方法を忠実に実践した。常に人命と資金を節約し、海軍力と空軍力に重きを置く「周辺戦略」を求めた。その点において彼とチェンバレンの考えは一致していた。それが、近代民主主義がヒトラーがもたらすような脅威に向き合う最善の方法だったからだ。

一九三七年一二月二二日の閣議で、陸軍相のホーア＝ベリーシャは、イギリスがフランスに地上部隊を送るべきでない理由のひとつは世論が望まないからだと主張した。一九三〇年代になると、世論はますます重要視されるようになり、政治家が民主主義はナチの脅威にどう対応すべきかを探るうえでも、考慮すべき重要事項のひとつとなっていた。

第一次世界大戦が終わると、欧米の民主国家では文化が大きく変化する兆しがいくつも現れた――個人主義の傾向が強まり、権力に服従する姿勢は弱まり、個人の生活が大切にされるようになる。F・スコット・フィッツジェラルドが一九三四年に発表した小説、『夜はやさし』には、主人公が第一次世界大戦は二度とできないと説明する、注目すべき一節がある。こういう戦争をやるには「信仰や、豊かな時代や、とてつもなく大きな信頼、階級間に存在する厳然たる関係」が必要で、今ではそういうものはすべてなくなったと主人公は語っている。また、第一次世界大戦の回顧録を執筆したイギリス人、ヴェラ・ブリテンは、婚約者、弟、複数の友人を戦争で失い、「神と国王と国」に対する義務を諭す説教に我慢がならなくなった。というのも、「この貪欲なトリオが、自分が人生で一番大切にしていたものをすべて奪い取ってしまった」からだった。

その当時、大量消費による革命の嵐が豊かな国々に吹き荒れると警鐘を鳴らす者もいた。一九二四年、『アトランティック・マンスリー』誌に「アメリカの民主主義に新たなものが生まれた」と書いたのは、ジャーナリストのサミュエル・ストラウスだ。ストラウスは、その新たなものに「消費主義《コンサンプショニズム》」という語呂の悪い名前をつけた。彼が言うには、消費主義は、「もはやアメリカにとって一番大切なのは善良な国民ではなく、消費者たる国民である、という考えをもたらした」。その結果はたいへん深刻で、「政治家であろうと、平和主義者であろうと、国際連盟に熱心な人であろうと、一〇年後には消費が今の半分程度になると思えば、自らが力を入れる構想をあきらめるしかなくなる」。彼は正しかった。

新しい個人主義も権力への不服従も、消費主義さえも、一九二〇年代から三〇年代に大きく広がった戦争に対する強い嫌悪のなかで、起こるべくして起こった。こうした嫌悪は、当時の文学や映画にも垣間見られる。代表例としては、ヴェラ・ブリテンの『戦場からのラブレター』、アーネスト・ヘミングウェイの『武器よさらば』、ロバート・グレーヴズの『さらば古きものよ』、エーリヒ・マリア・レマルクの『西部戦線異状なし』などが挙げられる。より直接的に異を唱えるできごともあった。一九三三年二月、オックスフォード大学の学生を主体とする討論団体「オックスフォード・ユニオン」において、二七五票対一五三票で、「当会はいかなる状況でも国王と国のために戦わない」という採択が行われたのだ。学生たちは、二〇年前に続々と命を落とした熱意あふれる歩兵部隊の将校たちと同様、恵まれた立場にある若者たちであり、オックスフォード・ユニオンの採択はイギリス政界の要人の背筋を凍らせた。他校の学生も刺激を受け、ケンブリッジ大学、マンチェスター大学、グラスゴー大学でも同様の採択が行われた。

同年の後半に行われた庶民院の補欠選挙では、それまでは安泰だったフラムイースト選挙区の保守党の議席が、平和と軍縮を掲げる労働党候補に奪われた。この補欠選挙は政界に激震をもたらし、スタンリー・ボールドウィン首相は、それから三年が経過してもなおそのときの痛手から立ち直れないかに見えた。首相は一九三六年一一月の庶民院議会で、民主主義の政治家はいかに外交政策を進めるべきかについて、彼本人の言葉を借りれば「恐るべき率直さ」で示し、こう述べている。私は常に「民主主義の原則」を擁護してきて、一九三三年から一九三四年にかけては「戦後最も強い平和主義的感覚がこの国全体に満ちている」と注目していた。「一九三三年秋のフラムの選挙を覚えておいででしょう。あのとき挙国一致内閣が維持していた議席は、平和主義という一点において投票した約七〇〇〇〇票によって奪われました」。すなわち、「大政党のリーダーとしての私の立場は、完全に安泰とはいえなかったのです」。もしも一九三五年の選挙で、ドイツの脅威に対抗するために再軍備が必要だと主張して闘っていたら、「当時のあの平和的な民主主義の国民が、われわれのその叫びのもとに結集したとは考えられないではありませんか？　私が思うに、選挙の敗北をこれほど確実にする要素は他に考えられません」。

新しい時代における政治家の窮状を、包み隠さず示す訴えだった。ボールドウィンは、自分はまっとうに、民主主義的にふるまってきたと信じていた。「わたくしはいかなるときも、わが国の民主的な国民に備わる力を信頼します」。彼は庶民院でそう述べた。「国民は、上から押しつけられたのではなく、力で強いられたのでもなく結束しています。何ものにも壊せない結束です」。選挙に勝つために国の安全保障を故意に脅かしたと認めたボールドウィンは、信頼を切に求めて締めくくった。「周知のことではありますが、全体主義国の支配者は、何をしようと、失敗しようと、批判されないという幸せな立場にあります。彼らには自らの計画を知らしめる義務もなく、進展や停滞を公表する義務もありません」。ボールドウィンも国防調整担当大臣も、国の軍備計画の詳細については公に議論できないが、「われわれに……一定の信頼と信用をお与えください」。

リデル＝ハートが民主的な戦闘のために犠牲者を抑える戦略を苦労して立案したのは、新しい個人主義と戦争に対する嫌悪が社会に生まれていたからで、イギリスとアメリカの戦略立案者が、地上部隊ではなくもっぱら戦略爆撃機を使用して戦争に勝利しようとしたのも、同じ理由からだ。また、イギリスで、スピットファイアをはじめとする防御兵器が戦争において何よりも重要視されたのも理由は同じだ。

アンソニー・イーデンは、イギリス政界の聡明なホープだった。器量がよくカリスマ性があって勇敢な彼は、一八九七年、貴族の家庭に誕生した。一風変わった父と気まぐれな母のおかげで、保守党の同僚議員ラブ・バトラーからは、イーデンの「半分はむちゃな準男爵でもう半分は美しい女性だ」とからかわれる。第一次世界大戦ではドイツ軍の塹壕に深夜の奇襲をかけ、銃火を浴びながらけがを負った小隊の軍曹を安全地帯まで運んだ功績により、ミリタリー・クロス〔武功十字章〕を授与された。二一歳で戦争が終結する頃には、イギリス陸軍で最年少の旅団少佐となっていた。一九二三年に庶民院議員に選出され、軍隊と同様、政界でも瞬く間に出世した。一九三五年、ボールドウィン内閣の外相となり、やがてチェンバレン内閣でも外相を務めた。しかし一九三八年に入ると、彼の栄進は壁にぶつかる。

チェンバレンとイーデンは、もともと対イタリア政策で対立していた。イギリスの仮想敵国の数を減らしたいと常に望むチェンバレンは、イタリアによるアビシニア〔エチオピア帝国〕侵攻を事実上認めてムッソリーニをヒトラーから引き離したいと考えた。イーデンはそれには反対で、ムッソリーニは「本物の悪党で、彼の約束の言葉など意味をなさない」と主張した。

一九三八年一月、ふたりの対立は、イーデンが休暇で南フランスに滞在している間に別の次元へ突入する。チェンバレンはイーデンの不在を好機ととらえ、宥和政策に反対する外務事務次官、サー・ロバート・ヴァンシタートを解任して、より従順なサー・アレクサンダー・カドガンを後任に据えた。その直後、フランクリン・デラノ・ローズヴェルト大統領から国際軍縮に向けた活動開始を提案する極秘書簡が届く。それを読んだチェンバレンは、独裁者たちとうまくつき合うつもりでいる自分の計画をローズヴェルトが台無しにするかもしれないと思い、アメリカがヨーロッパの問題に首を突っ込むことに腹を立てた。彼はイーデンに相談せずに、外交の一般基準かららすれば非礼な返信をした。国際軍縮は「われわれがここで行っている努力を妨げる」恐れがあるからとローズヴェルトの提案を拒否し、「大統領が送付された草稿には、私が重大な疑念を抱く表現がある」とまでつけ加えた。私信ではさらに遠慮がなく、「アメリカ人は言葉だけで何も信用できないと考えるのが、常に最良で最も安全だ」と妹のヒルダに書き送っている。

イーデンはチェンバレンの返信を知って激怒し、休暇から戻るとワシントンのイギリス大使に自ら電報を打って、先に首相が述べたことは間違いだと否定した。資料によればイーデンは、イギリスの後ろ向きな姿勢に「大統領は失望の気持ちを心に刻まれたかもしれない」と懸念し、チェンバレン氏は「そのような印象」を与えたかったわけではない、と記している。当時、国務長官コーデル・ハル以上にローズヴェルトと緊密に仕事をしていた国務次官、サムナー・ウェルズは、チェンバレンの返信について、大統領にとっては「陰部に冷水を浴びせられた」も同じ、と記録した。その数日後、ローズヴェルトは個人的に、イタリアのアビシニア侵攻をイギリスが認めるかもしれないという懸念を強める。

考え方が根本的に異なる首相と外相は、そう長くは一緒にやれない。チェンバレンの返信によってローズヴェルトの提案は事実上引っ込められたが、ローズヴェルト自身は、ドイツでブロンベルクとフリッチュの失脚を機に起きた勢力の変化を提案撤回の口実とした。イーデンとチェンバレンの緊張関係は、ドイツがオーストリア併合《アンシュルス》に向けて動きかけていて、実行に際してはムッソリーニの支援をあてにしているようだという情報機関の警告を受け、なおさら悪化した。チェンバレンは、そうなればイタリアとの交渉はますます急を要すると考えた。緊張が頂点に達したのは二月一九日の閣議で、そこでチェンバレンとイーデンは議論を戦わせた。他の閣僚は、イタリアに関して対立が起ころうとしているとは知らず、ましてやローズヴェルトの提案のことなどつゆほども知らず、困惑するばかりだったが、ふたりはイタリアと話を始めるかどうかについて論争した。翌日イーデンは辞職し、後任の外相にはハリファックス卿が就任した。

ヴァンシタートの解任と、イーデンの代わりにハリファックス卿を据えたことは、皮肉にも、ブロンベルク＝フリッチュ事件を受けてヒトラーが行った外交政策と防衛組織の変改に通じる。ヒトラーと同じくチェンバレンも、自分の政策を批判したり、ましてや妨害したりする人物ではなく、遂行してくれる人物を部下に配置した。このような、反対意見を抑制する権力の使い方こそが、チェンバレン政権の本質を表していた。

政権に就いて一年が過ぎた頃から、チェンバレンは保守党を自由に動かし、内閣、議会、報道をしっかりと掌握した。ブロンベルク＝フリッチュ事件を受けて、これから彼が相対するドイツの外相は、過去二年間駐英ドイツ大使を務めた人物、ヨアヒム・フォン・リッベントロップとなった。

ヒトラーが、外相の人選に懐疑的なヘルマン・ゲーリングに、リッベントロップはロンドンの重要人物をすべて知っていると言い張ると、ゲーリングは「はい――問題は、彼らの方もリッベントロップを知っていることです」と返答した。チェンバレンの方は、リッベントロップの昇進は、よりよい英独関係を築く計画の妨げになると感じた。「あの男はとても愚かで、浅はかで、自分本位で、うぬぼれが強い」。彼はヒルダへの手紙にそう書いている。「知的能力を完全に欠いており、言われたことを理解できるとはとても思えない」。

珍しい意見ではない。ヨーゼフ・ゲッベルスの日記には、「リッベントロップは脳みそがまるで足りない」、「何でもかんでも、一〇回説明してやらなきゃならない」、あの男は「耐えられない」、「傲慢だ」、「総統は、あいつをきわめて過大評価している」などと、リッベントロップに対する憤慨の記述があふれている。リッベントロップは、裕福なスパークリングワイン生産者の娘と結婚して財力を固め、貴族階級の遠い親戚を説き伏せて養子にしてもらい、名家の証となる「フォン」を姓に加えた。ゲッベルスは意地悪く、しかし的確に不満を連ねている。「あいつの名前は金で買ったもの、あいつの金は結婚で得たもの、あいつの仕事は陰謀でありついたもの」。ベニート・ムッソリーニでさえ、リッベントロップは「ドイツに大惨事をもたらすドイツ人の部類に入る」と考えていた。

一九三八年三月一一日、金曜日、チェンバレンはリッベントロップがベルリンで新たな地位に就くのに先立ち、彼を送別の昼食に招いた。ただでさえぎくしゃくした状況のなかで、知らせが入った。ドイツ政府がオーストリアに最後通牒を突きつけたという。ドイツの侵攻部隊は、すでに国境で待機していた。

オーストリアは激しい分断を余儀なくされた小国で、一九一八年を境に大帝国の地位を失った現実に対処すべくもがいていた。一九二〇年代の終盤からは、「赤いウィーン」〔当時のウィーン市のニックネーム〕を基盤とする社会民主党と、国内の他の地域で支持を得るファシズムを肯定するキリスト教社会党の各準軍事組織が衝突するようになり、事実上の内戦で国が荒廃した。ヒトラーがドイツで政権に就いたのちは、ドイツによるオーストリア併合を主要目的とするオーストリア・ナチ党が伸張し、オーストリア政界の第三党となった。一九三四年、エンゲルベルト・ドルフース首相がオーストリア・ナチ党に暗殺され、ドルフースの側近、クルト・シュシュニックが後継の首相となる。シュシュニックは、オーストリア国民の結束を保ちつつ、ドイツと許容できる範囲の関係を築くバランスを取ろうとしたが、そのバランスはますますむずかしくなっていった。

一九三八年二月の半ば、ヴェルナー・フォン・フリッチュの解任で怒りが鬱積する陸軍の関心をそらさねばならなかったヒトラーは、ベルヒテスガーデンにシュシュニックを呼びつけて、独立国家としてのオーストリアを終わらせるに等しい数々の要求を、むりやり受け入れさせようとした。なかでも特に重要だったのが、オーストリア・ナチ党のアルトゥア・ザイス＝インクヴァルトを内相に任命して警察の全指揮権を与えよという要求だった。ヒトラーの頭には、ドイツ国首相として権力を強化するためにはヘルマン・ゲーリングのプロイセン州内相就任がきわめて重要だったという、自身の経験があった。他にも、オーストリアとドイツの経済、軍事の統一につながる大臣の任命が求められた。

ナチ党のあらゆる脅迫といじめを受けたシュシュニックは、ヒトラーの求めに応じる署名をしたが、ウイーンに帰り着くと落ち着きを取り戻した。三月九日、彼は窮余の策を発表する。今にも消滅しそうなオーストリアの独立を何とか維持するため、急遽国民投票を実施して、オーストリア国民に「自由と労働」および「国民と祖国に賛成の意を示すすべての人の平等」が認められる「自由でドイツ的で、独立していて社会福祉的で、キリスト教に基づいて統一されたオーストリア」を望むかどうかを問う、という策だった。そのような問いにノーと答えるオーストリア人は、ほとんどいない。いうまでもなく、それが重要なポイントだった。国民投票は三月一三日、日曜日に行われることになった。

国民投票の結果は、名声を高めつつあるヒトラーに打撃を与えかねず、ドイツ、オーストリア合邦の扉を長く閉ざしてしまう可能性があった。「初めは」と、ヒトラーは数日後にイギリスの記者、ウォード・プライスに語っている。国民投票をするという「知らせは、とてもではないが信じられなかった」。事実だと確認すると、次は自然と怒りがわいてきた。シュシュニックによる国民投票は、ベルヒテスガーデンで得た合意に対する「裏切り」であり、「裏切りというものを、私は許せない……私は即座に行動することにした」。オーストリア侵攻開始を決断した、という意味だった。

この性急な決断によって問題が浮上する――ドイツ陸軍はそのような作戦に対して何の準備もしていなかった。オーストリアの帝政復活を阻止する侵攻を想定した、「オットー作戦」と名づけた作戦計画の骨子ならばすでにあった（オットー・フォン・ハプスブルクは、オーストリアの帝位への復帰を要求していた）。だが、陸軍参謀総長ルートヴィヒ・ベックは、オーストリア侵攻はばかげていると考え、そんなことをすればイギリス、フランスとの戦争につながると確信していた。彼は、その骨子を実際の作戦計画にする指令書の起草をすべて拒否した。

そのようなわけで、国防軍統合司令部長に就任したばかりのヴィルヘルム・カイテル将軍は、三月一〇日にヒトラーから首相官邸に呼ばれ、オーストリア侵攻の準備を命じられて仰天した。カイテルは、ベックと新任の最高司令官、ヴァルター・フォン・ブラウヒッチュを呼んで、命令を直に伝えようとした。「私には、はっきりとわかっていた」。カイテルは戦後にそう記している。「ベックは、絶対に不可能だと、すぐさますべてを却下するだろう」。実際にベックはヒトラーの考えに反対したが、「異議は即座にヒトラーにはねのけられ、彼は命令に従うしかなくなり、数時間後には、一二日未明にオーストリアに入るためにどのような部隊編成を準備するかを報告した」。三月一一日から一二日にかけての夜はカイテルにとって「まさに地獄」で、「ひっきりなしに電話が鳴り」、軍の高官たちが次々に作戦の中止を願い出た。カイテルはその高官たちに、ヒトラーはとにかく進めろと要求しているとだけ伝えた。また彼は、高官たちの反対をヒトラーに伝えなかった。彼が言うには、すべての関係者を「失望」させないためだった。

ヒトラーからさらに脅しをかけられたシュシュニックは、再び引き下がった。三月一一日、彼は国民投票の中止に同意し、退陣した。後任に就いたのは、ザイス＝インクヴァルトだ。ヒトラーはザイス＝インクヴァルトに、オーストリアの「秩序」を回復するため、公式にドイツ軍の介入を要請するように求めた。何があっても、この侵攻の実態――一主権国家に対する敵対的な軍事行動――を見せないようにせねばならない。だがザイス＝インクヴァルトは、ナチ党員ではあったがオーストリアの愛国者でもあり、そのような措置をとるのを拒んだ。実業家でドイツのナチ党員であり、オーストリアにおけるヒトラーの代理を務めたヴィルヘルム・ケプラーが、ザイス＝インクヴァルトの名で要請を出した。翌朝、ドイツ軍の部隊は反撃も受けずに国境を越えた。

　抵抗されなかったのは幸いだった。というのも、当時のドイツ陸軍は、のちに威力を発揮する強大な組織にはまだ遠くおよばなかったからだ。第二装甲師団はオーストリアの地図を持っていないうえに、燃料も充分ではなく、国境を越えてからはオーストリアの給油所に立ち寄って戦車の燃料を満タンにせねばならなかった。進路については、ベデカー〔ドイツの出版社〕の旅行ガイドでどうにか切り抜けた。ウィーンに到着するまでに戦車が何台も故障して、交通渋滞も招いた。だがそれでも、ドイツ軍は前進した。ヒトラーは車で先遣隊に続き、生地のブラウナウ、続いて子ども時代をすごしたリンツを訪れてからウィーンに入った。当初の計画ではオーストリアを完全に併合するつもりはなかったが、熱狂的なリンツの群衆や早くも「オーストリア併合」に言及する国外の報道を見て、彼は考えを変えた。三月一三日にはオーストリアという国は存在しなくなり、前日まであった国はドイツ国の「オストマルク州」となった。

　ドイツとオーストリアの合邦禁止の条項は、連合国とドイツの間で調印されたヴェルサイユ条約、および連合国とオーストリアの間で調印されたサン＝ジェルマン条約の要のひとつだった。ところが欧米列強は、文句も言わずにドイツのオーストリア併合を承認した。併合によって消滅したものは他にもある。特に大きかったのは、前年一一月のハリファックス卿とヒトラーの面会以降、かつてのドイツの海外植民地返還を餌にして、ドイツを平和と国際貿易を重んじる世界秩序に引き戻そうとしたイギリス政府の目論見が外れたことだ。オーストリア併合は、その目論見に対するヒトラーの答えだった。リベラルな国際体制は、ナチの脅威に対して解決策を提示できなかった。

ウィーンでは「涙が込み上げた」。ゲッベルスは日記にそう書き、今回のできごとをナチ党のドイツ支配を示唆してなぞらえ、「オーストリアにとっての一九三三年一月三〇日だ」と書き加えた。

さらに示唆に富むひと言もある。「プラハでは、さぞかし心配なことだろう」。

7

鉄格子を
こすり
続ける

移民受け入れ

マックス・フュルストは年老いてからも、子ども時代のラテン語の問題集に載っていた文章が忘れられなかった。「町は征服され、命ある者はひとり残らず奴隷に売られた」。生徒だったマックスは、その文章を正しく訳せなかった。殺されたり奴隷にされたりする「人々の怯えた目」ばかりが、心に浮かぶからだ。当時は第一次世界大戦のさなかで、教室の外の世界ではそういうことが現実に起きているのをマックスは知っていた。マックス少年が戦争と残虐行為の惨状の一端を知ったのは、そのときが初めてだった。

もちろん、そのような惨状はそのときが最後ではなかった。ナチ党が政権に就くと、マックスの友人、ハンス・リッテンが逮捕された。リッテンは勇敢な若い弁護士で、ヒトラーが首相になる前に、刑法によってヒトラーを阻止しようとした。マックスと妻のマーゴットは、リッテンを強制収容所から逃がす計画を密かに立てた。だが、計画は失敗に終わり、マックスもマーゴットもナチの刑務所に入れられた。幸いにも解放されたが、もうドイツで暮らせないのはわかっていた。マックスは友人や家族が心配だった。ナチ・ドイツでは、「恐怖を伴わない最後はない」とわかっていたからだ。

一九三五年の終わり頃、マックスに匿名の電話がかかってきた――善意のゲシュタポ将校ではないかとマックスは思う――妻とともにまもなく再逮捕されるという警告だった。マックスとマーゴットは、幼い子どもふたりを連れてベルリンを発ち、ロッテルダムへ向かうことにした。そこから船でパレスチナを目指す。人目につかないようにベルリンを出発したかった彼らは、家族、親戚、友人には少人数に分かれてSバーン――大部分が地上を通る通勤鉄道路線――の各駅のプラットホームに立っていてもらい、別れを告げた。オランダとの国境は予想よりも順調に通過し、その後ロッテルダムに到着して船に乗った。乗船を果たしたときは「胸を大きくなでおろした」と、マックスは振り返っている。

マックスにとっては、ナチ党の政権獲得、ハンス・リッテンの逮捕、自分たち自身の逮捕と投獄、自分たちはいずれドイツから出国すべき人種であることなど、ストレスが数年間絶え間なく続いていただけに、パレスチナまでの航海は久しぶりの息抜きとなった。船旅こそ、まさしく極楽であると結論づけたほどだった。だが、地中海に入った最初の夜には、イギリス海軍の「闇に包まれた巨大な軍艦が」幾隻も現れ、戦争が迫りくるのを改めて実感した。

クレーレ・ティッシュは、活動家のフュルストの家族とはまったく別の道を歩んでいたが、同じ恐怖にとらわれていた。才気あふれる若き経済学者の彼女は、博士号を取得するためにボン大学の優れた教授、ヨーゼフ・シュンペーターのもとで学んでいた。彼女はドイツのカルテル法について、また市場価格の設定によって社会主義経済に生じる問題について、学術論文を書いた。仲間の大学院生からは一目置かれ、シュンペーターはもとよりフリードリヒ・ハイエクなど、著名な経済学者も敬意を持って彼女の研究を引用した。

若い女性、しかもユダヤ人の若い女性が経済学者としてキャリアを築くのはヴァイマル共和国時代でも容易ではなかったが、ナチ党が政権に就いてからは不可能となった。

クレーレは、速記タイピストや靴屋の販売員の仕事に数年間就いたのち、一九三六年に、ユダヤ人孤児の世話をする組織の運営者となる。この仕事に専心したクレーレは、子どもたちを残して行けないという理由から、国を離れるチャンスを何度も逃す。

シュンペーター教授がハーバード大学に招かれてアメリカに移住すると、クレーレは定期的に手紙を書いた。彼女の手紙は、ヒトラー政権下のドイツで若いユダヤ人女性がどう生きたかを示す、迫力ある記録となっている。

当初シュンペーターは、彼女はすべてを手紙に書いているわけではないと疑い、実際に起きていることを洗いざらい書くようにと促した。クレーレは「そうすると、きっといやな気分になりますよ！」と返事を書いた。だが、その数ヵ月後には「この国がどういう状況かおわかりでしょう」――プールはユダヤ人立ち入り禁止となり、ユダヤ人が入れない村もあり、「新聞にはユダヤ人とつき合う若いドイツ人女性の名前が二流の、いえ、最下層の市民」として載り、何もかもが「切れ目のない苦痛」を生みます、と書いた。彼女は移住を考えるようになる。「おわかりいただけるでしょうか？　私はここでただ耐えているよりも、たとえ地位の低い仕事でも平等な権利を持つひとりの人間として扱われる外国で働きたいのです」。とはいうものの、彼女は自分には「どこかの国へ行って職を探す」勇気がないと、心配でもあった。

だが、一九三九年にはどうしても国を出ざるを得なくなる。シュンペーターは、クレーレがアメリカのビザ取得にあたって求められる、経済支援を行うという宣誓供述書を喜んで提出した。ところがアメリカには、ドイツからの移民の人数を定める一九二四年移民法があった。「シュトゥットガルト（の領事館）にある順番待ち番号の制度をご存じですか？」。彼女がシュンペーターにそう尋ねた一九三九年二月の手紙には、法的に必要となった「ザーラ」というミドルネームが加えられ、ユダヤ人であるのがひと目でわかるようになっていた。「ひどい話です。移民を希望する人はみんな、支援の宣誓供述書が手に入る見込みがなくても、そこで登録してもらえます。とにかく、私も登録を済ませました。とても遅くなりましたけど。今登録されると、私の番号は五〇〇〇〇番ぐらいかと思ったのですが、受け取ったのは三八〇三三番でした」。彼女は、シュトゥットガルトの領事館が許可するのは年間六〇〇〇人程度だろうと見積もった。その他に何人かはリストから消えるだろうから、自分に順番が回ってくるのは五年半後ぐらいだろうか――だとすれば、一九四四年にはアメリカに出発できるかもしれない。

クレーレは締めくくりにこう書いている。「とんでもない状況ですが、今のところは待っていても無駄にはならないと思います」。

一九三〇年代の後半になると、ドイツに住むユダヤ人に対するナチ党の弾圧は激しさを増した。一九三五年には悪名高いニュルンベルク法が制定され、ユダヤ人からドイツの市民権を奪い、ユダヤ人と非ユダヤ人の結婚を禁じ、ユダヤ人と非ユダヤ人の性交渉を刑法違反とした。そして、一九三八年三月にはオーストリアという国家を崩壊させて、ナチ党が思う存分に残忍な暴力をふるう無法状態を生み出し、ドイツでは数年かけて激化させた悲惨な状況を、オーストリアのユダヤ人に対してはわずか数週間のうちにもたらした。

オーストリア併合によって、暴力の激化や追い詰められた移民の流れは加速した。ポーランドはドイツと同じく、ユダヤ人に国外への移住を迫ろうとしていたが、ナチ党の虐待を受けるオーストリアのユダヤ人がポーランドへ押し寄せた。オーストリア、およびドイツに住んでいたユダヤ人の多くは、ポーランドのパスポートも持っていた。これから何が起きるかを認識したポーランド議会は、ポーランドのパスポートを持っていても五年以上他国で暮らしたユダヤ人の再入国を阻止しようと、法の制定を急いだ。すると今度はドイツのナチ党が、ポーランドのパスポートを持つ国内のユダヤ人をまもなくポーランドに送還できなくなると知って慌てた。ポーランドの法の先を越すため、ドイツは一〇月末に大急ぎで一万七〇〇〇人のユダヤ人をポーランドに追放した。

ドイツ北西部の街、ハノーファーで長年暮らしたグリンシュパン家も国外追放に遭った家族だった。息子のヘルシェルは叔母、叔父とともにパリに住んでいた。両親と姉に何が起きたかを知った彼は、銃を買ってパリのドイツ大使館へ行き、エルンスト・フォム・ラートという名の外交官を撃った。このできごとは、ナチ党が、今度は国内で新たな暴力の波を起こす口実となった――一一月九日水曜日の夜、突撃隊がドイツ全土のシナゴーグ〔ユダヤ教の会堂〕を焼き払い、ユダヤ人が所有する家や商店を破壊し、ドイツに住むユダヤ人を一〇〇人近く殺害し、殺害を免れた者を自殺に追い込み、二万五〇〇〇人から三万人を強制収容所に送った。翌日になるとガラスの破片が街路を埋め尽くして輝いていたため、この事件は皮肉も込めて「水晶の夜《クリスタルナハト》」と呼ばれるようになった。

水晶の夜の直後からナチ党はさらに圧力を強め、ドイツのユダヤ人コミュニティーに対して事件による損害の補償金全額を支払うように強いた。また、学校に通うユダヤ人の子どもたちを退学させ、ユダヤ人の車の運転や図書館への立ち入りを禁じ、経済の「アーリア化」（非ユダヤ人の事業支援のための、ユダヤ人経営の事業没収）を加速させた。最後まで残っていた公務員、弁護士、医師などの職に就くユダヤ人も、職を追われた。ユダヤ人迫害の激化には、戦争へ向かう勢いを強める効用もあった。政権はユダヤ人の資産を没収して、ますます常軌を逸する継続不可能な武装化の欲求を満たす資金源にしようとした。ヒトラーは、ユダヤ人は内なる敵であり、仮想敵国のスパイだと考えていた。

一九三三年、ナチ党の政権獲得に呼応するように、三万七〇〇〇人のユダヤ人がドイツを去ったが、その後数年は、その数が減少した。ところが水晶の夜の後は、ドイツ国内のユダヤ人が、自分たちの人種が生き残る最後のチャンスだと判断したために移民数が急上昇し、一九三八年に四万人、一九三九年には七万八〇〇〇人が国を離れた。

いうまでもなく、彼らには行先が必要だ。フランス、イギリス、アメリカ、パレスチナなどが望みの目的地だった。だが、どこを選んでも簡単にはたどり着けなかった。ヨーロッパのユダヤ人たちは、世界には二種類の国がある——自分たちが住めない国と自分たちが入れない国だ、と屈折した見方をしていた。

フランクリン・デラノ・ローズヴェルトは、彼の出身階級、世代、生い立ちから考えると、ユダヤ人に対して驚くほど偏見がなかった。確かに彼は、自分は人類のあらゆる発展と自由の祖たる「アーリア人種」の一員だと考えていた——当時のアメリカで特権を持つプロテスタントの人々に広まっていた考え方であり、グロトン・スクール、ハーバード大学といったエリートの砦で彼が身につけた考え方でもあった。それでもローズヴェルトは、喜んでユダヤ人とともに働き、ニューヨーク州知事になるときも大統領になるときも、投票で彼らの大きな支援を受けた。また、ナチ党政権下で苦しむユダヤ人には、いつも深く同情してもいた。だが彼は、ユダヤ人政策においても他のすべての問題と同様に、スフィンクスめいた態度を取った。理由は同じで、政治的リスクをほとんど取ろうとしないからだ。独裁者にどう立ち向かうかという問題と同じく、ここでも疑問が持ち上がる——ローズヴェルトはどうするつもりなのか、どんなリスクなら冒すつもりなのか、ヨーロッパのユダヤ人を助けるために。

大統領に就任してまもないころ、ローズヴェルトはドイツ政府との非公式な対話や裏ルートでのやり取りを好んで行い、ドイツのユダヤ人を擁護する公の取り組みを模索した。彼は、ユダヤ人の迫害は再軍備と同様に、アメリカとの関係悪化につながるとナチ党にわからせたかったが、そのメッセージは目立たないように届けたかった。一九三三年にライヒスバンク〔中央銀行〕総裁のヤルマール・シャハトと会ったのち、彼は友人のアーヴィング・レーマン判事にこう書いている。「ドイツ政府は、ようやく私がどう感じているかを理解した……公文書を送って抗議するよりも、おそらくこういうやり方の方がいいと思う。なぜなら、率直に言って、そういう書簡を送ってしまうとドイツ国内で報復が行われるかもしれないからだ」。同等の武器所有に関する宥和的な演説を行って、ヒトラーから楽観材料となる反応を引き出せたと感じた彼は、気をよくして、「私は戦争を回避したと思う」と、のちに財務長官に任命するヘンリー・モーゲンソウ・ジュニアに語った。「ヒトラーにあのメッセージを送ったのは効果的だった」。

けれども、そのようにそれとなくほのめかす場合はあっても、ローズヴェルトは一期目の任期では、ドイツのユダヤ人の状況を改善する取り組みに事実上手をつけなかった。理由はいろいろとあった。アメリカの大統領には、他国の内政干渉はしないという原則が従来からある。彼はシカゴ大学の歴史学教授、ウィリアム・ドッドをアメリカ大使としてベルリンに赴任させる際、ナチ党のユダヤ人虐待の件は「政府の問題ではない」」、アメリカはこの問題に公式には口を挟んではならないがドッドが個人的に行動を起こすのならば問題はない、と告げた。国務省は、ドイツがアメリカの銀行に借金を返すように働きかけるのがドッドの第一の任務だと考えていた。こちらは、紛れもない「政府の問題」だろう。またローズヴェルトの理解では、国内の自分の政敵は反ユダヤ主義者がかなり多く、ユダヤ系アメリカ人の有権者から見れば反ユダヤの候補者が魅力的であるはずがない。だとすれば、ユダヤ系の票を得るためにヨーロッパのユダヤ人に手を差し伸べる必要は特にない。それに彼は、自分が一番優先すべき政策、すなわち世界恐慌の打開に結びつく政策を、些細と思える問題で政敵の反感を買って台無しにしたくはなかった。

さらに、移民法を緩和するとなれば、別の政治的懸念も持ち上がる。民主党の大統領にとって、組合労働者の票はユダヤ人の票よりもはるかに重要で、労働者は難民をこれ以上増やすことに真っ向から反対していた。一九三〇年代、経済学者たちは、移民が来れば移民がつく仕事以上に仕事の口が増え、難民の認定は経済にとってはよいことずくめだと理解していた。だが、移民反対派は事実や根拠にあまり関心がない。反移民団体、「アメリカ革命の息子」のある幹部は、「彼(移民)も消費者のひとりだと言われても、その理屈は私にはわからない」と、あっさり言ってのけた。一九三七年、一九三八年は、難民危機の悪化が「ローズヴェルト不況」と重なったため、なおさらむずかしい状況だった。

当時は、反移民感情が高まっていた時期でもあった。移民排斥論は、アメリカの社会的地位の高い知識層に深く浸透し、一九三九年の公聴会では、オレゴン州選出の上院議員、ルーファス・ホールマンが、労働組合の幹部は〔国を愛する〕「アメリカ人」としてではなく〔根なし草の〕「国際人」として発言すべきだと主張した。また同じ年、下院移民委員会の元顧問で国内の優生学支持者に強い影響力を持つハリー・H・ラフリンは、平和的移民政策をとれば軍事的敗北や占領という結果が繰り返し起こると論じた。彼が言うには、移民は精神の病や犯罪をもたらし、公共福祉制度に負担をかける。ラフリンは、移民の割当数を六〇パーセント削減して、国外退去処分が容易にできるようにすべきだと考え、「アメリカ合衆国における同化に抵抗する傾向」を示す経歴がある「異質な人種や組織」の全面入国禁止を訴えた。ユダヤ人を示す人種差別的な隠語だ。「機能している国家ならば、無選別に入国させた移民による征服を許すべきでない」と彼は結論づけている。彼の著書『Conquest by Immigration〔移民による征服〕』は、ニューヨーク州商工会議所から刊行された。

アメリカの移民排斥論は第一次世界大戦後から強まり、政治の見えやすい部分にも見えにくい部分にも影響を与えた。たとえば、一流大学ではカトリック教徒やユダヤ教徒が差別された。また、禁酒法の導入には、一九世紀末から二〇世紀初頭にかけて大量に流入した移民による不届きな外国流を拒み、「一〇〇パーセント完璧なアメリカ主義」を支援するという意図があり、クー・クラックス・クラン〔KKK〕が強力に支持した。さらに、ラジオ放送で大人気を得ていたデトロイト市の司祭、チャールズ・カフリンは、おそらく世界最多の番組聴取者に向かって、毎回のように反ユダヤの立場で熱弁をふるった。

だが、移民排斥主義が最もあからさまに表れたのは、一九二一年の緊急割当移民法と、ジョンソン・リード法と呼ばれる一九二四年移民法だった。このふたつの法律によって、アメリカ合衆国への移民に対する新しい枠組みが決められ、その基本は、一八九〇年の人口調査で記録された民族集団の割合の維持にあった（わざわざこの年の調査を基準としたのは、南欧および東欧からの移民流入の波がまだ押し寄せていなかったからだ）。移民法はアメリカに入国する移民の数を年間一五万人に制限し（二〇世紀の初頭には、移民数が合計一〇〇万人を超えた年もあった）、一八九〇年の人口調査が示す各国移民の人口比率を基に、母国ごとの割当数を決めた。人口調査に数字が掲載されていない国の場合は一〇〇人が割当てられ、アフリカ、アジアのほぼすべての国からの移住はこの法律で禁じられた。この制度は五年以上かけて段階的に導入され、一九二九年までは完全施行にいたらなかったが、それでも急激に大きな影響が表れた。一九一四年に一二〇万人だった新規の移民数が、一九二三～二四年には三六万人となり、一九二四～二五年には一六万五〇〇〇人となった。南欧および東欧からの移民数は劇的に減り、法律の意図の通りとなった。一九三〇年代末、ドイツやオーストリアのユダヤ人が必死で行き先を見つけなければならなかった時期には、ジョンソン・リード法はむごい法律となり、最終的には多大な犠牲者を生む。

アメリカの移民法の決定的な効力は、古い法規や大統領行政命令にもそっと潜り込んだ。一九一七年移民法には、「生活保護対象となる可能性がある者」を排除する条項が含まれていた。のちに「ＬＰＣ条項」と呼ばれる条項だ。当時の立法府は、ＬＰＣ条項がアメリカまで実際に到達する健康な人に適用されるはずがないと考えていた。ところが一九三〇年、世界恐慌のあおりを受けて、ハーバート・フーヴァー大統領は、移民数の水準を割当移民法よりもさらに低く制限する行政手段を考えるように国務省に求める。LPC条項はうってつけの手段となり、今度は法律ではなく大統領行政命令によって、移住を希望する者はたとえ仕事が得られなくても自活できるだけの資金を所有せねばならない、あるいは、資金援助を約束するというアメリカ在住者の宣誓供述書を確保せねばならないと定められた。一九三三年以降、この法解釈はまさに不気味な影をもたらす。

ジョンソン・リード法には抜け穴がひとつあった――南側の国境は広く開かれたままで、メキシコからアメリカへの移住は制限していなかったからだ。理由のひとつは、アメリカの南部と西部に、安い労働力の需要が引き続きあったことだ。メキシコ人は、「アフリカ系アメリカ人の大移動」で北部へ移住してしまったアフリカ系アメリカ人、あるいは、運よくアメリカに入国して北部の都市で低賃金の仕事に就きそうなヨーロッパ人に代わって、南部や西部で働く可能性がある。合衆国国境警備隊は、一九二四年に四〇人体制で設立されたが、その任務はヨーロッパ人やアジア人の入国阻止で、メキシコ人やカナダ人は対象としていなかった。国外退去処分を受ける人の数は急激に増え、二〇世紀の最初の一〇年間には年間平均で二〇〇〇～三〇〇〇人であった処分者が、一九三〇年には三万九〇〇〇人に達した。

一九三三年以降、アメリカは移民法による基本的な枠組みに沿って、ドイツおよびヨーロッパのユダヤ人の危機に対処した。注目すべきは、一九三〇年代の大半において、アメリカが受け入れたドイツからの移民数は割当数に遠くおよばなかった点だ。駐ドイツ領事が、LPC条項をたてに志願者を除外したのが主な理由だった。一九三四年六月三〇日を年度終わりとする一年間は、ドイツからの移民は割当の一七パーセントしか受け入れておらず、その翌年は二〇パーセントで、さらにその翌年も割当を下回っていた。一九三七年にはヨーロッパのユダヤ人の状況はますます厳しくなったが、それでもアメリカが受け入れたのは割当の半数ほどに留まった。

オーストリア併合以降、ローズヴェルトは本気でドイツ、オーストリアのユダヤ人を気にかけるようになった。一九三八年三月一八日の閣議で、彼はオーストリアの「政治難民」という言葉を用いて――これもまた隠語だが――その人たちのためにアメリカは何ができるかと問うた。また、ドイツとオーストリアの移民割当を統合してはどうかと提案し、ドイツの割当の拡大も提言した。副大統領ジョン・ナンス・ガーナーは、もしも議会で無記名投票が行われたら、移民は全面禁止になるかもしれないとローズヴェルトに申し出た。不利な現実に直面したローズヴェルトは、議会を回避して、大統領行政命令によってドイツとオーストリアの割当枠を統合した。一九三九年、初めてその新たな割当枠を満たす数の移民が入国したが、その時点で、アメリカのビザ取得は一一年待ちという状況だった。

ローズヴェルト政権内には確執があり、熱心なニューディール主義者と保守的な国務省が特に激しく対立していた。ニューディール主義者は社会改革を重んじ、一九三〇年代の後半になってくるとナチ党への対抗と難民救済も重視するようになった。他方、国務省は共産主義への抵抗に重きを置き、難民が増えすぎると安全保障上の脅威がもたらされると懸念していた。

東海岸の支配者層の砦ともいえる国務省は、ジョンソン・リード法の背景と同様の人種差別的考えに染まりがちだった。一九三八年二月の『ハーパーズ・マガジン』誌に掲載されたある記事は、〔国務省の〕外交局職員は「民主化運動を軽んじ、アングロ・サクソン人から常々劣等であると退けられる人種——特にユダヤ人——にほとんど敬意を示さない」と結論づけている。ニューディール主義者たちと外交官たちは、「ファシスト」、「共産主義者《コミュニスト》」と、折に触れて互いを非難した。

それは、あながち間違いではなかった。ローズヴェルト政権には、大統領の主席経済顧問を務めたロークリン・カリーをはじめ、ソヴィエト連邦の諜報員が大勢侵入していた。一方、国務次官補ブレッキンリッジ・ロングは、すべてのユダヤ人移民に苦汁を嘗めさせる敵として、特に悪評を高めていた。ロングは南部の名家の出身でローズヴェルトの古い友人だったが、歴史学者のブランチ・ウィーゼン・クックが書いているように、「非アメリカ的な人に汚染されないアメリカの維持に全力を尽くす」という考えを持っていた。ローズヴェルトが一九四〇年初頭に、ビザおよび難民問題を監督する職務に抜擢したのが、このロングだ。反ユダヤ主義と国家安全保障上の懸念に突き動かされていたロングは、難民がアメリカに入国するのをでき得る限り阻止した。「彼らはみなユダヤ人だった。みんな金を持っていた」。ロングは絶望的な状況にある人々について、このような軽蔑的発言を繰り返した。とりわけ難民問題について大統領と頻繁に議論し合っていた妻のエレノア・ローズヴェルトは、あるとき夫に遠慮なく言った。「フランクリン、知ってるでしょ、(ロングは)ファシストだって」。大統領はいら立ちを隠さずに答えた。「前に言っただろ、エレノア、そんなことを言うものじゃない」。エレノアはひるまなかった。「そうね、言うべきじゃないかもしれないわ、でも、彼はそうなのよ」。

それでもローズヴェルトは、一九三八年三月には、国際会議の創設を口にするようになった。特にラテン・アメリカ諸国など、多くの国が参加して、ドイツおよび「おそらくはオーストリア」から逃れる「政治難民」問題の解決策を探るのが目的だった。ローズヴェルトは慎重に提議し、いずれの国にも「現行法で認めている数以上に移民を受け入れよ」と求めるつもりはなく、費用はすべて民間の団体が負担すると説明した。

ローズヴェルトの提案は国内の各方面から好意的に受け止められた。アメリカ労働総同盟も、移民割当が増えない限りは賛成だった。サムナー・ウェルズは各新聞の編集者との非公式な集まりで、この会議によってヨーロッパの戦争の原因をひとつ減らせるのではないかと述べた。しかし、支援については共通の理解があるとはいいがたかった。テキサス州選出の下院議員マーティン・ダイズは、「われわれが第一に果たすべき義務は、国民に対する義務だ」と不満を漏らした。移民は「アメリカ人の現在の仕事を奪うか、さもなくばアメリカの納税者に支援を余儀なくさせる」。

ローズヴェルトが国際会議に招いた各国は――三一ヵ国の代表団と三九の民間慈善団体が参加した（イタリアは代表団を派遣せず、ドイツは招待されなかった）――一九三八年七月にレマン湖のほとりにあるフランスのリゾート地、エヴィアンで一週間かけて話し合いをした。ローズヴェルトは、共和党員でU・S・スチール社の元社長、マイロン・C・テイラーをアメリカ代表として派遣した。

フランス代表団は、難民に関する自国の新たな規制を堅持する基本姿勢を打ち出した。その姿勢に、フランスは難民保護の負担を多く負うものと期待していた各国は衝撃を受けた。会議で明らかになったのは――おどけた参加者がÉvian《エヴィアン》を反対から読むとnaive《ナイーヴ》〔考えが甘い〕になると気づいたが――ユダヤ人難民の受け入れに熱心な政府はひとつもないということだった。

どの国の代表も、経済的困難やスペースの不足、すでに抱えている人種差別問題、受け入れ後に起きる人種差別回避の問題などを口々に挙げた。ドミニカ共和国だけが一〇万人の受け入れを表明して異彩を放ったが、それとて、独裁者ラファエル・トルヒーヨの動機は人道的配慮ではなく、自国の白人を増やしたいという願望からだった。この会議のもうひとつの成果は、国際連盟の難民機構を回避するための新たな国際組織、政府間難民委員会の創設について各国政府が賛成したことだ。アメリカ人弁護士のジョージ・ラブリーが委員長に任命されたものの、国際連盟にできなかったことがこの新しい委員会にできるのかは、定かでなかった。

『ニュー・リパブリック』誌は、社説でこう論じた。「各国をひとつにまとめる理念に沿って誠実に活動を続けられたら、世界に対してみごとな実証ができたかもしれないのに！　不幸にして迫害の犠牲となった人たちが別の場所では歓迎されるかもしれないと共同で発表していたら……非民主主義に対する民主主義の人道的優位性は、きわだって明らかになっただろう」。

ラブリーは早々に、ナチ党は相手国がドイツからの輸入増加に合意さえすれば、ユダヤ人の財産を没収せずに移民を許可すると知る。つまりドイツは、自国のユダヤ人を担保として、ひっ迫する軍事予算と軍事産業を世界に支えさせようとしていた。欧米各国はそのような取引に応じられるはずはなく、応じるつもりもなかった。そうした取引をドイツと行えば、大きなユダヤ人コミュニティーを抱える他国も同じようなことを考える可能性があり、なおさら応じるわけにはいかない。しばらくの間、ナチ党はラブリーがベルリンへ交渉に来るのも認めなかった。だが、一九三八年一二月の半ばになって、ようやくラブリーは、ロンドンでヤルマール・シャハトと面会した。シャハトはラブリーに、「『国際的ユダヤ人』を代表する法人がドイツの輸出品の購入を増やすために資金提供すれば、ドイツはユダヤ人の他国への移住を認める」と告げた。ラブリーは、ドイツ案の明らかに法外な条件を緩和する対案を考え出した。交渉は長引き、一九三九年に入っても続いたが、九月に戦争が勃発して立ち消えとなった。

一九三八年には、ドイツのユダヤ人を救う道は宥和政策にあることがはっきりしていた。ユダヤ人を保護するには、ナチ党と交渉するしかないからだ。民主国家がナチ党の武力侵略に断固とした外交や戦闘で対抗すれば、犠牲となるのはドイツのユダヤ人だった。ベルリンのアメリカ総領事、レイモンド・ガイストは、一九三八年にその点を断固として主張した。ガイストの考えでは、ナチ党はすでに「ユダヤ人のせん滅計画に着手しており」、難民問題の解決は喫緊の課題だった。だがガイストは、アメリカが正義と人間の尊厳を守るために「迫害者を攻撃し、破滅をもたらす」と決断すれば、ヨーロッパのユダヤ人の救済は断念せざるを得ないとも認識していた。戦争が始まればドイツに残るユダヤ人は誰もが絶望的な運命をたどると、ガイストは理解していた。

こうした困難な状況のもと、ローズヴェルトは信頼に値する対策を講じた。水晶の夜ののち、彼はベルリンのアメリカ大使を召還し、すでにアメリカに入国しているドイツのユダヤ人のビザについては、無期限延長を密かに命じた。一方でローズヴェルトは、ある厳しい現実も常に考慮しなければならなかった——ヨーロッパのユダヤ人救済を強く求めれば、その分だけ反発も強まり、移民の割当が下院でさらに削減されかねない。しかも難民危機はすでに高まっており、一九三九年には、ヨーロッパのユダヤ人救済のためにどんな手を打ったとしても充分というには程遠い状況だった。

一九三〇年代に難民を生んだ国は、ドイツだけではない。中欧および東欧は難民危機の中心地であり、同時に民主主義の危機の起点でもあり、両者の理由は同じだった。哲学者ハンナ・アーレントは、「政治を含む社会の全般的な崩壊が……両大戦間のヨーロッパ全体に広がっていたが……それが完全な形として表れたのは、二重帝国と帝政ロシアの解体後に新たに建設された新たな諸国だった」と書いている。アーレントは、全体主義の犠牲の中心は祖国を持たないマイノリティだと理解していた。一九三〇年代後半の中欧、東欧では、ユダヤ人がまさにそうだった。

ポーランド、ルーマニア、ハンガリーにはドイツやオーストリアよりも多くのユダヤ人がいた。ポーランドでは総人口の約一〇パーセントに当たる三〇〇万人以上、ルーマニアでは七五万人以上、ハンガリーでは四五万人近くのユダヤ人が暮らしていた。こうした国の政府は、一九三〇年代の後半に、次第にナチ党のユダヤ人政策を手本とするようになった。一九三〇年代の初め、世界はドイツの難民問題にさして関心を払っていなかったが、後半になると、さらに大きな危機が東方の国々でも起きるのではないかと不安視する見方が広がった。修正主義シオニストの指導者、ウラディーミル・ヤボチンスキーは、「まもなく大洪水が東欧のユダヤ人社会全体で自然発生するのは間違いない」、あまりの恐ろしさに「ドイツの大惨事もすぐにかき消されてしまうだろう」と予測した。また、イギリスの『デイリー・エクスプレス』紙は一九三八年三月に、「ポーランド、ハンガリー、ルーマニアまでもがユダヤ人市民を追放したらどうなるのか?」と問うた。この三国の政府は、自国の「ユダヤ人問題」は処理されると繰り返し訴え、ユダヤ人市民を他国へ追放すると打ち出して、そうした懸念を増大させていた。ポーランド外相のユゼフ・ベックは、年間八万～一〇万人のユダヤ人に全財産をポーランドに残して出て行ってもらいたいと発言している。ルーマニアのカロル国王は、二〇万人のユダヤ人は私の国を去るべきだとイギリスに示唆した。

ユダヤ人に対する出国要求の背景にある反ユダヤ主義は、中欧で権威主義が盛り返す危機にもつながっていた。たとえばポーランドでは、一九三五年にユゼフ・ピウスツキ元帥が死去したのち、政府の右傾化が進み、反ユダヤ主義がよりあからさまになり、ユダヤ系企業に対する組織的不買運動《ボイコット》、一部の専門職からのユダヤ人排除、断続的な暴力など、ナチ党と酷似したさまざまな政策が取られた。また、一九三〇年代のハンガリーの権威主義的政府もかなりドイツ寄りで、一九三八年には事業や専門職からユダヤ人を追放する法律がいくつも成立した。

この迫りくる問題に立ち向かう西欧の民主主義国は、ドイツやオーストリアのユダヤ人を救うために何か対策を施せば、他の中欧各国も同様のことを求めかねないと考慮しておく必要があった。アメリカと同様に、西欧各国の対応は一九三〇年代の経済問題によって、また当時は世界のどこにでもあった人種差別的な考えによって方向づけられた。

フランスは一七八九年に大革命が起きた国で、自由、平等、友愛を重んじている。古くからヨーロッパの政治的迫害の犠牲者を保護する伝統があり、ヨーロッパ大陸に位置するだけに、ヨーロッパの新たな権威主義の犠牲者とは、イギリスやアメリカよりも地理的に近く、文化的にも通じ合う部分が多かった。一九三〇年代の難民危機で、中心的存在となったのはフランスだった。

一九二〇年代のフランスはリベラルの伝統を守り、ボリシェヴィキから逃れてきた白系ロシア人（すなわち、反共産主義者の人々）や、ムッソリーニから逃げてきた反ファシズムの人々を喜んで受け入れた。しかし、世界恐慌が起きると、ヒトラーはまだ政権に就いていなかったにもかかわらず、フランス人は考え方を変え始め、政治的右派が、フランスは多様性によって強くなるどころかむしろ弱くなると論じるようになった。

ここにも、難民危機の広範にわたる深刻さが現れている。一九三〇年代のフランスでは、第一次世界大戦を生き延びた民主共和国は今や末期的危機にあるという意識が広がっていた。活気づく政治的右派は、リベラル的、人道的、民主的伝統を蔑み、民主主義に対する敵意と移民に対する敵意がたやすく混じり合った。一九三〇年代の半ば、フランス政府は難民問題の拡大防止のために、ドイツ国境沿いの地域にある使われていない兵舎に難民を収容しようとした。国境地帯の政治家たちは反対した。現地のある政治家は、自分の地域に難民が放り込まれると不平を言い、フランス東部地域は「フランスらしくあり続ける」権利があると主張した。人種差別主義の人類学者、ジョルジュ・ヴァシエ・ド・ラプージュは、ヒトラーの「すばらしい」政策のおかげでフランスには「ドイツのユダヤ人が雨のように降ってくる」とこぼした。

フランスの難民政策は、一九三八年にエドゥアール・ダラディエが首相の座に就くと大きく引き締められた。ダラディエは、ナチ・ドイツから大量の難民が来れば――一九三九年にはすでに四万人ほどがフランスに入っていた――深刻な安全保障上の脅威になると憂慮した。また彼は、本物の難民のなかにナチ党の諜報員が少なからずいて、敵方に協力する第五列の種となると確信していた。首相となって最初に手をつけた施策のひとつは、一九二〇年代に入国したロシアとアメリカからの難民の居住権を保証する行政命令の発令で、直近のドイツやスペインからの難民には発令しなかった。その結果、国境警備員は難民を追い返しやすくなった。

イギリスの場合は、島国という地理的条件と文化的な違いから、大陸の難民から見ればフランスよりも到達しにくく、魅力も少なかった。国の政策も大きく影響していた――イギリスは、虐げられた人々の拠りどころとなる伝統があると装ったりはしなかった。内務省のある職員は、一九三三年にこう説明している。「われわれは……この国に『庇護権』があると認めていない」。難民に関する判断は、単に「公共の利益において認められるかどうか」を基準に行われる。一九三八年には、ドイツからすでに八〇〇〇人程度の難民がイギリスに入国していて、その約八〇パーセントがユダヤ人だった。しかし、イギリスにとって本当の懸念材料はパレスチナだった。

イギリスは、オスマン帝国が支配する行政州の一部であったパレスチナを、第一次世界大戦後に国際連盟の下で委任統治領とした。すなわち、ユダヤ人を「聖地」パレスチナへ受け入れるかどうか、何人受け入れるかは、イギリスの政策によって決まる。世界恐慌の間も、パレスチナの経済は好調だった。ヒトラーの政策や東欧の反ユダヤ主義によって、一九三一年に一七万五〇〇〇人であったパレスチナのユダヤ人口は、一九三七年には三七万人に膨れ上がり、全人口の三分の一近くにおよんだ。公式に記録されているユダヤ人移民数は、一九三二年の一万一二八九人から一九三五年には六万四一四七人と増えているが、公式の数字には当然ながら不法移民の数は含まれず、その数は膨大だった。

ユダヤ人移民の増加により、一九三六年にはパレスチナのアラブ人が反乱を起こすが、不満を抱えていたのは彼らだけではなかった――パレスチナのユダヤ人問題は「国際化」して広がり、インド、イギリスの委任統治下にあったイラク、保護国であったエジプトなどのイスラム教徒も、委任統治領へのユダヤ人の移住に抗議した。それを受けたイギリスは入国を許可する移民の数を削減し、一九三七年に許可された人数は一万六〇〇〇人となった。最終的には、一九三九年の白書によれば、イギリス政府はユダヤ人移民の年間許可数を向こう五年間は一万人ずつとすると決定し、「適切な生活保証が得られる」ならば、さらに二万五〇〇〇人許可するとした。それ以降は、アラブ人が同意する場合に限り、イギリス政府はユダヤ人のパレスチナへの移住を認めた。

ネヴィル・チェンバレンは、ドイツのユダヤ人の窮状に冷ややかで、同情的ではなかった。一九三九年七月には、「ユダヤ人が愛すべき人でないのは間違いない」と妹ヒルダに書き送っている。そして、「だからといって（ナチ党の）集団暴力《ポグロム》行為を説明する充分な理由とはならない」と認めつつも、「自分としては、彼らのことはどうでもよい」と書いている。チェンバレンは、ドイツと良好な関係を築く取り組みにおいては、ユダヤ人もユダヤ難民も迷惑な厄介ごとでしかないと感じていた。駐英アメリカ大使ジョセフ・ケネディは、チェンバレンとたびたび話をする仲だったが、一九三八年一二月には、首相はユダヤ人が宥和政策の「深刻な後退と崩壊」を招くと非難したと記している。同様の考えは、宥和政策賛成派のメディアにも広がっていた。新聞王のビーヴァーブルック卿は一九三八年の終わりにこう不平を漏らしている。「ユダヤ人はこの新聞界でも大きな地位についている……『デイリー・ミラー』紙の社主はユダヤ人だ。『デイリー・ヘラルド』紙の社主もユダヤ人。『ニューズ・クロニクル』は『ユダヤ人《ジューズ》・クロニクル』と改めるべきではないか」。ビーヴァーブルック卿は、ユダヤ人の「政治的影響力」によって「われわれは戦争に追い込まれる」のだろうと感じていた。

一方、ヨーロッパのユダヤ人の苦境に同情的なイギリス人は、チェンバレンの宥和政策に反対する傾向が強かった。なかでも強硬だったのが、無所属の国会議員、エレノア・ラスボーンだ。ラスボーンは、政治、社会福祉、社会改革を担う名門に生まれた。映画のシャーロック・ホームズ役で有名なベイジル・ラスボーンは、従兄弟にあたる。一八九〇年代の終わり頃から、エレノアは女性参政権獲得の運動に深くかかわるようになる。この活動の成功によって国政に進出する可能性が開かれ、一九二九年、庶民院議員に選出された。

エレノア・ラスボーンは、理想主義を掲げる一方で、政治的なしたたかさを絶妙に併せ持っていた。チャーチルと同じく、当初からヒトラー政権のドイツに危機感を抱き、一九三六年には、ヨーロッパの危機はヒトラーがチェコスロヴァキア国内のドイツ人コミュニティーに反乱を起こさせるところから始まる、と予測している。彼女は、民主主義諸国はなぜフランコの反乱軍と戦うスペインの共和国政府を支援しなかったのか理解できなかったが、それがきっかけでヨーロッパの難民をイギリスで保護する活動に傾注するようになった。

お世辞も批判も、常に口うるさい官僚もまったく意に介さないラスボーンは、ファシズムによって命が脅かされている人のためにイギリスの扉を少しだけ広く開こうと、個々のケースについて役所にかけ合い、要望を聞き入れないのならこの件を公表すると役所を脅した。説得がうまくいかない場合、脅しは往々にして功を奏した。国民労働党の庶民院議員、ハロルド・ニコルソンは、だから役所の連中は彼女の姿が見えたら柱の陰に隠れたものだ、と語った。一九三八年末、彼女は他の三人の超党派の国会議員とともに、国会難民委員会を立ち上げた。国会という言葉が名前に入っているものの、活動費はすべて彼女が調達し、委員会はまもなくほぼ毎日会合を開くようになった。やがて彼女の活動を支援すると申し出る国会議員は、二〇〇人を数えるようになる。

ラスボーンは、政府や国民が難民に無関心であったり、場合によっては反感を抱いたりする状況で難民を救おうとする努力について、読む人の心に響く文章をつづった。自分は、「まるでいつもいつも、来る日も来る日も、ほんのひと握りの集団で鉄格子の外に立ち続けているようなものだ。鉄格子のなかでは、大勢の男、女、子どもが、故意に課されるありとあらゆる肉体的、精神的責め苦に耐えている」。集団で鉄格子をこすり続けると、ときおり「ひとり、またひとりと、わずかな犠牲者が、かすかに広がった鉄格子の隙間から痛々しげに引っぱり出される」。けれども、そうしている間もずっと「人の流れが私たちの背後を通り過ぎていくのがわかる。その人たちは、鉄格子のなかで起きていることに気がつかないか、あるいは関心がない。彼らが一緒に参加してくれれば、鉄格子を倒して犠牲者を救出できるし――よりいっそう危険ではあるけれど――責め苦をやめさせられる」。

ラスボーンの活動力の源は、強い責任感にあった。その強い責任感が生まれたのは、ひとつにはイギリス政府が国民を裏切り、支援すると誓った約束を反故にしたからだ。だが、それだけではない。彼女はこう記している。「自分が実行した不正についてのみ（責任を）感じる人もいるようだが、自分や自分の国が……防げなかった世界のすべての悪事に罪悪感を持つ人もいる。防げていたら、あるいは防ごうとしていたら、さらに大きな悪事は生まれなかったかもしれないのに……キリスト教徒から見れば、少なくともそのような考え方は、隣人に対する義務として、もともと教義に含まれていると思える」。「もしもわれわれが……持てる手段のすべてを行使して政府に影響を与え、政策を変更させないとしたら」、責任は政府のみならず個々の国民にもある。

ラスボーンの活動は、開戦直前の年になってイギリス国内の難民政策の多少の緩和に寄与した。また、差し迫る戦争も要因となり、危険な政権から人々を解放する最後の懸命な努力が行われた。イギリスは一九三九年末までにドイツの難民五万人の受け入れを承認し、チェコスロヴァキアからも六〇〇〇人を受けいれた。しかし地中海東部では、イギリス海軍がパレスチナへの「不法」なユダヤ人移民を阻止すべく、積極的に哨戒《しょうかい》していた。そのせいで難民の移送船は、パレスチナの領海が近づくと乗船者をいかだや小さなボートに移し、自力で漕いで海岸まで行かせた。イギリス当局が移民を捕らえた場合は、移民を収容施設に抑留し、その分だけ割当数から差し引いた。

エレノア・ラスボーンがチェンバレンの宥和政策に反対し、難民擁護の立場を取ったのは、ウィンストン・チャーチルとも通底する政治理論を持っていたからだ。チャーチルも、ナチ党の迫害から逃れるユダヤ人難民を一貫して支援していた記録が残っている。チャーチルは、チェンバレン内閣が一九三九年に取り決めたパレスチナへの移民と難民の割当数の倍増を主張し、政府は相変わらず宥和と背信の政策をとり続けていると非難した。一九一七年のバルフォア宣言で、イギリス政府は、パレスチナにおける「ユダヤ人の民族的郷土」設立に「賛意を表する」と確約した。ところが一九三九年のイギリス政府の白書には、パレスチナが「ユダヤ人の国になるべきだ」とするのはイギリスの政策ではないと明確に記されている。チャーチルは辛辣に問う。「あの宣言を行って、世界のユダヤ人に提供したのはどんな類の民族的郷土だったのか？　五年もすれば、その郷土の扉は彼らの面前で閉ざされ、錠がかけられるというのに」。

ユダヤ人のパレスチナ移住の振興は、国際連盟にとっても、強さと多少のヨーロッパ的脆弱さを兼ね備えた第一次世界大戦後のリベラルな国際秩序全体にとっても、まさに象徴的な方針だった。この方針の失敗は、世界秩序における大きな失敗となる。チャーチルが重視したのは、民主主義国を結集させて独裁者に立ち向かうというイギリスの取り組みが、新たなパレスチナ政策の影響を受けはしまいかという点だった。「果たしてわれわれは――これは重要な問題です――このような拒絶によって強くなれるのでしょうか？」。チャーチルはそう疑問を呈した。「絶望の淵にあるユダヤ人は抵抗するでしょう。世界はこの事態をどう思うでしょう？　われわれの友人は何というでしょう？　アメリカ合衆国はどんな見解を示すでしょう？　仮に得るものが本当にあるとして、局部的な行政の都合において得るよりも多くを……アメリカの支援と共感において失いはしないでしょうか？」。

一九日間航海が続いた翌日の早朝、フュルスト一家は船のエンジン音が静かになったのに気づいた。みんなで急いで甲板に出た。まもなく夜が明ける。「まだ、大きな湾のはるか沖にいた」。マックスは後年、そう記している。「青い海、とてつもなく騒がしい港、山を登っているかに見える家々、黄色い大地、そして、その後ろできらめく青みがかった山。あれがカルメル山だとわかった。景色はうっとりとするほど美しく、船は午後まで着岸しないというので、私たちは存分に驚嘆してほれぼれと眺めた」。到着したのはハイファの港で、みんな無事だった。

無事とはいえ、たとえマックスのように熟慮を重ねる性質であっても亡命は決して簡単ではない。彼は、移住のチャンスがあったのに迅速に行動しなかった結果、「命を賭けて失敗した人が大勢いる」と知っていた。自分がきっかけを与えて政治活動を始めた友人の多くがゲシュタポに連れ去られ、ナチ党の牢獄で命を落としたが、それは自分のせいではないともわかっていた。だが、頭でわかっていても、心のなかは別だ。ある日、ハイファの地下室に自分の作業場を作ろうとしていた彼は、中庭に続く階段をふと見上げた。差し込む日光でよく見えなかったが、見知らぬ若い女性が戸口に立っていた。「ここで涼しい顔して働いているのね、あなたたちの半分は殺されてるのに」。女性はマックスに向かってそう言った。そのときは腹が立って、黙って彼女を追い払った。「何を言えばよかったんだ?」。彼はあれこれと考えた。「私だって強制収容所に入れられたことがあるし、たまたま運よく出られただけだと偉そうに言ってやればよかったのか?」。けれども、「釣り針がどこかに引っかかったまま取れなかった。人には、どんなときも責任がある。知れば知るほど、よく考えるようになればなるほど、生きる望みがなくなり、あらゆることに責任を感じなくなる」。彼のこの言葉は、エレノア・ラスボーンの言葉と驚くほど似ている。ドイツの急進主義者とイギリスの改革論者はどちらも、人間は分別ある生き物であり、自ら選択を行い、その選択の結果に自ら責任を負わねばならないと理解していた。

クレーレ・ティッシュも選択をした――移住できるかもしれない機会に孤児たちのもとに残る選択をした。それでも、ヨーゼフ・シュンペーターは彼女の経済支援を行うという宣誓供述書を一九四一年の夏に再提出した。クレーレはこのときも、感謝の返事を書いている。「私を助けたいと言ってくださる人がいると思うだけでどれほど気持ちが安らぐか、きっとご想像もおよばないと思います」。だが、この頃すでにアメリカのビザに関して新たな規則が設けられ、彼女がビザを取得できるかどうかははっきりしなかった。

一九四一年一一月八日、クレーレは再度シュンペーターに手紙を書いた。「明後日、ヴッパータールを発ちます。新しい住所がどこになるかは、まだわかりません。それをすぐにお知らせする機会があるかどうかも、わかりません」。そして彼女は、シュンペーターに約束した。「おかげさまでこれからの未来に希望が持てます。いつかまた支援していただけるようになったら、あなたを頼りにいたします」。

クレーレが伝えようとしたのは、一一月一〇日にユダヤ人を「東方」へ追放する列車に乗せられるということだった。行先はソヴィエト連邦内のドイツが占領した都市、ミンスクで、ナチ党はそこにユダヤ人隔離居住区《ゲットー》を設置していた。

ナチ党は、ミンスクに到着したクレーレをすぐに殺害した。彼女は三四歳だった。

PART II

ミュンヘン

8

「これだ、私が求めていたのは！」

将官たちの企て

首相は最新兵器の実演を視察するため、クンマースドルフにあるドイツ陸軍車両試験場にやって来た。意欲的で自由な発想をする将校、ハインツ・グデーリアンが、この機会をとらえて総統に機械化部隊の威力を披露した。グデーリアンは、機械化がもたらす軍事上の可能性についてヒトラーが強い興味を持っていると聞いていたため、戦車、オートバイ、装甲車に複数の編隊を組ませて能力を示すように命じた。それを見たヒトラーは胸を躍らせた。グデーリアンが指揮する実演を目の当たりにして、「これが要るんだ！　これだ、私が求めていたのは！」と繰り返し叫んだ。まだ一九三四年の初めではあったが、のちの第二次世界大戦へと向かう、歴史の運命を決する瞬間が早くも訪れていた。

ヒトラーには、戦車に関するグデーリアンの考えを受けいれる素地があった。すでに一〇年前に、「次の戦争」では「世界の全般的な機械化」が「圧倒的に勝敗を決する」だろう、と論じている。この実演のすぐあと、彼は将官の集まりで、ドイツが必要とする生存圏を確保するには、「短期の決定的な一撃を西方に、続いて東方に」加えねばならないと告げる。政治の急進主義《ラディカリズム》がテクノロジーの近代性と融合する——ヒトラーは戦車が自分の道具になると見ていた。

皮肉にも、グデーリアンが着想を得たのは、バジル・リデル＝ハートなどイギリスの軍事理論家の著作だった。第一次世界大戦では、小型武器や重砲の殺傷能力が格段に高まって防衛側が大いに有利になったが、そのおかげで経験した膠着状態や大敗は、戦車があれば回避できたと彼は理解した。これまでは、敵の防衛を打ち破り、機動力を生かす戦いに持ち込むためのテクノロジーが不足していたが、それが今、手に入る。ドイツの優れた軍事戦略家は、イギリス、フランス、アメリカのような大国に勝利するには機動的に戦うしかないと、以前から理解していた。こうして、地上戦で機動性の高い武器となる戦車は、スピットファイアがイギリスを代表する防衛兵器となったのと同様に、ドイツを代表する兵器となる。

だが、スピットファイアとレーダーシステムを完備するためにダウディングがトレンチャード派に打ち勝たねばならなかったのと同様に、グデーリアンはドイツ陸軍の上層部にいる保守的な考えの者たちと闘わねばならなかった。ブロンベルクは賛同してくれるとわかっていたが、陸軍参謀長のルートヴィヒ・ベックを筆頭とする「頭の固い」連中とはやりあうしかない。

グデーリアンとベックは折り合いがよくなかった（実のところ、無愛想なグデーリアンとうまが合う者はほとんどいなかった）。グデーリアンから見れば、ベックは「冷静すぎるほど冷静で思慮深い、古い型の男」で、「現代的なテクノロジーに理解がない」。ベックは自分に同調する将校を選んで重要な役職に就け、「陸軍の中枢に反感を寄せつけない壁を」築いていると、グデーリアンは感じていた。ベックの考えは防御がすべてで、グデーリアンのそっけない記述によれば、「政治問題でも軍事問題でも、ためらってばかりいる人間」だった。

しかし、すべてがグデーリアンの主張通りではない。グデーリアンはナチ党員で、片やベックは保守の伝統主義者だ。第二次世界大戦中、グデーリアンはヒトラーのために無我夢中で戦い、ベックの方は抵抗運動の中心人物となる。後年、グデーリアンがベックについて記した言葉を見ると、ベックの抵抗運動に対する怒りが窺える。だが、実はベックは、一九三〇年代にドイツ陸軍に戦車を導入するため、陸軍高官のなかで誰よりも骨を折った。けれどもグデーリアンにとっては、戦車はあるかないかの問題ではない。戦車をどう使うかが問題なのだ。彼が望んだのは、すばやく独自に動けて、足取りの重い歩兵に拘束されない、独立した戦車師団だった。「小出しにするな、一気に行け」が彼のモットーだ。ベックの方は、他の伝統主義のドイツの将校と同じく、その考えには根拠がなく、ドイツの安全保障をそのような考えに委ねるのは無謀だと思っていた。

イギリスと同じくドイツでも、軍事の原則と外交政策の間には論理的なつながりがあった。機動性の高い戦争において侵略者が戦車を武器として選択するのは当然だと見たリデル＝ハート大尉は、戦車を世界的に全面禁止にしてはどうかとイギリス政府に勧めた。ゆったりとした動きの戦争ならばイギリスに有利となる。

ナチズムと戦車の間には、より幅広い、もっともなつながりがあり、その関係は、イギリスの平和的なリベラリズムとスピットファイアの関係に酷似していた。イタリアでもドイツでも、ファシズムは機械、スピード、武力攻撃を美化する。文学者で日記作家でもあるヴィクトル・クレムペラーは、一九三〇年代半ばのようすをこう記している。「最も印象的で最もよく目にする英雄とは……オートレーサーである」。オートレースのドライバーで、一九三八年に事故死したベルント・ローゼマイヤーは、一時期、ナチ党の殉教者といわれたホルスト・ヴェッセルと並び称せられるほどの人気を得ていた。一九三九年に戦争が始まってクレムペラーが気づいたのは、レーサーの勝利を目指す果断と意志が、戦車の乗員の一般的イメージにすんなりと置き換えられたことだった。

そして、ドイツ陸軍の内部にも、ある明白な相関関係があった。将校のなかでも、ベックのように保守的で伝統主義的な立場であるほど、ヒトラーとは距離を置き、機動性の高い武力攻撃という発想を採用するのを躊躇した。ベックは、のちにグデーリアンが描写するほどには敵意を見せていなかったかもしれないが、やはり戦車の能力には疑問を持っていた。グデーリアンの主張によれば、戦闘中に戦車をどう活用したいかを説明すると、ベックは「いや、いや、君たちとは一切かかわりたくない。君は、あまりにも性急すぎる」と答えた。一九三七年に行われた軍事演習では、戦車の迅速かつ果敢な猛攻の効果が証明されたかに見えたため、ベックは審判員に結果を無効とさせた。伝統主義の将校のなかには、機甲師団――戦車を主体とする、独立した作戦を遂行する師団――など「ユートピアの夢だ」とグデーリアンに告げた者もいた。

対照的に、ナチ化が特に進んだ部隊は、最新テクノロジーの面でも進んでいた。それがハインリヒ・ヒムラー率いるSS〔親衛隊〕の武装組織、「SS特務部隊〔のちの武装SS〕」だ。厳密には軍隊ではないナチ党の組織で、第二次世界大戦開戦のかなり前、ドイツ陸軍がまだ輸送を荷馬車に頼っていた頃から、すでに完全に機械化されていた。戦争が始まると、連合国側はSSの機甲師団を何よりも恐れることになる。

イギリスは第一次世界大戦の結末に愕然としたかもしれないが、ドイツの衝撃は、もちろんその程度ではすまなかった。イギリスは少なくとも戦勝国だ。ドイツの政治家や軍人にとって、第一次世界大戦はトラウマとなった。戦略的な罠に引っかかった経験と一九一八年の敗戦を繰り返さないことが、彼らには喫緊の優先事項だ。だが、ドイツの解決策は、イギリスとはまったく異なる方向へ向かった。

ヒトラー政権は、チェンバレンの政府のように慎重な経済政策をとる余裕がなく、経済を「第四の軍事力」としてとらえる発想もなかった。ヘルマン・ゲーリングは、「軍備の限界、敗北主義」をよしとして「外交政策の状況についての無理解」を露呈する「ブルジョワ実業家たち」を軽蔑した。ヒトラーはこう記している。「国民の全体的な生活様式のバランスが取れているべきだとしても、ときには生死にかかわりのない課題を犠牲にして、そのバランスをある程度乱す必要も生じるはずだ」。ドイツは至急に世界最強の陸軍を持たねばならないため、経済政策は二の次となった。

ヒトラーとゲーリングは、軍備増強によって経済に深刻な影響が出る——たとえば株価の下落、あるいはさらに厄介な、一九二〇年代の大混乱と同様のハイパーインフレーションの再現など——と警告する声を聞いてはいた。冷静な側近たちが、そうした警告を繰り返し伝えたからだ。そのなかのひとり、財務相のルートヴィヒ・シュヴェリーン・フォン・クロージク伯爵は、まるでチェンバレン内閣と通じているかのように、一九三八年に「これからの戦争はすべて、軍事的手段のみの戦いではなく、かつてないほど広範な経済戦争となります」とヒトラーに警告し、「ドイツの将来に対する深い懸念」をヒトラーに示す義務があると感じていた。クロージクは、戦争が始まれば、ドイツ経済の弱点と自国の強みを理解しているイギリスはあえて軍事攻撃に出ず、「ドイツが経済的な弱さにむしばまれ」、やがて圧力に屈したドイツ国が自滅するのを待つ構えではないかと懸念した。だがヒトラーは、自身の優先順位が正しいと確信し、そうした警告をはねつけた。

第一次世界大戦のトラウマによって、イギリスは海軍と空軍を主体に戦う「限定的関与」の利点を再発見したが、ドイツの戦略家たちは国家全体を総動員する総力戦を改めて定義した。ドイツで最も著名かつ影響力を持った総力戦理論の提唱者は、一九一四年から一八年にかけて総力戦を実践した先駆者、元ドイツ陸軍参謀本部次長エーリヒ・ルーデンドルフ大将だ。

一九三五年、ルーデンドルフは『総力戦』を著した。そのなかで彼は、第一次世界大戦によって新たな形の戦闘が生まれ、今後あらゆる戦争は「総力」戦となり、「敵国民の道義的な力と生命力」を「堕落させて麻痺させるのを目的とする」攻撃が行われる、と主張している。

ルーデンドルフによると、総力戦は、一般兵役義務と空爆をはじめとする新たな戦争形態の導入により誕生した。心理的な要素も重要だった。「航空機は……今や爆弾のみならず、宣伝ビラなどプロパガンダの素材を国民の真っただ中に投下する」と彼は書いている。「さらに、放送設備の向上力で、プロパガンダは敵地に拡散する」。

この新しい形態の戦争に合わせて国政も変わる必要がある。「総力戦と同様に、政治は総力的な性格を有するべきだ」とルーデンドルフは述べている。平時から、政治は「戦争遂行に向けた心構え」をすべきだ。政治によって「国民が最大限の力を発揮」できるように保証し、「国民があらゆる領域において、生存維持のために何を必要とし、何を要求しているかを、注意深く検討すべきである」。その必要なもののひとつは、新たな平等主義と挙国一致だ。彼はすでに一九二一年に、自身が理想とする「ドイツ統一戦線」においては、「中産階級と労働者階級、あるいは都市部と地方など、無数にある対立や区別はドイツ国民を弱体化させる」ので、排除しなくてはならないと記している。

一九二〇年代から三〇年代にかけて、総力戦は全体主義と一体となって発展する。ドイツの元軍人で文筆家のエルンスト・ユンガーは、ルーデンドルフなど多くの知識人と同じく、全体主義国家は本質的に総力戦を戦うための国家であると見ていた。近代戦を戦うために効果的な動員をするには、「戦争のイメージ」を「平時に描いておく」必要がある。ユンガーは、世界の列強国でありたいのならば、そのような過程が必須になると断言した。

ヒトラーとルーデンドルフは、ヒトラーの腹心、ルドルフ・ヘスを通して、一九二一年の春に初めて会ったと思われる。元上等兵ヒトラーが元大将ルーデンドルフに強く影響されたのは確かで、これ以降、ルーデンドルフの意見を次々と取り入れていく。同年、ナチ党の機関紙『フェルキッシャー・ベオバハター』が絶賛した書籍はルーデンドルフの著書、『戦争と政治』だけで、一九二三年、ヒトラーと極右派が起こしたビヤホール・プッチ〔ミュンヘン一揆〕では、ふたりはともに行進した。このとき、ヒトラーはルーデンドルフを「私が崇敬する大将」と呼んでいる。注目に値するのは、後年ルーデンドルフがヒトラーやナチ党に激しく敵対するようになっても、ヒトラーの崇敬の念は変わらなかったことだ。一九四二年にも、ルーデンドルフの遺骸をベルリンに移して栄誉を讃えたいと発言したほどだ。第三帝国が一般兵役義務、非ユダヤ系ドイツ人全体に対する階級平等主義、絶え間ないプロパガンダとあらゆる報道の国家統制、来る戦争遂行に経済的に備えるための四ヵ年計画、という具合にルーデンドルフの考えをひとつひとつ実行していったことを考えれば、驚くにはあたらないかもしれない。

一九三〇年代のドイツの軍備増強は、日本やソヴィエト連邦も同様の道をたどっていたとはいえ、史上類を見ないほどだった。一九三八年、ドイツの軍事費が国民所得に占める割合は、第一次世界大戦前の帝政時代と比べて五倍に達し、国内総生産は六〇パーセントの増加に留まっていた。歴史学者アダム・トゥーズが述べているように、この大きな予算配分からわかるのは、欧米の民主主義国を打倒するにはどのような努力が要るかをヒトラーが充分に理解していたことだ。

しかしその努力は、ドイツの社会と経済にとっては重すぎる負担だった。軍備増強によって大きな問題がいくつも起こり、その影響でドイツはヒトラーの希望、あるいは計画よりも早く戦争に向かう。一九三六年、陸軍補充局長フリードリヒ・フロム少将は、一九四〇年までに一〇二師団からなる陸軍を整えるというヒトラーの計画によって原材料の供給や為替に問題が起きると予見したが、それが現実となり、翌年ホスバッハ会議が招集された。たとえ原材料が供給されたとしても、計画を維持するには、ドイツにある民間工場の大部分をすみやかに戦車や銃器の生産工場に転換せねばならないだろう。すると、どうなるのか？　一九四〇年に目標が達成され、その後工場が民需に戻されると、今度は深刻な失業問題が起きる。もしも工場が兵器生産を続けた場合は、軍備が膨張し続けて、政府の財政難と原材料不足がさらに悪化する。フロムが出した結論は明快だった。「再軍備が完了したらただちに国防軍を展開する必要がある。そうでなければ需要、あるいは臨戦態勢の水準が下がってしまう」。一九四〇年までに大規模な戦争に突入する意思が政府になければ、この軍備増強全体が無意味どころか、恐ろしく理屈に合わなくなる。こうして、大規模な軍備増強という理屈そのものによって、ヒトラー政権は戦争へと突き進んでいった。

一九三〇年代の終盤、ドイツは国民所得の二三パーセントを軍事支出に充てていたが、同時期のフランスは一七パーセント、イギリスは一二パーセント、アメリカは二パーセントの支出だった。とはいえ、欧米の民主主義国も軍備を増強し、ドイツに追いつきつつあった――しかもそのスピードは、ヒトラーの推測よりもずっと早かった。イギリス、フランス、そしておそらくはアメリカとも戦うためには、南欧およびソヴィエト連邦の石油と食糧を支配する必要があると、ドイツ政府は次第に強く認識するようになった。だが、そのような資源を獲得するには、やはり戦争をしなければならない。

ヒトラーは、戦争を開始する絶好の機会が失われつつあると気づいた。今こそいちかばちかの賭けに、戦車を使う機動性の高い戦争という賭けに出るときだ。彼は、演説で将官たちに話した。「わが国の経済はあと数年しか持たないだろう……われわれは行動を起こさねばならない」。

チェコスロヴァキアはホスバッハ会議でも、その後の新たな戦争計画でも、大きく取り上げられた。オーストリア併合の直前、ヒトラーはゲッベルスに、チェコスロヴァキアは「いつかバラバラに引き裂かれる」と告げ、その後ヨードル大佐には、オーストリアを片づけたら次はチェコの番だと話した。

したがって、一九三八年の春にヒトラーがチェコスロヴァキアに全神経を集中させたのは、意外ではない。それによって、まったく新しい重大局面が訪れた。それまでのヒトラーの行動――

国際連盟からの脱退、再軍備と徴兵、ラインラント進駐、オーストリア侵攻――はどれも、右派でナショナリストのドイツの政権ならば誰の政権でも、遅かれ早かれ手をつける政策だった。だが、チェコスロヴァキアは違う。チェコスロヴァキアの領土を攻撃するには、自国の外交官や軍の司令官など、多くの内部関係者の反対を押し切らなければならない。チェコスロヴァキアの危機は長期化の可能性があるうえに、ヒトラー政権、ひいてはヨーロッパ、全世界に破滅的な惨事をもたらしかねなかった。

理由のひとつは、チェコスロヴァキアはソフトターゲットではないことだ。わずか一四〇〇万人の人口でありながら大規模で有能な軍隊を有し、山岳地帯にあるドイツとの国境は、難攻不落の要塞群に守られている。また陸軍は、プルゼニにあるシュコダ工業をはじめ、最先端技術を持つ大手の兵器産業に支えられている。しかも、チェコスロヴァキアはソヴィエト連邦およびフランスと正式な同盟条約を結んでいる。同国に攻撃をしかければ、次の世界大戦を引き起こす可能性があった。

さらに、ヒトラーがチェコスロヴァキアをどうしたいかについて発言した内容と実際にしたいと思っていることには、決定的な乖離があった。チェコスロヴァキアのドイツ人は、オーストリア＝ハンガリー帝国時代には支配層に属していて、彼らにしてみれば、国が新しくなってマイノリティの立場に置かれたのがおもしろくなかった。ヒトラーは、自分はそのようなドイツ人が権利や自治を獲得するための庇護者になるだけだと断言し、チェコスロヴァキア国内のチェコ人やスロヴァキア人が多数を占める地域に関しては何の計画もないと発言していた。ところが、ホスバッハ会議や他のさまざまな機会においては、軍司令官たちに、チェコスロヴァキアの国家そのものを破壊したいという考えを明らかにした。すなわち、ヒトラーはこの時期に初めて、ドイツ民族を統合してひとつの国家をつくるという一線を越え、まったく異なる類の武力攻撃へと進み始めたのだ。

そして、チェコスロヴァキア国内の激しい分断は、ヒトラーに有利に働いた。分断があれば敵国につけ込まれる。侵略者は分断を助長し、煽り、国家全体を破滅させようとする。新任の外務事務次官、エルンスト・フォン・ヴァイツゼッカーは、そのやり方を「力学的」――すなわち軍事的――アプローチと対比させて、チェコスロヴァキアを破壊する「化学的」アプローチと呼んだ。ヒトラーがとりかかろうとしたのは、化学的アプローチだった。

ヒトラーは、自身の政権奪取に役立った戦略をチェコスロヴァキアへの攻撃にも利用し、チェコスロヴァキアでは国家がドイツ人マイノリティに不当な仕打ちをしているという、ドイツとしての公式プロパガンダを大量に流そうと力を注いだ。現実に起きていた不公正なできごとは、わずかしかないにもかかわらず不当に利用し、虚偽のできごとを、ゲッベルス率いるプロパガンダ機関がでっち上げる。ナチ党の戦略は、ドイツ人コミュニティーが犠牲者に見えるように、チェコ人とドイツ人の間で暴力沙汰を起こさせることだ。暴力事件が現実に起きなければ、ドイツの報道機関が事件を捏造した。

チェコスロヴァキアの親ナチの政党、ズデーテン・ドイツ人党の党首、コンラート・ヘンラインは、ヒトラーの指令を受けるために一九三八年三月の終わりにドイツを訪問し、チェコ問題は「まもなく解決する」だろうと告げられた。ズデーテン・ドイツ人のために、チェコスロヴァキア政府に絶え間なく要求を突きつけるのがヘンラインの仕事で、本人は「われわれは常に、向こうがとても応えられない程大きい要求をせねばならない」と話していた。チェコスロヴァキアにいるドイツ人の状況を好転させるのが目的ではない。目的は、チェコスロヴァキアを完全に破壊する口実を手に入れることだ。ヒトラーにとっては、チェコスロヴァキア政府が要求に屈するのは最悪の結果だ。ヒトラーは記憶をさかのぼり、オーストリア＝ハンガリー帝国時代、マイノリティの国民が要求しても帝国が決して承諾しなかったのはどんな要求だったかと考えた。そしてヘンラインに、チェコスロヴァキア軍のなかに独立したドイツ人部隊を設けるように要求せよと指示した。

ヒトラーがチェコスロヴァキアに対して取ろうとした策は、一九一四年にオーストリア＝ハンガリー帝国がセルビアに対して取ろうとしたものの、失敗に終わったのと同じ策だ――戦火の広がりを抑えるため、相手を孤立させてから攻撃する。それで初めて、侵攻と征服が可能になる。そこでナチ党が必要としたのが、もっともらしい侵攻の口実――オーストリア＝ハンガリー帝国のフランツ・フェルディナント大公がセルビアの情報機関の支援を受けたテロリストに暗殺された事件のような口実、すなわち第一次世界大戦の口火を切った口実――あるいは、欧米列強の注意がよそに向くような好機だった。たとえば、ヒトラーがホスバッハ会議で予測したような、もしかするとあり得るフランス国内の社会的緊張の高まりや、地中海地域での戦争などが好機となる。カイテル将軍の記憶によれば、ヒトラーはチェコスロヴァキア攻撃の戦略を立てている最中に、一九一四年の大公暗殺事件についてはっきりと言及した。ドイツのプロパガンダと暴力の計画は、チェコスロヴァキアという国の内部を弱体化させて信用を落とさせ、外国政府の目からもそれがわかるように計算されていた。さらにヒトラーは、フランスとの国境沿いに要塞線となる

「西部防壁」を構築すれば、西方からのあらゆる攻撃を阻めると期待していた。

しかし、ここにきて予期せぬ展開がヒトラーの計画を覆す。一九三八年の五月に入っても、ヒトラーは「近いうちに」という以外、チェコスロヴァキアを攻撃する具体的な日程を決めていなかった。カイテルに攻撃計画の策定を命じたのは四月下旬で、カイテルが作成した計画案には、ヒトラーの指示と思われる内容が盛り込まれている――「私には近い将来、チェコスロヴァキアを一方的な軍事行動によって壊滅させる意図はない。ただし、チェコスロヴァキア国内の政治状況に避け難い事態が生じてそうせざるを得なくなった場合、またはヨーロッパにおける政治的なできごとによって二度とないような好機が到来した場合はその限りでない」。そこへ到来したのが「週末危機〔五月危機〕」だった。

五月二〇日、金曜日、チェコスロヴァキア政府は有事勃発の知らせに反応した――ドイツ軍の一二個師団が国境沿いに集結しているという、信頼できる情報筋からの報告だった。国防相のフランチシェク・マハニクが約二〇万人の予備役を動員したため、総勢約四〇万人の、装備を整え訓練を積んだチェコスロヴァキア兵がドイツ軍の侵攻に備えて配備された。アメリカのある軍事評論家は、チェコスロヴァキア軍の技量と決断力に感心した。国を挙げて戦う準備ができていると見えた。

なぜこのような事態になったのか。五月一八日、チェコスロヴァキア軍の情報部は、有力なドイツ人諜報員からドイツ軍が国境地帯に広く出動していると報告を受けた。少し前にオーストリアで起きた状況と似ていた。この諜報員の素性は今も明らかではないが、ドイツ陸軍かドイツ政府に近く、チェコスロヴァキア政府がその情報を深刻に受けとめるほどの人物だった。また、イギリスの情報機関も、チェコスロヴァキア政府が恐れる事態が起きているのを、当初から確認していた。さらに、チェコスロヴァキアの国内情報機関は、その日プラハにいたドイツの公使、エルンスト・アイゼンローアが、まもなくドイツの侵攻が始まると広言したと報告した。

しかし五月二一日、土曜日、チェコスロヴァキア情報機関の分析部長、フランチシェク・ハヴェルは疑念を持ち始めた。あまりにも多くの情報が、あまりにも多くの情報源からもたらされている。月曜日には、情報は偽物だとハヴェルは結論を出した。だが、本当に偽物だとしたら、かなり巧妙に偽造されている。情報源はドイツ国防軍について、国防軍が攻撃に臨む布陣について、知り尽くしている。

情報源は誰で、目的は何なのか？ ハンガリーとポーランドはチェコスロヴァキアの危機で恩恵を得る可能性があるが、開戦となれば恩恵はない。ドイツの情報機関から情報がもたらされた証拠はない。歴史学者のイゴール・ルークスは、最も説得力があるのはソヴィエト連邦ではないかと示唆している。ヨシフ・スターリンには明白な動機があった。彼は、チェコスロヴァキアが譲歩して外交的な解決にいたった場合、ドイツ陸軍がソヴィエト連邦の国境まで進出してくるのではないかと恐れていた。戦争が起きて、欧米列強のすべてがそこにかかりきりになる方が好都合だった。ソヴィエト連邦の対外情報機関は、プラハに重要な諜報員をひとり配置していた。その人物はチェコスロヴァキアの情報機関内では「ルドルフ」という名で知られ、ドイツとチェコスロヴァキアで複数の工作員を動かしていた。ルドルフ、または彼の部下の誰かが情報源だった可能性がある。

発端が謎のままでも、チェコスロヴァキアが軍を動員したという結果は明白だ。ヒトラー政権の新任の外相、ヨアヒム・フォン・リッベントロップは、いかにも彼らしく偉そうに激怒し、プラハの「ほら吹き」が嘘を吹聴していると主張して、ベルリン駐在のチェコスロヴァキア大使に、軍を動員した結果、チェコ人が懸命にでっちあげているドイツによる侵攻がまさに現実になるかもしれないと伝えた。イギリス大使、サー・ネヴィル・ヘンダーソンは、チェコスロヴァキアと開戦にいたればイギリスも傍観してはいないだろうと、リッベントロップに警告した。ヒトラーの通訳、パウル・シュミットは、ヘンダーソンの上品で改まった態度は「いかにも完璧な英国紳士らしく、リッベントロップとヒトラーは会うたびにいら立った。ふたりは『洗練された人』に我慢がならないのだ」と思った。リッベントロップの返答には、外交辞令のかけらもなかった。イギリス大使に向かって、「すべてのドイツ人は国のために死ぬ覚悟」があり、ドイツと欧米列強との間で戦争が始まるとすれば、「それはフランスが誘発した侵略戦争となり、ドイツ人は一九一四年と同じように戦うだろう」と述べた。

その後すぐに、ヒトラーの五月侵攻計画という情報は疑わしいという報告が情報機関から出されたが、イギリス政府は、現実にそのような計画が進行中で、チェコスロヴァキアと欧米列強の強い姿勢を見たヒトラーは引き下がるしかなかったのだと確信した。チェンバレンは妹のヒルダに宛てて、ドイツ大使による侵攻計画の否定は信じられず、この週末は「一触即発の状態までいった」と書いた。そして一ヵ月後には、以後何度も繰り返す——そして後悔する——隠喩を用いて、ドイツ人は「バスに乗り遅れたのだ、中欧と東欧の支配を主張するこれほどの好機はもう二度と来ないだろう」と記している。

ヒトラーは抵抗に屈して引き下がったと取り沙汰され、パウル・シュミットは「ヒトラーをわざと怒らせるのに、これ以上の方法は誰も思いつかなかっただろう」と後年書いている。激怒したヒトラーは、チェコスロヴァキアを攻撃する予定を早めた。五月二八日、彼は将官を集め、チェコ問題はいずれかの時期に「解決する」のではなく、一九三八年の秋までに地図上から国ごと消し去りたい、と述べた。その結果、攻撃計画が見直され――コードネームは「緑作戦」のまま――前書きが大きく変更されて、「近い将来、チェコスロヴァキアを軍事行動によって粉砕するのは、私の変わらぬ決意である」と記された。プロパガンダを行うため、以後ドイツは、侵攻を正当化する「あつらえ向きのもっともらしい口実」を探すことになる。

ルートヴィヒ・ベックが任に当たる陸軍参謀総長は、プロイセン王国とドイツの歴史と伝統が深く染み込む地位で、起源は一八〇六年以降のナポレオン支配に対するプロイセンの解放戦争に遡る。ベックのような軍人が尊敬するのは、プロイセン軍を率いていくつもの戦争を闘い、ドイツ統一に貢献したヘルムート・カール・ベルンハルト・グラーフ・フォン・モルトケ〔大モルトケ〕参謀総長や、その後継者アルフレート・フォン・シュリーフェン伯爵だ。シュリーフェン伯爵が立案した作戦計画に変更を加えた攻撃作戦のおかげで一九一四年には惨めな敗北を喫したにもかかわらず、崇敬の念は変わらなかった。多くのドイツ人将校にとって陸軍は国家そのものであり、陸軍参謀総長の責任は軍務だけにとどまらず、はるかに広い範囲におよぶ。陸軍参謀総長は国家のリーダーのひとりであり、政治と外交のあらゆる問題について政府に助言する責務があると考えられた。

ベックは、自らの職務について回るこの高尚な理念を重んじていた。彼はヒトラーに助言するつもりでいたし、ヒトラーもその助言を受け入れるものと思っていた。チェコスロヴァキア危機の発生を受けて、ベックがホスバッハ覚書を見て初めてあらわにした懸念はますます強まった。一九三八年の晩春から夏にかけて、ベックはヒトラーの戦争計画に対する最も頑固で厳しい批判者となっていく。「週末危機」の直後、ヒトラーは複数の軍司令官と主だった外務官僚を首相官邸のヴィンター・ガルテン〔官邸内の広間〕に集め、会議を開いた。ベックは、プロイセン陸軍とその将校団の伝統的地位に根差す自信をあらわに示して応じた。「総統《フューラー》によろしく伝えてくれ」。ベックは、ヒトラーの招待を伝えに来た陸軍副官にそう答えた。「しかし、私は出席できるかどうかまだわからない。やることがいろいろとあるので」。それでも会議に出席したベックは、年末までにチェコスロヴァキアを地図上から消し去りたいとヒトラーから聞かされた。「さて、まずわれわれは東側を掌握する」とヒトラーは説明した。「その後、三年か四年で、われわれの手で西側に秩序をもたらすとしよう」。こうした言葉を聞いたベックは、抵抗せねばならないと思った。

ベックの基本的な考えでは、ドイツは長期戦を戦うための資源が不足している——しかし、まさに長期戦こそ、ドイツに敵対するイギリスとフランスの狙いだ。ドイツがチェコスロヴァキアを打倒するには少なくとも三週間を要し、その間は西側国境が脆弱になり、フランスとイギリスが容易に攻撃してくる。たとえドイツがチェコスロヴァキアを予定通り打ち負かし、フランス－イギリス軍の前進を何とか食い止められたとしても、その後は長期の消耗戦に陥り、敗戦は確実だ。ベックは、明確な防衛戦争ではない戦争はドイツの世論に認められないだろうとも考えた。

ナチ党政権の重要政策に対するベックの批判は、次第に遠慮がなくなっていった。「宗教、人種、内政問題に関する」国外の「異なる意見」が、「今日のドイツに対する嫌悪など、拒否感」につながっていると彼は記し、世界的な民主主義の危機、および第二次世界大戦を招く主な問題点を正しく特定している。政権が依存する手法――「はったり、嘘ばかりの報道、見せかけの芝居」――が「信用ならない雰囲気」を作り出し、「本当の真実があったとしても、もはや信用されはしない」。

夏の間、戦争の準備が進むにつれてベックの不安は募るばかりだった。ヒトラーは理にかなう議論を受けつけないと理解したベックは、ヒトラーを打倒する以外に彼を止める方法はないと悟った――ベック自身の「反乱や造反という言葉は、ドイツ将校の辞書には存在しない」という（フリッチュ解任事件の際に副官フランツ・ハルダーに述べた）長年の信条には反する。ヒトラーの方もベックの批判をいよいようるさく感じ、将軍は「私をだますつもりだ」と腹を立てるようになり、副官に向かってベックはフランスの国力をおおげさに言っていると告げた。ベックは「反動的な考え」に満ちていて、私の計画を邪魔したくてしょうがないのだ。「いったいどういう将軍たちなのだ……私が戦争に駆り立ててやらねばならんとは？」。ヒトラーはそう説明を求めた。「本来ならば、将軍の方が戦争せよとけしかけてきて、私が従わざるを得なくなるはずであろう！」。

ベックがドイツの安全とヨーロッパの平和を確保するにはヒトラーを権力の座から追い出す以外にないと悟った頃、彼は外務省、および軍の情報機関であるアプヴェーアでも、抵抗活動が始まっているのをつかんだ。チェコスロヴァキアの危機が深刻化するにしたがって、ヒトラーは自らが統率する軍隊、情報機関、外務官僚たちとあからさまに衝突するようになっていく。

ベック以外の抵抗活動のひとつは、情報将校のハンス・オスター大佐から始まった。アプヴェーアの同僚将校の記憶では、アプヴェーア内で「自分は国民社会主義に反対だと考える者は」全員「オスターのもとに集まった」。

一九三八年に五一歳であったオスターは、第一次世界大戦では西部戦線で戦い、別の将校の妻と関係を持ったことが原因で一九三二年に解任されるまで陸軍に籍を置いた。一九三三年、ヘルマン・ゲーリングのもとでプロイセン州警察に採用され、そこからアプヴェーアに移籍した。一九三三年の終わり頃、オスターは、ゲシュタポから解雇されかけていた若く野心的な法律家、ハンス・ベルント・ギゼヴィウスと出会う。オスターはギゼヴィウスからゲシュタポの所業――とりわけ、強制収容所で政治犯を虐待していること――について聞かされ、幻滅を感じ始める。そして、「長いナイフの夜」で決行された複数の殺人に対する嫌悪感が幻滅にとどめを刺した。しかし、彼が積極的な抵抗活動を始めたきっかけはブロンベルク＝フリッチュ事件だ。ギゼヴィウスによると、オスターは「ヒトラーが率いる国防軍のなかで、紛れもなく誰よりも不屈で断固たる、法と自由を守る戦士」になった。

オスターは、フリッチュへの仕打ちは陸軍全体に対する深刻な侮辱だと受け止めていた。彼は一九二〇年代にフリッチュのもとで働き、かつての上司を崇敬していた。スキャンダルの後、「フリッチュ事件をわが身に起きたことのように感じた」とのちに説明している。それだけではない。多くの将校と同じく、オスターはブロンベルク＝フリッチュ事件はSSとゲシュタポが陸軍に対して起こした「冷たい戦争」ならぬ「冷たいクーデター」だと見ていた。したがって、何がなんでも抵抗せねばならない。「われわれの目的は、何よりもまず親衛隊全国指導者《ライヒスフューラーSS》（ハインリヒ・ヒムラー）とゲシュタポを無力化することだった」とオスターは述べている。

オスターは次第に、陸軍、複数の情報将校、外交官、警察の幹部によるネットワークの中心人物となっていった。誰もが、ヒトラーの無謀さがドイツに大惨事を招きつつあるという結論に達していた。総統を止めなければならない――必要とあれば退陣させてでも、と全員が同じ考えだった。オスターは、手厳しい覚書を回覧するだけでなく、もっと抵抗を示してもらいたいとベックに圧力をかけ始めた。

ネットワークは、オスターからアプヴェーア内の他の将校へとつながった――そのひとりが謎の多い情報部長、ヴィルヘルム・カナリス提督だ。

オーストリアの情報将校エルヴィン・フォン・ラホウゼンは、オーストリア併合ののち、カナリスのもとへ報告に出向いた際のできごとをはっきりと覚えていた。彼は新しい上官に向かって、右手を上げてヒトラー式敬礼をした。するとカナリスは、何も言わずにラホウゼンの腕をそっと下げたという。後年、ラホウゼンは、カナリスは「三〇年の兵士の経験で最も扱いにくい上官だったが、「知性が高く、そのうえ何よりも人間として魅力があり、その点では、彼の同僚や上官に多い判で押したような軍人や操り人形よりもはるかに優れていた。オーストリア人の私から見て、典型的なドイツの軍人という印象はまったくなく、むしろドイツの提督の制服を着てはいるが中身は国際人《コスモポリタン》だった」と述べている。

多くの軍人と同じく、カナリスはもともとヒトラーの政権奪取を歓迎し、ヒトラーが掲げた目標の多くに賛同したが、フリッチュの罷免で考えが変わった。幻滅したカナリスは、自らの策略の才能をありったけ投入し、体制を覆そうと考え始めた。彼は自分が有名なギリシャの提督の子孫であると、ありもしない夢想をするのが好きだった。その真偽は別として、外務事務次官エルンスト・フォン・ヴァイツゼッカーの記憶では、カナリスは「知略縦横なるオデュッセウス」として広く知られた――ヴァイツゼッカーの見るところではヒトラーも同意見で、だからこそカナリスを情報部長に任命したと考えられる。カナリスは、自分の話は一切せずに相手の話を引き出すという非凡な能力を持ち、しかもそれを六ヵ国語でやってのけたとヴァイツゼッカーは振り返る。おそらくそれが理由だろうが、ヴァイツゼッカー自身、いつでも気兼ねなく話せる数少ない相手のひとりがカナリスで、ふたりの主な話題は、「戦争の回避とヒトラー一味の粉砕」だった。

カナリスとオスターは、ナチ党に抵抗する意思を示した者を大勢アプヴェーアに引き入れた。新しいメンバーのなかには、戦争が始まったとしても戦地に配属されずに抵抗運動を継続できるようにと、カナリスが手配した二名の文民がいた。そのうちのひとりは、ハンガリーの音楽家の息子で、結婚により著名なボンヘッファー家とつながりを持ったすぐれた法学者、ハンス・フォン・ドホナーニだった。そしてもうひとりは、元ゲシュタポ高官のハンス・ベルント・ギゼヴィウスで、のちに反ナチ抵抗運動の非常に重要な記録者のひとりとなる。

三四歳のギゼヴィウスは、かつてはドイツの民主主義的な政治家に対する軽蔑を隠さずに発言し、ナチ党が政権に就くと、ゲシュタポに職を得たいと強く望んだ。だが、ゲシュタポ在職中の短い期間に――数ヵ月で職を追われた――目撃したことが原因で、彼は第三帝国が終了するまで熱心な抵抗運動に身を投じることになる。

ギゼヴィウスのむきだしの野心、横柄で傲慢な態度は、抵抗派の多くから毛嫌いされた。しかし、彼のおかげで抵抗派は、全国刑事警察長官アルトゥア・ネーベ（ギゼヴィウスはゲシュタポを辞めてからも親しくしていた）や、元突撃隊隊長でのちのベルリン警察長官ヴォルフ＝ハインリヒ・フォン・ヘルドルフ伯爵など、警察の幹部に近づくきわめて貴重な機会を得られた。ネーベとヘルドルフはヒトラーが政権に就く前からナチ党に関与しており、彼らが抵抗に転じた原因はご都合主義、あるいは職務上の不満だった可能性もある。とはいえ、政変を謀る者たちは警察や軍隊を味方につける必要があり、そうそう選り好みはできなかった。もちろん、ネーベとヘルドルフは自分たちが冒しているリスクを理解していた。「拷問がどんなものか、君には想像もつかないだろう」。ネーベはあるとき、暗い気分でギゼヴィウスにそう話した。「あいつらはすべてを絞り尽くすまでやる」。

他方、リッベントロップの下で外務事務次官を務めるエルンスト・フォン・ヴァイツゼッカーは、まったく異なる人物だった。五六歳で、内部情報に最も近く、父親は第一次世界大戦前のヴュルテンベルク王国宰相で、エルンスト自身は海軍に所属したあと外務省に入ってたちまち出世した。ヒトラーがリッベントロップを外相に任命した時点で、それに次ぐ地位にヴァイツゼッカーが選ばれるのは自然な流れだった。

リッベントロップはヴァイツゼッカーに外務事務次官就任を打診し、ふたりは職務の先行きについて率直に意見を交わした。三月初旬、ヴァイツゼッカーが日記に記したところによると、リッベントロップは「大きな計画」があり、それは「武力行使なくしては実現し得ない」と語った。可能なら、オーストリアは「一九三八年のうちに一掃される」とも述べ、わずか一ヵ月余りのちには、さらに踏み込んだ発言にいたる。彼は、ドイツが準備を整えるにはあと数年は平和が必要になると説明し、けれども「大きな拡大計画が存在する、特に東方に向けて」と話した。このような計画の遂行には、イギリスの抵抗がつきものだ。「表向きはロシアは敵国に分類すべきだが、実際にはすべては対イギリスが前提となる」とリッベントロップは言った。

ヴァイツゼッカーは第二次世界大戦後、ホスバッハ会議については何も知らなかったと訴えた。リッベントロップの「東方」の土地を征服するという言葉を真に受けていなかったとも語っている。すべてがあまりにも「空想的」で、「わけのわからないロマンチシズム」でしかなく、「ありのままの現実」と「他国からの明確な警告」に直面すればしくじる運命にあった、と話した。

とはいうものの、ヴァイツゼッカーはリッベントロップから聞かされたことに不安を覚え、省内にとどまってさらに関与を深め、被害をくい止めようと努力した。終戦後、元ナチ党高官の多くが、ヒトラーの下で働き続けた唯一の理由として、同じような話をした。全員が真実を述べているとは限らない。ナチ党が消滅して起訴された元高官たちは、「私は体制の内部で戦った」と都合のよい答弁をした。しかし、抵抗運動にかかわった者をはじめとして、多くの者は道義的には割り切れないその道を選ぶしかないと本心から思っていた。一九三八年の初頭、ブロンベルク＝フリッチュ事件が起きてまもない頃、ギゼヴィウスは大使を解任されたばかりのウルリヒ・フォン・ハッセルに偶然出会った。「私は祝いの言葉を述べた」とギゼヴィウスは振り返る。「彼が首尾よく追い出されたからだ」。いよいよ制御が利かなくなってきている国の責務から逃れられて、ハッセルはほっとしているに違いないとギゼヴィウスは考えた。だが、「ハッセルは驚いた顔をして、私が本気で祝辞を述べていると理解できなかった」。その後ハッセルが語った説明は年下のギゼヴィウスの印象に残り、「以後何年間も」考えさせられることになる。ハッセルは、独裁に反対する者は「あらゆる手を尽くして自分の官職を守らねばならず」、職を失った場合は「再び公職につけるよう努力すべきだ」と話した。たとえ地位が低くても、抵抗運動のために何らかの影響力を行使できる機会があるかもしれないからだ。後年ギゼヴィウスは、戦後のモラリストが、「ヒトラーに雇われていた」というだけで当時の関係者を否定したのは愚かだったと考える。ヒトラーが各政党と労働組合をことごとく破壊した後、意義のある抵抗ができたのはそういう人たちだけだった。

ヴァイツゼッカーはベックと同じく、平和主義者ではなく、ドイツの領土拡大の反対者でもなかった。しかし彼は、やはりベックと同様に、ドイツが必ず負ける戦争には反対で、勝敗にかかわりなく恐るべき数の犠牲が生じる戦争にも反対だった。一九三八年七月初旬の手紙で、彼はこう書いている。「今、私を支えているのは、徴兵年齢に達する息子が三人いて、もうすぐ大尉が義理の息子になることだ」。自分の名声だけを考えるなら「釣りにでも出かける方がよいだろう」、と彼は予言的につけ加えている。

一九三八年の夏、チェコスロヴァキアに危機が迫る頃、情報将校のオスターとベックの副官ハルダーによる圧力が効を奏し始め、ベックは覚書を書くだけではなく、クーデターを検討するようになった。

ベックは、多くの保守主義者と同じく、当初はヒトラーの目的や手段には反対しなかった。しかし、愛国心と無謀なヒトラーに対する職業軍人としての軽蔑が重なり、彼は抵抗運動に深く踏み込んでいった。七月には、「客観的な根拠と警告」によってヒトラーが計画を取り下げるように説得するには、「好機はすでに過ぎ去ったか、少なくとも（もう）相当困難である」という結論に達していた。ベックは造反に向けて、積極的手段を打ち出す――ヒトラーがチェコスロヴァキア侵攻計画の断念を拒む場合は、陸軍の将官たちがストライキを打つ。ヒトラーが自分たちの助言を無視するのなら、将官には「国民と歴史に対して、職務を放棄すべき権利と義務がある」のではないかと彼は考えた。全司令官が連帯して行動すれば、陸軍は何ひとつ作戦を遂行できない。そのような手段が正当化されるのは「国家の生き残り」がかかる場合だ、とベックは記している。将官の「軍人としての服従義務には限度がある。自らの知識、良心、責任に照らして命令の遂行を許せない場合は例外となる」。

ベックは九月の後半、すなわち毎年ニュルンベルクで開催されるナチ党大会の直後が、この思い切った手段の実行にふさわしいと考えた。おそらくそれまでに、ドイツが攻撃した場合の結末についてフランス政府とイギリス政府から厳しい警告があるはずだと彼は思った。だがその後、彼は考えを変え、将官たちは八月中には行動を起こさねばならないと決断した。ベックは、決して結果を無視していたわけではない。陸軍は、彼が遠回しに述べる「国内の緊張」に備えねばならない。彼の覚書には次のような意味深長な文面が含まれていた。「連絡命令の発出。ヴィッツレーベン（エルヴィン・フォン・ヴィッツレーベン大将。ベルリン地区防衛司令官で、確かな抵抗運動側）をヘルドルフとともに連れてくる」。今や、二月の時点とは対照的に、ベックはクーデターについて熟慮し、その後は内戦が始まると予測していた。彼はベルリンの軍司令官と警察長官に、確実な味方となってもらいたいと望んでいた。

八月四日、ベックの要請により、ナチ・ドイツの歴史でただ一度のヒトラーのいない特別将官会議が開かれ、ベックのストライキ案が話し合われた。ベックは集まった将官の前で、自分が書いた辛辣で批判的な覚書のひとつを読み上げた。当時、ドイツ西部防壁建設の責任者であった不屈で戦争に懐疑的なヴィルヘルム・アダム将軍が、ベックに同意すると声を上げた。しかしヴァルター・フォン・ブラウヒッチュは、ベックが用意した抗議宣言を却下した。そして、ヒトラーの熱心な支持者、ヴァルター・フォン・ライヒェナウ将軍は総統のもとに直行して、ベックの発言を報告した。

この重大局面で、ベックは腹をくくった。ヒトラーへの反抗に難色を示すブラウヒッチュにも――「ブラウヒッチュに見捨てられた！」と彼は不平を漏らした――論理的な考えに耳を貸さないヒトラーにも、もううんざりだった。彼は、辞任するしかないと決断する。ヴァイツゼッカーなど、政権に疑念を持つ者たちが慰留しても効果はなかった。ベックは、ひとまずドイツの西側国境の防御部隊の司令官を任ぜられたが、数ヵ月後には完全に陸軍を去った。このときベックは、ある重大な間違いを犯した――辞任を公表するなというヒトラーの要望を受けいれたのだ。公表していれば、より幅広い国民の目を覚ませたかもしれないが、その効果は奪われてしまった。

だがそれでも、ベックの辞任は多くの将校を覚醒させる効果があった。「ベックの辞任には参った」。一一月、フリッチュはホスバッハ宛ての手紙にそう書く。「しかし現在の体制では、あのような気質の将校は容認されないだろう」。ベック本人は冷静だった。彼はホスバッハに、自分たちの個人的な友情は変わらないと請け合った。「われわれは今まで通りだ」。失職して一番寂しいのは馬に会えないことだ、と彼は言った。

他方で、一九三八年の夏から秋にかけて、奇妙なことも起きていた。ドイツ人が次々とイギリスを訪問して、ヒトラーに対して強硬姿勢をとってもらいたいと、懸命にチェンバレン政権を説き伏せようとした。

訪問の仕かけ人は、ベック、ヴァイツゼッカー、オスターだった。ヴァイツゼッカーはベックと同じく、ヒトラーとリッベントロップに道理をわきまえてもらおうという発想は捨てていた。彼は「いつか何とかして、必ずやこの指導者を取り除かねばならない」と判断し、それまでは「この暴走列車のスピードをゆるめる必要があり、正攻法が使えないならこっそりと内密にやるまでだ」と考えた。

使者は全員、同じメッセージを携えていた。ヒトラーはこの秋にチェコスロヴァキアへ侵攻する決意である。彼に思いとどまらせるチャンスがあるとすれば、侵攻にはイギリスとフランスが軍事対応するという強い警告しかない。欧米の民主主義国が強硬姿勢をとりさえすれば、ドイツの抵抗運動はそれを機会にヒトラーを政権から追い落とす。

八月の半ば、オスターとベックは年配の貴族、エヴァルト・フォン・クライスト＝シュメンツィンをロンドンへ派遣した。ベックはクライスト＝シュメンツィンに「わが国がチェコスロヴァキアに侵攻したらイギリスは参戦するつもりだという確実な証拠をロンドンから持ち帰ってもらえたら、私は現政権を転覆させるつもりだ」と伝えた。「証拠」とはどんなものだとお考えか、とクライスト＝シュメンツィンが尋ねると、ベックは、「戦争が起きたらチェコスロヴァキアを支援するという公約だ」と答えた。イギリスに到着したクライストは、チャーチルと、外務事務次官を退任させられてチェンバレン内閣の外交顧問という閑職に追いやられていたサー・ロバート・ヴァンシタートに面会した。クライストはヴァンシタートに、ヒトラーがチェコスロヴァキアに侵攻すれば戦争になるという明白な警告をイギリス政府が発しない限り、侵攻は「確実に実行される」と伝えた。クライストはこうも伝えた。ヒトラーは紛れもない過激主義者で前進しか考えていない。ナチ党の他の指導者は追従するばかりだ。将官たちは戦争に反対だが、制止できないと無力感を抱いている。ヴァンシタートはこの面会の報告書をハリファックス卿に提出し、ハリファックスがそれをチェンバレンに回した。しかしチェンバレンは、ベルリンの軍関係者からその報告書とは反対の助言を得たばかりだった――ヒトラーがチェコスロヴァキアへ侵攻しようとしているので、さらに譲歩すると彼に示すことがきわめて重要だという助言だ。チェンバレンはハリファックスに、クライストは面倒を起こそうとしているだけで「彼が言うことは大幅に割り引く必要があると思う」と告げた。首相はヘンダーソン大使を「協議」の名目で召還したものの、それ以上のことはしようとしなかった。クライストはドイツに戻り、使命を果たせなかったと報告した。

非常に固い決意でイギリスを訪問したのがカール・ゲルデラーだった。ゲルデラーも守旧派の保守主義者で、かつてはライプツィヒ市長であり、全国価格監視委員としてヒトラーを支えたが、ナチ党の政策に抗議して辞職し、抵抗運動に身を投じていた。彼は欧米の首脳に、ヒトラーから見れば「宥和政策」は弱腰の象徴で、そのような政策はドイツの民主主義的な抵抗派の士気をくじくと説明しようとした。彼は『タイムズ』紙の記者に、自分がフリッチュに軍のクーデターを起こすように促した、ドイツは財政破綻が近い、と話し、記者はその情報を外務省に伝えた。

イギリス政府の首脳は、ヒトラーの計画がどこまで本気かについて、また国内の抵抗運動の可能性について、軽く考えるべきではなかった。とはいえ、抵抗派の情報を根拠に行動しない妥当な理由もあった。ゲルデラーはヴァンシタートに、ドイツによるズデーテン地方併合は認められるべきだと語った。また、クライストはチャーチルに、ドイツは君主制への復帰と「ポーランド回廊」の返還を必要としていると説明していた。「ポーランド回廊」とは、第一次世界大戦後にドイツが割譲を余儀なくされた土地で、その結果、ポーランドはバルト海への出口を得た。そのようなメッセージを受け取ったイギリスは、ヒトラーも、今はヒトラーと対立する旧勢力の保守派も、たいした違いはないと確信を強めるばかりだった。また、ドイツの守旧的な保守派の考えには、イギリスの同じ立場の保守派にとって受け入れがたい部分もあった。たとえば、ゲルデラーが将官たちのヒトラーに対する敵意に触れると、ヴァンシタートは「反逆的な話題」だと異議を唱えた。

　結局、イギリスの高官の多くが、抵抗運動にかかわる者たちはナチ党よりもなお悪いと結論づけてしまった。ゲルデラーやクライストのような保守派は、一九一八年以前のドイツ帝国を復活させたいと考えている。ドイツ帝国は、通商国としても、帝国としても、海軍国としてもイギリスと覇権を争い、それが第一次世界大戦開戦の発端のひとつにもなった。他方ヒトラーは、少なくとも海外の植民地や海軍力の増強には関心がないと見える――イギリスにとっては、どちらも大きな懸念材料だ。なぜヒトラー政権を転覆させて、さらに危険な保守派を権力の座に戻す必要がある？

　九月六日、ロンドンのドイツ大使館に勤めるテオ・コルトという外交官がハリファックス卿と、チェンバレンと親しいホーレス・ウィルソン顧問に内密で会うため、ダウニング街一〇番地〔首相官邸〕を訪問した。コルトは、ベルリンの外務省で働く弟のエーリヒが情報将校のオスターから託されたメッセージを持参していた。エーリヒからテオに書簡や電話で直接内容を送るのはあまりにも危険なため、従姉妹のズザンネ・ジモニスに頼んで記憶してもらい、ロンドンへ飛んでテオに直接伝えてもらった。そうしてテオ・コルトは、もうひとりのドイツ人として、ヒトラーがチェコスロヴァキア侵攻を決意していること、ヒトラーの侵略計画はフランスがチェコスロヴァキアとの同盟条約を守らないという想定が根底にあることを忌憚なくハリファックスに伝えた。

コルトは、自分は軍人や政治家の複数のグループの代表として来ており、もしもイギリスが一歩も引かないと示してくれれば、彼らがヒトラーを権力の座から排除すると説明した。そのグループは、一九一四年にイギリスの外相、サー・エドワード・グレイが、フランスとドイツが戦争を始めたらイギリスは介入すると明確に告知していたら、ドイツは決してイギリスと戦争しなかったはずだと考えていた（戦争勃発の解釈としては賛否両論あるが、ドイツではよく知られた考え方であり、チェンバレンも知っていた）。重要なのは、チェンバレンが同じ過ちを繰り返さず、チェコスロヴァキアを守るためならイギリスは参戦も辞さないとはっきり告知することだ、とコルトは述べた。そのような単刀直入な発言はイギリス人らしくないと、コルトもわかってはいた。しかしここまで来たら、控えめな表現はふさわしくない。それでもなおヒトラーが戦争に向かって進み続ける場合は、ドイツ陸軍の指令官たちがナチ党政権に終止符を打つ。

コルトは、ハリファックスが共感してくれているように感じたが、外相はどうするとも明言しなかった。だがハリファックスは、実際にこの問題を熟慮したうえでチェンバレンと話し合い、チェンバレンは、コルトの要請に沿ったメッセージを送ろうとしぶしぶ同意した。ハリファックスは、ナチ党大会に出席するためニュルンベルクにいた駐ドイツ大使のサー・ネヴィル・ヘンダーソンにそのメッセージを送った。ところがヘンダーソン大使は、メッセージをヒトラーに渡すのを拒んだ。ヒトラーはすでに正気かどうか疑わしい状態で、メッセージによって完全に正気を失う可能性があるからだった。チェンバレンは、この規律違反についてけん責や解任の処分をせず、ヘンダーソンは正しいと判断してメッセージ取次の委任を撤回した。

陸軍参謀総長という大役をベックから引き継いだフランツ・ハルダー将軍は、誰からも同じ印象を持たれる。軍人というよりは、大学教授か学校の教師に見えるからだ。実際、陸軍でもそう考えた者は多かった。軍人になったばかりの頃、バイエルン陸軍大学校を優秀な成績で卒業したハルダーを、バイエルン陸軍は指導者に登用しようと計画した。だが、第一次世界大戦によってその計画は阻まれる。戦間期には、参謀将校として演習計画の作成をたびたび任され、一九三六年には参謀本部でベックの部下となる。そしてその時期、ハルダーはブロンベルク＝フリッチュ事件の進展を目の当たりにする。多くの将校と同様、この重大事件はハルダーの転機となり、事件によって反対派に転じただけでなく、クーデターを起こそうとする者たちとかかわるようになった。ハルダーは、もっと決定的な抵抗を行うべきだとベックに迫った。反乱や造反という言葉は、ドイツ将校の辞書には存在しない、とベックが述べたのはこのときだ。

したがって、ハルダーがベックの後任になると、当初、抵抗運動にかかわる者たちは歓喜した。ベックまでが、自分よりもハルダーの方が、決然とヒトラーに対抗するだろうと話した。ハルダーは、陸軍上層部の誰よりも早くから反ナチだった。一九一九年、あるいは二〇年、彼は同僚の将校に連れられて、ミュンヘンでヒトラーの演説を聞いた。そして、そこで見た人物も聞いた内容も嫌悪した。後年彼は、自分の考えは一度も変わらなかったと述べている。参謀総長に就任したハルダーは、新たな地位によって得た「あらゆる機会を、ヒトラーと戦うために利用する決意でいる」とブラウヒッチュに話した。

おそらく九月五日頃、ハルダーと会ったギゼヴィウスは、ヒトラーに対する強烈な非難に衝撃を受け、「この男は将軍ではないのか？」と、文民として思わずにはいられなかった。ギゼヴィウス自身も抵抗派に加わっていたので、ヒトラーに対する怒りに満ちた非難を耳にする機会は多かった。「しかし、後にも先にも、ハルダーほど溜め込んだ嫌悪をうまい表現で吐き出すのを聞いた記憶はない」と、彼はのちに記している。ハルダーは、「この狂人、この犯罪者」、「たかり屋」が「変態の病的な気質」によってドイツを戦争へ向かわせていると怒り散らした。ギゼヴィウスは、目の前にいる人物の、短髪で鼻眼鏡をかけて堅苦しくて「従順な役人」のような外見と、その憤怒を一致させるのに苦労した。のちにギゼヴィウスは、ハルダーと会ったときの第一印象を信じるべきだったと思うようになる。しかしこの時点では、将軍の憤怒にすっかり焚きつけられ――ギゼヴィウス自身、ヒトラーの敵対者のなかで誰よりも遠慮がなく節度もないと思われていたが――自分はまだまだおとなしすぎると感じた。

ギゼヴィウスとハルダーは、抵抗運動の進め方について合意した。ゲシュタポ本部を占拠して、ナチ党の犯罪行為の証拠を手に入れる。そうやって戦いの準備を整えてから、ヒトラーの取り巻きたちを起訴する。「秩序の回復」のために陸軍も介入する。だがふたりは、時機についての考えが違っていた。ハルダーは「後退」派だ。というのも、ヒトラーはいまだドイツ国民から強い支持を受けているので、政権転覆が成功する可能性は低いと彼は思っていた。政権は非常に安定しており、中心的な支持者は忠誠心が強く、ヒトラーが国内に危険な兆しを感じる要素はない。ハルダーの考えでは、政権の評判を落とすには、他国による大きな逆転劇――賭けであり、現実には起こらなかったが、誰の目からみても明白かつ無謀な戦争の危機――がなければならない。すなわち、ヒトラーがいよいよ欧米列強に対して行きすぎた行為におよび、欧米側が宣戦布告をしてきたら、抵抗派が攻撃を開始できる。それがハルダーからギゼヴィウスへのメッセージだった。そうなるまでは、「真の愛国者がすべきは、歯を食いしばり、態勢を整えて潜伏することだ」。

けれども、ギゼヴィウスやゲルデラーのような文民にとっては、「開戦がことを起こすための必須条件となるのは不本意だった」とギゼヴィウスは記している。戦争はあまりにも予測困難だ。文民ふたりは妥協案を出した。「われわれが、実際に戦争が起きる局面までは流れに任せると同意すれば、ハルダーの方も、ヒトラーが絶対に取り消し不能な進軍命令を発令したら即座にクーデターを起こすと確約する、というのはいかがか?」。ギゼヴィウスの記述によれば、ゲッベルスはプロパガンダでヒトラーが平和を望んでいると絶えず強調したが、それは抵抗派の思惑通りだった。「というのも、『戦争』という言葉は、口にするだけでも裏切りを意味するからだ」。第一次世界大戦の記憶は、すべてのドイツ国民にとってまだ生々しすぎた。「戦争といえば思い出すのはパンの配給券、食糧難……(加えて)何十万もの死者……一九三八年の今、そのようなことは考えもつかない」。しかし、ギゼヴィウスと、抵抗運動に加わっていたヤルマール・シャハトがハルダーにその妥協案を持ちかけると、ハルダーは当初の大胆な姿勢よりも逃げ腰になりかけているように見えた。彼はこの期におよんで、最後には何もかもうまくいくのではないか、「欧米列強は、ヒトラーに東方へ向かう無料チケットを贈るかもしれない」と主張し始めた。

とはいえ、九月半ばの時点では、開戦も抵抗派によるクーデターも、どちらも差し迫っているように見えていた。ゲルデラー、ギゼヴィウス、シャハトは、ベルリンの駐留部隊の司令官、エルヴィン・フォン・ヴィッツレーベンと計画を立てた。まず、ヘルマン・ゲーリングとハインリヒ・ヒムラーが、戦争をためらうヒトラーに戦争を開始させるためのクーデターを率先して企んでいると主張する。そして、このクーデターからヒトラーを守るためと称して陸軍がナチ党組織に介入する。そうすれば、総統への忠誠を宣誓したからと案じる兵士の悩みも回避できると彼らは期待した。

しかし抵抗派は、ヒトラーをどうすべきかについて決心がついていなかった――むしろ、互いに異なる矛盾した意見を持っていた。ギゼヴィウスは、初めのうちは柔軟に対応すべきだが、可能となればすぐに殺すべきだと考えていた。ハルダーは、陸軍の関与を隠す方法でヒトラーが殺されるのを望んだ。「背後からのひと突き」（匕首《あいくち》）伝説のような危険な伝説が生まれるのを防ぐためだ――たとえば、ヒトラーが乗る列車に爆弾をしかければ、イギリスのせいにできるのではないかと彼は考えた。

ベック、および、ギゼヴィウスと同じくアプヴェーアとつながりのある最高裁判所判事ハンス・フォン・ドホナーニは、ヒトラーを裁判にかけて彼の犯罪と悪行がどれほど重大かを暴きたいと考えた。ヒトラーの精神が異常であることも公表するつもりで、そのため、ドホナーニの義父で著名な神経学者、カール・ボンヘッファーが待機していた。

抵抗派は、奇襲部隊も整えた。率いるのは、ヴァイマル共和国時代から活動する向こう見ずな極右テロリストで、ナチ党に幻滅を感じて抵抗運動に引き寄せられた、フリードリヒ・ヴィルヘルム・ハインツだ。ハインツにはヴィッツレーベンとオスターから、無法者の部隊を率いて首相官邸を襲撃し、ヒトラーを殺害するように依頼した。ハルダー、シャハト、ゲルデラーは、この計画には決して賛成するはずがなく、ハインツは自らの部隊を「謀反集団のなかの謀反集団」と呼んだ。計画は、ヴィッツレーベンとハインツ、彼の手下たちが首相官邸を急襲し、ヴィッツレーベンがヒトラーの辞任を要求、そこでちょっとしたできごとを起こしてハインツがヒトラーを殺害するという手はずだった。

九月一二日、ヒトラーはニュルンベルクの党大会で、世界が待ち構えていた閉会の演説を行い、一九三三年に自らが民主主義の諸政党を打ち負かしてドイツ国首相に就任したことと、一九三八年になってイギリス、フランスという民主主義国がドイツに敵対していることが、いかにも関連しているように説明した。一九三三年以前、反ナチの諸政党はナショナリストであると自称し、「その一方でマルクス主義の国際主義者との共闘をためらわず」、「全国の同志の多くは、政治闘争とはいかにまやかしであるかを思い知らされた」。今や、イギリスとフランスは民主主義を標榜しているにもかかわらず「国民の九九パーセント」が政府を支持するドイツに敵対し、他方でチェコ人たちは、国内のマイノリティであるドイツ人を激しく抑圧している。ドイツは、世界平和のために犠牲になるばかりだ。だが、犠牲はもう限界に達している。

「われわれドイツ人が求めるのは、民族自決の権利であります」。彼はそう語った。

ヒトラーは、チェコスロヴァキアに対してあからさまな脅しはかけなかった。だが、民主主義国が「ドイツ人の男性や女性に対する迫害を容認」し続けるのなら、結果は「由々しき事態となるだろう」と警告した。

9

「この危険という茨のなかから」

ミュンヘン会談

サー・エドワード・グレイは、いつも手の内を明かさない政治家だった。一九〇五年にイギリスの外相に就任した直後、彼は、対ドイツ防衛のためにフランスと同盟を結ぶべきか否かという問題と向き合った。イギリスとフランスはすでに「協商」を結んでいたが（一九〇四年）、それはドイツに関する言及がない、緩い取り決めだった。イギリスの政治家の例にもれず、グレイは公式の取り決めに縛られるのを好まなかった。イギリスはこれからも自由に動けるのが望ましい。しかし、ドイツは急速に増強中の海軍、すでに強力な陸軍、成長著しい産業経済によって安全保障上の大きな脅威となっており、イギリスとしてはそれに備えるのが賢明だと思われた。そこでイギリス軍とフランス軍の幹部は、ドイツと戦争が始まったらどう対応するかについて協議を開始した。協議はイギリスの議会と国民には知らされず、その後、ロシアからの圧力を受けて英露両海軍による同様の協議も始まった。だが、結局はこうした協議の存在が漏洩し、議会で問われることになる。一九一四年、ふたりの議員がロシア海軍との協議について議会でグレイに質問した――協議があったと認めるか？　ドイツとの関係にどう影響するか？

グレイはこう答えた。「グレート・ブリテンが参戦するか否かを決定する際に、政府または議会の自由を制限、あるいは阻止するような」未公表の協定は存在しない。また、この状況を変える可能性がある協議も行われていない。

いうまでもなく、この回答は大きな誤解を招きかねなかった。後年、グレイもそれを認めている。「私の回答は間違いなく真実だった」と彼は書いている。「批判される余地があるとすれば、この回答が私への質問に対する答えになっていない点だ。それは否定できない」。彼の考えには微妙な境界線があった。国民は、「国の行動を束縛する、あるいは自由を制限するような」あらゆる協定について知らされるべきだと認めつつも、「不測の事態が起きた場合の陸軍と海軍の対応策」については知らされるべきでない、というのが持論だった。

グレイの発言はイギリス国民にとってわかりにくかった。ドイツ政府にもわかりにくかった。実際には、イギリスがフランスの防衛にどの程度関与するのか、ドイツ人には把握できなかった。戦後になって、イギリスでもドイツでも多くの人が、もしもグレイがもっと率直にドイツに意図を伝えていれば戦争を回避できたのではないかと考えるようになった。そして一九三八年、誰もがグレイの一件を思い出した。チェンバレンは、グレイの轍《てつ》を踏むまいと決意し、ドイツ政府に、警告と宥和が折り合う明確なシグナルを出そうとした。五月危機の後、保守党議員のレオ・アメリーは日記にこう記している。「どうやらネヴィルは、一九一四年にグレイが失敗した問題をうまく切り抜けたようだ。性急な行動の危険性を、ドイツにわからせてやったらしい」。

八月下旬、ネヴィル・チェンバレンは、このままでは戦争に直結しかねないチェコスロヴァキア危機を解決しようと、自ら考案した内密の計画についてほのめかすようになった。「ずっと知恵を絞り続けている」。彼は九月の初めに、妹のアイダ宛てにそう書いている。「われわれに大惨事が降りかかるとしたら、それを回避する方法はないだろうか。ひとつ思いついた策はあまりに型破りで大胆で、ハリファックスは肝をつぶしていた。しかしヘンダーソンは、この方法ならぎりぎりのところで事態を救えるかもしれないという考えなので、私もこの策を放棄する気はない。このような方法を試す必要が生じないよう、常に願ってはいるが」。

九月七日、水曜日、ズデーテン・ドイツ人がチェコスロヴァキアのモラフスカ・オストラヴァで暴動を起こし、ズデーテン・ドイツ人党の国会議員二名が逮捕された。それを受けて、ズデーテン・ドイツ人党と党首のヘンラインは、チェコスロヴァキア政府との交渉をすべて打ち切った。

同日、チェンバレン政権の声を伝える新聞として広く知られていた『タイムズ』紙の社説は、チェコスロヴァキア大統領エドヴァルド・ベネシュの政府は、ドイツ人と「人種的に結びつく在留外国人が暮らす周辺地域を分離して」国をより同質化すべきだ、と提言した。チェンバレン政権は、『タイムズ』紙を利用して公式の政策を発表したわけではないと強く否定したが、この社説は各方面で公式発表そのものと受け止められた。ゲッベルスは「イギリスがいかに追い詰められているかが明らかになった」と述べ、さらに、「権力政治《パワーポリティックス》の観点でいえば、この解決方法でも不満が残る。われわれはプラハも手に入れる必要がある」と、ヒトラーの真の目標を明確に示す言葉をつけ加えた。プラハはズデーテン地方の外側に位置しており、ドイツ人が暮らす周辺地域ではなく、チェコスロヴァキア全体の統率を象徴する街だ。イギリス政府は遅くとも九月九日に、ドイツがチェコスロヴァキア国境に向けて部隊を進めているという機密情報を把握し、その四日後には、ヒトラーが九月二五日にチェコスロヴァキアに侵攻する予定だとすべてのドイツ大使館に通達があったと、複数の情報源から報告が入った。

チェンバレンは、自分の大胆な秘密計画を成功させるには、ふたつの重要な条件があると考えていた──「暗黒の事態となったら」実行する、「完全な不意打ちで」実行する、という条件だ。九月一三日の夜、「そのときがきた、手遅れにならぬようにこの機をとらえねば」と思ったチェンバレンは、自ら「運命を委ねる電報」と呼んだ電報をアドルフ・ヒトラーに打ち、翌朝になってから自国の内閣に知らせた。

電報は、チェンバレンがドイツに飛んで総統に会い、チェコスロヴァキア危機の解決について直接話し合いたいと、ヒトラーに許可を求める内容だった。内閣はチェンバレンのとった手段をさかのぼって承認し、「その後、何時間も返事を待った。というのも、何もかもベルヒテスガーデンに転送せねばならなかったからだ」。九月一四日午後、ようやくヒトラーから返事が届いた。承諾するという返事だった。

ヒトラーは、チェンバレンに先手を打たれたのが不満だった。「誰も予想できなかった動きだ」とゲッベルスは記している。プロパガンダ大臣によるチェンバレンの戦略の評価は──当然ヒトラーによる評価も加味されていて──あけすけだ。「賢いイギリス人たちは安全策をとってきた。自分たちに有利な倫理的アリバイ作りだ。戦争が始まれば、戦争責任はこっちになすりつけるのだろう」。「おもしろくはない」が、ヒトラーに他の選択肢はなく、「訪問を受けいれるしかない」。しかし、チェンバレンと話しても、ヒトラーは「手の内を明かさないだろう」。

一九三八年当時、まだ「首脳会談」という言葉は生まれていなかった。世界の首脳どうしが直接会うのは稀で、会うとしても飛行機を使う移動はなかった。六九歳のネヴィル・チェンバレンも、飛行機には一五年前にただ一度乗っただけだ（その際はシルクハット姿で臨んだ）。前例のないドイツへの空の旅という筋書きには、この訪問がヒトラーに、そして世界に影響をおよぼすという計算が働いていた。

「ロンドン上空で何千フィートも下に家々が見えると、いささか不安になったと告白せねばなるまい」。数日後、彼はアイダにそうしたためている。だが、離陸後しばらくすると、ミュンヘンの手前で乱気流に遭ったにもかかわらず、空路を楽しめるようになった。出迎えたのは、外相リッベントロップ、駐英ドイツ大使ヘルベルト・フォン・ディルクセン、そして「数え切れないほどの軍服姿の当局者と、太鼓の連打に合わせた儀仗兵の捧《ささ》げ銃《つつ》」だった。ナチ党式敬礼をして「ハイル！」と叫ぶ群衆も、チェンバレンを熱烈に歓迎した。前年にハリファックスが訪問したときと同じく、ヒトラーは客人がミュンヘンからベルヒテスガーデンまですばやく移動できるようにと、特別列車を用意した。すべての踏切、駅、沿線の数々の家で、さらに多くのドイツ人が、熱狂的なナチ党式敬礼で車中のイギリス首相を迎えた。

イギリスの訪問団は、ベルヒテスガーデン駅からヒトラーの別荘、ベルクホーフまで、車で移動した。ヒトラーは階段で待っていた。「無帽で、カーキ色のブロード地の上着に鉤十字のついた赤い腕章をつけ、胸には十字勲章があった」とチェンバレンはのちに振り返る。「髪の色は黒ではなく茶色で、瞳は青く、表情はどちらかというとそっけなく、特に気分が落ち着いているときは無愛想で、全体としてはまるで平凡な人間に見える。人混みのなかにいたら彼だとは気づかないだろうし、彼が昔やっていたというペンキ屋だと思うかもしれない」。

ヒトラーはチェンバレンを小さな家具のない部屋に案内し、ヒトラーの通訳パウル・シュミットだけが同席して、ふたりで三時間話し合った。シュミットは「チェンバレンは率直な眼差しでヒトラーを見つめながら、注意深く話を聞いていた。濃い眉と高い鼻、きりりとした口元のイギリス人らしい端正な顔立ちは、彼の額の奥で活発に回転する頭脳のイメージそのものだった」。ヒトラーが持ち出す「ひとつひとつの項目について、彼は才気煥発に応じた」。

一方チェンバレンは、「概ねずっと、Hは低い声で静かに話した」と振り返っている。しかし、独裁者が「ほとばしる言葉でチェコスロヴァキアに対する憤りを吐き出すと、私は何度か制止して、もう一度話していただけないかと頼まねばならなかった」。ヒトラーの怒りによってチェンバレンは、「事態は自分が予測したよりも相当に危機的」であり、ヒトラーはすぐにも攻撃命令を出す可能性があると確信した。シュミットの記憶によると、ヒトラーは五月にチェコスロヴァキアであった暴力沙汰と動員について憤激して不平を言い、「私はこれ以上我慢がならない。なんとしてでもこの問題を解決するつもりだ」と断言した。シュミットには、ヒトラーが発した「なんとしてでも」という言葉は、「きわめて危険な兆候」だとわかっていた。

チェンバレンも毅然と答えた。「私の理解が正しければ、あなたはいずれにせよチェコスロヴァキアへの進軍を決意していることになる」。そして、少し間をおいてから、こうつけ加えた。「そうであれば、なぜ私をベルヒテスガーデンに来させたのですか？　この状況では、私はただちに辞するのが最善です」。

それを聞いたヒトラーは落ち着きを取り戻し、イギリス政府が「民族自決原則」を受け入れるのなら――チェコスロヴァキアからズデーテン地方を分離することを意味していた――交渉による解決に応じる用意はあると言った。ヒトラーは、民族自決権という考え方は自分の発案ではなく、「一九一八年、ヴェルサイユ条約に基づいて変更が行われる際に道義的な基礎とすべく考案された」と指摘した。チェンバレンは、まずは内閣とチェコスロヴァキア政府に相談しなければ何も請け合うわけにはいかないと応じた。「私個人の見解では、基本的にはズデーテンの住人がドイツ国の内側にいても外側にいても、まったく構わない」が、住民投票の「実施に当たっては計り知れない困難が」生じるだろう。チェンバレンはイギリスに帰国すると申し出て、「相談した結果を持ってまた会う」と告げた。ヒトラーはチェンバレンが二度も長旅を強いられるのを気の毒がり、次回はケルンあたりで会えば旅程が短くなると提案した。そして、チェンバレンの返事を聞くまでは、「とんでもない事態が起きてやむを得なくなる場合を除き」、侵攻命令は出さないと約束した――実は大きな譲歩をしたわけではなく、ヒトラーはもともと軍司令官たちに、遅くとも月末には侵攻できるように準備せよとだけ命じていた。もちろんチェンバレンは、それを知る由もない。チェンバレン一行との別れ際、ヒトラーは「いっそう友好的に」なり、ぜひまたお迎えしたい、そうすれば山頂にある自分のティーハウスにお連れできると話した。

チェンバレンはこの初回の会談で「ヒトラー氏の目的はいたって限定的だ」と結論づけた。というのも、ヒトラーは「自分が気にかけるのはドイツ民族であり、チェコ人をドイツ国家に含めたいとは望まない」とチェンバレンに確約したからだ。

「ヒトラーが、『男のなかの男』と話をしたと感想を述べていた」というメッセージが、リッベントロップの秘書からチェンバレンの顧問、ホーレス・ウィルソンに届いた。ドイツ人側はチェンバレンの虚栄心を知っていて、このようにおだてておけばイギリスの首相はドイツ寄りであり続けるだろうと読んでいた。チェンバレンは、ヒトラーは「私がたちまち要点を理解したところを気に入ってくれた」と自慢した。首相は、「一定の信頼関係を築けて、私の狙い通りになった。私が見たところ、（ヒトラーの）表情から頑なで冷酷であることが窺えたものの、約束は守る人間だと信頼できる印象を受けた」と確信していた。サー・エドワード・グレイの轍《てつ》を踏むまいとしたあげくの失態であり、自分は独裁者と会って「一対一で」腹を割って話し、戦争を回避して危機的問題を解決したというチェンバレンの自信がこれ以上ないほどはっきりと表れている――一九一四年当時のグレイより、間違いなく率直ではあるが。

チェンバレンは、ある手紙の追伸にこう書いている。「ドイツの情報筋によると、私はドイツで最高の人気者だそうだ！」。ドイツ人は、私が「戦争を防ぐためにやってきた」と喜んでいる。

虚栄心と自己満足は差し引くとして、チェンバレンは自らがヒトラーにどのような印象を与えたかについて、正しく認識していた。ヒトラーはゲッベルスに、彼は「氷のように冷たい、老いたイギリス人」だと形容した――「冷たい」は、ヒトラーの語彙のなかでは最高の誉め言葉だ。チェンバレンの思い切った冒険がヒトラーの計画に水をさしたのは明らかだった。「彼の訪問は総統にとってあまり好都合ではなかった」とゲッベルスは記している。同様に、実はチェンバレンとヒトラーが合意した解決方法も好都合ではなかった。「しかし、たとえ本気の提案だとしても、今のところ、われわれにはどうしようもない」。望みは、プラハについてあくまでも「妥協しない」ことだ。「そうすれば完全な解決にいたるだろう」――ゲッベルスの言葉は、ドイツによる侵攻を意味している。ドイツがでっち上げの事件と偽のニュースに依存しているのをさらけ出すかのごとく、宣伝相は「(ズデーテン地方は) このところやや落ち着いているので、本日新たにチェコの暴挙が発生する、そのはずだ」と書きとめた。とにかく、「チェコスロヴァキアでひと騒動という速報を増やさなくては」。

九月一七日、土曜日、イギリスで閣議が開かれ、チェンバレンの訪独の結果と今後の計画について話し合いが行われた。情勢は流動的だった。閣僚の大多数はどうすべきかについて確信がなく、この時点では「宥和政策」に明確に賛成する者も反対する者もいなかった。翌日、フランスの首相エドゥアール・ダラディエと外相ジョルジュ・ボネが、協議のためロンドンを訪れた。イギリス側はチェコスロヴァキアを見限るようにとフランス側を懸命に説得したが、チェンバレンはその協議について報告する際に珍しくウィットを利かせ、翌日の閣議で「国際協議ではよくあるが、つらい時間の後には昼食が待っている」と話した。

最終的に、フランスとイギリスはチェコスロヴァキア大統領エドヴァルド・ベネシュに共同メッセージを送り、同国およびヨーロッパの平和のために同国はズデーテン地方を明け渡すべきだと提案すると合意した。住民投票を経ての割譲もあり得たが、共同メッセージが強く推奨したのは、単純にドイツ系住民が五〇パーセントを超える地域をすべてドイツ国に譲り渡し、国境線についてはチェコスロヴァキア代表を含む国際委員会が決定する方法だった。その見返りとして、イギリスは新しい国境の「国際的保証に参加する」用意がある。外務事務次官のサー・アレクサンダー・カドガンは、「彼（ベネシュ）に割譲せよと伝えるのは、骨が折れる」と述べた。

チェコスロヴァキアはこの解決策を泣く泣く受け入れ、チェンバレンはドイツを再訪することになった。内閣は彼の出発に先立ち、「ヒトラー氏が（チェコスロヴァキア内の）ハンガリー人マイノリティとポーランド人マイノリティの問題も即時解決すべきだという態度を崩さない場合、首相は、その件については話を進められない、帰国して閣僚たちに相談する必要があると申し出る」と合意した。カドガンはこの点――チェンバレンは「ポーランド人とハンガリー人の味方」

はできないという点――が「肝心」であり、「彼にはその点にこだわってほしい」と思った。

　このような準備を整えて、チェンバレンは再びドイツに飛んだ。今回の目的地はヒトラーが約束した通り、イギリスからはずっと近い場所――ケルンにほど近い保養地、バート・ゴーデスベルクだった。チェンバレンはホテル・ペータースベルクに泊まり、会談はライン川を隔てたホテル・ドレーゼンで行われた。

　会談の冒頭でチェンバレンは、ズデーテン・ドイツ人の民族自決権を認める合意を、まず自国の内閣から、次にフランスから、最後にチェコスロヴァキアから取りつけたと説明した。イギリス政府とフランス政府は、ズデーテン地方をドイツに割譲する計画と、新しく引く国境線を用意していた。最終的にはイギリス政府とフランス政府が新しい国境線を保証し、そのすべての見返りとして、ドイツはチェコスロヴァキアと不可侵条約を締結するという計画だった。

　パウル・シュミットの回想によると、「説明を終えたチェンバレンは、『この五日間、自分は立派にやったではないか?』とでも言わんばかりに、満足そうに椅子にもたれた」。だが、室内のほぼ全員が驚いたのは、ヒトラーの答えだった。彼は、「静かに、いかにも残念そうに、しかしきっぱりと、『まことに残念ですが、チェンバレン殿、私はこの問題についてこれ以上話し合いはできません。この解決案は、ここ数日の情勢の変化に照らせば、もはや実行可能ではありません』と言った」。チェンバレンはたちまち怒りをあらわにし、シュミットは「善良そうな瞳が濃い眉の下で怒りに燃えている」のに気づいた。首相は、前の週にヒトラーが出した要求がすべて満たされるにもかかわらず、なぜ今になってその解決案が役に立たないと言えるのか自分には理解できない、と述べた。ヒトラーは、ポーランドとハンガリーもチェコスロヴァキアの領土を要求して紛争中であるのにチェコスロヴァキアと条約を結ぶことはできない、と主張した――まさにチェンバレンと内閣が予想していた論点であり、この点が問題になれば交渉は中止すると合意していた。いくつもの激しいやりとりの後、一〇月一日までならチェコスロヴァキアがズデーテン地方を引き渡すのを待つ意思があるとヒトラーは述べた。チェンバレンはヒトラーが「覚書」を起草し、それをチェコスロヴァキアに渡すのならばよかろうと考えた――だが、それは事実上の最後通牒だ。会談は午前二時に終了した。

チェンバレンは九月二四日、土曜日に再び閣議を開いた。「例の如く」と、彼はかなり控えめな表現で閣僚たちに話した。「ヒトラー氏との協議は、いささか散漫でありました」。チェンバレンは、いまだにヒトラーを大目に見たがっているようだった。カドガンは、その日の閣議前に行われた「閣内内閣」の会議で、チェンバレンの口調に恐怖を感じた。首相は「きわめて平然と全面降伏を受け入れて」いたからだ。ヒトラーは、チェンバレンに催眠術をかけたのだとカドガンは思った。海相ダフ・クーパーも同意見で、「ヒトラーはネヴィルに呪いをかけたのだ」と述べている。カドガンは、「首相もH（ハリファックス）に催眠術をかけて全面降伏させたと思い、一層恐しく感じた」。

ヒトラーにたやすく騙されたとしても、チェンバレンは戦略上の現実に関しては何があっても明晰で冷徹だった。また彼は、道義的な問題から戦争になるとしたら、民主主義が立ち向かえること、立ち向かうべきことは何か、についても慎重に検討した。「チェコスロヴァキアが戦うと決断した場合」、とチェンバレンは説明した。「結果として、将来ほぼ確実に現在のチェコスロヴァキアは存在しなくなり、現時点での提案を受け入れたとしてもチェコスロヴァキアは今の国ではなくなります」。イギリスが今すぐに戦争をするとしても、「目的はチェコスロヴァキアを現在の姿で維持することではありません」。それは「不可能」だからだ。というのも、イギリスとしては「今戦争する方が将来に戦争するよりもヒトラー氏の野望を効果的に阻止できます。ただしわれわれは、現代の戦争は国内のあらゆる家庭にとって直接の脅威となるという事実を見落としてはならず、国民をドイツの空爆から守るために現在わが国が提供できる防御が、将来提供できる可能性のある防御と同等の効果を持つかどうかを検討しなくてはなりません」――当時、防空体制が急速に発展しつつあったことを考慮すれば、合理的な見解だった。チェンバレンは、ゴーデスベルクからの帰路、飛行機がテムズ川を遡るようにロンドンに向けて飛ぶ間、「ドイツの爆撃機が同じコースを飛ぶのを想像しました」と閣僚たちに話した。彼は「眼下に広がる無数の家に、われわれはどの程度の防御を提供できるのだろうか」と思い、「われわれは、将来の戦争を止めるために現在の戦争遂行を正当化する態勢にはない」と結論づけた。たとえば、開戦責任をドイツが負うように仕向ける戦略など、進行を遅らせて得られる効果の計算は、チェンバレンの思考において常に重要な要素だった。

しかしイギリスの空気は、内閣のなかでさえ、強硬になりつつあった。重大な変化がカドガンを起点に始まった。カドガンは、チェンバレンがゴーデスベルクから戻った直後の会議で、首相とハリファックスの論調に嫌気がさした。カドガンには、ハリファックスは「満足げな敗北主義的平和主義者」だと思えた。内閣は惑わされているのか、多々ある問題を理解できていないだけなのか、カドガンには判断がつかなかった。彼は「神よ、反乱をもたらしたまえ」と心のなかでつぶやき、ハリファックスに「率直な意見」を述べたと記している。カドガンには、効果はないと思えた。

だが、効果はあった。ハリファックスはいつも、自らが信じるキリスト教の教義と自らがよしとする政治の現実主義の板挟みになっているように見えた。チャーチルがからかい半分に、彼を「聖なる狐《ホーリー・フォックス》」と呼ぶのはそのせいだ。その日の晩、彼の一方の気質がもう一方の気質に反旗を翻した。翌朝、ハリファックスはカドガンに言った。「アレク、私は君にとても怒っています。君のおかげで眠れなかったのです。午前一時に目が覚めて、それからは一睡もできませんでした。しかし、おかげで君が正しいという結論に達し、閣議で最初の発言を任せられたので、ヒトラーの条件の拒絶を求めました」。

その閣議は、芝居のような展開となった。ハリファックスの発言に、チェンバレンも他の閣僚も唖然としたが、ハリファックスは静かに、しかし感情を込めて、「昨日以来、自分の意見がいくらか変化したのに気づきました」と説明した。先週は、国際委員会の監視に基づくズデーテン地方割譲と、住民投票の結果に従うことに同意するからといって、ただ圧力に屈したわけではないという期待があった。しかし、今では疑念がある。ヒトラーが誠実であるかどうかも、重要な要素だ。ハリファックスは、「ヒトラー氏がわれわれに何ひとつ与えず、戦う必要もない戦争にもう勝ったかのように条件を突きつけているという事実を頭から拭い去れないのです」と述べた。そして彼は、さらに根本的な問題へと移った――「ナチズムが存続する限り、平和は確実ではないでしょう」。閣議の議事録には、彼がそう言ったと記されている。ハリファックスは、チェコスロヴァキアに圧力をかけてヒトラーの条件を呑ませるのが正しいと思はなかった。「提案を彼らに預けるべきです。チェコスロヴァキアが拒否すれば、おそらくフランスは戦いに参入し、フランスがそうすれば、われわれもともに加わるべきです」。

その後チェンバレンは、鉛筆で走り書きしたメモをハリファックスに渡した。「昨夜お会いしてからの、あなたの完全な翻意には激しい打撃を受けたが、もちろんあなたは、ご自分なりの意見を持たれるべきだ」。メモには、あいまいにではあるが辞任を示唆する脅し文句もつけ加えられていた――もしもフランスが、どうしてもわれわれを「引きずり込む」のなら、自分が「その決断の責任を負える」とは思えない。ハリファックスもメモで返事をした。「無礼だったと思います――しかし、ひと晩ほとんど眠らずに苦悩しながら考えましたが、(チェコスロヴァキアに)強要する件については、今も他の結論を得られそうにありません」。チェンバレンは手厳しい言葉を返さずにはいられなかった。「寝ずに出した結論が正しかったためしはありません」。

今や閣僚のほぼ全員が、これ以上ヒトラーの約束を信じる気がないのは明らかだった。閣内の議論は、チェコスロヴァキアを支持するという道義的なこだわりと、現実問題としてイギリスとフランスには提供できる援助がほとんどなく、戦争になればチェコスロヴァキアにとってはヒトラーの要求を呑むよりも悪い結果となる可能性が高いという実利的な認識のぶつかり合いとなった。だがここへ来て、フランスも断固たる姿勢を取ると主張した。

チェンバレンは、もう一度ヒトラーに手紙を書いて、チェコスロヴァキアが受諾した取り決めを基礎として危機解決のための国際委員会を創設すべきだと持ちかけてはいかがかと提案した。「こうしてさらに手を打てば、われわれが平和維持のためにいかに尽力したかをもう一度世界に示すことができます。成功せずとも失うものは何もなく、われわれに有利になるように国際世論を固める助けとなりましょう」。手紙を届けるのは、チェンバレンの顧問、ホーレス・ウィルソんだ。この手紙で総統の考えが変わらなければ――チェンバレンは変わるとは考えていなかった――フランスはチェコスロヴァキアをめぐる戦争に突入し、そうなればイギリスも参戦する可能性が高いと、ウィルソンからヒトラーに伝えてもらおう。閣僚たちは同意した。

イギリス政府もイギリス国民も、戦争に向けて気を引き締めているように思われた。九月二三日、ハリファックスはチェンバレンに電報を打った。「世論の大多数は、われわれの側は最大限に譲歩しており、次は首相（ヒトラー）が何らかの貢献をするかどうかにかかっている、という意識で固まりつつある」。三日後、国民労働党の国会議員ハロルド・ニコルソンは、日記にこうしたためている。「初めて目にした一九三八年の戦争の光景」は一枚のポスターで、「シティ・オブ・ウェストミンスター：空襲警戒：ガスマスク告知」と書いてあった。「ふたつ目の光景」は、グリーン・パークで防空塹壕を掘る作業員だった。

外務省が発表した公式声明には、きわめて重要な部分があった。「イギリスの首相があらゆる努力をしたにもかかわらず、ドイツによるチェコスロヴァキア攻撃が行われた場合、即座にもたらされる結果として、フランスは同国を支援せねばならず、グレート・ブリテンとロシアは必ずやフランスを支援する」。チャーチルは回顧録のなかで、自分が外務省報道官のレジナルド・リーパーとともにこの声明文を起草したと主張しており、この文章はリーパー電報と呼ばれるようになった。政府は戦争中の食糧と油の配給、都市部の子どもたちの疎開、ガスマスクの配布、ニコルソンが見たような塹壕や防空壕の掘削などの計画にとりかかった。陸海空軍は警戒体勢に入り、内閣はチェンバレンが九月二七日に国民に向けてラジオ演説をすると合意し、チャーチルの提案で国会が九月二八日に招集されることになった。チェンバレンはイギリス海軍の動員と、その動員を発表するラジオ演説を承諾した。ドイツに派遣されるホーレス・ウィルソンは、リーパー電報と同じ内容のヒトラー宛の手紙を携えた――「フランス政府よりわが国に、以下の通知があった。チェコスロヴァキアが『覚書』を拒絶して、ドイツがチェコスロヴァキアを攻撃した場合、フランスはチェコスロヴァキアに対する義務を果たすであろう。仮に、結果としてフランス軍がドイツに対する戦争行為におよぶのであれば、わが国はフランスを支援する義務があると考えるであろう」。

ホーレス・ウィルソンは九月二六日、月曜日に、ベルリンにいるヒトラーを訪問した。ふたりは一時間近く話したが、ウィルソンがチェンバレンの手紙の第二段落――チェコスロヴァキア政府がヒトラーの「提案」を拒絶したら、と述べている部分――をヒトラーに読み聞かせると、ヒトラーは逆上してチェコスロヴァキアを「壊滅させる」と脅し、「来週には、われわれは完全なる戦争状態にあるだろう」と叫んだ。このとき、信じがたいことにウィルソンは、イギリスの介入の可能性を警告するくだりを読み上げるのは「適切でない」と判断した。そんなことをすれば、ヒトラーはこの書簡を「最後通牒」と受け止めるかもしれず、その日の晩に総統が行う予定の演説はさらに過激になるかもしれないと、彼は恐れた。サー・エドワード・グレイの習性への逆戻りだ。

戦争勃発は今や確実で差し迫っているように思えた。月曜日の夜、ヒトラーはベルリンのスポーツ宮殿《シュポルツパラスト》でナチ党支持の群衆に向けて演説した。聴衆のなかには、他国の外交官やジャーナリストも大勢混じっていた。登壇するヒトラーを紹介したゲッベルスの締めくくりの言葉は、やがてナチ党のスローガンとなる――「総統が命じ、われらが従う！」。

ヒトラーの演説は、彼がチェコスロヴァキア人、特にベネシュ大統領をどれほど嫌悪しているかを明白に表していた。また、彼の嫌悪と恨みの対象はそれにとどまらず、第一次世界大戦後のあらゆる合意事項、新しい民主主義、数々の国際組織など、広範囲にわたることもはっきりと示していた。彼が好むのは、権威主義的なリーダーたちだ。彼は自身がポーランド政府、および同国のかつての独裁者、故ユゼフ・ピウスツキ元帥との間に築いた良好な関係について語った。民主主義国とは決して築けなかった関係だ。「平和という美辞麗句をそこら中に振りまいている民主主義国は、血に飢えた戦争屋の最たるものである。民主主義はポーランドを統治しなかった、統治したのはひとりの男だ！」。ピウスツキと結んだ約束は、「真に平和に貢献し、ジュネーヴにある国際連盟のパレ・デ・ナシオンで行われる無駄話よりも大いに価値がある」偉業だ。オーストリア併合に話が移ると、彼は皮肉を込めて訴えた。「住民投票が望む結果にならなかった場合、住民投票は自分たちの理念に照らして不適切で、有害ですらあると民主主義諸国が考え始めるのを、われわれは繰り返し見てきたのではないか？」。

チェコスロヴァキアについては、ズデーテン地方は「私がヨーロッパで求める最後の領土的要求である」と主張した。だが、ベネシュがそれを邪魔する。「ベネシュは、嘘の父親だ」とヒトラーは語った。チェコスロヴァキアという国家は存在せず、それこそが「嘘」だと言いたいのだ。チェコがスロヴァキアを併合しただけの国ではないか。しかも、「そのままでは存立できそうにないので、三五〇〇万人のドイツ人を、民族自決の権利と要望を公然と無視したうえであっさりと取り込んだ」。さらに、それでも満足できず、「一〇〇万人のマジャール人、多数のカルパチア・ロシア人、数十万人のポーランド人を奪った」。結果としてできた国は「こうして略奪された国々の明白な要望と意思に反し、民族自決権を無視した」。ヒトラーは続いて、チェコ人はドイツ人に恐るべき残虐行為を行ったと非難し、それでもベネシュは「プラハでじっとしていて、私には何も起こるはずがない、イギリスとフランスがいつも後ろにいてくれるからと信じ切っているのだ」と述べた。

ヒトラーはわずかに寛大なところを見せて、危機の解決のために尽力したチェンバレンに謝辞を述べもした。ところが、演説の終盤になると、丁重な態度はかけらもなくなる。CBSニュースで演説を放送するために来ていたアメリカ人記者、ウィリアム・シャイラーは、ヒトラーが「これまで見てきたなかで最悪の興奮状態で叫び、金切り声をあげている」と描写した。シャイラーは「何年も彼を観察してきたがこんなことは初めてだ」、ヒトラーはとにかく「まったく自分で自分をコントロールできなくなっている」と思った。ヒトラーが席につくと、ゲッベルスがはじかれたようにまた立ち上がり、叫んだ。「ひとつ確かなことがある。一九一八年は、断じて繰り返されない！」。ヒトラーがたびたび口にしたように、ドイツが内部から分裂して負けを認める事態は二度とないという意味だ。その宣伝相を見上げるヒトラーの姿を、シャイラーはこう記している。「その夜ずっと探していたのになかなか見つからなかった言葉をゲッベルスが言ってくれたとでも言いたげな、荒々しく熱のこもったまなざしだった。私には決して忘れられそうにない狂気の光を宿した目をしてさっと立ち上がり、右手を大きく振り上げてから机に叩きつけ、息の限りを尽くして『その通り《ヤー》！』と叫んだ。それから、疲れ果ててぐったりと腰を下ろした」。

荒々しくほとばしるチェコ人への、民主主義への、国際秩序への憎しみを聞かされたシャイラーをはじめとする聴衆が、この演説に込められたヒトラーの構想を知ったら驚いただろう。その日の演説前、彼はゲッベルスに、自分の演説は「とても気が利いていて、ロンドンとパリが喜ぶ橋をかけてやれる」と話していたからだ。イギリスの内政のためにチェンバレンに手を貸す必要がある、ともつけ加えていた。

ヒトラーが演説を終えると、群衆はナポレオン戦争時代の古い愛国的な歌を歌い始めた。しかしシャイラーはこう書いている。「会場を埋め尽くしていた、党に心酔する一万五〇〇〇人は、奇妙な聴衆だった」。彼らは拍手をしてゲッベルスの「総統が命じ、われらが従う！」を唱和していた。しかし「戦争熱はどこにもない。ヒトラーの言葉の意味に気づいていないかに見える、善良な群衆だった」。

いずれにせよこの聴衆は、多くのベルリン市民とは違っていた。それが明らかになったのは翌日、火曜日で、その日ヒトラーは一九一四年の愛国的な熱狂を再現しようと、いくつかの機械化部隊にベルリン市内をパレードするように命じていた。シャイラーは夕暮れ前にウンター・デン・リンデンとヴィルヘルム通りの交わる官庁街の中心に向かった。「私はかつて読んだ一九一四年の情景のように、この同じ通りで、群衆が歓声を上げながら行進する兵士たちに花を投げたり、若い女性たちが駆け寄ってキスをしたりするところを思い描いていた」と彼は書いている。だが、そこで彼が見たのは、一日の仕事を終えて店や事務所から帰るベルリン市民たちが「すばやく地下鉄に姿を消したり、見物を拒んだりする姿で、曲がり角で立ち止まった数名も完全に押し黙り、輝かしい戦争に向かう若い盛りの青年たちにかける励ましの言葉はなかった」。彼は、「これほど著しい反戦の意思表示は、かつて見たことがない」と思った。ひとりの警官が、ヴィルヘルム通りの数ブロック先にある首相官邸のバルコニーから、ヒトラーが観閲していると叫んだ。シャイラーはひと目見ようと向かったが、「道路にも、広大なヴィルヘルム広場にも、人の姿は二〇〇人もなかった。ヒトラーは厳しい顔をしていたが、やがて怒りの表情に変わり、まもなく室内に入ってしまったので、部隊は誰の観閲も受けずに行進した」。この経験はヒトラーの脳裏に焼きついた。

その火曜日の朝、ホーレス・ウィルソンは、もう一度話をするためにヒトラーを訪ねていた。外交辞令を──前夜のヒトラーの演説は「盛大な歓迎」を受けていたとか──ふんだんに取り混ぜながらも、ウィルソンはこの日、毅然と警告を伝えるために来ていた。彼が同日中に内閣に報告したところでは、彼は「とてもゆっくりと」、チェンバレンならこうしただろうという話し方を意図してメッセージを伝えた。もしもチェコスロヴァキアがドイツの「覚書」を受け入れるのならば、それでよしとする。しかし、もしも受け入れず、ドイツがチェコスロヴァキアに侵攻したら、フランスは「チェコスロヴァキアとの条約上の義務を果たす」であろうし、「イギリスもフランスを支援する義務があると考えるであろう」。ヒトラーは、それではフランスがドイツを攻撃するという意味になると反論した。ウィルソンは、フランス政府は非常に慎重に文言を選んでいると主張し、フランスは「条約上の義務を果たす」だろうと繰り返した。

いつものように、外交的なやりとりはヒトラーには通用せず、彼は怒りを爆発させ、それはすなわち六日後には戦争が起こるという意味であり、自分はチェコスロヴァキアを「粉砕」すると告げた。ウィルソンは話を続けたそうに見えたが、ヘンダーソン大使がそろそろ退出すべきだと急き立てた。それでもウィルソンは別れ際に、「あのチェコ人たちが分別を持ってくれるように、引き続き努力する」とヒトラーに約束した。

その日の夜、チェンバレンはBBCの放送を通じてイギリス国民に演説した。初めに取り上げたのは、最近受け取った無数の手紙の話だった――イギリス国内からだけでなく、「フランスから、ベルギーから、イタリアから、ドイツからさえも」手紙が届いている。手紙には、戦争の兆しに対する不安や「早計にすぎるものの、戦争の危機が過ぎ去ればどれほど安堵するかという気持ち」が記され、胸のつぶれる思いがした。

チェンバレンは、自分が保守党の党首就任を受諾したとき、これから何が待ち受けているのかを知っていたし、覚悟していた、と聴き手に語りかけた。「私が担う責任は重いとかねてから感じてはいましたが、このような手紙を読むと、私に課された責任は圧倒されるほど大きいと痛感します」。続いて彼は、本心を吐露するような見解を述べた。「遠く離れた国の、私たちがまったく知らない人どうしの諍いのために、ここで私たちが塹壕を掘ったり、ガスマスクをつけてみたりせねばならないとは、なんと恐ろしく、途方もなく、信じられないことでしょうか」。アメリカの孤立主義者でも、これ以上うまい表現ができる者はいなかったはずだ。

それからチェンバレンは、民主主義国は戦争と平和をどう考えるべきかについて、考えを述べた。「強大な隣国に立ち向かう小さな国に、私たちがどれほど同情したとしても、ただその国のためだからといって、イギリス帝国全体が戦争に関与するような事態は、いかなる状況下でもあってはなりません。私たちが戦わねばならないとすれば、もっと大きな問題の解決のためでなければなりません。私自身は魂の底から平和を求める人間です。国家間の武力衝突は私にとって悪夢です。しかし私が、どこかの国が武力による恐怖で世界支配を決意していると確信した場合は、それに抵抗せねばならないと思わざるを得ません。そのような支配のもとでは、自由を信じる人々の生活は生きる価値のないものとなるでしょう。ですが、戦争とは恐ろしいものであり、われわれは戦争を始める前に、問われているのは非常に重要な問題であり、あらゆる影響を熟慮しつつ、その問題を守るためにすべてを投げうつ必要があると、はっきりさせておかねばなりません」。

この相反する態度を示す演説は、ナチ党の武力侵略に強く反対すべきだと望む者を刺激して、大きな怒りをもたらした。海相ダフ・クーパーは、チェンバレンが「フランスに言及しなかった」うえに、「チェコスロヴァキアへの同情の言葉」もなかったと憤慨した。チェンバレンは、ヒトラーだけに同情を示すつもりでいると思えた。しかも首相は、閣内ですでに合意していたはずの艦隊の動員に関してひと言も触れず、クーパーはその点についてとりわけ激しく怒った。

その日のチェンバレンの論調は、演説に先立って軍の参謀総長たちから受けた憂慮すべき助言を勘案した結果かもしれない。「われわれの考えでは」、と参謀総長たちは口を開いた。「グレート・ブリテンとフランスの海軍、陸軍、あるいは空軍がどのような圧力をかけても……ドイツがチェコスロヴァキアに決定的な敗北をもたらすのを阻止することは不可能であります」。チェコスロヴァキアを救えるのは「ドイツの敗北」という間接的な結末のみであり、その結末とは「無制限戦争の類となるのを発生時から覚悟すべき、長期戦の結果」である。しかも、危険はそれだけではない。仮にイタリアと日本がドイツ側に立って参戦した場合、イギリスは「現状の防衛力どころか計画中の防衛力でも対戦が想定されていない」事態に直面し、「イギリス帝国の資源に由々しき負担をかけます」。

ハンス・ベルント・ギゼヴィウスをはじめとするドイツの抵抗派は、チェンバレンがベルヒテスガーデンでヒトラーと会ったと知って、当初はその一報が信じられなかった。「だが恐ろしいことに、それは真実だとわかった」とギゼヴィウスは振り返っている。彼らは、チェンバレン側が周到な策を講じているだけで、イギリスは「こちらの将官たちに『ボールを託し』、ヒトラーの非をさらにはっきりさせるための時間稼ぎ」をしていると思い込んだ。よって、彼らは引き続きクーデター計画を進め、チェンバレンの出方を気にするというよりは、むしろ、ヒトラーが怖気づいて引き下がるかもしれないと心配した。ところがチェンバレンは本気で協議するために来たと明らかになり、ギゼヴィウスは「われわれ『親西』派はばかを見た」と感じた。

それでも、次のバート・ゴーデスベルクの会談の結果が報道されると、ギゼヴィウスと仲間たちは「とてつもなく安堵した」。戦争が迫りくるなか、ドイツ国内の雰囲気は変化した。ヒトラーは、それほど完全無欠ではないかもしれない。ギゼヴィウスは、こう記している。「ニュースが広まるにつれて、失望、憤り、焦燥感の波がドイツ中に広がった。これまで、ドイツ人がこれほど自由に、辛辣に話したことはなかった。見知らぬ人同士が路上で言葉を交わし、怯えて動揺するようすが人々の表情にはっきりと現れていた」。

抵抗者たちは、オスターの職場から国防軍統合司令部（ＯＫＷ）、各警察本部、外務省へと広がるネットワークを通じて、粘り強く計画を進めた。緊張の高まりによる悪影響は出ていた。「抵抗運動をしている間、最初にして最後だったが、オスターの悲観主義がますます激しくなって言い争いになりかけた」とギゼヴィウスは振り返っている。オスターは、欧米列強はやがて折れると思っていた。ギゼヴィウスは、そういう敗北主義者はゲッベルスの宣伝省で仕事をもらえばいいと言った。だが、情報将校のオスターはかなり重要な情報源を握っていて、ゲーリング率いる電話盗聴「調査局」からの報告もそこに含まれていた。駐英チェコスロヴァキア大使ヤン・マサリクは、ドイツを経由する電話線を介してプラハに報告を行っていた。ギゼヴィウスが言うには、マサリクは「あの恐ろしい時期に、情報通ではあったが、残念ながらきわめて軽率だった」。

そのような状況にもかかわらず、九月二七日、火曜日にはすべての準備が整っていた。ヒトラーは侵攻開始を決意し、イギリスとフランスは開戦に備え、抵抗派はクーデターを起こそうとしていた。その日の夜、奇襲部隊を率いるハインツは、ヒトラーの官邸襲撃に備えて隊員を集めた。外務省職員のエーリヒ・コルトは侵入者のために建物の図面を入手し、入り口は必ず開けておくようにすると請け合った。情報部長カナリスは、アプヴェーア将校のヘルムート・グロスクルトに、ライフルと爆発物を奇襲部隊に渡すように指示した。ハインツは奇襲部隊の隊員に、何が起きようと、ヒトラーやヒトラーの護衛が抵抗しようがしまいが、とにかく騒ぎを起こしてヒトラーを殺害せねばならないと、静かに告げた。そして、未明には奇襲部隊を陸軍最高司令部に集合させた。

緊張が高まる一方でドイツ国民の戦争熱が失せているのは明らかだったが、ヒトラーの要求は相変わらず妥協がなかった。抵抗派にとってはよい兆候だ。オスターは、ヒトラーからチェンバレンに宛てた、穏健な手法はすべて拒絶するという最後の手紙を入手した。水曜日の朝、ギゼヴィウスはその手紙をベルリン地区防衛司令官エルヴィン・フォン・ヴィッツレーベンに渡し、手紙はそこからハルダーに渡った。ヒトラーが本当に戦争をする気でいるという「動かぬ『証拠』」を手にしたハルダーの頬を「義憤の涙」が流れた、とギゼヴィウスは記している。「勇敢な抵抗者である彼は、ヒトラーは自分に本当の計画を知らせず、ここまで裏切るのかと驚いていた」。覚悟を決めていたヴィッツレーベンは、今こそ「行動を起こす」ときだと主張した。しかし、ブラウヒッチュはクーデター決起の最終命令を出すのを拒み、首相官邸をもう一度訪ねて状況を確認してからだと言った。ギゼヴィウスはさらに続けている。「ブラウヒッチュがヴィルヘルム通りに向かう間に、ヴィッツレーベンは持ち場の陸軍地区防衛司令部に急いで戻った。『ギゼヴィウス、そのときが来たぞ！』と彼は興奮して言った」。ギゼヴィウスがアプヴェーアの本部に戻ると、オスターがハインツと配下の奇襲部隊に、首相官邸へ出動する最終命令を出そうと待機していた。

ところが、事態はそこから動かなかった。

決定が下りてきたのは九月二八日、水曜日の午前だった。ヨードル大佐によれば、その日は「一番たいへんだった日」で、ヒトラーの副官、ヴィーデマンにとっては「首相官邸で経験したなかで最も刺激的な日」だった。大勢の大使、大臣、将官が館内を埋め尽くしていた。首相官邸の古参の職員たちが総統の周りで事態がどう動いていたかをそれぞれに記述している――誰もが絶えず動き続け、ヒトラーと一緒に室内を行ったり来たりして、取り巻きたちがヒトラーに自分の意見を伝える。外務事務次官のヴァイツゼッカーによると、「会議は概ね立ったままで行われ、参加する者はみな助手を引き連れていた」。リッベントロップは戦争に向かって進むようにヒトラーに圧力をかけ、ゲーリングは慎重な行動を求めた。シュミットは、「部屋の隅から、関係者たちの張り詰めた論争を注意深く見守った……ヒトラーの反応から、とてもゆっくりと、天秤が平和の方へ傾いていくのを観察した」と振り返っている。

その日の朝、ローマではムッソリーニがイギリス大使の訪問を受け、大使からチェコスロヴァキアについて話し合う国際会議の手配を要請された。イタリアの外相で、ムッソリーニの義理の息子でもあるガレアッツォ・チャーノ伯爵がリッベントロップと電話で話そうとしたが、エーリヒ・コルトしかつかまらず、チャーノは外相よりも下位の者とは話そうとしなかった。そこでムッソリーニは、ベルリンのイタリア大使、ベルナルド・アットリコに電話した。「統領《ドゥーチェ》だ。聞こえるか?」。ムッソリーニは、イギリスから提案があった会議について承諾したいとアットリコに伝え、ヒトラーと会うようにと大使に命じた。「私が言ったことを彼に伝えるのだ。早く、早く!」。アットリコはエーリヒ・コルトに電話をかけ、ふたりの共通語である英語で話した。「コルト、私は統領から個人的なメッセージを預かった。総統に至急会わねばならない。緊急だ、急いで、急いで」。コルトは首相官邸まで来ていただきたいと告げた。アットリコは最初に、ヒトラーがいかなる決断をしてもムッソリーニは支持すると請け合った。そして、こう続けた。「しかしながら統領は、イギリスの提案を受け入れるのが賢明だという見解であり、閣下が動員を思いとどまるよう願っております」。ムッソリーニの提案は四強――ドイツ、イタリア、フランス、イギリス――による会談だった。同盟国からの働きかけで、ヒトラーはすんでのところで思いとどまった。イギリスとフランスは今や本気で抵抗しているのではないかと、心配になり始めた可能性もある。しかも、前日の軍事パレードの惨めな結果もあった。「統領に提案を受け入れると伝えてください」。ヒトラーは、静かにそう答えた。

実のところ、ヒトラーはこの二日間、圧力を感じていた。ひとつは、ローズヴェルト大統領から届いた「平和的で、公正かつ建設的な解決を目指す交渉を台なしにしない」ようにと促す電報だった。主となるメッセージに加え、慎重に文言を選んだ驚くべき内容があった。ローズヴェルトはこう述べている。「アメリカ国民の究極の望みは平和な暮らしである」が、「ひとたび全面戦争となれば、いかなる国家も、世界の終末となるような恐ろしい結果から逃れられはしないという現実に直面する」――アメリカの関与を遠回しに警告しているのだ。ローズヴェルトはこうも述べていた。「世界の文明国はすべて、一九二八年のケロッグ＝ブリアン条約が定める厳粛な義務を自発的に担い、平和的手段のみで紛争を解決する」。

数週間後、ヒトラーはゲーリングに、自分が引き下がってもう一度協議すると同意した理由はふたつあると話した。ドイツ国民に開戦の意欲があるのかという疑念――その点は、ゲッベルスも思い切ってヒトラーに進言した――そして、ムッソリーニに見捨てられるかもしれないという不安だった。

抵抗派の側は、ヒトラーが侵攻命令を出したという知らせを今か今かと待っていた。「なぜブラウヒッチュもハルダーも何も言ってこないのか、われわれにはわからなかった」とギゼヴィウスは記している。「言葉では表せない緊張の時間が何分も、そして何時間も過ぎた。やがて、衝撃的な報告が頭上に落ちてきた。あり得ないことが起きた。チェンバレンとダラディエが、ミュンヘンに向かって飛んでいる。われわれの反乱はついえた」。

同じ水曜日の午後、イギリスの国会議員ハロルド・ニコルソンは、庶民院へ徒歩で向かう途中、鳩に餌をやる子どもたちを見かけた。「こういう子どもたちは、すぐに疎開させた方がいい」と同行者が言った。「鳩もその方がいいだろうな」。ニコルソンは、慰霊碑の足元に花を供える一団も見かけた。第一次世界大戦で戦死したイギリス兵の慰霊碑だ。「どの人も、とても静かで不安そうだった」とニコルソンは記している。「彼らは、無言のまま問うような目で私たちを見つめた」。

その日、庶民院ではまるで映画のような緊迫した場面が繰り広げられた。チェンバレンが、戦争回避のために自分が尽力したすべてを議会で報告する予定だった――その時点では、誰もが翌日か翌々日には開戦するものと予測していた。三時を少しまわった頃、彼はゆっくりと立ち上がり、演説台の箱の上に原稿を広げた。議場は、いつになく人が多かった。外交官ギャラリーには、息子のジョンを伴ったアメリカ大使、ジョセフ・ケネディの姿もあった。日頃は勝手気ままにふるまう議員たちが、チェンバレンが話し始めるのを静かに期待を込めて見守る。静寂を乱すのは、議員宛の電報や電話のメモを運んでくるメッセンジャーだけだ。チャーチル宛に届くのは数が多く、ゴムバンドで束ねてあった。

『タイムズ』紙の記事によると、チェンバレンは「はっきりした声で、ときに低い声になりはしたが、言いよどみもせず」、危機にいたるまでのできごとを時系列で説明した。議員たちは、八月から九月下旬までに何があったかをすでに知っており、周知のことがらをチェンバレンが挙げていくと、議場内の緊張感が次第に高まっていった。やがて、九月二三日の閣議に関するくだりで、聴衆は、自分たちがまだ知らない領域の話に入ったと理解した。チェンバレンは「昨日の朝」、と語り始めた。ハロルド・ニコルソンの記述によれば、「われわれはみな、何か新しい事実が明らかになると意識していた」。ニコルソンはさらに記している。「時計を見ると、四時一二分だった。首相はちょうど一時間話し続けていた」。そこでニコルソンは、「外務省の用紙が一枚、政府側の席であわただしく回覧されている」のに気づいた。「サー・ジョン・サイモン〔財相〕が首相を遮り、つかの間の沈黙があった。首相は、ずれた鼻眼鏡をかけ直し、手渡された文書を読んだ。彼の顔全体、身体全体が、変化したように見えた」。

何が起きたのか。三時三〇分に、駐独大使のネヴィル・ヘンダーソンがベルリンから電話をかけてきた。カドガンが電話を受けた。ヘンダーソンは、ヒトラーがムッソリーニ、ダラディエ、そしてチェンバレンを、翌日ミュンヘンで開く会議に招待したと述べた。「メッセージを書き写し、」とカドガンは記している。「それを持って議場へ走った。H（ハリファックス）を貴族院議員ギャラリーから連れ出して、ふたりで一緒に議長席の裏へ行き、文書を首相に回した」。『タイムズ』紙の記者は、メッセージがハリファックスからチェンバレンの議会担当秘書官、ダングラス卿に渡され、次にサー・ジョン・サイモンに渡ってから、チェンバレンに渡るところを見た。

マイクの音声だけで演説を聞いていた貴族院の議員には、チェンバレンがサイモンに質問するのが聞こえた。「今、知らせるべきか?」。サイモンはそうすべきだと答えた。チェンバレンは演説を再開した。「まだ終わりではありません」と彼は続けた。「議員のみなさんに、まだお話しすることがあります。たった今、ヘル・ヒトラーから、私と明朝ミュンヘンで会おうというご招待があったと知らせが入りました。シニョール・ムッソリーニとムッシュウ・ダラディエも招待されています。シニョール・ムッソリーニはこれを承諾し、ムッシュウ・ダラディエも承諾すると確信しています。私の返事は、申し上げるまでもないでしょう」。

議場のほぼすべての議員が、熱烈な喝采で応えた。わずかな例外は、ウィンストン・チャーチル、アンソニー・イーデン、レオ・アメリーなどだった。歴史家ロバート・シートン・ワトソンの言葉を借りれば、アメリーは「議会が自ら悲惨な結果に向かおうとしているとわかっていたので、騒ぎから距離を置いていた」。ハロルド・ニコルソンも、立ち上がって喝采したりはしなかった。彼は、チャーチルがチェンバレンに、わざと嫌味にも取れる祝辞を述べるのを見ていた。「あなたの幸運をお祝いします」。チャーチルはそう言った。「あなたはとても運がよい」。ニコルソンによれば、「大きな満足と、さらに大きな自己満足」を感じていたようすのチェンバレンは、チャーチルの挨拶が「実に」気に入らなかったようだ。

その夜、ダングラス卿は、アニー・チェンバレンが夫に向かって「名誉ある講和を成し遂げてドイツから帰ってきてください」と言い、「ディジーのように、あなたも窓から話をしなくてはなりません」とつけ足すのを耳に挟んだ。彼女が口にしたのは、かつてベンジャミン・ディズレーリ首相が、一八七八年のベルリン会議で大成功をおさめて帰国したときの話だ。運命のめぐりあわせを示す助言だったと、後になってわかる。

ミュンヘンで行われた会議は、盛り上がりに欠けた。

九月二九日、木曜日の朝、チェンバレンが再度ヘストン飛行場へ車で向かう道路沿いには、歓声を上げる群衆が並んでいた。閣僚たちも、財相サー・ジョン・サイモンからチェンバレンを見送るようにと要請され、ほぼ全員が顔をそろえていた。チェンバレンは飛行機に乗り込む前に、集まった報道陣や支援者に簡単な挨拶をした。いかにも彼らしく、シェイクスピアからの引用だった。「帰国の際には、『ヘンリー四世』のホットスパーが言うように、『この危険という茨のなかから平安という花を摘み取る』と言えたらよいと望みます」。

会議は総統館《フューラーバウ》と呼ばれる、ヒトラーがミュンヘンに造らせた新しい建物群のひとつで行われた。ミュンヘン中北部のケーニヒス広場に位置し（現在は音楽・演劇大学の校舎となっている）、有名なグリュプトテークやレンバッハハウス美術館からも近い、ルートヴィヒ・トローストの設計による三階建ての幅広い建物だ。フランス大使のアンドレ・フランソワ＝ポンセは、「ディテール、装飾、曲線、丸みのある形」を排した、「ドリス様式の簡素な直線と、どっしりと大きい外観を印象づける、ヒトラー様式の見本となるような建築だ」と感じた。内装は「室内装飾の専門家が手をかけた巨大な現代的ホテル」のようだった。

最初に到着したのはチェンバレンで、ホーレス・ウィルソン顧問と外務省高官のウィリアム・ストラングが同行していた。フランス首相ダラディエ、フランソワ＝ポンセ、フランス外務省事務総長のアレクシ・レジェも、まもなく加わった。最後に来たのがムッソリーニとチャーノ伯爵だった。

会議は一二時四五分に始まった。大急ぎで会議が招集されたため、準備がおろそかだったのはいたしかたない。誰も公式記録を取らず、議長役はおらず、議題も決まっていなかった。フランソワ＝ポンセの記憶では、代表団は会議用のテーブルにつくわけでもなく、「大きな暖炉の前で、半円を描くようにグループごとにかたまり、イギリスの面々は左側、イタリアとドイツは中央、フランス人は右側にいた」。ヴァイツゼッカーは、「会話は不規則で、ひとつの議題から次の議題へと脈絡なく移っていった。チェンバレンだけが、多少なりとも議論に秩序を持たせようとしていた」と振り返っている。

ヒトラーは参加者に謝辞を述べてから、問題に関する自らの考えを説明した。「彼は落ち着いて話していた」とチャーノは記している。「しかし、ややもすれば興奮状態となり、声を荒らげて拳を反対側の手のひらに叩きつけた」。ヒトラーはチェコスロヴァキアの存在そのものがヨーロッパの平和を脅かしている、と力説した。ズデーテン地方でチェコ人がドイツ人に与えている暴力、ドイツに押し寄せる難民について著しく誇張して述べ、難民は「二四万人にまで膨れ上がっている」と主張した。チェンバレンとダラディエは会議の招集についてヒトラーに感謝を述べ、迅速かつ平和的な解決が肝要であると申し合わせた。続いてムッソリーニが、すべての議論をひとつの文書に基づいて行ってはどうかと提案した。チャーノの記載によれば、その文書とは、「実は前夜に、大使館から電話で伝えられた、ドイツ政府の意向を表す文書だった」。前日、ヴァイツゼッカー、ノイラート前外相、ゲーリングの手で起草された。

会議の真の主役はムッソリーニだった。彼の政治生命においては、最後の主役となる。彼を敬愛するチャーノは、ムッソリーニは「偉大な才能」と「強い意志」で「場を支配し、他の者たちは彼の周りに集まった」と記した。チャーノほどはへつらっていない参加者たちも、概ね似たような見方をしていた。ヴァイツゼッカーは、ヒトラーはまだ「ムッソリーニの影響から脱していない」と思い、フランソワ＝ポンセは、「ヒトラーは彼（ムッソリーニ）の横に立って彼をじっと見つめ、彼の魅力のとりことなり、まるで心を奪われ催眠術をかけられたかのようだった。統領が笑えば総統も笑った。ムッソリーニが顔をしかめれば、ヒトラーも顔をしかめた」と回想している。この老練の大使は、「ムッソリーニが総統に対して主導権を握り、行使している」という印象を持った。統領はフランス語、ドイツ語、英語を話し、必ずしも流暢ではないにしても、通訳なしで他の全員と話せる唯一のリーダーだった。ヴァイツゼッカーは、彼は「議会に適した交渉術と、独裁者らしい表現法」を併せ持っていると感じ、フランソワ＝ポンセは、彼は「身体を軍服に押し込み、カエサルのような風貌で、横柄で、自宅にいるかのようにくつろいでいた」と思い返している。

午後の早い時間帯にヒトラーがチェコスロヴァキアを攻撃する演説を終えると、ダラディエが口を開き、フランソワ＝ポンセに言わせれば「決定的質問」となる疑問を提起した――この会議は、チェコスロヴァキアの存続を願うのか、否か？　会議の論点がチェコスロヴァキアの分割のみであれば、自分が「ここにいる意味はない」とダラディエは感じていた。だが、チェコスロヴァキアの将来を保証する道筋を見つけるのが論点ならば、彼には「譲り合いと協調の精神で」問題を取り上げる心づもりがあった。ムッソリーニが瞬発的な外交能力を発揮して、発言した。ダラディエはヒトラーの考えを誤解しており、誰もが「チェコスロヴァキア共和国の存続を確立し、尊重したいと願っている」。

三時一五分、会議は昼食の休憩となった。ヒトラーはムッソリーニとチャーノを連れて、私邸のアパートメントに帰った。フランスとイギリスの代表はホテルに戻った。四時三〇分に会議が再開されると、休憩前とは異なり、官僚や大使まで大勢が加わって、その場の状況を目撃する者が増えた。フランソワ＝ポンセは、依然として秩序も合意もあったものではなく、「方向性が決まらないので、議論は困難と混乱を極め、果てしなく長くなる。二重通訳が必要なせいで進行が滞り、論点は常に変化し、反対意見が出るたびに議論が止まる。会議の雰囲気は濃く、重くなっていった」と書いている。夕刻が近づくとイギリスが主導的な立場となり、ウィルソン顧問と外務官僚のストラングが起草してタイプライターで印字した、合意提案のメモを提示した。その文書を他の言語に翻訳する間に休憩を取ったのち、議論はまた続いた。フランスは、住民投票を経てドイツに割譲される可能性がある領土を制限しようとした。ヒトラーは異議を唱えたが、最後には折れた。イタリアとドイツは、ハンガリーとポーランドの要求が解決されない限りは、チェコスロヴァキアの新しい国境線に関するいかなる「保証」も発布しないとしたが、最終的には、両国の要求が満たされれば、そうした保証を与えると約束した。午前一時三〇分には、協定が成立した。

この協定により、ドイツは二日後からズデーテン地方の占拠を開始し、一〇月一〇日までに完了すると決められた。イギリス、フランス、イタリアは、チェコスロヴァキアが確実に協定に従うようにすると合意した。ミュンヘンに集まった四大国、およびチェコスロヴァキアの代表者で国際委員会を立ち上げ、〔チェコスロヴァキア軍、官吏の〕「退去を規定する条件」を考案する。ドイツ軍は四つの段階を踏んで領土を占領し、その間、国際委員会はそれ以外のチェコスロヴァキアの地域に関する占領について調整する。国際委員会は、どの地域で住民投票を行うべきかを決定する。この二点――段階的な占領と、国際委員会による住民投票実施地域の決定――が、前回バート・ゴーデスベルクでヒトラーが提示した要求との大きな違いであり、イギリスとフランスが外交交渉で辛うじて彼から引き出した譲歩だった。住民投票は、一一月末までに行うこととした。国際委員会は、国境の最終決定も行う予定だった。

「全員が満足していた」。チャーノはそう記し、会議終了時のようすを簡潔に記録している。「歌い、握手し、出発した」。

重要な局面はもうひとつあった。チェンバレンが、のちにこう記している。「午前一時頃、協定書の起草を待つ間、ヒトラーに、もう一度会って話ができないかと尋ねた」。ヒトラーは「その考えに飛びついて、私を私邸に招いてくれた」。チェンバレンは、翌日の早朝に訪問した。彼は外務省のウィリアム・ストラングに起草を依頼したある文書を携えていた。「二度と互いに戦争をしない」という、イギリスとドイツの人々の願望を示す声明文だ。チェンバレンは、アメリカを味方につける努力が重要だと再度強調しつつ、自分の戦略を秘書官のダングラス卿に説明している。「彼がこれに署名して声明に忠実であればそれでよし、もしも声明に従わなければ、彼がどのような人間なのかをアメリカに納得させられる」。

その日の朝、チェンバレンとヒトラーは、スペイン、東南ヨーロッパ、軍縮と、幅広い問題について「たいへん友好的で気持ちのよい会話を交わした」。チェンバレンは、「最後に準備しておいた声明文を取り出して、署名してもらえるかと彼に尋ねた」と書いている。「通訳が文面をドイツ語に訳すのを聞きながら、ヒトラーは何度もよし《ヤー!》、よし《ヤー!》、と叫んだ。そして最後には、わかりました、ぜひ署名しましょう、いつやりますか、と言った。私は、今お願いしますと答え、すぐにふたりで書き物机に行って、私が持参した二部の文書に一緒に署名した」。

ミュンヘン協定によって、きわめて大きな安堵の波がヨーロッパ中に広がった。差し迫っていた戦争は日ごとに遠ざかり、もしかすると遠い将来には起こるかもしれないという存在になった。ミュンヘンからの帰路を振り返り、チャーノは「ブレンネロ峠からローマまで、王族から農民まで、統領は、私がこれまで見たことのないほど歓迎を受けた」と記した。ダラディエはパリに戻ったら厳しい反応が待っていると覚悟していたが、五〇万人を下らない群衆が道に列をなして歓声を上げていた。「この人たちは頭がおかしい」。彼はフランスのリーダーらしく、即妙の皮肉を込めてレジェにそう言った。

「新聞の記事でさえ」と、チェンバレンはヒルダに宛てて書いている。「ヘストン空港から（バッキンガム）宮殿まで自動車で移動する最中の路上の光景をありのままに伝えていない。端から端まで並んだあらゆる階級の人々が声をからして叫び、車の踏み板に飛び乗り、窓を叩き、私と握手しようと車のなかに手を差し出してきた」。ダウニング街一〇番地の前にも山のような群衆が詰めかけていた。チェンバレンは妻、アンの助言に従い、ベンジャミン・ディズレーリを見習ってバルコニーに出た。「首相が名誉ある講和をドイツから持ち帰ったのはわが国の歴史上二度目です」。彼は、集まった人々に語った。「私は、これが私たちの時代の平和であると信じます」。

10

銃口を突きつけられて

民主主義の苦難

ラジオを聴いていると、天気予報に続いてアナウンスがあった。「それでは、みなさまをニューヨークのダウンタウンにあるパーク・プラザ・ホテルのメリディアン・ルームにご案内いたします。ラモン・ラケロ楽団の演奏をお楽しみください」。

スペイン風のダンス音楽がしばらく流れた。ところがすぐに、「インターコンチネンタル・ラジオニュース」の臨時ニュースが始まる。ある天文台から報告があり、火星の表面で奇妙なガス爆発が起きたらしい。そして、再びラモン・ラケロ楽団の演奏が流れたが、また中断され、「プリンストン天文台」の「著名な天文学者、リチャード・ピアソン教授」のインタビューに切り替わった。ピアソンはインタビュアー――カール・フィリップスという名の果敢なリポーター――に、爆発については何もわからないと答えた。

番組はその後も中断され、臨時ニュースが入った。ニューヨークの「ナショナル・ヒストリー博物館」からは、プリンストン付近で「地震と同程度の」衝撃があったと報告が届いた。「巨大な、炎に包まれた物体」が、ニュージャージー州のグローヴァーズ・ミル近郊に落下したという報告も複数あった。カール・フィリップスは驚くべき早さでプリンストンから現場へ向かい、「目の前に広がる不思議な光景をみなさんのために言葉で描こう」と試みた。彼が見たのは隕石ではなく、巨大な金属の円筒だった。その物体が自分の農場に落下するところを目撃したという農場主に話を聞く。ただならぬ気配が濃くなる。奇怪な生物が円筒から這い出してきた。フィリップスの描写によると、その生き物は火炎放射器のようなものを使って、取り囲む警官や見物人を殺しているらしい。ついに、フィリップスのマイクが地面に落ちる鈍い音がした。そして、何も聞こえなくなった。

そこから危機は急速に拡大した。ニュージャージー州に戒厳令が発令されて軍隊が出動したが、謎の生物に虐殺される。「内務長官」がワシントンから演説する――氏名は明らかにされなかったが、声はローズヴェルト大統領に酷似していた。彼は国民に向かって、深刻な脅威ではあるが、「地球における人類の覇権を維持するために、勇敢かつ穢れのない国民がひとつになれば」アメリカはこの脅威を封じ込められる、と保証した。だが、大砲や爆撃では異星人を阻止できないらしい。攻撃者は熱と毒ガスを使っている。やがて攻撃者はニューヨーク市に到達し、逃げようとする数百万の市民が、ロングアイランドやウェストチェスターに流れ出ていく。全国から火星人襲来の知らせが入り始める。

アメリカ全土で起きたパニック――ラジオ放送のなかのパニックではなく、本物のパニック――は驚異的だった。六〇〇万人ほどの聴取者が、コロムビア放送が電波に乗せた数々の報告を聴いていた。だが、一〇〇万人以上は、これから始まるのは若きオーソン・ウェルズが担当する『マーキュリー放送劇場』の作品だという冒頭の紹介に気づかなかったか、あるいはそれを聞いていなかった。彼らは、名前や記述のちょっとした違いは、あまり気にかけなかった――「ダウンタウン」にある「パーク・プラザ・ホテル」、「インターコンチネンタル・ラジオニュース」、「ナショナル・ヒストリー博物館」

などだ。四五分足らずの間に、地球までやって来てニュージャージー州に着陸し、軍の部隊をいくつも壊滅させ、ニューヨーク市を破壊させる火星人の能力にも、疑いを持たなかったらしい。人々は家の外に飛び出し、自動車を持つ者は急いで街を離れ、子がいる者は慌てて探し回った。

一九三八年一〇月三〇日のことだ。

世界中が神経をとがらせていた時期で、アメリカも例外ではなかった。ミュンヘン会談で戦争の危機が回避されてから、さほど時間はたっていない。緊張状態にあった九月、アメリカの国民は、スポーツ中継やダンス音楽の放送が臨時ニュースで中断されるのに慣れてしまっていた。危機が去ってからも、多くの人が戦争について、ドイツ人について、考えずにはいられなかった。「戦争の話題であまりにも不安になりまして」と、ある人は（本物の）プリンストン大学教授、ハドリー・キャントリルに述べている。キャントリルはこの放送の後、何週間にもわたって人々の反応を調査していた。「チェンバレンがヒトラーに会いに行って以来、状況はとても不安定です」。航空技術が大きく発展しているのを知る人もいた。「新しい装備を積んだ飛行機で、外国の軍隊が私たちの国に攻め込んで来る可能性もあると思います。ヨーロッパの危機の最中は、あらゆる放送を聴きましたので」とキャントリルのインタビューを受けた人は述べている。「隕石は偽装ではないかと思いました」と話した人もいる。「あれは隕石のように見えて、実はツェッペリンのような航空機で、ドイツ人が毒ガス爆弾で攻撃してくるのだと思いました」。ナチ党による迫害の犠牲者について考えた人もいた。「ユダヤ人がとてもひどい扱いを受けている地域が世界にはあるので」と、ある人はキャントリルに述べた。「この国にいるユダヤ人を殺すために、何かがやって来たのに違いないと思いました」。

ウェルズの放送のために脚本を書いたのは、若き脚本家ハワード・コッチだ。後年コッチは、ウェルズがどれほど真剣にこのプロジェクトに取り組んでいたかについて語っている――芝居とその効果によって、ウェルズがもはや猶予がならないと考えていた問題が明確になった。コッチ自身も、脚本のせりふの裏にメッセージをしのばせるのを得意としていた。数年後、彼は永遠の名作映画『カサブランカ』の脚本家のひとりとなる。ハンフリー・ボガート演じるリック・ブレインに、エチオピアに味方して銃を密輸し、スペイン内戦では共和国人民戦線政府側について戦ったという経歴を与えたのはコッチだった。映画のなかでは、誰もリックの政治的立場を説明しない。だが一九三〇年代のアメリカでは、そのような経歴があるのは共産主義者と決まっていた。

オーソン・ウェルズは、ラジオという新しい媒体について考え抜いていた。どのように情報を伝達できるのか――そして、どのように人を欺けるのか。彼が着想を得たのは、数年前にイギリスで起きたあるできごとだ。一九二六年、労働者の緊張が高まって今にもゼネラル・ストライキが起こりそうなとき、BBCは、群衆が国会議事堂を破壊しようと迫撃砲をビッグ・ベンに向け、ひとりの閣僚を縛り首にして、ついにはBBCのスタジオを占拠したという「報道」を放送した――臨時ニュースの合間には、サヴォイ・ホテルで演奏されているダンス音楽を中継した。当時も、多くの人々が報道を信じ込んだ。ウェルズは、自身の放送の進行とともに、何が起きつつあるのかを明確に理解していた。CBS放送の職員が来て、「あなたのせいで、みんなが死ぬほど怖がっている、どうか中断してこれはただの芝居だと伝えてほしい」と言った。しかし、ウェルズは挑戦的に応じた。「怖がっている？　結構だ、怖がっているなら予定通りだ。さあ、終わるまで邪魔しないでください」。

放送から数日後、当時の先駆的なジャーナリスト、ドロシー・トンプソンが明確に指摘した。「今日の集団ヒステリー、集団妄想の最大のしかけ人は」、と彼女は書いている。「ラジオを使ってテロを扇動し、憎悪をあおり、大衆をたきつけ、大衆から政策の支持を集め、心酔する人々を生み出し、理性を破壊して自分たちの権力を維持しようとする国家である」。トンプソンは、ウェルズは「ヒトラー主義、ムッソリーニ主義、スターリン主義、反ユダヤ主義、さらに現代の他のすべてのテロリズムを理解するうえで、過去に記されたどんな言葉よりも大きな貢献をした」と考えた。この指摘は、彼女自身が思った以上に大きな影響をもたらした。このパニック事件を研究し、よく理解していたハドリー・キャントリルは、ローズヴェルト政権やイギリス情報部と協力して、アメリカ国民の世論を開戦賛成へと誘導した――しかも極秘で。

一九三八年九月三〇日、金曜日、ネヴィル・チェンバレンとエドゥアール・ダラディエは、群衆の大きな歓呼に迎えられた。だが、ミュンヘン会談がもたらす余波は、後悔、不名誉、悲しみ――そして恐怖だけであるように思えた。ダラディエは側近に「錯覚してはならん。一時的な猶予にすぎないのだから。この猶予を正しく使わなければ、われわれはみんな撃たれる」と話した。

チャーノ伯爵の記録によれば、駐独フランス大使アンドレ・フランソワ＝ポンセは、文書に署名する間も顔を赤らめ、「これが、フランスにずっと忠実であったただひとつの同盟国〔チェコスロヴァキア〕に対する、フランスのやり方なのだ！」と叫んだ。チェンバレンでさえも、ミュンヘンの一日は、「長すぎた悪夢」だったと書いている。ダラディエと同じように、歓声を上げる群衆の間をハリファックス外相と同乗の車で進みながら、彼は陰気につぶやいた。「こういうことは、三ヵ月もたてばすべておしまいです」。ロンドンに戻ったチェンバレンは疲れ切っていて、週末に首相別邸「チェッカーズ」で休養した。「神経をやられてしまいそうだ、これまで生きてきたなかで一番ひどい」、と妹宛に書いている。しかし、「議会で新たな試練をくぐり抜けるために」、立ち直らねばならないのはわかっていた。ミュンヘン協定に関する庶民院の論議が、月曜日から始まる。

ミュンヘン会談は、戦争へ向かう道筋の大きなできごとだった。会談にかかわったドイツ、イタリア、フランス、イギリスにとって――また、直接はかかわっていない主要国、すなわちソヴィエト連邦、アメリカ合衆国にとっても――政治や軍事の指導者が何をすべきか、どこに向かうべきかを考えるうえで根本的な変化が起きる、決定的な転換点となった。そして、ここにもまた矛盾が存在していた。ミュンヘン会談は、主としてチェンバレンによる、平和維持のための超人的な努力の結果だった。しかし同時に、多くの人が戦争回避の可能性を感じた最後の機会でもあった。ミュンヘン会談以降はすべてが加速し、戦争へと転がり落ちる道はますます急勾配に、一直線になっていく。

ヨーロッパの小国、特に中欧や東欧の脆弱な諸国にとって、ミュンヘン会談は大惨事となった。

欧米の大国によるチェコスロヴァキアの放棄は、地滑りを引き起こす小石のようなものだった。同盟国を裏切る欧米の民主主義国は、他のすべての国にとって、パートナーとしての魅力がなくなった。しかも、ズデーテン地方を失ったせいで、チェコスロヴァキアの残された領土は防衛力を完全に失ったも同然だった。結果として、ドイツの行く手にある国々――ポーランドやルーマニアなど――には、信頼できる同盟国がなくなった。フランスも、安全保障上は東方の同盟国を頼っていた。チェコスロヴァキアの弱体化は巡り巡ってフランスの弱体化も招く。そしてイギリスの安全保障は、フランスにかかっていた。

当然ながら、ミュンヘン会談ののち、東欧ではかなりの怨恨が生まれた。モスクワのブルガリア大使は同じくモスクワ駐在のフランス大使に、「ヨーロッパのすべての小国にとって」あの日は「苦悩と悲嘆」の日であったと告げた。こうなったからには、小国としては「ドイツの庇護を求めて、あの国の望みに従うしかない」と彼は警告した。チェコスロヴァキアのベネシュ大統領はさらに無遠慮に言った。「これは裏切りだ、必ずや報いがあるだろう」。

そして、これまた当然ながら、ミュンヘン会談の一報を受けたウィンストン・チャーチルと彼に賛同する国会議員の小さなグループは、葬儀に参列しているような重い空気に包まれた。九月二九日の夜、チャーチルはサヴォイ・ホテルで「アザー・クラブ」の会合に参加していた。チャーチルが一九一一年に同僚と始めた、政治家を中心とする限られたメンバーの食事会だ。夜も更け、サヴォイ・ホテルのワインセラーが空になるほど飲みつくした頃、雰囲気は険悪になった。協定の条項は、すでに詳しく報告されていた。「とてつもなく落ち込んだ」。海相ダフ・クーパーは、日記にそう書いている。「私に言わせれば、われわれはゴーデスベルクの最後通牒を受け入れて、手を打ったようなものだ」。チャーチルは、食事会に来ていたふたりの閣僚、ダフ・クーパーと保健相ウォルター・エリオットに怒りを向けた。「第一次世界大戦でさまざまな経験をして、すばらしい戦績を挙げた誉れ高い紳士たち」が、なぜ「こんなにも臆病な政策を容認できるのかね」。ダフ・クーパーと、チャーチルの秘蔵の部下、ロバート・ブースビーは、『オブザーバー』紙の編集者でチェンバレン派のJ・L・ガーヴィンを猛烈に攻撃した。ガーヴィンは激昂して店を飛び出し、第二次世界大戦が終わるまでアザー・クラブには戻らなかった。ダフ・クーパーは内閣を辞すると決意し、チャーチルは〔保守党議員でありながら〕、次の総選挙では「国内の社会主義者に訴える機会があれば、毎回政府に反対する演説をする」とがなりたてた。

すっかり酔っ払ったチャーチルは、元首相アンドルー・ボナー・ロウの息子、リチャード・ロウに支えられながら退出した。ホテル内の別のレストランに通じるドアが開いていて、その前を通りかかると大きな笑い声が聞こえた。「レストランは満員だった」とロウはのちに振り返っている。「誰もが楽しそうにしていた。私には、自分の横にいる大人物が浮かない顔をしているのがはっきりとわかった。レストランに背を向けたとき、彼はつぶやいた。『気の毒な人たち！これからどんな目に遭うかも知らないで』」。

一〇月三日、月曜日、チェンバレンは庶民院と対峙せねばならなかった。真っ先に、ダフ・クーパーが海相辞任の演説をした。いかなる外交危機においても、イギリスは自らの意向を明確に、毅然と説明すべきである、と彼は述べた。チェンバレン政権には、それができていなかった。「首相は、親切な分別ある言葉でヒトラー氏と直接話せばよいと信じておられた」、けれども、

「私は、威圧の言葉の方が彼には通じやすかったと考える」。ダフ・クーパーは、議員たちにそう語った。ミュンヘン会談の二日前に送った警告も、充分ではなかった。「独裁者が理解できる言葉が使われていなかった」とダフ・クーパーは続けた。「彼らは、新しい手法や新しい道徳と一緒に、新しい語彙をヨーロッパに登場させた。彼らはこれまでのような外交的手段によるやり取りを放棄し……新しい言葉、タブロイド新聞の見出しのような言葉で語り、首相がお使いのような、用心深くそつのない、もって回った言葉は……ヒトラー氏やムッソリーニ氏のような考え方の人には意味をなさない」。

この日の討論で最も力強い演説をしたのは、ウィンストン・チャーチルだった。人並外れて雄弁な彼の演説のなかでも特に立派な演説のひとつで、彼が民主主義に対する軽蔑を頻繁に表明していた一九三〇年代初頭以降の、彼自身の変化がはっきりと表れていた。彼の変化には、政治家としての計算があったかもしれない。チャーチルは、現在の自分の選挙区には、帝国主義的な考え方を持つ右寄りの層と同程度に、ファシズムへの抵抗を要求する左寄りの層がいると、よくわかっていた。一九三六年以降、彼は左寄りの政治家や、大多数の保守党政治家が嫌う国際連盟に賛同する人たちとの協力を深めていた。彼は、超党派で連携する「フォーカス・グループ」の中核メンバーでもあった。グループのスローガンは、「武器と盟約」——ナチ党の脅威に軍備増強で対応し、あわせて国際連盟の盟約を断固として守るという意味だ。

事情は他にもあった。ミュンヘン会談の結果を受けて、チャーチルは、自身の世界情勢に関する深い理解、揺るぎない倫理基準、さらには自ら指導力を手に入れたいという強い要求を、一点の曇りもなく表明するようになった。過去数年間は、チェンバレンの用心深く、実利的で、伝統的なイギリスの戦略的思考の方が、チャーチルの非現実的で好戦的な取り組みよりも認められていた。しかし、今や立場は入れ替わった。ゴーデスベルクの会談以来、チェンバレンの方針が道義的にも戦略的にも破綻しているのは明らかだった。その最初の重要な兆しは、先の閣議におけるハリファックスの抵抗だった。そして、チャーチルの演説が第二の兆候となる。今こそ、全体主義の脅威に対して民主主義はいかに応じるべきかを論証する役割が、この帝国主義的思想を持つ貴族の肩にかかっていた。

チェンバレンとの「良好な関係」を如才ない言葉で述べたうえで、チャーチルは「誰もが無視したい、忘れたいと思っているが、それでもなお、言わねばならないこと」から語り始めた。「われわれは全面的に、紛れもない敗北を喫したのです。フランスが被った敗北は、われわれよりもさらに大きい」。

彼は、チェンバレンが平和の実現にむけて尽くした「多大な努力」に感謝しつつ、それでも、チェコスロヴァキアのために「彼が最大限できたのは、ドイツの独裁者が、自ら食卓の食べ物をつかみ取らずとも、コース料理として一品ずつ出してもらって満足するようにさせたことです」と述べた。チャーチルは、手厳しいウィットと鋭く的を射た言葉で、ベルヒテスガーデンおよびゴーデスベルクでヒトラーが要求したことと、ミュンヘン協定との違いを論じた。「拳銃を突きつけられて、一ポンド要求されました。一ポンドを渡すと、また拳銃を突きつけられて二ポンド要求される。最終的に、独裁者は一ポンド一七シリング六ペンス（当時のイギリスの通貨では、二ポンドの九三・七五パーセント）を受け取ることに同意し、残りの額は将来の友好的な約束に委ねられたのです」。

チャーチルは、ドイツが脅かしているのはひとつの国だけではなく、地球上の多くの国であり、民主主義世界が成立させた国際秩序だと理解していた。ミュンヘンの宥和政策に代わる案は、多国間同盟――すなわち武器と盟約だ。「フランスとグレート・ブリテンが協力し、なかんずく両国ともロシアとの緊密な関係を維持できれば、それは明らかに実現していませんが……」ポーランドを含む「ヨーロッパの多数の小国に影響を与えられたでしょう」。そのような固い同盟があれば、ドイツ国内の抵抗運動の励みにもなったかもしれない――チャーチルは自身の人脈を介してドイツの事情に通じていたが、当然ながら、演説ではあまり触れないように注意した。けれども、イギリス政府は孤立主義に偏った手法をとっていて、チェコスロヴァキアの主権を一方的な武力侵攻から守る国際間防衛に加わる意志はありつつも、それをあらかじめ公表するのを拒んでいた。その結果、悲劇的な矛盾が生まれた。「国王陛下の政府は、事態を収拾できるかもしれない時機に保証するのを断りました。ところが最後になって、手遅れなのに保証しました。そして今、将来のために、かの国には事態を改善する力がもう少しも残っていないというのに、保証を更新するというのです」。

今や、リベラルな民主主義の世界秩序は、致命的に弱体化している。「すべては終わった」とチャーチルは嘆いた。「チェコスロヴァキアは沈黙し、嘆き、見捨てられ、分割されて、暗闇のなかに消えていきます。かの国は、欧米民主主義国や国際連盟と結びつき、常に忠実に従ってきたというのに、あらゆる面で苦しめられました」。イギリスとフランスの戦略的立場は覆された。「われわれは、グレート・ブリテンとフランスに降りかかったとてつもない大惨事を目の当たりにしています」。中欧と東欧の国々は弱体化した民主主義国から離れ、可能な限りドイツに譲歩するだろう。そのような地域には親ドイツの大臣や政府が存在するが、「とはいえ、ポーランド、ルーマニア、ブルガリア、ユーゴスラヴィアといった国では、きわめて大きな大衆運動が国内で常に起きています。そうした国の国民は、欧米諸国に期待を寄せ、自分たちに押しつけられる全体主義体制の恣意的な支配を嫌い、抵抗が始まるのを望んでいるのです。それなのに、すべては葬り去られました」。チャーチルは、九月二七日にチェンバレンがラジオを通じて行った演説も引き合いに出して、辛辣な言葉を加えずにはいられなかった。「われわれが話しているのは、首相がおっしゃるように遠く離れた国のこと、われわれが何も知らない国のことかもしれませんが」。

チャーチルは演説で、中欧のリベラル民主主義の危機によって世界中の民主主義の危険がいっそう高まるのを、彼が完全に理解していると示した。ダフ・クーパーのように、ミュンヘン会談についてはチャーチルに賛成するイギリスの政治家であっても、その多くは問題の構図をイデオロギーではなく旧来の勢力均衡政策としてとらえていたが、チャーチルは「民主主義」国家と「全体主義」国家の対比をじかに語ってみせた。「多くの人は」とチャーチルは続けた。「チェコスロヴァキアに対する支配権を譲り渡しただけだと、心から信じているのに違いありません。しかし私は、イギリスとフランスの安全どころか独立さえも深く傷つけ、致命的な危険にさらしてしまったのだと、いずれわかるのではないかと恐れます」。そして、結果として生まれるのは、民主主義は全体主義の敵国にどう向き合うべきかという深い疑問だ、とチャーチルは論じた。「われわれは、ナチ党の運動と運動がもたらす支配の特徴を考慮に入れる必要があります」と彼は語りかける。「首相はわが国とドイツとの間に友好関係を築きたいと望んでいました。ドイツ国民と友好関係を結ぶのは、まったくむずかしくはありません。われわれは、彼らを気の毒に思っています。ですが、彼らは無力です。われわれは適切な外交関係を持つべきですが、民主主義国イギリスとナチ党政権の間に友情はあり得ません。ナチ党政権はキリスト教の倫理を突っぱね、野蛮な異教徒の精神で前に進むことを喝采し、他国への武力侵略と征服の精神を誇り、迫害に強さと歪んだ喜びを見出し、われわれがこれまで目撃したように、残忍な暴力による脅しを容赦なく用います。このような政権は、民主主義国イギリスの信頼できる友にはなり得ません」。

チャーチルの言葉は、優れた良識を示しただけでなく、ミュンヘン会談後の見通しのきかない情勢に差し込む一筋の光のように、くっきりとした道徳観を示してもいた。彼は、さらに熱弁をふるって演説を締めくくった。「わが国の忠実で勇敢な国民」が、「当面はもう苦難を強いられないと知って、思わず喜び安堵する」ことに水をさすつもりはないが、「しかし、国民は真実を知るべきです」。真実とは、政府がイギリスの防衛をおろそかにしたことであり、「われわれが戦わずして敗北を喫したことなのです。その結果は、あとあとまでついて回るでしょう。国民は知るべきです、われわれが歴史の恐ろしい一里塚を通り過ぎたことを。ヨーロッパ全体の均衡が乱され、目下のところ欧米民主主義国に対して厳しい言葉が投げつけられていることを。汝は秤にかけられ、不足であると判定された〔『旧約聖書』ダニエル書、第五章二七節〕、というわけです」。彼は、最後に厳しく警告した。「これで終わりだなどと考えてはなりません。これは苦い盃のほんの初めのひと口、最初の味見にすぎないのです。この苦杯は、われわれが健全な道徳と軍の活力を最大限に取り戻して再び立ち上がり、かつてのように自由を支持しない限り、毎年のように差し出されるでしょう」。

チャーチルの言葉によって、彼自身の国と世界中の半分の国が奮い立ち、独裁国家に抵抗するときはまもなくやってくる。だが、一九三八年一〇月は、まだそのときではなかった。多くの報道は彼の演説に批判的だった。『デイリー・エクスプレス』紙は、保守党内における彼の影響力を弱める「人騒がせな弁論」と切り捨てた。『タイムズ』紙は、チャーチルは「〔災いを予言した〕エレミヤでさえも楽観的だと思えるような予言で、満場の議会を賑わせた」と書いた。この時点では、議会におけるチャーチルの影響力は強くはなかった。保守党の党員集会では、まだネヴィル・チェンバレンと保守党の院内幹事が睨みをきかせていた。チェンバレンの政策を承認する投票を棄権した保守党議員は二四名だけで、労働党と自由党からミュンヘン会談について大きな反対があったにもかかわらず、投票は三六六対一四四でチェンバレンがたやすく勝利した。『マンチェスター・ガーディアン』紙は、「この政権を阻止するには、二〇名ではなく二〇〇名の保守党議員が反乱を起こす必要がありそうだ」と書いた。

ドイツの抵抗者、ハンス・ベルント・ギゼヴィウスは、策略の残骸から何かを回収して生かせるのではないかと希望を持っていたが、ベルリン地区防衛司令官エルヴィン・フォン・ヴィッツレーベンは、「勝利を収めた総統《フューラー》に対する」反乱は、陸軍では絶対に起こさないと明言した。ギゼヴィウスの回想によれば、数日後、ギゼヴィウス、ライヒスバンク〔中央銀行〕総裁ヤルマール・シャハト、情報将校ハンス・オスターは、「ヴィッツレーベンの家の暖炉を囲んで、われわれの愛しい計画と企画を火のなかに投げ入れた」。「チェンバレンがヒトラーを救ったのだ」と、彼は苦々しげに締めくくっている。

そう考えたのは、ギゼヴィウスだけではなかった。ネヴィル・ヘンダーソン大使はミュンヘン会談の一週間後、ハリファックスにこうしたためた。「平和を維持した結果、われわれはヒトラーと彼の政権を救ってしまった」。

しかし、ヒトラーは協定に満足してはおらず、協定についてあれこれ考えるほどに怒りが増しているようだった。彼が求めていたのは、取引ではなかった。求めていたのは戦争だ。チェンバレンの外交術に騙されて、その機会を奪い取られてしまった。彼はミュンヘン会談から一週間あまりのち、ザールブリュッケンで行った演説で怒りを吐き出した。われわれ以外のすべての国が、ドイツ人にも民族自決権が適用されると認めるのを拒んだ、と彼はうなるように言った。「あの国際的な世界人たちは」――彼にあれほど譲歩したフランスとイギリスの政治家を、彼なりの見方で描写している――「ドイツ国内では法の裁きを受けるべきあらゆる犯罪者に同情している」にもかかわらず、「一〇〇〇万ものドイツ人の苦難には耳を貸さない」。今日になっても、「この世界は、まだヴェルサイユ条約の精神で満ちている」。

イギリスとドイツの関係に抜本的変化をもたらそうとしたチェンバレンの努力も、ヒトラーにはさほどありがたみがなかった。ドイツにとって国外の「唯一の友人」は、ベニート・ムッソリーニである、とヒトラーは述べた。そして、「平和への道を見出す労を取ったあとふたりの政治家」について、しぶしぶながら――名前を挙げずに――触れた。しかし、この危機全体から導かれた真の教訓は、ドイツはわが身を自力で守る覚悟をせねばならないということだ。ミュンヘンに集まった政治家たちは、平和を望んでいたのだろう。「だが彼らが治める国では、その構造上、彼らの首をいつでもすげ替えることができるので、平和をあまり考慮しない政治家に取って代わられる余地がある。そのような政治家は、実際に存在する。イギリスでは、チェンバレンの代わりに、ダフ・クーパー氏かイーデン氏、あるいはチャーチル氏が政権に就くだけでよい。なぜなら、われわれが確信をもって理解している通り、この人物たちの目標は、直ちに次の世界戦争を始めることだからだ」。その背後には「ユダヤ人という国際的に広がる敵」が控えており、加えて、虚偽のニュース――「嘘と中傷だけで成り立つ、ある国際報道機関の力」がある、とヒトラーは続けた。

とはいうものの、一九三八年の秋の時点では、仮想敵のイギリス人としてヒトラーがあれほど正確に特定してみせた人物たちは、士気の低い小さな集団にすぎず、議会にも国内にも賛同者はほとんどいなかった。この年の終わり、保守党の党組織は本腰を入れて批判的な党員を取り除こうとした。「除籍《ディセレクション》」――選挙区の保守党員による投票で、次の総選挙で保守党の推薦を受けて立候補する資格があるかどうかを問い、結果次第では立候補ができなくなる――という方法を使って、チャーチルの庶民院の議席を取り上げようとしたのだ。おかげでチャーチルは、自らの政治生命をかけて、選挙区で猛烈な努力をしなければならなかった。同様にして、保守党党本部はもうひとりの容赦ない批判者、アソル公爵夫人も攻撃対象に定めて除籍に成功し、公爵夫人は補欠選挙で落選した。チェンバレンは大喜びした。

ミュンヘン会談は、ヨーロッパの多くの首脳だけでなく、フランクリン・デラノ・ローズヴェルトの考え方にも大きな変化をもたらした。

ミュンヘン会談までのローズヴェルトは、ヒトラーの武力攻撃にどう対応すべきかについて、迷いがあった。非公開の場では、ナチ党の残忍性についてもイギリスとフランスの弱腰についても厳しく批評していた。チェンバレンが最初にヒトラーを訪問した後、ローズヴェルトは、チェンバレンはどんな犠牲を払ってでも平和を求める気だ、自分の予想ではイギリスとフランスはチェコスロヴァキアを裏切って「イスカリオテのユダ〔イエスを裏切った弟子〕のごとく手についた血を洗い流す」つもりらしい、と嫌悪感をあらわにして閣議で述べた。だが彼は、いつものように、公には態度を明らかにしなかった。フランスの外相ジョルジュ・ボネから九月八日に、さらに九月一二日にも、仲裁人として間に入ってもらえないかと依頼があったが、ローズヴェルトは応えなかった。フランスからの訪問者にはこう告げた。「われわれに何を頼っていただいても結構だが、軍隊と貸付は別ですよ」——同盟国が何よりもアメリカに頼りたいのが、まさにこのふたつだっただろう。

九月一九日、ズデーテン危機は無情にも戦争に向かっているように見え、ローズヴェルトはどうすれば自分がヨーロッパの状況に最善の影響を与えられるかを思案した。イギリスとフランスの政府にメッセージを送りたいと考えたが、「私から何かを言う時期は過ぎた」と思い直した。彼は財務長官のヘンリー・モーゲンソウ・ジュニアに、「私にとって最善の選択は、イギリス大使館にいるあの親爺かもしれない」と話した。

その日の午後ローズヴェルトは、ワシントン駐在のイギリス大使、サー・ロビン・リンジーに、こちらへ来てほしいと要請した。リンジーはローズヴェルトから「秘密厳守の必要性について念を押され」、さらに「私と会ったことも誰にも知られてはならない」と言われ、その旨を九月二〇日の未明に本国に報告した。ローズヴェルトはこの面会について、国務省にも知らせなかった。

ローズヴェルトが何としても極秘で伝えたかったのは何か？　彼は、ベルヒテスガーデンでヒトラーが突きつけた要求を受諾せよという、イギリスとフランスが共同でチェコスロヴァキアに勧告した提案は「ひとつの国家に対する、かつてないほど恐ろしく無慈悲な犠牲の要求」であり、いずれは「アメリカ国内で大きな反発が起きる」と考えた。彼は、いつもの彼らしい言い方で説明した。「何か役に立つことを行いたいし、言いたいと思うが、何をすべきかわからない……ドイツの侵略を非難すれば、チェコスロヴァキアに無益な抵抗を促しはしないかと恐れる。結果、自分は何もできないと感じ、翌日の記者会見では……一切のコメントを拒むことにする」。

ローズヴェルトは、次に何が起こるかについて三つの可能性を思い描いていた。まず、当然ながら、チェコスロヴァキアはドイツの要求を呑むかもしれない。けれども、その可能性は高くない。第二に、戦争が起こるかもしれない。ローズヴェルトは、イギリスとフランスの戦い方についてリンジーに助言したが、その内容は、イギリスの軍事理論家リデル＝ハート大尉の考えと非常によく似ていた。ローズヴェルトは、「旧来的な攻撃方法」では連合国は負けると考えていた。「犠牲者が恐ろしい数にのぼり、決して持ちこたえられないだろう」。従って、旧来的な方法ではなく、「海上封鎖や防衛的手法だけで臨むのがよい……両国はドイツとの国境を閉鎖し、武装防衛で立ち向かい、ドイツに隣接する他のすべての国にも同様の交流停止を呼びかけるべきだ」。リンジーは、「もしかすると、大統領がシカゴで『隔離』について演説したとき、彼の頭にはこのような考えがあったのかもしれない」と記している。ローズヴェルトは、民主主義諸国からはドイツに宣戦布告もしないのがよいと提案した。そうすれば、「中立法」の網の目をくぐれるからだ。彼と対立する孤立主義者を驚かせはしないまでも、あきれさせるような話をしつつ、自分にはこの法律の解釈について「広い自由裁量」があるのだと、彼は説明した。

ローズヴェルトの進言には、第三の可能性もあった。彼はリンジーに、これがメッセージの核心であり、最も機密性の高い部分だと告げた。ローズヴェルトは、すべての紛争中の国境問題を解決する国際会議を招集しようとしていた（実現すれば、この年の初めにチェンバレンのおかげで台なしになった構想が蘇る）。ローズヴェルト自身も参加するつもりでいた――会議の開催地がヨーロッパ以外ならば。アゾレス諸島は、候補地のひとつになるかもしれない。彼はもう一点、アメリカ軍をヨーロッパに送り込むようなことは「想像すらできない」と強調した。チャーチルが政治生命が終わる危険を冒してまで、熱心に、そして孤独にミュンヘン協定と戦っていた頃、ローズヴェルトができるのはそこまでだった。彼はリンジーに、この助言が漏洩したら、「自分は九分通り弾劾され、助言は絶望的なまでに反感を持たれるだろう」とくぎを刺した。

九月半ばに入り、ドイツの侵略に対する最善の戦略について、ローズヴェルトの考えは宥和政策と封じ込め政策の中間のどこかに位置しているようだった。実際、ヒトラーがミュンヘン会談に同意したと報告を受けると、チェンバレンに簡潔な祝電を送った。「やりましたね」。

だがミュンヘン会談が終わると、ローズヴェルトはこの問題について考え直したらしく、ドイツに対して公然とタカ派的な姿勢を取るようになり、ナチズムの脅威と向き合う行動を実際に取り始めた。ミュンヘン会談の顚末によって、ようやくローズヴェルトは、ヒトラーはどんな理屈もどんな交渉も役に立たない、冷酷無情な敵であると確信した。ローズヴェルトの発言には、公的にも私的にも新しい論調が加わり、アメリカとドイツの関係は著しく冷え込んだ。ミュンヘン会談の一ヵ月後、彼はラジオ演説で、「法の支配が、繰り返される暴力の神聖化に取って代わられるのなら、平和はあり得ない」と述べた。続いて彼は「平和があり得ない」状況になる条件を他に四つ挙げた。四つのなかには、繰り返し現れる「戦争の脅威」、「無数の無力な、迫害された放浪民が、世界中に離散させられること」が含まれていた。一二月には、ドイツがアメリカとの国交を断絶すると脅してきたが、ローズヴェルトは国務次官のサムナー・ウェルズにこう言った。「そうなってもわれわれは困らない……それがどうした?」。

ローズヴェルトの懸念のひとつは、南北アメリカ大陸全体の安全だったため、彼は中南米諸国との連携を強化し、この地域の反ナチズム感情を後押しするために精力的に取り組み始めた。演説でも、アメリカには民主主義世界のリーダーとしての役割があると、ますます強く主張するようになる。彼は駐仏大使ウィリアム・ブリットに、民主主義諸国による反ヒトラー同盟の取りまとめにあたるように指示し、アメリカが武器や航空機について援助するという内密の約束も加えた。この戦略もまた、民主主義世界ではアメリカがリーダーシップを取るという主張と、チェンバレンの宥和政策の明確な却下を意味する。しかし、ローズヴェルトがいかに控えめに、あるいは内密に動いていても、ワシントン駐在のドイツ大使、ハンス゠ハインリヒ・ディークホフは問題を認識した。彼は、ミュンヘン会談以降、ローズヴェルトはヒトラーに毅然とした姿勢を取り始めたと確信していた。

民主主義国による同盟を築く試みは、現実的な一歩となった。ミュンヘン会談後の状況に関するローズヴェルトの考えには、他にも重要な要素がふたつあった。そこには、アメリカは世界の民主主義国のリーダーとしてどう動くべきかに関する、彼の考えが表れている。ひとつは、民主主義の次の危機となり得るのは何かという見立てにかかわる要素。もうひとつは、ローズヴェルトのようなリーダーは、直面する苦境について国民にどう語りかけるのかという要素だった。

一九三八年のクリスマスシーズン、ローズヴェルトは、この二ヵ月でアメリカとドイツの緊張が急速に高まってきたと憂慮していた。彼が心配したのは、ドイツがアメリカと世界の民主主義にもたらす脅威について、また、そのような脅威にどう対処すべきかについてだった。彼とエレノアは孫たちと休暇をすごし、ホワイトハウスで毎晩映画を鑑賞したが、大統領はたびたび抜け出しては口述を書きとらせ、修正し、再び口述した。それは一月四日の一般教書演説の準備で、今回はこれまでと比べて非常に重要性が高いと感じていた。

「国勢について報告するにあたり」、という出だしで演説は始まる。「私はこれまで、海外で起きている混乱について、また、海を越えて届く嵐の前兆を目の当たりにしてわが国の議会が秩序を整える必要性について、私から議会に助言すべきだと思ったことが何度かありました」。このたびも、改めてそう感じていた。

ローズヴェルトは続ける。「もしも、新たな力の哲学が他の大陸を席巻し、この大陸にも侵略してきたら、アメリカ合衆国のわれわれに何が起こり得るかはわかっています」。アメリカ人は、「われわれの信仰と人間性に敵対する者に取り囲まれるわけにはいきません」。世界は「非常に狭くなり、攻撃兵器の速度は非常に速く、不満を話し合いの場で解決するのを拒む強国が現れると、平和を望む国の安全は脅かされます」。

ローズヴェルトは、そのような脅威への適切な対処に関して、重要な指摘をする。「異なる体制をとる国家が、共同戦線を張って民主主義を攻撃してくるならば、民主主義の側も結集して立ち向かわねばなりません」。アメリカは「アメリカ人らしい生き方、権利章典、およびわれわれが認める文明社会を崩さない」範囲のなかで、独裁主義国家と競えるのか？　別の言い方をするならば、民主主義国はナチズムの脅威に立ち向かい、おそらく総力戦で脅威と戦い、それでも民主主義国であり続けられるのか？

大統領は自ら触れた問題に、以後の二年間、ますます悩むことになる。彼が思い浮かべたシナリオには、ある特別な言葉があった。一九三七年、多才な政治学者にして法律家であり、情報理論学者（そしてイエール大学の社会学教授）でもあるハロルド・D・ラスウェルがつくった、軍事国家《ギャリソン・ステート》という言葉だ。

ラスウェルによると、軍事国家は近代工業国家が総力戦に向けて動員された場合に生まれやすい。すなわち軍事国家は、全体主義国家だ。「軍事国家では、組織化された社会活動はすべて政府の管理下に置かれる……正式に設置された」国家機関「以外の、組織的な経済活動、宗教、文化的生活はなくなる」。失業者もいなくなるだろう。働かないことは軍紀違反となる。その社会に適応できない者は「二者択一を迫られる――服従しなければ死ぬしかない」。

ドイツでは、エーリヒ・ルーデンドルフが「国民全体で戦争する」ことがよりよい未来につながると考えた。しかしラスウェルから見れば、軍事国家は悪夢のディストピアだ。「民主主義の友人が、軍事国家の出現を嫌悪と不安の目で見ているのは明らかだ」と彼は述べている。だが、軍事国家が「不可避」になる可能性もある。

懸念していたのはラスウェルだけではない。一九二五年には、コラムニストのウォルター・リップマンが「おそらく、民主主義のために戦争を戦うことは可能だが、民主的に戦うことは不可能だ……危険に直面し、即座に調和の取れた行動が必要とされれば、民主主義の手法は採用できない」と書いている。

保守的で反ローズヴェルト的な、軍事国家の考え方もあった。ローズヴェルトの頭には権力拡大志向、およびアメリカを他国の戦争に関与させる意欲があるとして、それを批判する考え方だ。元大統領のハーバート・フーヴァーは、この反ローズヴェルト版軍事国家構想の代弁者だった。「大規模戦争が起きれば、いかなる場合でも、わが国全体が事実上のファシスト政権に結集させられる」、とフーヴァーは述べた。フーヴァーはまた、「自由を守るための戦争は十中八九、自由を滅ぼす」と案じた。なぜなら、「個人の自由と自由な経済生活は近代の戦争に向いていないからだ」。反ニューディールの財界首脳からもほぼ同じ趣旨の発言があり、ローズヴェルト政権の駐英大使で宥和政策賛成派のジョセフ・ケネディも、そのような発言者のひとりだった。

けれども、軍事国家の危険性を理解していたリベラル志向で反ナチズムの者は、ローズヴェルトと同様に、唯一の実行可能な代替案も知っていた――自国の民主主義を守るためには、アメリカは他国の民主主義、とりわけイギリスと西欧の民主主義を守る手助けをせねばならないという考え方だ。一九一七年にはすでに、ウォルター・リップマンが「大西洋共同体」という言葉をつくっている。「イギリス、フランス、イタリア、さらにはスペイン、ベルギー、オランダ、スカンジナビア諸国、北南米諸国」を統合した「大規模利益網」によって「各国が最重要の要望と最重要の目的をかなえるひとつの共同体」を意味する。ローズヴェルトは、ヒトラーが西欧を征服したら、アメリカは「銃口を突きつけられているも同然となる……そのような世界で生き延びるには、われわれは自国を恒久的な軍事大国に転換せざるを得ない」と認識していた。

この時期のローズヴェルトは、外交においても内政においても、ディストピア回避の方法を必死に探っていた――ファシズムに屈せず、ファシズムに立ち向かうための軍事国家にもならない方法を見つけねばならない。それは、アメリカ合衆国の民主主義を守りながらナチズムの脅威に対抗する道にほかならなかった。

戦略のひとつ目は、共産主義者《コミュニスト》とファシストの挑戦に対抗できるように、アメリカの民主主義の勢いを充分に維持することだった。一九三六年、ローズヴェルトは議会に提出した教書で、ニューディールは「正当に力を持つべき者の力を回復させる取り組み」だとした。政府は、強大な経済的利権が国民の自由を奪わないように介入する必要があり、民主主義を強化して、ファシズムや共産主義につながりかねない不満を食い止めねばならない。ローズヴェルトは、「欠乏や貧困、経済の活力喪失との戦い」をしているのではない、「それ以上の戦い――すなわち、民主主義の存続をかけた戦いをしている」と語った。一九三八年の中間選挙の直前、大統領は有権者に警告した。「アメリカの民主主義が生きる力として前進するのをやめ、多くの国民の向上を昼夜を問わず平和的手段で追い求めるとしたら、ファシズムと共産主義は、おそらくいつのまにか保守的な共和主義者の支援を得て、勢力を拡大する」。独裁者たちは、ただただ「個人、および個人の人権の悲惨な犠牲」のうえに、経済成長の「ベルトコンベヤー」を動かし続ける。

ふたつ目は、アメリカの防衛体制にかかわる戦略だ。ミュンヘン会談の前に駐米イギリス大使、リンジーに伝えた助言からもわかる通り、彼はリデル＝ハートの戦略に倣い、「イギリス流の戦争方法」の進化版を採用しようとした。海軍と陸軍航空隊に重点を置き、地上部隊中心のアメリカ軍を変えるつもりでいた。この戦略は、イギリスとの場合と同じく、アメリカの歴史的、文化的様式、さらに一九三〇年代の世界の論理に根差していた。

すでに述べたように、ナチ・ドイツ（およびソヴィエト連邦）の総力戦理論と全体主義が特に着目していたのは大規模地上部隊を展開させる戦略だが、大陸国家としては、それは理にかなったアプローチだった。というのも、大陸国家の安全保障上の大きな脅威は陸伝いに迫ってくるから、そしてドイツやソヴィエト連邦の政治体制にはそのような軍事体制が都合がよいからだ。ソヴィエト軍の司令官ミハイル・トゥハチェフスキーは、ソヴィエト連邦は海軍に注力すべきだという考えを一笑に付し、意見を異にする将官は偽のマルクス主義者だとして退けた。イギリスとアメリカの歴史を見れば、海軍力と空軍力で国を防衛できる恵まれた国は、本土を侵略されずにすむ可能性が高いとわかるが、国内を抑圧する手段としては、古くから陸軍が使われてきた。海軍や空軍では群衆の管理はできない。

イギリスとアメリカは、海に守られているという点で（程度に差はあるが）よく似ている。あくまでも国民優先で反軍国主義という政治的、文化的伝統もよく似ている。また、科学技術による問題解決に厚い信頼を置くところもよく似ている。こうしたさまざまな理由から、イギリスもアメリカも、海軍力と空軍力に依拠する国防という考えに大きな魅力を見出した。空軍で必要とする人員は、大規模な地上軍よりも少ない。つまり、空軍を拠りどころとすれば、味方の犠牲者数を抑えつつ、敵には大きな損害を与えられる。

自軍の犠牲者数の低減は、第一次世界大戦後の民主主義諸国にとってきわめて重要だった。第一次世界大戦で多数の戦死者が出たのは、たとえばドイツ軍とフランス軍合わせて七五万人近くが戦死したヴェルダンの戦い、わずか一日（一九一六年七月一日）、しかもほぼ一時間でイギリス軍が二万人を失ったソンムの戦いだ。戦間期には、大多数の政治家が、民主主義諸国が再びこれほど多くの犠牲を許容するとは考えていなかった。空軍や海軍による戦争であれば、ヴェルダン並みに多い戦死者は決して生まれないはずだ。少なくとも戦闘員には。さらに、戦略爆撃――敵の市街地、民間人に対する爆撃――という方法ならば、敵国人を死なせて戦争に勝てる。

折しも、アメリカは効果的な戦略爆撃を遂行する航空機の開発において、世界をリードしていた。一九三五年には、革新的な新型爆撃機、ボーイングB－17の試作機が初飛行を果たした。B－17は近代的な全金属製の単葉機で、四発重爆撃機であり、時速は二五〇マイルに達し、二五〇〇ポンドの爆弾を搭載して二二六〇マイルを飛んだ。実戦配備は一九三七年で、匹敵するイギリスの爆撃機は一九四二年まで誕生しなかった。そして、ドイツが同等のものを持つ日は到来しなかった。

アメリカ海軍は、一九二二年のワシントン海軍軍縮条約と一九三〇年のロンドン海軍軍縮会議で定められた上限に達するほどは、軍備を増強してこなかった。ローズヴェルトが政権に就いてまず着手したのが、巡洋艦四隻、航空母艦二隻、駆逐艦一六隻、潜水艦四隻、複数の仮装巡洋艦の建造の発注で、歴史学者のジャスタス・ドエネックの言葉を借りれば、「一日にまとめて注文した軍艦の数としては、過去最多」だった。その後、一九三五年から一九三九年の間に航空隊の予算もおよそ三倍となり、三〇〇〇万ドルから八三〇〇万ドルに増えた。

ローズヴェルトはチェンバレンと同じく、航空戦に関して独創的な思考をした。彼の考えでは、ミュンヘン会談があのような結果となったのは、ドイツに直面するイギリスとフランスの空軍力が脆弱だったからだ――だが、脆弱なのはアメリカも同じだった。一九三八年一一月、ローズヴェルトは、ミュンヘン会談によって自分の考えがどれほど大きく変化したか、ナチズムの脅威に対する解決策をどう考えたか、について説明した。ミュンヘン会談に先立つ交渉をチェンバレンに勧めたことについては、「今では、あれでよかったかどうか自信がない」と認めている。「他国の政府に書簡を送る場合」、と彼は続けた。「自分の言葉の裏づけがなくてはならない。今年の夏、わが国が五〇〇〇機の航空機を保有していて、直ちに年間一万機製造できる能力があったとしたら、その航空機をヨーロッパの国に売ったり貸したりするには議会の承認が必要だとしても、ヒトラーはあのような態度に出ようとはしなかっただろう」。

ローズヴェルトの言葉は、自らの「大西洋共同体」構想を明確に示している。アメリカの安全はイギリスとフランスにかかっており、イギリスとフランスにとっては、ナチ・ドイツから自国を守るために空軍力が不可欠だった。すなわち、アメリカにも、より強力な航空戦力が必要になる。背景には、軍事国家という悪夢も潜む。アメリカ合衆国には、「大規模な航空隊が必要だ。そうすれば、陸軍はさほど大きな規模でなくても構わない」と、ローズヴェルトは軍の司令官たちに述べた。というのも、アメリカがヨーロッパに大規模な地上部隊を送り込むのは、「好ましくないうえに、政治的にはもってのほか」だからだ。ミュンヘン会談を控え、彼は内閣に向けて、もしも自分がチェンバレンならどのように戦争をするかを語った――陸上からは攻撃せず、海上を封鎖してドイツを爆撃する。内務長官ハロルド・イケスの記録によると、大統領は「このような戦争は費用が抑えられ、犠牲者も比較的少なくなり、地上戦と海上戦による旧来の戦争よりも成功する可能性が高い」と主張した。

こうしてアメリカは、他に類を見ない英米による近代戦の構想に大きく寄与した。ドイツとソヴィエト連邦は全体主義で自国の一般市民を支配し、戦車を主体とする機動性の高い地上戦による勝利に重きを置いたが、イギリスとアメリカは航空戦力と、敵国の人口密集地への集中爆撃で大打撃を与えることを重視した。一九三〇年代のアメリカ陸軍航空隊の訓練マニュアルの冒頭には、敵の産業システムを破壊するだけでなく、爆弾の使用で敵国民の士気をくじいて勝利すると記されている。航空司令官たちは、それは可能であり、敵国民の士気が低下すれば、その国は必ずや軍事的に敗北すると信じていた。ローズヴェルトは、「空襲を受けたドイツ人の士気は、フランス人やイギリス人よりもずっと早く砕けるだろう」と考えた。

アメリカの首脳のそのような判断は、彼らが歴史的根拠とみなすものに基づいていた。航空隊の兵士たちは、南北戦争の南部連合や、第一次世界大戦のドイツの敗北は、市民の士気の低下によるところが大きいと認識していた。皮肉にも、この考え方をとれば、一九一八年のドイツの敗北は戦場での敗退が始まりではなく、国内の士気の崩壊が始まりだったと主張するヒトラーとルーデンドルフに賛同することになる。ここにおいても、英米の発想の起点はドイツ、ソヴィエト連邦の起点と同じだ。ただし、両者がいたった結論はまったく異なる。

どのような戦争でも、たとえローズヴェルトが思い描く高度技術を用いる航空戦でも、国民の固い支持は必要になる。対話の達人であるローズヴェルトには、独裁国家に立ち向かう必要性をアメリカ国民に伝える戦略があった。

フランシス・パーキンズはローズヴェルト政権の労働長官で、アメリカ史上初の女性閣僚だったが、あるとき、若い記者が大統領に政治イデオロギーについて質問するのを聞いていた。あなたは共産主義者ですか？　資本主義者ですか？　社会主義者ですか？　ローズヴェルトは、困惑と驚きをもたらす答えですべての質問に応じた。「ノー」。

「では、あなたの哲学は何でしょうか？」と記者は尋ねた。

「哲学？　哲学？」と大統領は口早に言った。「私はキリスト教徒で民主党員――それだけだ」。

パーキンズは、「このふたつの言葉は、私が思うに、彼がどういう人間かを概ね表していた」と述べている。

彼は、内政と同じく外交においても、そのような人間だった。ナチズムの脅威に適切に対応する方法を見つけようと悪戦苦闘していた時期、ローズヴェルトのなかでは次第にキリスト教と民主主義が融合されていき、キリスト教こそが、全体主義の独裁に対抗する民主主義を定義すると主張するようになった。これが、ミュンヘン会談後、一九三八年の暮れから一九三九年の初めにかけて、ローズヴェルトの思考にあったふたつ目の重要な要素だ。近代のリーダーは、世界情勢の現状について、民主国家の有権者にどう説明すべきか？　歴史学者のカイ・ウォルタリングは、冷戦初期、とりわけ民主国家としての西ドイツの再建において、アメリカはキリスト教と全体主義の明確な二項対立に主眼を置いて発言し、政策を行ったと指摘している。けれども、キリスト教と全体主義を対立させる発言は、冷戦とともに始まったわけではない。最初に発言したのは、ローズヴェルトだ。「キリスト教徒であり民主党員である」という、彼の哲学の方向性と合致している。

ローズヴェルトは、対外的な援助を強硬に批判する層は、多様性のある北部の都市圏ではなく、キリスト教信仰の篤い南部に集中していると理解していた。また彼は、カトリック教徒、特にイタリア系、アイルランド系移民の大きなコミュニティーが、他国への関与に疑いを持つ傾向にあるのも知っていた――スペイン内戦では、共和国人民戦線政府が聖職者や修道女に残虐行為を働いたために、なおさら頑なになっていた。キリスト教と全体主義の二項対立という概念は、彼がそのような人々に対しても、民主主義国が全体主義国に立ち向かわねばならない理由について説得力ある説明をする助けとなった。

ローズヴェルトは、一九三九年の一般教書演説でキリスト教と全体主義の二項対立について説明した。「海の向こうからの襲撃は、今も昔もアメリカ人にとってなくてはならない三つの不文律に対する、直接の挑戦です。ひとつ目は宗教です。宗教は残りのふたつ――民主主義、国際社会への誠意――の源となります」。彼が定義する国際社会への誠意とは、「民主主義の妹」のようなものであり、「文明国の国民の意志から湧き出る、他国の国民の権利と自由に対する敬意」だった。

信教の自由は、ローズヴェルトにとって民主主義の真髄だった。「信教の自由が攻撃される場合、その攻撃は民主主義と対立する根源から来ます。民主主義が覆されれば、自由な信仰の精神は消滅します。そして宗教と民主主義が消え去れば、国際社会への誠意と良識は苛烈な野心と暴力に道を明け渡してしまいます」。「社会の秩序化には」、と彼は続けた。「宗教、民主主義、国家間の誠意を後ろに追いやるような社会の秩序化には、平和の君〔イエス・キリスト〕の理想が存在する余地はありません。アメリカ合衆国はそのような秩序化を拒否し、これまで通りの信仰を持ち続けます」。

そこからは、行動を呼びかけんばかりの言葉が続いた。「人のなすことには時機があり、そのときがくれば住む家だけでなく、自らの教会、政府、文明そのものがよって立つ基礎である信仰の教義や人間性をも守るために、準備せねばなりません。宗教を守るのも、民主主義を守るのも、国家間の誠意を守るのも、同じ戦いです。ひとつを救うには、すべてを救うと心を決めなければなりません」。

一九三八年から一九三九年にかけての冬、ローズヴェルト政権とヒトラー政権の論争は荒々しさを増していった。まさに、民主主義と信教の自由の意味が問われていた。水晶の夜《クリスタルナハト》の暴挙に端を発したこの論争は、一二月に入ってハロルド・イケスがいかにも彼らしい激烈な演説を行い、いっそう先鋭化した。

イケスは、人と仲良くするという考えが希薄で、「大統領の攻撃犬」と呼ばれてもいた。しかし、彼が闘争的な気性を発揮するのは、負け犬の側に立つときだった。一九二〇年代、彼は全米有色人種地位向上協議会（ＮＡＡＣＰ）のシカゴ支部長として短期間働いたのち、弁護士として労働者、アメリカ先住民、ユダヤ人、アフリカ系アメリカ人の代理人となり、さまざまな案件に関わった。ローズヴェルト政権の内務長官となってからは、一九三九年に、アフリカ系アメリカ人のコントラルト［アルト］歌手、マリアン・アンダーソンが、リンカーン記念堂で歌えるように手はずを整えて名をはせた。アンダーソンは同年、「アメリカ革命の娘たち」［アメリカ独立に寄与した人物の直系女性子孫の愛国者団体］に、コンスティテューション・ホール［ワシントンにある、アメリカ革命の娘たちによって建設されたホール］で歌うことを禁じられていた。

一九三八年一二月一八日、イケスはクリーブランド・シオニスト協会が開催した、毎年恒例のハヌカ祭の晩さん会で演説し、ナチ党の野蛮な反ユダヤ主義について、歯に衣着せずに話し始めた。中世の時代には、ナチ党と肩を並べるような事例はほとんどない。なぜなら、中世はゆっくりと進歩する時代だったからだ。「ナチ党にまさしく匹敵するような対象を探すのなら、人類がまだ文字を知らず、無知で野蛮だった時代まで遡る必要があります」。そして彼は、ナチ党政権から勲章を受けたチャールズ・リンドバーグとヘンリー・フォードを痛烈に批判した。「いったいなぜ、アメリカ人が残忍な独裁者の手から勲章を受け取れるのか、その手は何千人もの同朋である人間から略奪し、拷問を加えた手ではありませんか？」とイケスは疑問を呈した。リンドバーグとフォードは「自由の国の自由な市民」でありながら、「非人道的な罪を犯さなかった日を数えて後悔するような贈呈者から、人を見下す栄誉のしるしを媚びへつらうように受け取っているのです」。

このような言葉は、もちろん、充分すぎるほどドイツ政府を怒らせた。しかし、イケスが続いて述べたことはさらに重要だった。彼は、ナチズムの反ユダヤ主義を、広く世界の民主主義の危機と位置づけ、信教の自由と経済民主主義を反ナチ政策の中核として据えた。「決して忘れないようにしよう」。彼はそう述べた。「今日の世界の反ユダヤ主義の再燃は、民主主義の衰退の兆候です。われわれは知っています、欧米世界におけるユダヤ人の解放は民主主義の進歩とともにあったと。われわれは知っています、民主主義が機能しなくなった国では不寛容が醜い頭を持ち上げ、悪意をユダヤ人や無力なマイノリティに向けているのを」。

反ユダヤ主義に対する単純な抗議ではなかった。というのも、「反ユダヤ主義はひとつの症状にすぎない」からだ。彼の話の本筋は、そもそも社会悪、経済悪という症状が現れたから独裁国家が形成されたという点にある。「われわれはもっと奥まで探らねばなりません」とイケスは語った。「多くの男性、女性が、自分たちの民主主義を独裁主義に差し出してしまった状況を検証せねばなりません。われわれは、民主主義を機能させねばなりません。わずかな人の経済的利益のためではなく、多くの人の幸福のために」。民主主義が安泰でなければ、ユダヤ人も安泰ではない。いいかえれば、「経済システムが公正に作動していなければ、経済の不公正の犠牲となっている人々が、自分たちの不運の責任を取ってもらおうとしても、そもそもその人たちの言い分が正当であるか、あるいは公正であるかを判断できません。また、特権の恩恵を受ける人は、しわ寄せを受ける人から向けられる怒りをかわして、都合よくスケープゴートにしてしまえる他の集団にその怒りを向けるのをためらわなくなるでしょう」。

アメリカとて、世界的な民主主義の危機の影響を免れるはずはなかろう。「ファシズムは絶えず存在する脅威であり、このアメリカにも存在します」、とイケスは警告した。「知性あるみなさんはおわかりのように、アメリカを脅かす危険は、すでに他国を呑み込んでいる危険と同じなのです」。アメリカで生まれたファシストから見れば、多様なアメリカ社会はユダヤ人のみならず、アフリカ系アメリカ人や近年の多くの移民を標的として与えてくれる。標的とされた人たちにとっては、「フードをかぶったクー・クラックス・クラン〔ＫＫＫ〕の会員に攻撃された」のも記憶に新しい。

論点は、信教の自由、マイノリティの権利と自由に戻った。ファシズムが進展する過程では、いつも「避難する無力なマイノリティがいます。彼らは、財産をむしり取られ、どこへ行けば人生をやり直せるかもわからず、高齢の人もいれば、病気の人も幼い子どももいるのです」。ヨーロッパではファシストの波がユダヤ人を激しく襲い、あろうことか「信教の自由の権利を訴えるカトリックの司祭や、ルター派の牧師でさえも、独裁者がどこまで残酷で無慈悲になるものかを身をもって知らされました」。イケスはこう締めくくった。「個人的には、アメリカの門はあらゆる国の政治難民に向けて、歓迎の意とともに広く開け放たれるように望みます」。

イケスの演説に関するアメリカの報道は概ね好意的だったが、ドイツとの外交では嵐が吹き荒れるきっかけとなった。一九三三年以降、ローズヴェルト政権がナチ党政権をあまり評価してこなかったのは確かだが、公式外交のレベルでは友好関係が保たれていた。一九三七年のローズヴェルトの「隔離」演説は、対立に向かう道にそっと踏み出す一歩だったかもしれないが、彼はそれに続く行動を起こさなかった。だが、一九三八年の終わり頃、ミュンヘン会談と水晶の夜の暴挙をきっかけに状況は一変する。疑いを挟む余地もなく、全世界の目の前で公然と、憎しみに満ちた数々の言葉をそのまま実現するような暴力行為が行われた。ローズヴェルトは記者会見で、二〇世紀においてこのような事態が起こり得るとは思わなかった、と述べた。彼はベルリンからアメリカ大使を召還し、ヒトラーもそれに応じてワシントンの大使に帰国を命じた。両国とも、第二次世界大戦の終了まで、相手国の首都に大使を置かなかった。

イケスがクリーブランドで行った容赦のない演説には、そのような背景があった。数日後に本人が記したところでは、彼の演説によって「ドイツ人が激怒したため、アメリカとの外交は深刻な状況にいたった」。ドイツの臨時代理大使は公式の抗議文を提出し、アメリカ政府に件の演説を否認するように要求した。ローズヴェルト政権は拒否した。国務次官のサムナー・ウェルズは、大統領と話した後、イケスの言葉はアメリカ人の「圧倒的な意見」を反映していると回答した。

ヒトラーは、国外の報道をとても気にした。官房長官オットー・マイスナーは、他国の新聞から抜粋して——要約ではない——翻訳した記事を、毎朝彼に見せていた。ヒトラーは特に他国の首脳に関心があり、それ以外の文書業務や公務にはさほど力を入れていなかったため、他国の報道に対する関心は、彼自身の不安とイメージ重視の意識を雄弁に物語る。

このイメージ重視は、ドイツの新聞が怒りをイケスにぶつけた理由でもある。イケスは、ドイツ政府にはローズヴェルトを直接攻撃する気がまだないとみて、自ら格好の身代わりとなった。当然、ドイツの報道機関——ゲッベルス率いる宣伝省が毎日こと細かに指示して運営する報道機関——は、イケスが演説したのはシオニスト協会だったと大げさに取り上げた。けれどもナチ党は、個人の自由や人権に関するイケスの指摘の方がさらに大ごとだと気づき、彼と「アメリカにおけるユダヤ共産主義の重要な援軍」であるアメリカ自由人権協会の結びつきを強調した。『フェルキッシャー・ベオバハター』紙は「アメリカとドイツ」という見出しを掲げ、ローズヴェルト「政権」はなぜそうも決然と軍事力増強に向かうのかと書いた。「ローズヴェルトは全世界に警察権を行使するつもりか?」——セオドア・ローズヴェルトの、アメリカは南北アメリカ全体に国際警察権を行使できるという主張になぞらえた問いかけだ。一方で『フェルキッシャー・ベオバハター』紙は、共和党員や孤立主義者については寛容な言葉だけを用いた。

大西洋を挟んだこの対立は、一九三九年のローズヴェルトの一般教書演説によって次の段階へ踏み出した。ドイツの報道の反応は激しく、本音を語っていた。ローズヴェルトは、全体主義に対抗する民主主義とはどんなものかをはっきりさせようとした。ナチ党の側は、彼の議論の正当性を失わせようとする。助け舟を出したのは、上院外交委員長の任にあるネバダ州の上院議員、キー・ピットマンだ。どんなときも信頼に足るとまではいえないとしても、大統領の重要な協力者であった彼は、「あの男を飢え死にさせられるのに、なぜ撃つ必要がある？」というあからさまな言葉で、独裁国家に対する海上封鎖を推めた。それを受けたナチ党は、ローズヴェルトの演説の主題にかみついた。『フェルキッシャー・ベオバハター』紙は、アメリカの政治家の「文明」、「平和」、「誠意」の理解とは、「無防備な女性や子どもを飢え死にさせることであり、ウィルソン〔第二八代大統領〕時代のアメリカが第一次世界大戦が終わってから掲げた『人道主義』と同じだ」と書き立てた。ナチ党の報道は、ローズヴェルトが独裁主義と対照させたアメリカの民主主義的な自由を軽蔑した。アメリカの「自由」は「紙に書かれた自由にすぎず、まさにグロテスクで画一的な生活を通して、正反対のものに変換される」。ドイツでは「独裁政権」――『フェルキッシャー・ベオバハター』紙はこの言葉を注意喚起の引用符でくくっている――のもとでさえ、あらゆるドイツ人コミュニティーの生活はアメリカよりも多様で色彩豊かだ。そして、いうまでもなく、批判には反ユダヤ主義がふんだんに織り交ぜられていた。ある記事には、アメリカのファシスト集団、銀シャツ党が発行する印刷物が引用され、「アメリカがユダヤ人の独裁下に」という見出しが掲げられ、「ローズヴェルトとイケスの周囲でユダヤ人が這い回る」という副題が記されていた。

ドイツでは、ナチ党が政権に就いたのが一九三三年一月三〇日だったため、毎年一月三〇日に、ヒトラーがアメリカ大統領の一般教書演説のような演説をするのが恒例となっていた。演説の前の週、ゲッベルスは右派のアメリカ人ラジオ宣教師、カフリン司祭の顧問に会い、「アメリカはわれわれが考える以上に、根本的には反ユダヤ主義だ」と聞かされた。カフリンは、ナチ党に

「キリスト教を支持する肯定的な宣言」を行ってもらいたいと希望しているという。ゲッベルスがヒトラーにこの面会について話すと、ヒトラーはまもなく行う演説で「その問題を論じる」と承諾した。そのうえで、「アメリカ人にたっぷりと小言を言ってやる」と約束した。

ヒトラーの二時間半にわたる演説は、ローズヴェルトとイケスへの返答だった——ゲッベルスによれば、「アメリカに対する強い反論」であり、「教会の問題に関するきわめて明快な主張」だった。ローズヴェルトと同じく、ヒトラーも一九三三年の混乱と大惨事からいかに国が復興し、一九三八年の勝利を迎えたかを語った。彼はこのとき初めて、今や「旧ドイツ」と呼ばれるようになった地域だけでなく、オーストリア、ズデーテン地方の代表も交えた、「大ドイツ」の国会で演説した。

ヒトラーは民主主義に軽蔑の言葉を浴びせた。「自分の信念と直感に完全に従って生きる、いわゆる民主主義による自由は」、結果として「個人の潜在的な創造能力という既存の財産の浪費となり、最後は無気力になる」だけだ。そしてルーデンドルフに倣い、「規律と服従が染み込んだ国家共同体ならば、自国民の生存を保障するのに必要な軍事力を、はるかに容易に結集できる」とも主張した。

前年の勝利を単純に喜んでもおかしくはないはずだが、ヒトラーは演説の大部分において驚くほど不機嫌だった。ルートヴィヒ・ベックをはじめ、自分を制止しようとした面々について考えていたのは確かで、「最悪の災禍や衝撃的な大変動が起きても、内省を促されもせず、気高い行動を起こそうともしない者たち」に対する不平を述べた。自分はこの一年間で、「決定的な瞬間に行動を起こすひとりの男には」——間違いなく彼自身を指している——「一〇〇〇人の教養ある軟弱な者よりも重い価値がある」と学んだ。軟弱な者のなかには、ベックも含まれていたに違いない。続いて彼は、「いわゆる全体主義国家への嫌悪を煽る」、神経に触る欧米の民主主義国の政治家を名指しした。「ダフ・クーパー氏、イーデン氏、チャーチル（と）イケス氏」だ。ローズヴェルトのキリスト教と民主主義を結びつける主張に対する返答としては、「国民社会主義ドイツは宗教を敵視する国家である」ことを否定し、ドイツでは「これまで誰ひとりとして宗教的指向によって迫害された者はおらず、今後もそのような理由で迫害されはしない」と力説した。

ヒトラーの基準で考えても、著しく不正直な主張だ。イケス本人は、イーデン、チャーチル、ダフ・クーパーと並んで自分の名前が挙げられたと喜んだ。「彼は、われわれを戦争屋と呼んだ」とイケスは日記につづった。「もちろん、攻撃のためとはいえ、ヒトラーが私の名を挙げるしかなかったのは嬉しかった」。

ヒトラーの演説が最高潮を迎えたのは——そして、最も頻繁に引用され記憶に刻まれてきた一節は——ヒトラーが自らの「予言」と呼んだ一節だった。

この「予言」もまた、民主主義と信仰に関するアメリカとドイツとの応酬が発端で、ローズヴェルト政権が自分に敵対するのは、アメリカのユダヤ人の言いなりになっているからに他ならないという、ヒトラーの思い込みによって構成されていた。かつて自分はたびたび予言を行い、最終的に予言が正しいと証明されるまではよく笑われたものだ、とヒトラーは言い立てた。「今日は、今一度、予言者になるつもりであります。もしもヨーロッパ内外の国際ユダヤ金融資本が、再び諸国を世界大戦に追いやるのに成功するとしたら、結果は世界のボリシェヴィキ化ではなく、したがってユダヤ民族の勝利でもなく、ヨーロッパのユダヤ人種の絶滅でありましょう」。

それからの数年間、ヒトラーは機会があるたびに、ますますこの恐ろしい「予言」を口にするようになる。

ミュンヘン会談にまつわる大きな「もしも」のひとつは、もしも欧米民主主義国がソヴィエト連邦を引き込む努力をもっとしていたら、展開は違っていたのではないかという疑問だ。

それはチャーチルが、反共産主義であったにもかかわらず強く望んだ方策だった。一九三八年三月、彼は、駐英ソヴィエト連邦大使イワン・マイスキーに、「このけだものを抑える唯一の信頼できる手段」——けだものとはヒトラー率いるドイツ——はソヴィエト連邦を含めた「大同盟」だろうと話した。チャーチルの優先順位は明確だった。彼はマイスキーに、「今日のイギリス帝国の最大の脅威はドイツのナチズムであり」、ソヴィエト連邦の共産主義ではないと語った。そして、自分はそのような同盟の実現のためにできることをしていると説明した。九月の初め、チェコスロヴァキアの危機が迫るなかで、チャーチルは再びマイスキーに自分の「計画」を伝え、働きかけた。仮にチェコスロヴァキアに関する話し合いが決裂した場合、イギリス、フランス、ソヴィエト連邦は共同でドイツに最後通牒を突きつけ、チェコスロヴァキアを攻撃すればこの三国すべてと戦争になると明言するという計画だった。マイスキーの側も、自らの意志でチャーチルを裏ルートとして利用し、ハリファックスへ——ひいては首相へ——情報を伝えていた。

しかしチェンバレンは、「ウィンストンが『大同盟』と呼ぶもの」に相当な偏見を持っていた。チャーチルのアイディアは魅力的に見える、とチェンバレンは言った。「実現の可能性を検討」しない限りは。検討すれば魅力は消え去る。チェンバレンの考えでは、ソヴィエト連邦は「密かに、抜け目なく、背後ですべての糸を引いてドイツとの戦争にわれわれを巻き込もうとしている」にすぎず、見通しは「非常に暗い」。もちろん、一九三八年に優勢だったのは、チャーチルではなくチェンバレンの考え方だった。そして、他の場合と同じく、首相は当時本人が思っていた以上に核心をついていた。

ソヴィエト連邦はフランスとの同盟条約の関連で、チェコスロヴァキアと同盟条約を結んでいて、チェコスロヴァキアの防衛に関して、フランスが支援するならばソヴィエト連邦も支援すると約束していた。しかし、この取り決めには明らかな兵站の問題があった。ソヴィエト連邦はチェコスロヴァキアと国境を接しておらず、軍隊はポーランドかルーマニアを通過しなければチェコスロヴァキアに到達できない。そのふたつの国はドイツと同程度にソヴィエト連邦も恐れていたため、その展開を喜ばない。

イギリスとフランスは一九三八年九月のチェコスロヴァキアに関する交渉で、本気でソヴィエト連邦を関与させようと努力してはいない。それにもかかわらず、スターリンは軍の部隊を自国の西側国境に集結させ、任務はチェコスロヴァキアの防衛だと部隊に伝えた。戦争が起きた場合に、この部隊が現実に何をする可能性があったのかは別の問題だ。ソヴィエト連邦の支援を確保しようと必死になったベネシュ大統領でさえ、結果として何が起きるのかはよくわかっていなかった。「彼らはもちろん、やりたいようにやるだろう」。ベネシュは秘書にそう言った。「われわれも、彼らに全幅の信頼を置くわけにはいかない。戦争になれば、結局は放り出されてもがくことになる」。実際、チェコスロヴァキアが何度助けを求めても、ソヴィエト連邦はすべて沈黙で答えた。

その理由は、スターリンには彼なりの計略があったからだ。チェコ人とも、ナチズムから民主主義を守ることとも、まるでかかわりのない計略だ。根底には彼のあまりにもパラノイア的な世界のとらえ方があり、彼が支配する情報機関やイギリスに送り込んだ悪評高い諜報員が、彼のパラノイアをたきつけていた。ミュンヘン危機のさなか、ジョン・ケアンクロス、ガイ・バージェスという、若い外交官であり、「ケンブリッジ・ファイブ」と呼ばれたソヴィエト連邦の諜報員グループに属するふたりが、イギリス外務省の文書をソヴィエト連邦側の担当者に渡していた。文書は、ドイツに対するイギリスの宥和政策の目的は、ドイツがソヴィエト連邦を攻撃するように「仕向ける」ことしかないと考えるスターリンの妄想を後押しした。スターリンが抱く反イギリスの強迫観念は、一九一九年から一九二一年の戦争〔ポーランド・ソヴィエト戦争〕以来いつまでも消えないポーランドに対する憎悪と、ルーマニアに対する憤りに結びついた。

そうした要素がもとになり、スターリンは何がソヴィエト連邦に安全をもたらすかという点に関しても、独特の偏執的な理解をした。数年後、第二次世界大戦の最中に、彼はモスクワに滞在していたユーゴスラヴィア王国のパルチザン代表者、ミロヴァン・ジラスにこう言う。「この戦争はこれまでの戦争とは違います。誰が領地を占領したとしても、そこに自分たちの社会体制を押しつけるでしょう。誰もが、自軍が到達した地域に自国の体制を押しつける。それ以外はあり得ない」。一九三八年あるいは一九三九年の時点では、スターリンの見解は違っていたとする根拠はない。事実、一九三六年に、フランス軍の参謀がパリのソヴィエト連邦大使館駐在武官に、仮にドイツが攻撃してきたらソヴィエト連邦はどのようにフランスを援助するのかと尋ねた。答えはにべもなかった。「ポーランド攻撃によって」。

スターリンはパラノイアの影響で、東欧とバルト諸国は自国と欧米資本主義国との間の潜在的な保護壁だとみなしていた。そして何にもまして、ルーマニア王国やポーランド共和国のような地域に部隊を配置できるようにしたいと望んでいた。この目標は数十年にわたって一貫しており、スターリンの外交政策の根本要素となっていた。さらにいえば、仮想敵国がどこであろうと、潜在的同盟国がどこであろうと、問題ではなかった。

チェコスロヴァキア危機が起きたとき、ソヴィエト連邦は五つの軍集団を動員し、そのうち四集団をポーランド国境に配備した。九月一五日、軍集団はウクライナの国境地帯で暮らすポーランド人に対して、民族浄化作戦を開始した。「ポーランド人を完全に途絶えさせよ」という命令が下されていた。目的はほぼ確実に、ソヴィエト連邦が敵国とみなすポーランドへの侵略開始に先立ち、敵方に協力する「第五列」の脅威を取り除くことだった。赤軍がチェコスロヴァキアかドイツに向かう途上でポーランドを通過するというのならば、ポーランド人を「完全に」途絶えさせる必要はない——ただ通り過ぎればよいだけだ。

状況はルーマニアでも同じだった。ベッサラビア地域（現在は、大部分がモルドバ共和国）はかつてロシア帝国の一部だったが、第一次世界大戦後の講和条約により、ルーマニアに割譲された。スターリンは、その地域を取り戻したかった。残るひとつのソヴィエト軍の軍集団は、ベッサラビア地域の国境に配備された。九月二二日のルーマニア国境からの報告書によれば、ソヴィエト軍は新たな監視所と偵察基地を多数設置し、ウクライナ西部と同様に、国境地域のルーマニア民族［のソ連人］を排除した。ソヴィエト軍がチェコスロヴァキアへ向かう経路として、ルーマニアはまったく適していない。ルーマニアでは道路や鉄道などの社会基盤が貧弱で、複線の鉄道は南部にしか通っていない。ソヴィエト連邦からルーマニアを経由してチェコスロヴァキアへ向かうとすると、その経路は国土の北部になる。ルーマニアからスロヴァキアへ行く鉄道路線は、北部にはひとつもなかった。ソヴィエト軍の軍集団がベッサラビアの国境地帯で何をしていたにせよ、チェコスロヴァキアの防衛でないのは確かだった。

いずれにせよ、ミュンヘン会談の直後、スターリンはローズヴェルト、チェンバレンと同じく、覚醒させられたような気分になった。突如として、パラノイア的幻想と虚偽の理由で生み出したかのような、すみずみにいたるまで脅威で覆われた世界を突きつけられたのだ。ドイツはこちらの国境に一歩近づいた。日本が、巨大なソヴィエト連邦の極東側に危険な国として現れた。ポーランドまでが、またもや脅威の様相を呈し始めている。

ミュンヘン協定の調印が終わったとたん、ポーランドはチェコスロヴァキアに最後通牒を発出し、多数のポーランド系住民がいる地域、チェシンとフリシュタートの返還を要求した。チェコスロヴァキアは折れた。いうまでもなく、ポーランドはソヴィエト連邦の古くからの敵国だ。しかし、こうなると独裁国家の色合いが少し強まったかのように見える。ソヴィエトはそれとなく警告した――ポーランドには六〇〇万のウクライナ人と二〇〇万のベラルーシ人がいる。警告は、ソヴィエト連邦がポーランド人を犠牲にして、自国版の「ミュンヘン協定」を結ぼうとする可能性がなくはないと暗示していた。

だがもちろん、ソヴィエト連邦にとってはドイツの方がはるかに大きな懸念であり、その懸念はスターリンの政策を根本から変えてしまうほど大きかった。したがって、ポーランドへの警告からほんの数日後、ソヴィエト連邦政府はポーランドに、ナチ・ドイツに対抗する共同防衛についてほのめかすようになった。それからの一年、ポーランドがどの国に忠誠を誓うかがヨーロッパの外交において大きな意味を持つ――ドイツ、西欧民主主義国、ソヴィエト連邦は、みな競ってポーランドの忠誠を得ようとする。ポーランドの政治の方向性がヨーロッパ各国の外務機関にとって重大な関心事となれば、ソヴィエト連邦は否応なくヨーロッパ情勢に引き込まれる。スターリンは孤立主義者でいたかったかもしれないが、ミュンヘン会談後、その選択肢はなくなった。彼もどちらかを選ぶしかない――民主主義国側か、ドイツ側か。

　根底からの変化は、他にも起こりかけていた。一九三六年以降、スターリンの大粛清の嵐がソヴィエト連邦の政府、赤軍、共産党内で猛威をふるった。彼は、国防と国家安全保障に不可欠な組織を正確に攻撃した。外務人民委員部は三分の一の人員が処刑されるか投獄され、内務人民委員部（ＮＫＶＤ）の対外情報機関は骨抜きにされ、いうまでもなく大勢の赤軍将校たちが殺害された。ミュンヘン会談の後になって、スターリンはＮＫＶＤが行った逮捕について正式な調査を開始すると告知した。一一月下旬、スターリンの大粛清（ロシア人は「エジョフシチナ（エジョフ時代）」と名づけた）の最たる実行者だったＮＫＶＤ長官、ニコライ・エジョフが職を辞し、ラヴレンチー・ベリヤが後任に就いた。エジョフは、スターリンが大げさに否定する大粛清の責任を負わされるはめになった。翌年、彼は逮捕され、かつて処刑した大勢の者と同じ罪を自白する。反逆罪と「破壊罪」だ。そして一九四〇年の初め、多くの者に放ってきた死刑執行人の銃弾を、自らが受けることになった。

　大粛清が終了したおかげで、生き残った将校や官僚のなかには奇妙な経験をする者がいた。聡明で品格のあるコンスタンチン・ロコソフスキー元帥は、一九三七年六月、トゥハチェフスキーと同僚の将校たちが処刑された時期に逮捕された。ロコソフスキーの父がポーランド人だったことが災いを広げ、彼は大粛清の対象者として最も命の危険が迫る部類に入れられた（ポーランド民族のソヴィエト人は、非ポーランド系のソヴィエト人と比べて、一二倍逮捕されやすく、一度逮捕されるとほぼ確実に銃殺された）。尋問官は彼を殴打し拷問したが、意外にもロコソフスキーは、自分がポーランド、あるいは日本のスパイだとする供述調書に署名するのを拒んだ。どういうわけか、スターリンの部下は彼を銃殺する機会を逃した。一九四〇年の初めに彼は釈放され、復職して再び指揮を執る立場になった。話によると、釈放直後にスターリンが彼を呼びつけて言った。「おや、ロコソフスキー、しばらく見かけなかったような気がするな。どこに行ってたのかね？」。ロコソフスキーは気持ちを抑えて説明した。「逮捕されておりました、スターリン同志。獄中にいたのです」。

「ちょうどいい時期を選んで監獄におったものだな！」と独裁者は答えた。

11

「不和の種を蒔く」

分断と差別

そのイベントは、始まる前から物議を醸した。フィオレロ・ラガーディア市長とアメリカ自由人権協会（ACLU）は、イベントの目的には賛同しないが、開催は認められるべきだと主張。味方どうしとは思えない組み合わせの、アメリカ在郷軍人会州支部とトロツキスト〔レフ・トロツキーの立場を支持する人〕の社会主義労働者党は、イベントは禁止されるべきだと考えた。アメリカ在郷軍人会の関係者は、自分が受け取った「印刷物」によれば、集会の演者は「白人のキリスト教徒」に限って人権を認めるように要求するつもりらしい、と話した。ラジオで宣教するカフリン司祭の信奉者は、「明日の夜には逮捕者がたっぷり出るよ」と警官に叫んだ。

一九三九年二月二〇日。親ナチ派のドイツ系アメリカ人協会が、ニューヨーク市のマディソン・スクエア・ガーデンに二万人の支持者を集めて大規模集会を開き、ジョージ・ワシントンの誕生日を二日早く祝った。ニューヨーク市警察は、一七四五人の警官を出席者の警護に充て、過去最大級の配備を行った。

マディソン・スクエア・ガーデンの外では、一万人（むしろ一〇万人に近いと主張する警官もいた）ほどが反ナチの抗議を行い、あちこちで警官と衝突していた。ジャーナリストのドロシー・トンプソンはマディソン・スクエア・ガーデンに潜り込み、「アメリカ国旗を飾りたてたホールに、ジョージ・ワシントンの巨大な肖像が掲げられている」のを見るが、ワシントンの表情は「悲しげで、いささか苦々しげ」だった。普段なら氷を張るはずの場所に椅子が並べられ、空席はない。旗や横断幕を手にした行列が入ってくると全員が立ち上がり、腕をまっすぐ前に伸ばすナチ式敬礼をする。ホール前には、アメリカ国旗（独立時の「ベッツィー・ロス」と、一九三九年当時の星条旗）と鉤十字章の旗に挟まれて、高さ約一〇メートルのワシントン像が立つ。ドイツ系アメリカ人協会は突撃隊も擁し、「治安部隊」と名づけていた。制服は灰色だが、褐色シャツのドイツの突撃隊員と同じく、敵を威嚇する目的でその場にいた。トンプソンは一九三一年にベルリンのスポーツ宮殿《シュポルツパラスト》でナチ党の集会を見ていて、この日の集会がそれとほぼ同じだと気づいた。ドイツ系アメリカ人協会の広報責任者、ゲルハルト・クンツェの演説は、何もかもベルリンで聞いた内容と同じに聞こえた。クンツェが口にするのは、すべて「ナチ党によってドイツでつくられた」言葉であり、ナチ党は民主主義国に対する陰謀を公然と企てていた。

　演者たちは口々に、アメリカは共和国であって民主主義国家ではないと主張した。アメリカの理想は「白人のキリスト教徒の理想」だと決めつけて、ドイツの人種関連法をアメリカでも導入するように求め、アメリカ、イギリス、フランスが外交で協力するのを阻みたいと望んだ。演者たちは、「『アーリア人』のアメリカ国民による、すべての非『アーリア人』アメリカ国民の組織的ボイコット」を提唱した。トンプソンは、「わが国の報道機関、金融、政府、文化生活のすべてがユダヤ人の手中にあり、ユダヤ人は共産主義者であるという、ベルリンですでに聞いた話」を聞かされる。ドイツ系アメリカ人協会の会員たちは、大統領のローズヴェルトを「ローゼンフェルト」と呼んだ。聴衆は、ローズヴェルトの名前を聞くとブーイングし、ハロルド・イケス、フランシス・パーキンズ、ハリー・ホプキンス、アメリカ合衆国最高裁判所判事フェリックス・フランクファーターといった、ローズヴェルトと近しい他のリベラル主義者やユダヤ人の話には野次を飛ばし、一方で、カフリン司祭やベニート・ムッソリーニ、アドルフ・ヒトラーの名を聞くと喝采した。

トンプソンは、クンツェのある言葉を聞いて冷笑した。すると、たちまち「ふたりの警官につかまり、制服姿のがっしりとした突撃隊にも取り押さえられた」。演者を笑う権利は集会の自由の権利に含まれていない、と警官に告げられる。

冷笑どころではない行動に出る男性もいた。ブルックリン出身の二六歳のホテル従業員、イザドーレ・グリーンバウムだ。ドイツ系アメリカ人協会会長のフリッツ・クーンが登壇し、協会は「アメリカ政府が、政府を創設したアメリカ国民に返還される」のを望み、「社会的に公正な白人のキリスト教徒が支配するアメリカ合衆国」を求めると聴衆に語ると、グリーンバウムは演台に駆け寄ろうとした。だが、六人の屈強な突撃隊に阻止され、手ひどく殴られる。さらに、突撃隊のひとりに髪をつかまれ、演台の反対側へ投げ飛ばされた。クーンはそれを平然と見つめ、聴衆からは大きな歓声が上がる。グリーンバウムは警官に夜間法廷へ連行され、治安紊乱《びんらん》の罪で告発された。その後ようやく、治療のための受診が許された。

ドイツ系アメリカ人協会の会員は、自分たちこそ迫害の真の犠牲者だと確信していた。クーンは、「自由に語れる白人男性向けのラジオ放送がない」と文句を言い、ラジオ局は「キャントールとか、ウィンチェルとか、バーンスタインなどという名〔裕福なユダヤ系アメリカ人に多い姓〕の連中のご託を視聴者に聞かせるのはやめて、訛りのないアメリカ英語を話す者の声を届ける」ようにと求めた。どう聞いても「訛りのないアメリカ英語」を話してはいないフリッツ・クーンは、協会に対して「嫌がらせ」が行われ、「ユダヤ人の息がかかった報道機関」のせいで、世の中の大半の人は私を「角と割れた蹄と長い尻尾がある〔悪魔のような〕生き物」としか思っていない、と不満をたれた。

ドロシー・トンプソンは、締めくくりにこう述べている。「民主主義のもとで政府によって生み出された運動、一体の組織、行動様式が、アメリカの民主主義をあからさまに敵視し、武装組織を備え、この国でプロパガンダを垂れ流すのが許されるのならば、私たちはただの間抜けだ」。トンプソンの夫である作家のシンクレア・ルイスは、一九三五年にアメリカのファシズムをテーマにした小説『It Can't Happen Here（ここでは起こるはずがない）』を発表した。

一九三〇年代の民主主義の危機は、民主主義国になってまもない中欧や東欧の国で民主主義が衰退するという問題にとどまらなかった。イギリスやアメリカのような伝統ある民主主義国が、ヒトラー率いるドイツの脅威に直面しているというだけの問題でもなかった。危機は、民主主義の牙城の奥深くまで達していた。ナチズムの脅威は本国ばかりか、他国にも潜んでいた。

世界恐慌により、ドイツは重大な影響を受けたが、アメリカの経済もまた、他の諸国と比べて大きな損害をこうむった。一九二九年から三三年の間にアメリカ全体のGDPは四分の一以上減少し、製造業に限って見れば半減した。公式失業率は二四・九パーセントに達し、銀行の半分は破綻し、国際貿易は六〇パーセント減少した。長年にわたって——特に「狂騒の二〇年代」において――アメリカ社会を特徴づけてきた、成長、繁栄、豊かな暮らしに抱いた楽観主義は、ほぼ一気に消え去った。突如として、未来はより暗く、より危険で、より貧しいと思えてきた。だが、個人の生活や意識に壊滅的な経済の影響がおよんだとはいえ、一九三〇年代の陰鬱な雰囲気の原因は経済危機だけではない。ヨーロッパではナショナリズム、人種差別、孤立主義、人の理性に対する疑念が混じり合って民主主義を脅かし、権威主義的な政治を求める気持ちをかき立てた。同じことがアメリカ合衆国でも起きつつあった。

民主主義体制に二〇世紀の問題を解決する力があるのかと疑う人は、大勢いた。ヒトラーが政権を握った二日後、大統領就任式を間近に控えるローズヴェルトは、コラムニストのウォルター・リップマンの訪問を受けた。「状況は危機的だ、フランクリン」。リップマンは次期大統領にそう言った。「独裁的な権力を握る以外に、手段はなさそうだよ」。ローズヴェルトの「ニューディール」は、アメリカの民主主義を救う決死の取り組みで考え出された政策だった。

ヨーロッパと同様、アメリカの民主主義の危機も、根底には第一次世界大戦とその結果を否定する多くのアメリカ人、おそらくは大多数のアメリカ人の怒りがあった。そのような考えがあったがゆえに、多くのアメリカ人は、他国とのかかわりを断ってほしいと切望するようになる。そうした空気のなかでウッドロウ・ウィルソン大統領は、一九一九年と一九二〇年に、国際連盟へのアメリカの加盟を承認してもらいたいと、国民を、すなわち上院を説得するのに失敗した。アイダホ州選出の共和党上院議員、ウィリアム・ボーラは、大勢の声を代弁して、「この共和国の根本的な、最も重要視すべき原則だと私が考えるもの」、何よりも「外国勢力から法的にも、道徳的にも、あらゆる制限を受けずに国民が自ら統治する権利」が国際連盟によって危うくなると述べた。

「外国勢力」という言葉によって、別の問題点も浮き彫りになった。ヨーロッパと同じくアメリカでも、民主主義の危機は人種や民族の対立に他ならない。優生学という新しい「学問」を提唱する第一線のアメリカ人のひとり、マディソン・グラントは、反民主主義の政治と人種差別主義がいかに密接に結びつくかを示す好例だった。グラントは、人種間の階級という自説と相いれない「人類の兄弟愛という教義」は、一七八九年のフランス革命によって生まれたと非難し、侮辱の意味で民主主義的な機構という言葉を使った。

一九二〇年代を通じて、国際情勢に関する支配層の考えと世論には明らかな隔たりがあった。ジャズ・エイジのアメリカは、国際舞台において決して休止していたわけではなく、一九二四年にはドーズ案、一九二九年にはヤング案を主導してドイツの賠償金支払いを見直し、一九二八年には戦争の完全非合法化を目指すケロッグ＝ブリアン条約を提案した。だが、世界恐慌に見舞われると、アメリカ国民はいよいよきっぱりと世界に背を向けた。ニューディール政策自体も、国際的影響力からアメリカを「隔離する」取り組みを象徴していた。

あらゆる形の国際関与に対するアメリカ人の反発は戦間期に広がり、高まる人種差別的ナショナリズムとうまくなじんだ。このような環境は、移民制限の支持者と優生学が接点を持ったのをきっかけとして、第一次世界大戦前からすでに醸成されつつあったが、そうした意識は戦争によって一気に強まった。ロシアのボリシェヴィキ革命〔十月革命〕、その後世界各地で起きた共産主義による政府転覆の恐怖も、同様の影響をもたらした。そうした世界情勢を見ていたアメリカ人の多くは、アメリカ人とはイギリスや北欧の血を引く種族であるという考えに、さらに固執し始める。そう考える人たちにしてみれば、一九世紀末から二〇世紀初頭に急増した南欧や東欧からの移民が、アメリカ人に備わる「アングロ・サクソン人」や「北欧人」の特徴を致命的に傷つけ、外国の危険なイデオロギーをもたらしたのだった。

こうした風潮のなか、クー・クラックス・クラン〔KKK〕が再び台頭し、構成員数を四〇〇万〜五〇〇万人にまで増やした。南北戦争後に創設された第一のKKKとは異なり、第二のKKKは北部と西部に勢力を拡大していく。反黒人であるのと同じくらい、反カトリック、反ユダヤの傾向が認められ、プロテスタント主義と白人至上主義とナショナリズムの新たな混合――ドイツでナチ党に勢いを与えたのと同じ混合――による方針を掲げていた。

いうまでもなく、プロテスタント主義、およびアングロ・サクソン系や北欧系の「純白」主義を軸にアメリカ人の特質を再定義する試みは、KKKの復活を別にしてもアフリカ系アメリカ人に深刻な影響をおよぼした。一九世紀末頃から、アメリカの南部一帯では、特別税、読み書き能力の試験、居住要件の併用により、アメリカ合衆国憲法修正第一五条で保証された保護が骨抜きにされたため、一九三八年になっても、南部のアフリカ系アメリカ人で投票権があったのは、わずか四パーセントほどだった。差別的な法に伴い、残忍な暴力事件も多発した。一九〇〇年から一九三〇年の間に、二〇〇〇人近くのアフリカ系アメリカ人がリンチで殺された。リンチを禁止する連邦法の制定は、議会の南部選出議員の力に阻まれた。彼らは当時、民主党を牛耳っていたため、事実上、法律制定に対して(この件では、議事進行妨害を通じて)拒否権を行使した。

一九三〇年代にはKKKは衰退していたが、新たな組織が出現して「白人のプロテスタント(または、少なくともキリスト教徒)で反ユダヤのアメリカ」という考えを喧伝した。たとえば、ドイツ系アメリカ人協会や銀シャツ党は、ナチ党風の制服を着用し、それぞれ独自の突撃隊を擁していた。また、デトロイトのチャールズ・カフリン司祭は膨大な数の聴取者に反ユダヤ主義による憎悪を広め、彼が主導する「キリスト者戦線」の支持者もやはり突撃隊員と化していた。このような団体は、飛行士として有名なチャールズ・リンドバーグが「アメリカ第一主義《ファースト》委員会」の花形スポークスマンを務めるはるか以前から、「アメリカ第一」を方針として宣言していた。支持層が大きく異なり、民族や宗教も違うゆえに実質的な統合はあり得なかったが、いずれも、いかなるヨーロッパの戦争にもアメリカが巻き込まれないようにすること、フランクリン・ローズヴェルトを打倒することを目標としていた。

移民数に割り当てを定めたジョンソン・リード法、人種隔離、クー・クラックス・クランをはじめとする極右団体の隆盛の背景にある人種差別主義は、アメリカにおける民主主義の危機の中核をなし、アメリカの危機とヨーロッパの危機を結びつけていた。ナショナリズム、グローバル化に反対する孤立主義の主張はいたるところにあふれ、ニューディール政策に対しても同様の主張があった。ヒトラーは、アメリカの発展をつぶさに研究していた。彼が心酔したマディソン・グラントの著書『The Passing of the Great Race（偉大な人種の消滅）』はジョンソン・リード法に影響を与え、一九二五年にはドイツ語版が出版された。ヒトラーは、『わが闘争』でドイツの軽率な移民政策について手厳しく批判した後、「ある民族にはまったく帰化を認めないひとつの国」だとアメリカを称賛した。ヒトラーの認識では、ジョンソン・リード法は、アメリカがフェルキッシュ（人種差別主義者で極端なナショナリスト）の国となる道に慎重に踏み出した一歩だった。政権に就いたナチ党は、アメリカの移民法、国籍法、異人種間の結婚を禁じる法を手本にしようとした。一九三五年に制定された悪名高いニュルンベルク法の背景にも、アメリカ（特に、南部のジム・クロウ法）の影響がある。

もちろんヒトラーとナチ党は、憎悪に関してはアメリカ人からも誰からも指導を受ける必要はなかった。だが、憎しみを機能させる方法を探すにあたり、アメリカの人種法に「典型例」があると知った。

一九三〇年代の危機でドイツ系アメリカ人がそろって経験したのは、合法化された憎悪だけではない。人間の非理性的な行いや、政治家と実業家がそうした非理性的行動につけ込むやり口も、たびたび経験した。

この種のテーマに関する評論家としてアメリカで最も名を知られていたのは、影響力を持つ新聞コラムニスト、ウォルター・リップマンだ。彼は、第一次世界大戦中にドイツ軍兵士に向けたアメリカのメッセージの草案を書く仕事で、初めてプロパガンダについて学んだ。彼は、数百万人の市民が信じそうな言い伝えや嘘を大量のビラで拡散できるのを目の当たりにした――モンスの戦いで天使がイギリス陸軍を救った、ロシア兵が長靴に雪を載せてイギリスに到着した、ドイツ人が戦争捕虜をはりつけにした、といった具合だ。リップマンの関心事が最初に形となったのは、『Liberty and the News（自由と報道）』という薄い書籍で、彼はそのなかで、後年になってからもさまざまな方面で反響を呼ぶ表現を世に送り出した。たとえば、現代の民主主義において世論の重要性は高まり、「同意と呼ばれるものの形成が重視されるようになった」という主張だ。リップマンはその後、ファシスト政権下となってまもないイタリアを訪問し、さらに影響力の強い二冊の著書、『世論』（一九二二年刊行）と『幻の公衆』（一九二五年刊行）の執筆に打ち込んだ。

アメリカの有権者数は一八九六年と比べて倍増し（まもなく三倍になる）、それに伴って社会や政治の問題が複雑化した結果、こうした問題の多くについて、ほとんどの国民は情報に基づく判断ができなかった。だが、もっとよくなかったのは、こと人間に関してはおそらく誰も理性的な判断ができないという問題だ。あらゆる知覚は主観的だとリップマンは考察した。「われわれは、見てから定義しないで、定義してから見る」と彼は書いている。主として文化に由来する「ステレオタイプ」によって、定義は決まる。そう考えたリップマンは、非常に深刻な問題に行き着いた――これがすべて真実なら、事実は存在せず、事実を装うさまざまな文化的判断があるだけだ。

情報を知って正しく理解する有権者の能力を頼りとする民主主義制度にとっては、厄介な問題だった。判断する能力が国民にないとしたら、政治家は国民を喜ばせて、そうした能力があると思わせなければならない。つまり、欺瞞と不正が民主主義の仕組みの中心となる。「公人は、自分が知り得たことのほんの一部分を公衆に話す、ということに慣れなければならない」とリップマンは述べている。新しいタイプの扇動的な政治家に対して、リップマンは軽蔑の気持ちでいっぱいだった。一九二七年には、市民の「最も低俗な偏見」に訴えて当選したシカゴ市長、「ビッグ・ビル」・トンプソンに対して軽蔑の声を上げた。「大衆に受けがよい行政は、このような基盤の上でいつまで長続きするのか？」という疑念もあった。

膨大な数の新たな有権者と、世界の複雑なものごとに関するさらに膨大な事実との間にある隔たりを、何かで埋める必要があった。ヒトラーが支配するドイツでは、その何かはあからさまに「プロパガンダ」と呼ばれた。アメリカをはじめとする民主主義国では、柔らかく聞こえる「広報活動」という言葉が使われた。

この新しい分野が生まれたのは、ひとつには戦時中のプロパガンダの経験、またひとつには、第一次世界大戦前の数年間に盛んになった醜聞暴露ジャーナリズムに対する企業対応がきっかけだった。アメリカにおける広報活動の先駆者のひとり、アイビー・リーは、記者として働いた後に転職し、スタンダード・オイル社やベスレヘム・スチール社のイメージアップを手伝った。リーは、本来なら求められるべき検証可能な事実を軽視し、それを隠さなかった——一九二〇年代半ばの演説では(リップマンに賛意を表して言葉を引用し)、事実は存在しないと主張した。「絶対的な事実を述べる努力は、人間の力では不可能なことを達成しようという試みにすぎない。私としては、事実に関する自分なりの解釈を示すしかない」。先入観は誰にでもある——「私たちはみな、自分の利益にかなえば一般の利益にもかなうと考えようとしがちだ。何ごとも、自身の利益と偏見に影響された色眼鏡を通して見る傾向が強い」。リップマンから見れば、非常に憂慮すべき問題だった。一方、リーにとってはビジネスチャンスだった。リーは、アメリカの企業の代理人だけでなく、一九二〇年代にはソヴィエト連邦、一九三〇年代にはドイツの化学系巨大コングロマリット、IGファルベン・インドゥストリーの代理をした。

そのような経緯ののち、広報活動という新しい職業は、政治コンサルタントという別の新たな職業を生んだ。先駆となったのは、カリフォルニア州のクレム・ウィトカーとレオン・バクスターの夫妻で、ふたりは一九三三年にキャンペーンズという会社を設立した。アイビー・リーと同じく、ウィトカーとバクスターも「事実」だの「真実」だのという古くさいものには興味がなかった。自分たちが暮らすのは新しいところ、すなわち、国民の社会ではなく消費者の社会だと理解していた。「どの有権者も消費者で、どの消費者も有権者だ」というのが、ふたりの謳い文句だった。

ウィトカーとバクスターは、消費者はあまり聡明でないと考えていた。だとすれば、政治運動に必要なのは単純なテーマだ。『『平均的なアメリカ国民』を学ばせたり考えさせたりしようとすると、ハードルが上がる」とウィトカーは述べている。言葉を繰り返すのは効果的だ。韻を踏む表現も好ましい。公正であることや事実の正確性は、まったく重要ではなかった。ふたりで一緒に、一九三四年のカリフォルニア州知事選で先鋭的な暴露小説の作家、アプトン・シンクレアの敗北を画策したのち、バクスターは選挙活動中の自分たちの主張は不適切だったと認めた。だが、しかたがなかったのだと、肩をすくめるような言い訳もしている。「私たちにはひとつの目標があった。（シンクレアを）知事にさせないという目標だった」。

ウィトカーとバクスターは、ヒトラーやドイツの荒々しい政治家とはかけ離れた生活を送っていた。それでも、大衆を丸め込むことにかけては、ドイツの独裁者と驚くほど似通った考えを抱いていた。ヒトラーが『わが闘争』を執筆したのは、まさに、リップマンが現代人は民主主義的な国民たる適性があるのかと懸念し、リーやウィトカー、バクスターがその点をついて金儲けをするようになった時期だ。ヒトラーから見れば、当時のドイツの中道派政治家が力を失いつつあるのは、「大衆の心を動かし、感化する」才能がないからだった。「大衆自身というものは無精で臆病なもので」、せいぜいのところ、考えをおとなしく受け入れるくらいしかできない。書き言葉では、大衆の心は決して動かない。「フィルムも含めたあらゆる形式の画像」の方が大衆の心を動かせるのは、「人間はもはや頭脳を働かす必要がない」からだ。ヒトラーは瞬時に核心をつく。直感――「本能的な嫌悪、心に刻み込まれた憎悪」――は、事実に関する意見よりも、はるかに重要で変えがたい。誤った概念は、「啓蒙すれば取り除ける。だが、直感で行う反抗は断じてそうはいかない」、とヒトラーは述べている。

一般大衆の知性に関しても、ヒトラーの評価はやはり低かった。「大衆は外交官から成るのではなく、憲法学者から成るのでもなく、冷静な論拠ではなく心情に」支配された「疑念や不安に傾きがちな人類の子どもから成る」。彼は、ウィトカーやバクスターと同様の結論を導き出した。「プロパガンダはテーマを絞り、たえず繰り返すべきである。この粘り強さが、成功にいたる第一の、かつ最も重要な条件である」。

アイビー・リーやキャンペーンズ社が広報宣伝の内容が真実かどうかを気にかけなかったのと同じく、ヒトラーも、政治においては嘘が重要な役割を果たしうると理解していた。他の機会に述べているプロパガンダに関する見解と同様に、彼は『我が闘争』でも、政治運動において不正直がどう機能するかについて、ひねくれてはいるものの鋭い認識を示している。彼の考えでは、政治運動に成功する者は大きな嘘をつくことに力を入れ、小さな嘘に頭を悩ませない。というのも、「嘘が大きければ、信じてもらえる一定の要素が常に存在する」からだ。「国民大衆は、意識して自発的に悪人になるというよりは、むしろ他人によって容易に心根が腐敗させられるのであり」、よって「彼らの人間性の未熟な単純性からして、小さな嘘よりも大きな嘘の犠牲となりやすい。それは、彼ら自身は小さな嘘をたびたびつくのだが、大きな嘘をつくのはいかにも恥なの」で、「真実を歪曲するような、不名誉きわまる厚かましい行いが他人ならば可能だなどとは信じ得ない」からだ。だが、嘘は口に出してしまうと、完全には消し去れないという落とし穴がある。「たとえ本当の事実を知らされたとしても、彼らはなお長く疑問を持ち続け、ためらい、そして少なくともどこか一部分がやはり真実だと受け取る。したがって、まさにそうした理由で、実際きわめて図々しい嘘から常に何かが残り、存続していく。この世のあらゆる大嘘つきや嘘つき団体が、底の底まで知りつくしている事実である」。

確かに、ヒトラーはよくわかっていた。アイビー・リーやキャンペーンズ社と同じく、騙されやすい大衆がもたらしてくれる好機に関心を持っていた。ナチズムは、不合理や反知性主義を利用し、むさぼった。最初はナチ党の敵を侮辱するのが目標だったが、最終的にはドイツ国民を戦争に備えさせるのが目標となった。

ヒトラーは、たびたび専門家や知識人をあからさまに侮辱した――例外は、まれにそういう人から称賛され、傷つきやすい自尊心をくすぐられた場合だ。だがもっぱら、知識人ならではの個性、不忠とみなすものは軽蔑した。「知識階級というものは」と、彼は一九三八年一一月に思いを巡らせている。「――残念ながら、われわれには知識階級が必要だ、だが必要でなければ、いつかは皆殺しにでもできるのか」。ゲッベルスも、アイビー・リーのように「客観性」を否定し、ヒトラーと同様の軽蔑を述べている。「政治的な偏りがないものなど、どこにもない。完全な客観性の原則を発見するのはドイツの大学教授の特権であり、大学教授が歴史を作るとは思わない」。

ゲッベルスはオーソン・ウェルズのラジオ番組、「宇宙戦争」から、示唆に富む重要な教訓を得た。一九三九年初め、ドイツとアメリカの関係が史上最悪の状態に向かうなかで、ゲッベルスはこう書いている。アメリカ人は「たちの悪い海外工作員による」宣伝活動の犠牲になっており、「このような挑発がどこまで進むのかは、現在の北米の世論は最も粗雑な策略にも引っかかり得るという事実を見れば明らかだ。アメリカのラジオ局が、火星人のアメリカ大陸侵略という空想のラジオドラマを放送するだけで、アメリカ人の多くは事実上パニックに襲われた。それが、恥ずべき嘘と不道徳な扇動の結果だ」。ゲッベルスも、国民には何でも信じさせられると考えていた。

騙されやすい大衆にプロパガンダを浴びせる真意を、ヒトラーは明確には説明しなかった。一九三八年一一月一〇日、「水晶の夜」の翌日、ヒトラーはミュンヘンのケーニヒス広場にある総統館に戻った。ミュンヘン会談から六週間がたっていた。表向きは、ドイツの新聞社と多くの記者に、ズデーテン危機の報道の礼を言うのが目的だった。だが実は、もっと深刻な話をするつもりでいた。

ヒトラーは、九月にドイツ国民が示した戦争への熱意は明らかに不足だったと、なおも懸念していた。政権に就いて以来、状況が許さなかったため、平和に関する話しかできなかった、とヒトラーは説明した。そういう方法でないと、ドイツの自由を取り戻すのは不可能だった。しかし「明らかに」、このような「平和のプロパガンダ」には「好ましくない面」があった――ドイツ国民が、実際に平和のプロパガンダを信じ始めていたからだ。

今こそ、「ドイツ国民の精神を段階的に違う方向に向け、平和的な手段で遂行できない場合は、暴力を用いて遂行しなければならないものごともあると、徐々に明らかにする」必要がある。すなわち、「国民の内なる声が次第に暴力を求めて叫び始める」ようなやり方で、「特定の他国の政治的なできごと」を伝えるという問題だ、とヒトラーは語った。

ヒトラーは、正しい方法でものごとが伝われば「国民」はそうすると確信していた。国民をプロパガンダで戦争に駆り立てられるかどうかは、報道次第だった。「ドイツ国民全体をそうさせねばならない。ドイツ国民が最終的には勝つと熱狂して信じ、たとえ敗北しても……俯瞰的な視点を持ち、敗北は一時的なものととらえるようにならねばならない」。国民が「指導者の下で結束を固める」のが、決め手となる。そうすれば、自分は誇らしい気持ちになり、「大きく安堵する」だろうとヒトラーは述べた。

そのような「結束」を実現するため、ヒトラーは常に「外国人」の脅威を力説した――フランスやソヴィエト連邦に住む正真正銘の外国人であれ、ユダヤ人のように、彼が国内から排除したいドイツ国民であれ、区別はなかった。外国人が来て脅かされるという恐怖は、一九三〇年代には世界中に広まっていた。脅威となる外国人は、オーソン・ウェルズのラジオドラマに登場する火星人のように、抽象的な場合もあれば、架空の場合もあったが、相当な現実味がある場合もあった。ガチョウ足行進〔膝を曲げずに脚を伸ばしたままで行う行進〕をするドイツ系アメリカ人協会の突撃隊は脅威を感じる外国人の一例で、移民や難民も違う意味の脅威であり、外国の政府や情報機関の諜報員も脅威だった。

一九三〇年代、ナチ党支配下の警察や情報機関は民主主義国でさまざまな恐怖を広めた。ドイツのナショナリズムを批判した、リベラルであり、聡明で才覚のあるユダヤ人哲学者、テオドール・レッシングは、一九三三年にチェコスロヴァキアに亡命した。ところが、そこでズデーテン・ドイツ人のナチ党諜報員に見つかり、殺害された。一九三五年には、ナチ党が調査報道記者のベルトルト・ヤーコプをスイスで拉致した。ヤーコプは、ヴァイマル共和制時代に極秘で進められたドイツの再軍備について報道し、ヒトラーがまだ登場していなかったにもかかわらず、反逆罪で投獄された経験があった。ナチ党が政権に就いてからは、まだ国際連盟の管理下にあったザールラントの安全な場所から報道を続けていた。

同じく一九三五年、ロンドンに亡命したふたりのドイツ人、社会民主党の国会議員マティルデ・ヴルムと左派のジャーナリストで活動家のドーラ・ファビアンが、同居していた集合住宅の部屋で遺体で発見された。検視では自殺とされたが、検視結果には疑問があり、このふたりの死にもドイツの諜報員が関与していると疑う理由はたくさんあった。ファビアンは、社会主義の亡命ドイツ人、ハンス・ヴィーゼマンを詳しく取材していた。ゲシュタポに「改心」させられ、ベルトルト・ヤーコプをはじめとする何人かの拉致にかかわった人物だ。ファビアンとヴルムの部屋はそれまでに二度、何者かに侵入され、ふたりは自殺する可能性があったと考えた知り合いはひとりもいなかった。検視官は、ファビアンは亡命ドイツ人カール・コルシュとの関係が破綻して、傷心のあまり自殺したとみなしたが、それを裏づける唯一の証拠の出どころはコルシュ本人だった。ロンドンに滞在する他の亡命者からナチ党の諜報員と疑われていた男だ――しかも、ファビアンの失恋で、なぜヴルムも自殺しなければならないのか？　多方面から指摘されていた通り、警察の捜査はずさんだった。この事件によってイギリスのメディアは大騒ぎとなり、ナチ党のテロがイギリス諸島にまで広まっているという恐怖をかき立てた。労働党の庶民院議員エレン・ウィルキンソンは、二度目の不法侵入後に、ファビアンに警察に行くよう強く勧め、「ここはナチ党が牛耳るベルリンじゃないから」と進言したと書いている。ファビアンはただ苦笑いをして、こう答えた。「ナチ党の工作員の最大の強みは、たとえ証拠を握られても、ここでそんなことができるとは誰も、警察も友人も、信じないことよ」。

このような企ての裏にあったのは、組織化された機関だ。一九三三年、ゲシュタポはドイツの全警察に対し、主だった共産主義者、平和主義者、社会民主党員、さらに「ユダヤ人の知識人」に特に重点を置いて亡命者リストを作成するように命じた。ゲシュタポは他国に諜報員のネットワークを作り、亡命者を監視した。諜報員の多くはドイツ人だったが、脅しに屈して引き受けた者もいれば、単なる金目当てで引き受けた者もいた。ドイツ外務省も「ドイツ担当部局」という新しい支所を設けて、亡命者に目を光らせた。またナチ党にも、他国に住む親ナチのドイツ人を積極的に組織化する海外担当機関があった。

ナチ党の工作員が民主主義国で暮らす人々を相手に略奪や拉致、さらには殺人さえも行うかもしれないとなれば、ただごとではなかった。さらに不安をあおったのは、ナチ党が民主政治に積極的に干渉し、場合によっては選挙結果も操るかもしれないという懸念だった。フランクリン・ローズヴェルトは、そのような危険を充分に認識していた。一九三九年の一般教書演説で、彼はこう述べている。「われわれが学んできたのは、あからさまな軍事行動が行われるかなり前から、プロパガンダ、買収による潜入、友好関係の揺さぶり、偏見の扇動、分裂の誘発といった予備段階とともに侵略が始まるという事実です」。それは、ローズヴェルトが掲げ続けたテーマだった。一九四〇年五月の炉辺談話〔大統領が国民に直接語りかけたラジオ番組〕では、攻撃は「不和の種を蒔く」やり方で行われ、「地域、人種、政治的立場に基づく集団」が「誤ったスローガンや感情に訴える主張によって、もともとあった偏見を助長させられる」可能性があり、「こうした集団をわざと扇動する者は、意見を混乱させ、国民をためらわせ、政治を停滞させたうえで、いずれはパニックを引き起こすのが目的です」、と警告した。さらに、その数ヵ月後の炉辺談話では、アメリカは「民主主義の兵器廠《へいきしょう》」となると語り、「大勢の者を虐げ、むしばみ、腐敗させてきた邪悪な勢力はすでにわが国の門の内側におり、高い地位にある多くのアメリカ国民が……そのようなスパイの仕事を援助し、ほう助しているのです」と警鐘を鳴らした。

一九三〇年代後半から第二次世界大戦初期の数年にかけて、ドイツ外務省はアメリカの上下院議員数十人に働きかけ、ドイツのプロパガンダ拡散に利用する大規模作戦を実行した。そのネットワークの中心にいたドイツ系アメリカ人、ジョージ・シルヴェスター・ヴィーレックは、第一次世界大戦前からさまざまな方法で親ドイツのプロパガンダを広めてきた。彼の作戦には三大目標があった――ドイツは無敵だとアメリカ人に確信させる、国会議員に中立を支持させる、独米貿易を維持する、という目標だ。三大目標を達成するには、偽情報の拡散が必須だった。ヴィーレックにとって有用な政治家のなかには、ニューヨーク州選出の下院議員ハミルトン・フィッシュのような強硬な孤立主義者もいれば、ミネソタ州選出の上院議員アーネスト・ランディーンのように、資金繰りに苦労している者もいた。ヴィーレックはランディーンに、協力してくれたら「あなたが自力でやる何かよりも、政治的にも経済的にも利益になる」と約束していた。ヴィーレックはランディーンの執務室を拠点として使い、その結果、ランディーンとフィッシュ（および他の国会議員）は上院および下院の本会議場を利用して、敵対する外国勢力に関するプロパガンダを広めた。ヴィーレックは、郵便配達料が無料になる国会議員の特権を利用して、演説の抜き刷りの大量配布もアメリカの納税者の負担でやってのけた。

ランディーンが一九四〇年に飛行機事故で死亡する直前、ヴィーレックは彼に、迫り来る捜査はただの「魔女狩り」だと断言していた。実は、二〇一三年にようやく機密指定を解除された文書ファイルによれば、ヴィーレックが捕まったのはイギリスの諜報活動のおかげだった。イギリスは、ヴィーレックの活動に関する情報を報道機関やアメリカ当局にリークした。ヴィーレックは外国代理人登録法違反容疑で起訴され、彼の作戦は事実上終了となった。

ドイツ政府自体も、一九四〇年のアメリカ大統領選挙には深く介入し、ドイツに友好的な者が民主党の大統領候補に確実に指名されるように大金を投入した――労働組合の指導者ジョン・L・ルイスがドイツの本命候補だった。だが、ローズヴェルトが再び民主党の大統領候補に指名されるのが明らかになると、ドイツ政府は、共和党の大統領候補ウェンデル・ウィルキーが当選するように手を尽くした。ワシントンにあるドイツ大使館は、共和党の綱領に孤立主義の項目を必ず入れてもらおうと、多額の金を費やして共和党議員の移動旅費を負担し――党の綱領に注意を払うアメリカ人はいないのを理解していなかった――「戦争への行進をやめよ！」という新聞の全面広告にも金を出した。

各国が国外に情報機関を置くのは、このような他国の影響を阻止するためだ。一九三〇年代のイギリスとアメリカの情報機関と警察は総じて――常にとびきりよいとは限らないとしても――ナチ党の諜報員による最悪の活動を阻止する程度にはよい仕事をした。しかし、国のリーダーが敵国に関する正確な情報を聞きたがらなかったり、さらに困ったことに、リーダー自身が情報機関から信頼できないとみなされたりすると、特別にむずかしい問題が浮上する。一九三八年末頃からネヴィル・チェンバレンがイギリスの情報機関にもたらしたのは、そのような問題だった。

大多数の国と同じく、イギリスは外務省管轄の国外情報機関――秘密情報部（SIS）、またの名をMI6――と、内務省の権限下にある国内情報機関（MI5）を擁している。もちろん、ナチズムの脅威に対処するのは、SISの主要な責務だ。だが実は、ロンドンのドイツ大使館内にはある優秀なMI5の諜報員がいて、ナチ党員に関する高度な機密情報を得ていた。

その諜報員は、貴族のブランデンブルク家出身のヴォルフガング・ガンス・エドラー・ヘル・ツー・プトリッツという名の驚くべき人物だった。プトリッツは、第一次世界大戦に従軍し、ベルリンで経済学の博士号を取得してオックスフォード大学で学んだ後、一九二五年にドイツの外交官になった。一九三〇年代末にはロンドンの大使館で領事の職に就いたが、強烈な反ナチであり、一九三〇年代はソヴィエト連邦とイギリスの情報機関のために働いていたようだ。MI5とも通じていて、その仲介をしたのが「クロップ」（ロシア語で「トコジラミ」の意）という異名を取るもうひとりの優秀な諜報員、ヨナ・フォン・ウスティノフだった。本名とニックネームからすれば意外だが、クロップはドイツ人で、彼の妻がロシア人だった。彼はユダヤ人ではないと証明するのを拒否して、広報官として働いていたロンドンのドイツ大使館を解雇され、イギリスの市民権を取得して、ロンドンでジャーナリスト――および、MI5の諜報員――になった。プトリッツをはじめとする、ベルリンの大使館の優れた情報源のおかげで、クロップはイギリスに大きく貢献した。MI5幹部のピーター・ライトは、後年になって、クロップがプトリッツから得た情報は「戦前にイギリスが人間の情報源から入手した、おそらく最重要の機密情報だった」

と書いている。

プトリッツとクロップのチームが提供した文書は、イギリスにあるナチ党海外担当機関の報告書などだ。MI5はこうした報告書から、ドイツのラインラント進駐、オーストリアやチェコスロヴァキアへの侵攻といった動きについて、前もって警戒できた。プトリッツは、ヒトラーが『わが闘争』に記した東方への拡大は本気だと確信していた。そうであれば、宥和政策は無益だ。MI5は、一九三六年以降そのような見方をとっていた。クロップの息子で、舞台俳優および映画俳優としてのちに父親よりもはるかに有名になるピーター・ウスティノフ〔ユスティノフ〕も、諜報活動にひと役買った。ピーターは、当時のドイツ大使、ヨアヒム・フォン・リッベントロップの息子と学校が同じで、その息子が戦争や破壊の光景をたいへん熱心に描写していると報告した。

SISとMI5は、互いに激しい対抗意識を持っていた。SISの名うての職員で、「ケンブリッジ・ファイブ」のひとりとされるキム・フィルビーの後年の回想によれば、第二次世界大戦が終結するにあたり、SISは、これで「真の敵、MI5との闘いに戻る」ことができると喜んだそうだ。したがって、当然ながら、ドイツの脅威に対するSISの見方はMI5とは違っていた。クロップから情報を得たMI5が、ミュンヘンでは断固たる態度を取るようにと政府に要請したのに対して、SISは、ヒトラーの条件をチェコスロヴァキアに呑ませるべきだと主張した。ミュンヘン協定成立の直後、MI5はプトリッツとクロップの情報に基づいて報告書を作成した。歴史学者のクリストファー・アンドルーの言葉を借りるならば、「おそらく初めての（あからさまではないが）、イギリスの情報機関による政府の外交政策に対する非難」となる報告書だった。

MI5は、チェンバレンに確実に目を留めてもらうために、ヒトラーがチェンバレンを軽蔑しているという情報――ナチ党の独裁者はチェンバレンを「くそ野郎」と呼び、トレードマークのこうもり傘を馬鹿にしているという話だ、という情報――を盛り込んだ。

しかし、政府の反応はMI5の期待通りではなかった。イギリス外務省が最近になって機密指定を解除した文書が、それを物語る。一九三八年一一月下旬、MI5の情報源から、ドイツ大使館の広報官フリッツ・ヘッセとチェンバレンの報道官ジョージ・ステュワードが密会しているとの憂慮すべき情報が提供された。MI5は、ヘッセが自らとステュワードとの会合のひとつについてリッベントロップに報告する文書も確保した。一九三八年一一月二五日付のこの報告書によると、ステュワードは「ミュンヘン協定の路線に沿って、さらに目に見える形で進展を図りたいという差し迫った要求がある」とヘッセに告げ、「人間性のある戦争、特に空中戦」について合意をもちかけた。このような合意はチェンバレンとヒトラーの間で直接、極秘に交渉すべきで、外務省の関与は要らない。ステュワードはヘッセに、「反ドイツのよからぬ扇動者のなかには、われわれの邪魔をしている者もいる」――おそらく、チェンバレンが議会から追い出そうとしているチャーチルなど、宥和政策に批判的な勢力を指す――と断言した。ヘッセは、「総統が、このおそらく公式に発案された提案の推進を望む場合、自分はどう行動すべきか」を知りたがり、提案は「われわれへの理解を望む声がこのイギリスでどれほど大きいかを示す新たな兆候であり、イギリスが実質的にわれわれの条件をすべて受け入れ、われわれの希望をすべてかなえる準備が来年にも整う……という証拠でもある」とつけ加えた。

すなわち、チェンバレン政権はドイツ政府と密かに連絡を取っていただけでなく、チェンバレンおよびドイツに批判的なイギリス側の者たちを追い出す計画についてもドイツと話し合っていたことになる。この情報をMI5から得た外務事務官、アレクサンダー・カドガンは、ハリファックスに知らせるべきか、知らせるのなら何を知らせるべきかと迷った。ハリファックスはこの報告書をチェンバレンに突きつけなければならないと思うかもしれない、とカドガンは考えた。チェンバレンがドイツとの接触など知らないと突っぱね、「誰かに罪をかぶせる」としたら、おそらくハリファックスは説明に納得して仕事を続けるだろう。けれども、チェンバレンがドイツとの交渉について「自分の信念を押し通す」ならば、ハリファックスは辞任するかもしれない。

カドガンは、チェンバレンが受ける影響についてもよく考えた。「おそらく、自身の『宥和』政策が、よこしまな反ドイツの外務省に破壊されたと考えるのではないか」とカドガンは結論づけた。チェンバレンは、外務省の「活動力を削ぐ」一方で、水面下での交渉を続けようとしかねない。ハリファックスが辞任すれば、「操り人形」を外相に据えて、SISを自らの支配下に置くかもしれない。チェンバレンが選挙を行わざるを得なくなり、宥和派と反宥和派の争いになる可能性もある。そうなれば、チェンバレンが敗北するかもしれないと見こしたドイツは、すぐさま戦争を始めるだろう。チェンバレンの支持者は、それを反宥和派のせいにするだろうし、そうなれば、国民が大きく分断された状態でドイツとの絶望的な戦争に立ち向かう結果になる。

それでもカドガンは、ハリファックスに知らせなければならないと判断した。するとチェンバレンは、本当に他の者に罪をかぶせた。ハリファックスは、おそらく渋々ながらもそれを受け入れ、事態は収まった。チェンバレンには果実は減る一方だと思えたが、それでも宥和政策を頑なに貫いた。

イギリスやアメリカと同じく、フランスも、一九三〇年代の民主主義の危機において無傷ではいられなかった。フランスの制度にはさほど深い伝統はなく、フランスの民主主義は、実は英語圏諸国よりも大きな危機にさらされていた。一九三〇年代のフランスは、ともすればヴァイマル共和制のドイツの民主主義と同じ道をたどっているように見えた。

　ドイツの民主主義は、国家が制御できない右派組織と左派組織の間の暴力によって徐々にむしばまれていったともいえる。一九三四年二月、似たようなことがフランスでも起きた。いつまでも消えない第一次世界大戦の恐怖、一九三〇年代の経済の低迷、そして醜聞と腐敗はフランスの制度にはつきものという認識が、国の安定を揺るがしているかに見えた。イデオロギーはさらに両極化し、フランス共産党が力をつけて党勢を増す一方、愛国青年同盟や火の十字団《クロワ・ド・フー》のような極右団体は、イタリアのファシスト党員やドイツのナチ党員のスタイルを真似て、色で統一した制服とジャックブーツを身につけた。二月六日の夜、いくつもの団体が通りに繰り出し、右派集団と左派集団の間で暴力沙汰が起こり、激情と怒りがパリの路上に氾濫した。その夜、一八人が殺害され、一四〇〇人もの負傷者が出た。

　しかし、ドイツと違ってフランスでは、そのような時期がすぎると一時的には経済の回復とともに国民の信頼感が高まったようだ。一九三四年の右派による暴力は、逆に左派の結集のきっかけとなり、一九三六年の総選挙では中道と左派の政党――急進社会党（まさに中道の政党なので、大きな誤解を招く党名だが）、社会党、共産党――が多数派となった。社会党の党首であり、ユダヤ人の知識人でもあったレオン・ブルムが首相に就任した［「人民戦線内閣」と呼ばれる］。

就任時のブルムは、フランクリン・ローズヴェルトの考えに近い、本人が「共和主義防衛」と名づけた考えを持っていた――ドイツ以外の国でナチズムに抵抗する一環として、社会正義を通じて自国の民主主義を守るという考えだ。フランスでは女性に投票権がなかった時代でありながら、ブルムは三人の女性を次官に任命したが、彼の政権はまもなく、政策の矛盾が原因で困難な状況に陥る。ボールドウィン政権やチェンバレン政権と同じく、ブルム政権は、スペイン内戦で自らの内閣と立場を同じくする人民戦線政府を助けるための介入はするまいと決断した。だが、ブルム政権がドイツ相手に直面した問題は、スペインと同様の課題の変化形だ。人民戦線の目標は、ファシズムに抵抗しつつ平和と民主主義を追求することだ――けれども、平和を選択するとファシズムの承認につながったり、ファシズムに抵抗すると戦争につながったりするとしたら、どうなるのか？　そのような難問について、ブルムは適切な答えを見つけられなかった。そしてブルムの首相就任は、一九三四年二月のできごとで左派にもたらされたのと同様の結集を右派にもたらした。フランスでは、たとえ右派でも「ブルムよりヒトラーの方がましだ！」と本気で叫ぶ者はいないと、おそらく当時も以後も多くの人が思っていたが、それでもナショナリストの右派からすれば、ユダヤ人の社会主義者がフランスの首相であるのは、このうえなく腹立たしかった。ナショナリストによる反ユダヤ主義運動「アクシオン・フランセーズ」の指導者、シャルル・モーラスは、ブルムは「まさに背中を撃つべき男」だと言った。右派のある国会議員は、「この古いガリアの地〔現在のフランス〕」が「狡猾なタルムード学者」に統治されるのは気分が悪いと述べた。

ブルム政権は、どうにか本格的な再軍備計画に着手し、社会改革（工場労働者の週四〇時間労働制や有給休暇制など）の法律をいくつか推し進めた。しかし、フランスの上院は、下院に比べると保守派の割合が多かった。一九三七年六月、ブルムは元老院〔上院〕で票を得られず、辞任を決意した。

フランスにおける政治の二極化と互いへの猜疑心は、かつてないほど深刻化した。左派は、一九三四年二月の事件はファシストによるクーデター未遂だと考えた。一方、右派は人民戦線内閣が誕生した時点で、差し迫る共産主義革命を恐れた。実際、急進社会党が社会党に取り込まれた結果、共産党は、急進社会党の選挙基盤であったのに今や見捨てられたと感じている層——地方の農民、小規模事業の経営者、下層のホワイトカラー労働者など、フランス人が「中流階級」と呼ぶ層——を自分たちの選挙基盤として切り開いた。

フランソワ・ド・ラ・ロックは一九二九年から、ファシストに類似する復員兵の団体、火の十字団を率いていた。一九三六年、政府は火の十字団を解散させる。するとド・ラ・ロックは、フランス社会党（ＰＳＦ）を新たに結成した。ＰＳＦもファシズムの要素を少なくともある程度は持っていたが、伝統的な保守主義の立場も兼ね備えていた。ド・ラ・ロックの政党は急成長し、一九三〇年代の終わりには党員数が一〇〇万人ほどに達して、共産党員と社会党員の合計数よりも多くなった。一九三六年以降に選挙が実施されていたら、ＰＳＦがほぼ間違いなく勝っただろう。

しかし選挙は行われず、それどころか、一九三八年四月に首相の座に就いたエドゥアール・ダラディエは、ヒトラーが一九三二年から三三年にかけていつの間にかドイツを掌握したときと似た手法で国を統治し始めた。左派や右派に首相の座を追われる心配をせずに政策を通したいがために、四ヵ月間にわたり、大統領令を使用して統治する権限を代議院と元老院で認めさせたのだ。その後、期限は繰り返し延長された。ヒトラーが政権に就く前の三人のドイツ国首相は、大統領緊急令を通じて大統領の権限下で統治を行った。大統領緊急令は必要とあれば国会で覆せたのに一度も覆されなかったのは、大統領緊急令を認めなければ、取って代わるのはヒトラーによる支配しかないと、社会民主党が危惧していたからだ。いずれにせよヒトラーは首相の地位に就き、のちにダラディエのために代議院と元老院が行うのと同じこと――統治権を法令で認めること――をドイツの国会に行わせた。ただしヒトラーの場合、期間は四ヵ月ではなく四年だった。確かに、ダラディエはヒトラーではない。それなのに、せっかくの前例はほとんど手本にならなかった。フランスの議会制度は、一九三二～三三年のドイツと同様、緊急時に適切に機能しない、というよりも、おそらくまったく機能しないのが明らかになった。

イギリスにも、イギリス・ファシスト同盟（ＢＵＦ）を結成したオズワルド・モズリーをはじめとする、自国育ちのファシストがいた。モズリーは一時期、新聞王のロザミア卿と彼が発行する大衆紙、『デイリー・メール』から支援を受けていた。しかし、ファシスト同盟は規模を拡大せず、一九三五年の選挙でも闘わず、泡沫政党となった。一九三〇年代の後半、多くのイギリス人にとってまさに警戒すべき政治の傾向は、現政権の独裁的なふるまいだった。

ネヴィル・チェンバレンは、傘を携えた無力な弱虫という言い伝えとはかけ離れた、権威主義的な本性をとても敏感な薄い皮膚で覆っている手強い人物だった。チェンバレンは、高名な父と異母兄に苦しめられた。家族の間では常に、政治家一族チェンバレン家の三番手とみなされ、一番の小者と思われてきた。家長のジョゼフ・チェンバレンはヴィクトリア朝末期のイギリスの有力政治家だったが、次男を政治家にする気はさらさらなく、それを押して政界入りしたネヴィルは家族から見下された。スタンリー・ボールドウィン内閣で財務相を務め閣内の重鎮となって五年も過ぎたという頃に、ネヴィルは異母兄のオースティンから注意された。「ネヴィル、自分が外交について何も知らないということを忘れてはいかんぞ」。兄は「私がもう小さな弟ではないと、いつまでたってもわかってくれない」と、ネヴィルは愚痴をこぼした。

　このような経験の影響で、ネヴィルには頑なに保身する態度や、おそらく劣等感までもが身につき、一九三七年に首相の座に就くと問題が生まれた。経験豊富なジャーナリスト、ジェームズ・マーガッハは、後年にこう記している。チェンバレンに起きたことは「権力が人間をどう変えるかをまざまざと示した……初めて会った頃……彼はこのうえなく内気で思いやりがあり、寛大で心の温かい人物だった……だが、首相になると……私が知る首相のなかで、誰よりも権威主義的で不寛容で傲慢になった」。

　実際、多くのイギリス人は、チェンバレン政権はイギリス版の穏やかなファシズムになりつつあり、戦争が始まれば穏やかなファシズムではなくなる――ローズヴェルトを悩ませる軍事国家《ギャリソン・ステート》がイギリスでも悪夢としてつきまとう――かもしれないと危惧していた。ジョージ・オーウェルは一九三七年に、「多少なりとも想像力があれば誰しも、ファシズムを……戦争開始とともに押しつけられると予想できる」と友人に書き送った。一九三九年発表の小説、『空気をもとめて』では、他国との新たな紛争が直接の原因で警察国家となったイギリスを――彼のさらに有名な悲観的予言小説、『一九八四年』の前触れでもある――こう想像して描写した。「空襲警報のサイレンが鳴り響き、ラウドスピーカーの声は『輝かしいわが軍は敵兵一〇万を捕獲せり』と鳴り渡る……ポスター、食料品を買う人の行列、ヒマシ油とゴムの警棒、寝室の窓に向けて浴びせられる機関銃」。

ネヴィル・チェンバレンは反対勢力を軽蔑するばかりで、与党からであれ野党からであれ、批判には我慢がならなかった。彼が首相になる前から、ある保守党の幹部は、「国民の間ではチェンバレン氏の内心は独裁者であり、ボールドウィンの後を継いで首相に就任したら、われわれは民主主義から一歩離れざるを得ないという意識が広まっている」と気をもんでいた。チェンバレンが首相になると、保守党内の反対派議員から、チェンバレン政権下では「保守党の集票組織はナチ党の集票組織よりもさらに強い。目的は異なるかもしれないが、同じように無情で冷酷だ」と不満の声が上がった。チェンバレンの秘書官補佐だったジョン・コルヴィルは、非常に穏やかな批判であっても、チェンバレンは「あのように冷ややかな人物からは決して予想できない」激しい怒りで応じる場合があると気づいた。チェンバレンは、「無条件に賛美する者たちによって、それ相応にへりくだった態度で理想化され、崇拝されるのが好きなのだ」とコルヴィルは思った。

回転が速く明晰な頭脳、もろい心、愚か者を容赦しようとしない姿勢ゆえに、チェンバレンは議会ではいつも周囲を苛立たせた。議会の通常の作法をほぼ無視して、議論では反対派を攻撃的に追及した。チェンバレンの忠実な支持者たちは、反対派が「全力を挙げてわれわれをファシスト扱いする」と不満を漏らしたが、実はボールドウィン内閣からの政権交代を境に、大きな揺り戻しが起きて党派間の争いが激化していた。チェンバレンの首相就任から一年後には、ボールドウィンでさえも、後任の首相が一九三七年以前の中道派の総意から逸脱したのに腹を立て、チェンバレン政権は「右に傾きつつあり、在任中は国の外交努力は決して望めない」と懸念した。

チェンバレンが求めたのは、自分が思うままの、自分だけが望む外交政策だった。彼の攻撃性の矛先は、報道陣の管理にまで向けられた。マーガッハは、現代的な報道管理手法を大規模に用いた最初の首相、と評した。内容がどうであれ、記者の批判につき合う時間はなかった。多くの場合、質問に自発的に答えたりはせず、事前通知を求めた。否定的な報道には脅したり威圧したりするのが通常の対応で、探りを入れる質問に対してもそれは同じだった。気に入らない質問をされると、たいていは「横柄な冷笑」で応じたうえで、記者の「非愛国的な」態度を雇い主はよく思わないだろうとほのめかした。ただ冷たい視線を向けて、「次の質問、どうぞ」と怒鳴るときもあった。ナチ党によるユダヤ人迫害について質問しようものなら、質問者は「ユダヤ人と共産主義者のプロパガンダ」の餌食になっていると言い返されかねなかった。

しかし、皮肉にもチェンバレンは、独裁者呼ばわりする報道に最大級に腹を立てた。マーガッハの記憶によれば、数名の記者がダウニング街一〇番地に呼びつけられ、到着してみると「激しい怒りで顔面蒼白」になっているチェンバレンがいた。チェンバレンは大きな音を立てて机を叩き、がなり立てた。「言っておくが、私は独裁的でも、横暴でも、不寛容でも、威圧的でもない。君たちはみな間違っている、完全に間違っている。私はこのうえなくざっくばらんで、物わかりがよい人間だ。君たちの誰ひとりとして、私が独裁的だなどと二度と言ってもらっては困る」。報道陣は「間違っている」、さらには不正直であるというのが、チェンバレンがよく口にする不満だった。一九三九年の閣議では、報道による批判は「国内でおのずとわく憤りの感情とは無関係な、量産された人為的扇動」にすぎないと、怒りをぶちまけた。報道機関がかくも「非愛国的」なのは、報道機関が「堕落」しているからだ、というわけだ。

チェンバレンは、少量の飴と鞭を組み合わせる術を知っていた。特定のジャーナリストを選んで優遇し、権力をお裾分けされた特別な情報通になったという気分にさせた。もちろん、優遇の代償としてチェンバレンの方針を支持しなければならない。この戦略は功を奏し、イギリスの報道機関の多くが完全に批判を見合わせた。ある評論家は、チェンバレンが記者会見で明らかに事実に反し、あらゆる証拠と矛盾する発言をしても、報道機関はなぜ独立検証をせずにそれをうのみにするのかと多くの官僚が理解に苦しんでいると知った。ハロルド・マクミランは、当時保守党内の反対派で、やがて自身も首相になるが、保守党の同僚議員について一部の報道機関と同様の厳しい意見を持っていた。「もしもチェンバレンが黒を白だと言えば、保守党員は彼の才気を称賛する。一週間後に彼が、やはり黒は黒だと言えば、保守党員は彼の現実主義を称賛する。こんなこびへつらいは、これまで決してなかった」。

チェンバレンの権威主義的傾向が鮮明に表れた実例と、その傾向に逆らうとどうなるかという結果は、一九三九年八月二日の議会で行われた討論で明らかになった。チェンバレンは、一〇月まで庶民院を休会にしたかった。しかし、戦争は明らかに迫っており、反対派の多くはもちろんのこと、支持者の一部でさえも、チェンバレンが休会を利用してまたもヒトラーと弱気な取引をするのではないかと恐れた。その後の討議は意外にも、イギリスの民主主義の現状とイギリスの民主主義が世界で果たす役割に関する、熱のこもった公開討論となった。

この頃すでに、イギリスの民主主義の強力な代弁者のひとりとなっていたのが、ウィンストン・チャーチルだ。チャーチルは、イギリス議会で起きていることが世界にとっていかに重要かに焦点を合わせた。「この国では、本院は軽んじられることがあります。しかし、他国では重視されています。他国では、特に独裁国家では、庶民院はイギリス国民の意志を最も力強く表明し、侵略に対する抵抗の意志を示す道具だとみなされています」。チャーチルは、傲慢にも立法府を軽視するチェンバレン政権の姿勢を、容赦なく辛らつに批判した。「政府が庶民院に対して『ただちに去れ！　走り去ってどこかで遊んでろ。防毒マスクを持っていけ。公務は心配するな』と言うのは困難であり、そのようなことは言わないと願います。公務は、優れた才能と経験がある大臣たちにお任せすればよいと言われても、こと防衛に関する限り、昨年九月の状況に私たちを追いやったのは、その大臣たちなのですから」――それはすなわち、ミュンヘン協定が結ばれたときの状況を指す。チャーチルは発言の締めくくりに、国の結束と党派間の憎しみからの脱却を訴えたが、それはやがて、彼のメッセージのまさに中心を占めるようになる。

チャーチルの発言の後、議論は行政府と立法府の適切な関係に関する議題へと進んだ。元首相アンドルー・ボナー・ロウの息子、リチャード・ロウは、首相に自信が欠けていると指摘したからといって休会反対派を批判するのなら、それは誤りであり、違憲ですらあると主張した。しかしその後、敏感で怒りっぽいチェンバレンは、批判を受けるたびに発揮する意地悪な態度で、実際に反対派を批判した。反対派の発言は「自分たちこそ休暇をどうしても必要としている」表れだと言い、彼らをあざけったあげく、ロウがやめてもらいたいと懇願したことをした。「(政府を)信頼せず、それを投票で示すのなら、それで結構。政府への、とりわけ首相への不信任投票になる」と言ってのけたのだ。

このような応酬は、保守党の若い庶民院議員、ロナルド・カートランドから見ればやりすぎだった。カートランドは庶民院議員になって一期目だったが、議員人生を短命にしかねない、恐れ知らずの独立心をすでに示してきた。チェンバレンの執念深さと結束を求めようとしない態度に、カートランドは我慢ならなくなった。カートランドの短い発言で、その日の討論は大騒ぎになる。

「首相の発言には大いに困惑しています」、とカートランドは切り出した。議員はみな近々選挙区に向かうが、現在のこの国全体に、「おそらくひとりを除いて、庶民院の与野党の誰もが知る通り、首相には独裁の考えがある」という、「現実とは思えない滑稽な感覚」がある。チェンバレンのこの討論における発言、および、休会期間を短縮する提案にことごとく耳を貸す気がないようすから、「首相のそうした考えに挑み、払拭するのは……いっそう困難となるでしょう」。

チェンバレンにとって、「民主主義国が国を挙げて侵略に抵抗するためにともに立ち上がろうとするときに、この民主主義制度を大いに信頼していると言うのは」たやすいだろう。ここで、三二歳の予備役将校であるカートランドは、痛烈な指摘をつけ加えた。「私たちは、今後一ヵ月以内に戦うかもしれないし、死ぬかもしれない状況にあります。党を代表して、あざ笑ったりあらさがしをしたりして国を分断するような発言をするよりも、国全体を自分の味方につける方が……ずっと重要です……正直なところ、今日の午後のような発言を聞くと絶望します」。

カートランドが発言したのは、ほんの数分だった。だが、チェンバレンに対する痛烈な批判は、センセーション——そして、皮肉にも彼の指摘が正しいと裏づける反発——を引き起こした。数年後、国民労働党の国会議員、ハロルド・ニコルソンは、カートランドの発言について「異論中の最高の異論」と評した。まもなく死者が出るかもしれないとカートランドが発言したとき、数人の議員が野次を飛ばした。するとカートランドは「激しく憤り」、「あなたにとっては実に好都合でしょう」と吐き捨てるように言った。ニコルソンの感想によれば、「その効果は電撃的で、これほど急速な温度の上昇はめったに感じたことがなかった」。夕食後、ニコルソンは「投票者控え廊下がまだざわついている」のに気づいた。ある議員が彼に、「ロニー・カートランドは党ではチャンスを棒に振ったが、議会では名声を築いた」と言った。

それでも、チェンバレンはやすやすと票を獲得し、カートランドに向けてナイフが抜かれた。『イブニング・スタンダード』紙には、次のような見出しがついた——「首相、昨夜の投票で棄権した議員のリストを要求、全員ブラックリスト入りに」。実際には、ほとんどの者には恐れるほどの処分はなかったものの、記事には「ロナルド・カートランド議員の場合は首相を批判したせいで、そうはいかない」と書かれていた。保守党の庶民院議員二〇人が、党の院内幹事はカートランドに「厳しい措置」を取るべきだと求めた。カートランドは、数ヵ月前のチャーチルやアソル公爵夫人のように、「除籍《ディセレクション》」を待つ身となった。

どこまでも独り善がりなチェンバレンは、反対派が怒っているのは、ひとえに自分の主張に「反論の余地がない」からだと言い張り、「このうえなく過敏な」反対派は「思う存分けなしても許されるべき」と考えていると、不満まで漏らす始末だった。「カートランド殿」については、「うまい具合に、選挙区での自らの名を汚して」くれたと、チェンバレンは期待を持った。首相は「カートランドの選挙区の反対派を勢いづける措置を取ろうと」しているところだった。チェンバレンから見れば、カートランドは常に「不誠実な議員」だったが、いよいよ「私に対して個人攻撃をした」ので、保守党が最終的に議席を減らしても、「陣営に裏切り者を置いておくよりは、（一時的にでも）そうする方がいい」と思えた。

チェンバレンが青年の政治生命を絶つより先に、戦争が始まった。カートランドの予測は正しかった。一九四〇年五月三〇日、カートランドはフランスにおける戦闘で命を落とした。彼は、第二次世界大戦で死亡した初めての国会議員となった。

PART III

戦争

12

「国民のみなさんに申し上げねばなりません……」

宣戦布告

ミュンヘン会談の結果についてあれこれ思案したアドルフ・ヒトラーは、ふたつの重要な結論を引き出した。ひとつは、欧米の首脳は自分が思った通りいくじがなかったという結論、もうひとつは、ミュンヘン会談を開く必要はまったくなかったという結論だった。会談がなければ、望み通りにチェコスロヴァキアと戦争ができたのではないか。イギリスとフランスは引き下がり、同盟国を見捨てただろう。

ヒトラーは、臆病な外交官や軍の将校に勝利を奪い取られたと、かつてないほど怒っていた。一九三九年二月一日、外務事務次官のエルンスト・フォン・ヴァイツゼッカーは、イギリスとフランスはどんな状況でも戦争を避けただろうという「仮説」は、「今や公となった」と日記に書いている。ヴァイツゼッカー自身は、ミュンヘン協定がなければ、民主主義国はたとえ不本意でも戦争に突入していただろうと思っていた。今は、「敗北主義と非難されて苦しむ」羽目に陥っているが、「最後は総統が、私が望む血を流さない解決策を好んだ」と思えば、あまり苦にはならなかった。気骨のあるホスバッハの後任としてヒトラーの軍務担当副官を務めるルドルフ・シュムントは、二月末、ズデーテン地方で「戦争が起きなかったのはあまりにも残念だ」と、仲間の将校、ヘルマン・テスケに語った。戦争が起きていたら、「総統と国民に対して、国軍、それも特に陸軍の立場が強まっただろう――残念ながら、立場を強くすることが今は必要だ」。というのも、「動揺、とりわけ将官たちの動揺」によって、「大いに信頼が揺らいでいる」からだ。ヒトラーは、「この件について、頻繁に手厳しい毒舌をふるっている」。もちろん、ヒトラーが名指しでやり玉に挙げるのは、ルートヴィヒ・ベックだ。シュムントはそう言った。

ヒトラーは、領土拡大計画が始まりにすぎないのを、隠そうともしなかった。山荘のベルクホーフでチェンバレンと初めて会う前でさえ、チェコ人がズデーテン地方を割譲したら、「その後、たとえば来春には、（残りの）チェコが手に入るだろう」とヴァイツゼッカーと外相リッベントロップに言っていた。そしてミュンヘン会談後には、チェコスロヴァキアの残りの地域への侵攻を計画するように陸軍に命じた。

ヒトラーは以前から、自分を抑えようとする者たちにうんざりしていた。一月末、四六時中ヒトラーが何を考えているかに意識を傾けているヨーゼフ・ゲッベルスは、ヒトラー付の国防軍担当副官と長い議論をしたと記し、「国軍では、物事が決してあるべき姿ではない」とぼやいている。

一九三九年の初めに、ヒトラーの行動を制限しようとする最有力の文官で残っていたのは、ライヒスバンク（中央銀行）総裁のヤルマール・シャハトだった。シャハトは、軍事支出、自給自足経済に向ける意欲、加えて、本人の主張によれば、ユダヤ人政策をめぐっても、ヒトラーと対立を深めていた。

一月七日、シャハトとライヒスバンクの理事七人は、財政のバランスを保ってインフレーションを防ぐには、軍備を縮小するしかないと主張する文書を提出する。書き方は単刀直入で、「ドイツ国の無謀な支出は、通貨の安定に対する何よりも重大な脅威を意味する」と警告していた。「このような支出の著しい増加によって、通常予算の編成に向けたすべての取り組みが失敗し、徴税の大幅な強化にもかかわらず、国の財政は破綻寸前に追い込まれつつあり、同様に、ライヒスバンクと通貨も弱体化させられている」。シャハトと理事たちは、「歯止めをかけるときが来た」と結論づけた。

ヒトラーがそれをどう思ったかは、疑問の余地がない。文書を見たヒトラーは激高して「これは反逆だ！」と叫んだ、と職員のひとりがシャハトに報告している。ヨーゼフ・ゲッベルスは、シャハトは「総統を恐喝しようとしたも同然だ」と考え、あの銀行家は「悪党でフリーメーソン会員だ、もう潮時だ」と記した。

一月一九日の夜遅くに電話があり、シャハトは、翌朝九時に首相官邸で開く会合に出るように言われた。ヒトラーはたいてい二時か三時まで起きていて、朝は早くても一一時にならなければほぼ誰とも会わないので、九時とはただならぬ時刻だとシャハトは思った。その後の電話で、時刻は九時一五分に変更され、ヒトラーはこの会合に神経を尖らせているのではないかとシャハトは疑った。ヒトラーはいつも、功成り名を遂げた人と同席すると落ち着きをなくす――尊大なシャハトは、自分はその部類の人間だと思っていた。

翌朝、官邸に到着したシャハトは、前置きもなく、「あなたを呼んだのは、ライヒスバンク総裁の職を解くためだ」とヒトラーから告げられた。シャハトが無言で通告文書を受け取ると、ヒトラーは相手の無反応に当惑したのか、「あなたは、国民社会主義のイメージに合わない」と説明した。またしても、シャハトは無言だった。ヒトラーは、ばつが悪そうに言い直す。「あなたは、行員の政治的信頼性を証明する目的で党の機関が行う審査を、行員に受けさせるのを拒んできた」。シャハトは、自分には補佐を自由に選ぶ権利があるはずだとたびたび主張してきたが、それをもう一度説明するのは無意味だと考え、沈黙を続けた。ヒトラーは別の方向から責めた。「あなたは、大勢の行員の前で一一月九日のできごとを批判した」。シャハトがクリスマスパーティーのスピーチで、「水晶の夜《クリスタルナハト》」を公然と非難した件を指していた。今度は、シャハトも巧みなジャブで応じる。「総統があのできごとに賛成なさっていると知っていたら、黙っていたかもしれません」。もうそれ以上は無理だった。ヒトラーは「腹が立ちすぎて、今はもう話せない」と言ってシャハトを下がらせ、それ以上は口を利かずにシャハトを官邸の玄関まで送っていった。

一九三九年になると、ヨーロッパで戦争が始まる、それもまもなく始まるという見方に疑問を持つ者はほとんどいなかった。定かでないのは、どの国がどの国と戦うかだった。

一九二八年当時、ヒトラーは将来的にドイツ、イギリス、イタリアの三ヵ国が同盟を結んで、ソヴィエト連邦と戦争するとふんでいた。一〇年後、ヒトラーにとって望ましいのは、共産主義国とのそのような戦争にポーランドを従属的パートナーとして取り込む筋書きだった。だが、この段階で初めて、中欧の国から紛れもない抵抗にあった。

一九三〇年代のポーランドは、歴史学者スティーヴン・コトキンの言葉を借りれば、「よりたちの悪いふたつの国にぴたりと挟まれた、たちの悪い政治体制の国」だった。ポーランド・ソヴィエト戦争の英雄、ピウスツキ元帥とその後継者たちの下、ポーランドは、反ユダヤ主義に傾く権威主義的なナショナリストの国になっていたが、ヒトラー支配下のドイツほどの権威主義でも、ナショナリストでも、反ユダヤ主義でもなく、スターリン支配下のソヴィエト連邦ほど残忍ではなかった。よりたちの悪いふたつの隣国の間でバランスを取って自立に努めるのが、ポーランドの政策だった。可能であれば両国と良好な関係を保ち、どちらとも同盟を結ばず、断じて、片方だけと同盟を結んでもう片方と敵対したりはしない。

一月初旬、ヒトラーは、ベルヒテスガーデンでポーランドの外相、ユゼフ・ベックと会った。ヒトラーは、ポーランドを味方につけたかった。自由市ダンツィヒのドイツへの返還、および「ポーランド回廊」――旧ドイツ領で、ポーランドにとってはバルト海に出る経路となる細長い地域――に関する何らかの取り決めも求めたが、このときヒトラーは柔軟な姿勢を示し、「まったく新しい方法」を用いた解決策を受け入れる用意があると言った。見返りとして、ドイツとポーランドがおそらく近いうちに征服するソヴィエト連邦のウクライナの一部を、ポーランド領として提供するのも厭わなかった。ヒトラーは、「ユダヤ人問題」を解決する案も提示した。しかしポーランドは、もっともな話だが、ヒトラーの約束を信じなかった。ポーランドに難民問題をもたらすナチ党のユダヤ人政策に、腹を立ててもいた。翌日、ドイツの外相リッベントロップと会ったベックは、対ソ協定として独伊日が結んでいる「防共協定」に、ポーランドも加わるように誘われた。ベックはまたもや丁重に断り、ポーランドはソヴィエト連邦との「平和的な隣交」を望んでいると主張しつつ、もしかするとわが国の政策は変わる可能性もあるとほのめかした。リッベントロップは、「この方向の、つまりウクライナ方向の、ピウスツキ元帥の野心は諦めたかどうかをベックに尋ねた」と記録している。ベックは声を立てて笑い、「彼ら（ポーランド人）は今もキエフで暮らしており、そういう野心は現在も間違いなく息づいています」と答えた。

リッベントロップは一月二五日にワルシャワを訪問し、再びベックに打診した。そしてまたしても、このポーランド外相から、ドイツが持ちかける取引――ダンツィヒ返還の見返りにウクライナ内の領土を与える――を丁重に断られた。リッベントロップは、ダンツィヒ（すなわちバルト海への出口）に関する譲歩を拒むベックに憤慨し、なぜポーランド人はこんなに頑固なのかと怪訝に思い、こう言い張った。「黒海も海ではないか」。その後リッベントロップは、ワルシャワ駐在のドイツ大使に、「問題の順序を変える必要が出てくる。他の問題が先決になるだろう」と話した。

リッベントロップが言わんとしたのは、ポーランド人がヒトラーの東方拡大の戦争に協力しないのなら、ドイツはポーランドを攻撃したうえでソヴィエト連邦に向かうしかないということだ。だがそうすると、フランス、そしておそらくイギリス、さらにはアメリカまでが、ドイツを相手に戦争をするかもしれない。ヒトラーは、第一次世界大戦でドイツが敗北したのは大国の包囲網が原因だと信じていて、彼のなかでは、そのような思い込みと反ユダヤ主義的な幻想が融合していた。そうした反ドイツの企みの背後にいる可能性があるのはユダヤ人――かつて英米政府を後押ししてドイツに抵抗させ、ポーランドにはドイツと協力しないように促したユダヤ人――しかいない。欧米民主主義国を東の共産主義国と結びつけるユダヤ人の陰謀という幻想が、一月三〇日のヒトラーの「予言」演説の背景にあった。

迫りつつはあっても漠然としていた戦争の輪郭は、ミュンヘン会談から戦争へつながる過程の、重大な転換点となるできごとによって、より明確になる――一九三九年三月、ヒトラーがチェコのボヘミアとモラヴィアを併合した。

チェコのボヘミア地方とモラヴィア地方は、工業、とりわけ軍需産業が盛んで、地政学上の要所だった。ヒトラーにとってボヘミアとモラヴィアを手中に収めるのは、究極の敵であり究極の獲物でもあるソヴィエト連邦への道に踏み出す新たな一歩だった。

チェコの全土を支配するため、ナチ・ドイツはスロヴァキアをだしに使い、チェコ＝スロヴァキア――ミュンヘン会談後は「＝」が入る国名表記となる――から独立したいというスロヴァキアの願望を徐々に膨らませた。一九三九年三月一四日、スロヴァキアの首相、ヨゼフ・ティソ神父は、ドイツから圧力を受けてスロヴァキアの独立を宣言し、その後ドイツに、この新しい独立国をチェコから「守る」ように求めた。一方、ベネシュの後を継いだチェコの大統領、エミール・ハーハは、ヒトラーとの面談を求め、ちょうどその日の夜にベルリンに到着した。ハーハは、オーストリアの首相シュシュニックが前年に味わったのと同じ類の、ヒトラーが多くの訪問者に与える虐待、恫喝にさらされる。ハーハは失神した。軽い心臓発作を起こしたのかもしれない。気つけ薬の注射で意識を回復した後、彼は「保護領」として国をドイツに譲り渡すことに同意した。翌日には、ナチ党員がプラハに入っていた。

チェコの領土の掌握は、運命を決する一歩となった。ヒトラーは初めて、日頃から破棄すると断言していたナチ党政権以前の条約だけでなく、自分自身が結んで半年とたたない協定も破った。それまでのあらゆる公式声明に反して、今回の併合はドイツ人に統一ドイツをもたらす以上の結果となった。ドイツ系ではない隣国の国民に対する侵略行為だったからだ。欧米の首脳が常に重要視してきたのは、ヒトラーの目標が限定的かどうかだった。その答えが、今わかった。

だがロンドンやパリでは、答えがすぐに露見したわけではない。イギリスの庶民院では、チェンバレンが、ヒトラーの動きはミュンヘン協定違反ではないとやっきになって論じた。協定に署名した各国が「予期していなかった」だけだという。フランスの外相ジョルジュ・ボネと上院議員のアンリ・ベルジェは、駐仏イギリス大使にこう話した。チェコスロヴァキアの解体によって、九月に戦争状態となってもおかしくなかったかの国は、いずれにしても「存続可能」ではなく、したがって今回の危機へのわれわれの関与は、少ないほどよいと示されたにすぎない。

前年の九月のように、イギリスの外相ハリファックスは強硬路線を取り始めた。ハリファックスは、プラハの占領をもっと深刻に受け止めなければならない、とチェンバレンに言い聞かせた。三月一七日、チェンバレンは故郷のバーミンガムで演説し、イギリスは参戦して、別の国が「力ずくで世界を支配」しようとするのを阻止すると断言した。ハリファックスは、さらに強く出るように求めた。情報機関や外交関係のさまざまな報告書を見れば、ドイツによるポーランド、ルーマニアへの攻撃が差し迫っていたのがわかる。三月三一日、チェンバレンは庶民院で、「ポーランドの独立が明らかに脅かされ、そのうえで、ポーランド政府が自国軍による抵抗が不可欠と判断するような攻撃が与えられた場合、イギリス政府はただちに、ポーランド政府を力のおよぶ限り全面的に支援する義務があると考える」と告知した。一週間後、イタリアがアルバニアに奇襲攻撃を開始し、その後フランス、続いてイギリスは、ルーマニアとギリシャにもポーランドと同様の保証をした。チェンバレン政権は、フランスに地上部隊を派遣しないという一九三七年の決定を覆した。イギリス軍とフランス軍の参謀は、ドイツと戦争する場合の共同作戦を練り始め、イギリス政府は平時では史上初の徴兵制を導入した。

一九三九年の戦争は、もしかするとドイツとポーランドによる対ソ戦となり、欧米民主主義国は中立を保った可能性もある。あるいは、ドイツ対民主主義国の戦争となり、ポーランドとソヴィエト連邦が中立の立場だったかもしれない。さらに他の組み合わせも、あり得ただろう。しかし、迫りつつはあっても漠然としていた戦争がはっきりとした形を取り始めたのは、ポーランドが起点だった。

ドイツは最後にもう一度、ポーランドと同盟を結ぼうと試みた。三月二一日、リッベントロップはベルリン駐在のポーランド大使、ユゼフ・リプスキーに、ヒトラーが「ポーランドの態度にますますあきれている」と告げた――ボリシェヴィズムに対抗するドイツの作戦に加わろうとせず、ウクライナと引きかえにダンツィヒを返還するのも渋る姿勢を指していた。リプスキーは、ドイツがチェコに対して取った行動を、ポーランドに対しても取るという脅しだとは受け止めなかった。実際、ヒトラーは三月二五日、「ポーランドをイギリスの影響下に追いやる」のは困るという理由もあって、ポーランドの問題を力ずくで解決したくはないと、陸軍最高司令官のヴァルター・フォン・ブラウヒッチュに力説している。

ところが、ヒトラーのプラハ占領によって連鎖反応が生じた――イギリスがポーランドに保証をしたのを受けて、ポーランド外相のユゼフ・ベックが、両国関係について話し合うためにロンドンを訪問した。ドイツはベックの訪問を、ポーランドがイギリス側についた決定的な証拠とみなした。反ナチの活動家、ハンス・ベルント・ギゼヴィウスの記録によれば、ヒトラーはイギリスがポーランドに与えた保証を知って逆上し、「やつらの喉に詰まるシチューを作ってやる」と宣言した。四月三日、ヒトラーは、ポーランド侵攻計画「白作戦」を九月一日に実行する準備を整えるように命じた。

イギリスによるポーランドの保証は善意と勇気の表れだったが、思慮は不充分だった。ポーランドは、一九三八年当時のチェコスロヴァキアよりも軍事力が弱く、防衛力も劣っていた。しかも、さらに大きな問題があった。ドイツの圧力を受けても、ポーランドが対ソ同盟を呑まない場合、イギリスとフランスにとって、ポーランドとソヴィエト連邦の両方と同盟を組む道は断たれる――たとえ両国がそれを望むとしても。

ネヴィル・チェンバレンが「遠くクレムリンの方をじっと見て」みると、「そこに並んでいたのは、影の内閣の首脳と重なる顔ぶれだった」と、イギリスの著名な歴史学者A・J・P・テイラーは書いている。チェンバレンが一九三九年に、ソヴィエト連邦と確実な同盟を結ぼうと本腰を据えなかった理由を、テイラーはそう説明する。いかにも彼らしく、揶揄するような皮肉が込められているが、間違いではない。

チェンバレンは、ソヴィエト連邦とそのイデオロギー、指導者たちを、少なくともナチ・ドイツと同じくらい嫌っていた。スターリンとの同盟がイギリスの国益にかなうとは思わなかった。その理由のひとつは、ソヴィエト連邦の軍事力についてのチェンバレンの評価だ。「ロシアにはただただ不信感しかないと告白しなければならない」。三月下旬には、妹アイダにそう書き送っている。「たとえあの国が望んでいても、効果的な攻撃態勢を維持できるとは思えない」。そして、滑稽なほどに低く評価して、こうつけ加えている。「しかも、あの国の動機は疑わしく、われわれの自由の概念とはほぼ無関係で、すべての他国を不仲にさせることにしか関心がないと思える」。ソヴィエト連邦と同盟を結べば、イギリスと他の国々との重要な国際関係が複雑になるだろう。ソヴィエト連邦は、「小国の多く、特にポーランド、ルーマニア、フィンランドから憎まれ、疑われているので、わが国があの国と緊密になると、味方にすればより効果的に援助してくれる国々の支持をあっさりと失うかもしれない」。チェンバレンは、そうこぼした。

チェンバレンの言葉遣いは、取り澄ましていて細かなこだわりがあるが、考えは正しかった。スターリンとはいかなる取り決めをしようと、中欧、東欧の小国やバルト諸国——ヒトラーが威嚇し、イギリスが守ると約束した諸国——を犠牲にしなければならなくなる。

二〇世紀の歴史においては、中欧、東欧の国はドイツもしくはロシアに支配されるという厳しい現実が何度も繰り返されてきた。第三の可能性はなかった。ミュンヘン会談時、外務省中央局長の職にあったサー・ウィリアム・ストラングは、たいへん苦い経験をした後、一九四三年に、「ロシアが東欧を支配する方が、ドイツが西欧を支配するよりましだ」とそっけなく書いた。すなわち、ドイツは両方向に——ソヴィエト連邦がある東方だけでなく、イギリスがある西方にも——脅威を与えるが、ソヴィエト連邦は、東欧の近隣諸国のみを脅かしている（ように見える）。したがって、イギリスとしては、ドイツによる西欧支配よりはソヴィエト連邦による東欧支配を望まざるを得ない。チェンバレンが一九三九年にその現状を受け入れるのを渋ったからといって、数年後にストラングが示す冷徹な現実的政策と比べて、道徳的に劣っていたとはいい難い。

けれども一九三九年の時点で、イギリスはどちらか一方を選ばなければならず、当時の知見でましな方を見極めるのはさほど容易ではなかった。ドイツとソヴィエト連邦は、いずれも周辺国にとって潜在的な脅威だった。ソヴィエト連邦は世界革命というイデオロギーを説き、近隣であろうと遠方であろうと、すべての資本主義国を脅かす存在に何とかしてなろうと取り組んでいた。ソヴィエト連邦の情報機関は、ドイツの情報機関よりも広範囲にわたる作戦行動を世界中で実行し、政府転覆やテロリズムなどにかかわっていた。

ヒトラーとスターリンの政治体制は、どちらも人類史上前例がないほど野蛮で非人道的だったが、一九三九年以前、三〇年代初頭の経済危機から三〇年代後半の大粛清までに限れば、スターリンはヒトラーよりもはるかに多くの人を殺害した。現実の、あるいは想像上の政敵を殺したというだけではない。歴史学者のティモシー・スナイダーは、一九三八年末の時点でスターリンが出身民族を理由に殺害した人数はヒトラーの一〇〇〇倍で、ヒトラーの方がはるかに露骨な反ユダヤ主義であったにもかかわらず、スターリンの方が多くのユダヤ人を殺したと述べている。ヒトラーの「予言」の結実となるナチ党によるホロコーストは、まだ先のできごとだ。

イギリスの情報機関の言葉通り、ナチ・ドイツこそが「最終的な敵」ならば、東欧でドイツを食い止める軍事力を提供できるのはソヴィエト連邦だけだった。だが、そうやってポーランド、バルト諸国、フィンランド、ルーマニアを守る代償が、ソヴィエト連邦による征服、場合によっては併合となる可能性はあった。チェンバレン政権はその点について、みじんも幻想を抱いていなかった。これが、一九三九年にイギリスが直面していたジレンマだ。

さらに悪いことに、ドイツがポーランドを抱き込もうとして拒否された結果、ヒトラーとしては、望む戦争を望むときにするならば、至急スターリンと折り合わねばならないという理由ができた。

確かな目で事態を見守ってきた者たちは、そうなる可能性を見抜いていた。チェコスロヴァキア大統領エドヴァルド・ベネシュは、すでに一九三八年四月の時点でルーマニアの外交官に、「ソヴィエト連邦が欧米の大国から切り離されたら、ヒトラーはソヴィエト連邦と手を結ぶ」可能性があると話した。その場合、ポーランド、チェコスロヴァキア、ルーマニアは、「間違いなく、（この）ふたつの強国の意のままになる」と、ベネシュにはわかっていた。

ソヴィエト連邦と欧米民主主義国の間に横たわる不信感は、すでに相当大きかった。スターリンは、民主主義国がソヴィエト連邦の存在を受け入れるとは思っておらず、当然ながら、民主主義国と何かを約束するとしても信用しなかった。彼は、実はイギリスの政策には、ドイツと取引してヒトラーの攻撃を東方に向けさせる狙いがあるのではないかと恐れていた。ハリファックスのヒトラー訪問からミュンヘン協定にいたるまでのイギリスのふるまいが、スターリンに疑う根拠を与えた。諜報員からイギリスの背信について聞かされるたびに、彼のパラノイアは確実に膨らんでいった。

イギリス側も、理由はもう少しまともだが、ソヴィエト連邦の政策について同様の疑念を募らせていた。「疑念をぬぐえない」と、チェンバレンはアイダに宛てて書いている。「ソヴィエト連邦の一番の関心事は、『資本主義』の大国が互いを八つ裂きにして、自分たちは高みの見物を決め込むことなのではないか」。彼は閣僚たちから、「われわれの意見がまとまらなければ、ロシアとドイツは合意に達するだろう。ロシアの信頼性に関するかなりいやな見方だと思うが」と言われ、気にかけていた。

こうしたさまざまな理由で、対ヒトラーの同盟結成をめぐる英仏ソの交渉は、四月から八月までだらだらと続いた。一方、独ソ間には外交的な動きの兆しがあった。五月の初め、スターリンは外相マクシム・リトヴィノフ――国際人で欧米指向のユダヤ人――を解任し、国際人でも欧米指向でもユダヤ人でもないヴャチェスラフ・モロトフを後任に据えた。スターリンのリトヴィノフ解任は、前年のヒトラーによるノイラート解任に類似する。独裁者は、考え方が気に入らない者を排除し、気心が通じ合う後任を見つける。ユダヤ人外相の解任は、明らかにナチ党への捧げ物でもあった。

新たな情報が、ヘルマン・ゲーリングの非常に軽率な副官、カール・ボーデンシャッツからもたらされた。ボーデンシャッツは在独フランス大使館付空軍武官に「東方で何かが始まっている」と話した。ヒトラーは「ロシアと話をする」予定で、「おそらくわれわれは、ポーランドの第四次分割を目にすることになる」。新任のベルリン駐在フランス大使は、信頼できる情報だと思った。というのも、ボーデンシャッツにはすでに優れた実績があり、「三月二六日には、ボヘミアとモラヴィアが近いうちにヨーロッパの地図から抹消されると知らせてくれた」からだった。

ようやくポーランドも、危険の大きさを理解し始めていた。五月一〇日、ソヴィエト連邦の外務人民副委員、ウラディーミル・ポチョムキンは、ワルシャワでポーランドの外相、ユゼフ・ベックと会談し、その後モロトフに、「ヨーロッパの勢力バランスと、仏英による実効性あるポーランド支援の可能性について詳細に分析した結果、ベックは、ポーランドはソヴィエト連邦の支援がなければ自衛できないと認識するようになった」と報告した。しかし、ベックは何か余計なことを口にしたらしい。なぜなら、翌日、モスクワ駐在のポーランド大使がモロトフに会いに行き、ポーランドはソヴィエト連邦との同盟も、ソヴィエト連邦による国境の保障も受け入れられない、という「不正確な」情報について「謝罪」しているからだ。

その話は、それからの数週間、恐怖と相互不信の暗い雰囲気のなかで広まっていった。どの陣営も、同盟候補の国が反対陣営と取引しているのではないかと案じるようになった。そしてどの陣営も、自国の同盟候補が反対陣営と手を結んだ場合に、自分たちが陥る混乱状態を懸念した。違いは、フランス、イギリス、ソヴィエト連邦は戦争を避けたいと切望していたのに対し、ヒトラーは戦争を始めたくてしかたがなかった点だ。自国が取る立場の倫理については、民主主義国は少なくともある程度考慮したが、独裁国はまるで考えなかった。ロンドン駐在ソヴィエト連邦大使のイワン・マイスキーは、ハリファックスとの会談後に、イギリスの首脳は「ヒトラーやムッソリーニのような人間の心理を把握するのに完全に失敗」して苦しんでいると訴えた。彼が言うには、イギリスの紳士たちは、あのような「侵略者は、精神構造がまったく異なる！　侵略者の精神構造を理解したければ、アル・カポネが模範だと思った方がいい」と理解できないのだ。マイスキーが仕える指導者もまさしくその手の悪漢だったが、だからといって彼の指摘が無意味というわけではない。

ポーランドは、ドイツへ向かうソヴィエト軍が自国領土を横断するのを拒み、それがソヴィエト連邦と西欧諸国の取引の障害のひとつとなっていた。またソヴィエト連邦は、ドイツに手を出させないという理由で、バルト諸国の主権を「保証」したいと要望した。しかし、パリ駐在ソヴィエト連邦大使が報告している通り、欧米列強から見れば、そのような保証はソヴィエト連邦を「バルト諸国で野放し」にするようなものだった。五月、外務事務次官アレクサンダー・カドガンは、ソヴィエト連邦は「保証の対象国にフィンランドを加えたい」と提案したが、それは

「思いもよらない意見だ――フィンランドはソヴィエト連邦からはどんな保証も受けるまい」と記している。

イギリスは五月下旬、英仏ソの三ヵ国すべてが国際連盟規約の第一六条に沿う義務の遵守に同意すればよいと提案して、問題を回避しようとした。第一六条は、侵略を受けた加盟国に対する他の加盟国の支援を義務づける条項だ。モロトフの反応から、ソヴィエト連邦の優先順位がはっきりする。五月二八日、モロトフは、通商条約締結に向けたドイツとの交渉が再開されると発表した。

六月、モロトフは、ソヴィエト連邦が「支援する」国々は、何らかの同盟協定を結ばねばならず、結ばなければ取引はしないと要求し、七月一日にはさらに別の要素を追加した――たとえば、チェコが領土を明け渡すように仕向けたやり方など、ドイツによる「間接的な侵略」は、同盟を結ぶ要因のひとつとなるという要素だ。「間接的な侵略」の定義は、「保護」の対象国のリストとともに、秘密議定書に含まれなくてはならない。その定義の一例として、モロトフは、「侵略国家に有利になるような政策の転換」を示唆した。チェンバレン政権は、ソヴィエト連邦の「保護」が何を意味するのか、正確に理解していた。ハリファックスも、一九三九年一〇月に保守党議員の集会で、バルト諸国の自由を犠牲にするソヴィエト連邦との同盟に乗らなかったイギリスは正しかったと話している。

そうした交渉の過程で、チェンバレンがソヴィエト連邦との同盟に乗り気になったり、同盟を結ぶように圧力をかけてくるハリファックスへの怒りを収めたりする材料はひとつもなかった。七月下旬、チェンバレンはアイダにこうこぼす。「われわれは、無駄に時間をすごして避けようのない決裂が訪れるのを待つばかりだ。邪魔が入らなければ、ずっと前に何とか議論を打ち切っていたであろうに、引き延ばした責任を取らなければならないのが、いささかつらい」。七月二三日、行き詰まりを打開するため、英仏ソの三ヵ国は、軍事交渉を行ってから再び政治協定に取り組むと合意した。

春から夏にかけて、ドイツは、ナチ党の打診に対して冷ややかな態度を取り続けるソヴィエト連邦にしつこく言い寄った。しかしソヴィエト連邦は、自国の安全保障に何よりも不可欠と考える条件——東欧とバルト諸国の支配——について民主主義国が譲歩しないため、不満を募らせていた。八月二日、ついにリッベントロップが魔法の言葉を口にする。ベルリン駐在のソヴィエト連邦臨時代理大使、ゲオルギー・アスタコフを呼び、「われわれの国が敵対する理由などない」と告げたうえで、「黒海からバルト海にいたるまで、領土に関するすべての問題」について話し合いが可能だと話した。数日後、アスタコフはモロトフに、ドイツは「(リトアニア以外の) バルト諸国、ベッサラビア、旧ロシア領ポーランドには……関心がなく……ウクライナに対する野心は一切放棄すると表明」したがっているという感触を得た、と報告した。その見返りとして、ドイツはソヴィエト連邦に、ダンツィヒと旧ドイツ領ポーランドに対する関心を捨てるように求めている。「当然、ドイツ側が提起した類の対話は、英仏ソの協定が結ばれていない時期でなければ始められない」、とアスタコフは記している。八月後半には、モスクワのドイツ大使、フリードリヒ＝ヴェルナー・フォン・デア・シューレンブルク伯爵がモロトフを相手に、ヒトラーはソヴィエト連邦のどんな要望にも同意する準備があると断言した。

この頃にはイギリスとフランスも、軍事協定についてモスクワで協議するため、将校団を結成していた。それでもイギリスは、できるだけ問題を先延ばしにしようとしていたらしい。イギリスとフランスの将校団は、低速の蒸気船でモスクワに向かった。外務省は、この判断についてあれこれと言い訳を並べた。ソヴィエト連邦行きの民間航空路線は、イギリスにもフランスにもなかった。イギリスは、適切な機種が必要な数だけそろわない、乗り心地が悪すぎる、という理由で空軍機を利用したくなかった。海軍の高速巡洋艦には、適当な船室がなかった。したがって、低速の蒸気船になった。他にも公表されていない問題があった。イギリスもフランスも、空路でドイツ上空を横断するという一か八かの賭けはしたくなかった。またフランスは、いずれにしても代表団の到着が目立つのは困ると考え、交渉がうまくいかなかった場合にできるだけきまりの悪い思いをしたくなかった。だがソヴィエト連邦からすれば、そのような言い訳をするのは民主主義国が真剣に同盟を結ぶ気がないからだ、という疑いがいっそう強まるだけだったのではないか。

フランス代表団の団長は、非常に有能で先見性のある大将、ジョセフ・エドゥアール・エメ・ドゥメンクだった。一方、イギリス代表団の責任者は、海軍大将のサー・レジナルド・プランケット＝アーンル＝アール＝ドラクスで、ずいぶんな話ではあるが、その名前のせいで、対談にはどことなく滑稽な雰囲気が生まれた。ソヴィエト連邦側の主たる交渉役は、国防人民委員クリメント・ヴォロシーロフで、訪問者たちよりもはるかに地位が高かった。八月一二日に交渉が始まり、ドゥメンクとドラクスは、ヴォロシーロフは好感の持てる人物だと思ったが、だからといって問題が丸く収まるわけではなかった。三日目には忌憚のないやりとりがあり、要点が明確になった。

ヴォロシーロフが繰り返し尋ねたのは、ポーランド、ルーマニア、トルコが攻撃された場合、フランス、イギリスとしては、ソヴィエト軍がどう支援すべきと考えるかという点だった。ドゥメンクは、それは、その三国がどの程度自衛するかにかかっていると説明した。ソヴィエト軍の支援を要請されたら、モスクワが援軍を判断すればよい。ドゥメンクはヴォロシーロフに、疑問は解消されたかと尋ねた。「いいえ」、と人民委員は答えた。他の者たちは、ヴォロシーロフは冗談半分に答えているとでもいうように笑った。だが、冗談ではなかった。「露骨な言い方で申し訳ないが、私たちは軍人どうしで話をしているのです」とヴォロシーロフは言った。彼には、「共同の取り組みにおいて」ソヴィエト軍がどう配備されるのかがわからなかった。ドラクスは、ポーランドとルーマニアはソヴィエト軍の力を借りられると知れば喜び、攻撃されたら間違いなくソヴィエト連邦の支援を求める、と力なく答えた。ヴォロシーロフは、明確な答えがほしいと言った。「これはソヴィエト連邦にとって最も優先すべき問題で、他はすべて重要度が低いのです」。問題が解決されないのであれば、交渉を続ける意味はない。ドラクスは、それは軍人の力のおよばない政治的問題だと言った。

ヴォロシーロフは、ソヴィエト連邦の関心が実はどこにあるのかを、非常にわかりやすく説明した。ポーランドやルーマニアがドイツの攻撃を受けた場合、ソヴィエト連邦に助けを求めるのが遅すぎると、国は壊滅してしまい、防衛に関する同盟の意義は失われる。あいまいにはできない問題だった。スターリンは、自国と侵略国との間にどの程度の隔たりがあるかを軸にソヴィエト連邦の安全保障を規定し、バルト諸国と東欧を支配して自国の安全地帯にしたがっていた。しかし、民主主義国は話に乗ろうとしない。代表者たちは、合意のもとで軍事計画の他の面について話し合い、結論を後回しにしたが、八月一七日、重要な問題が解決されないまま交渉は物別れに終わった。八月二一日、代表団が短時間ながらも顔を合わせた際、ヴォロシーロフは次回の交渉までの期間を長めに取りたいと持ちかけた。その理由は、ソヴィエト軍の高官が例年通り軍事大演習に向けて発たねばならないからだと思われた。

西欧の代表団は、かつてオーストリア大使館だった建物の近くに宿泊していた。八月一八日、彼らは近隣の建物で慌ただしい動きがあるのに気づいた。別の訪問団を迎える準備だった。新しい訪問者が誰なのか、ドラクスもドゥメンクもまもなく知ることになる。

八月に入り、ヒトラーは安閑としているイギリスよりも先にソヴィエト連邦と合意に達すべく、よりいっそう急いだ。イギリスとフランスがポーランドに与えた保証と、この年の秋に戦争を始めるという自分自身の主張を考え合わせれば、スターリンとの取引には数日しかかけられない。九月初旬までにポーランドに侵攻しなければ、秋は雨天が多いので、近代的な機甲師団による軍事作戦は不可能になる。

おかげで、スターリンは主導権を得た。ドイツの外務事務次官、ヴァイツゼッカーは、「むこうの狡猾なスラブの農民が、条件をふっかけてくる」と不満を漏らしながらも、ドイツは「モスクワで、ポーランド分割についてもっと明確な態度をとる」べきだと促した。スターリンはヴォロシーロフに、対談失敗の原因は間違いなく民主主義国側に負わせよと命じた。

驚くべきことだが、ドラクスがイギリス政府代表として交渉する権限の確認書類を受け取ったのは、八月二〇日になってからだった。モロトフはその前日に、独ソ不可侵条約の草稿をモスクワ駐在ドイツ大使に渡していた。八月二〇日、ヒトラーはスターリン宛ての私信で返答し、草稿の条項を受け入れつつも、八月二二日か二三日にリッベントロップと会って、ソヴィエト連邦の希望でありながら詳しくは定めていない「付属議定書」をまとめるように請うた。

スターリンはヴォロシーロフに、英仏との交渉を中断して鴨狩りに行くように命じた。八月二一日、スターリンはヒトラーにこう返答する。「両国の国民は、お互いに平和な関係を必要としている」。彼は、八月二三日にモスクワで会うと、リッベントロップを招いた。その知らせがベルクホーフに届くと、ヒトラーはシャンパンを開けるように命じたが、自分は酒を飲まないので手をつけなかった。

いよいよヒトラーは、戦争が始まると確信した。翌朝、全軍の司令官を招集して、今こそ戦争を起こさねばならない、と話した。「私以上に権威を持つ人間は、今後二度と現れるまい」が、それに引きかえ、敵国の首脳は「水準以下」で「これといったところがない」と説明した。自分は、「信憑性があろうと、なかろうと」、開戦のプロパガンダ的口実を得るつもりだ。気がかりなのは、「土壇場になって」――ミュンヘン会談直前のように――「卑劣な連中がまた調停案を持ち出しはしないか」ということだけだ。

リッベントロップがモスクワに到着すると、街は鉤十字の旗で飾り立てられていた。スターリンと会談したリッベントロップは、ベルリンで広まっているジョークを教える――そろそろスターリン自身も、防共協定に加わるかもしれない。スターリンはヒトラーに乾杯しようと音頭を取り、「ドイツ国民がどれほど総統を愛しているか」はわかっていると話した。そして、「ソヴィエト連邦は同盟国を裏切らない」と誓った。記録を見る限り、リッベントロップがお返しに同じ約束をしたかどうかはわからない。

独ソ不可侵条約には、公表された内容と秘密の内容があった。公にされたのは、ドイツとソヴィエト連邦は一〇年間、互いに武力攻撃をしないという約束だ。しかし、秘密の「付属議定書」では、ドイツとソヴィエト連邦の勢力がおよぶ領域――すなわち、一方が他方から文句を言われずに征服できる地域――が定められていた。フィンランド、ラトビア、エストニアはソヴィエト連邦のもの、リトアニアはドイツのものとされた（その後、リトアニアもソヴィエト連邦に譲渡する旨、議定書を修正した）。ポーランドは、ナレフ川、ヴィスワ川、サン川で「大まかに」分割され、当然ながら、ベッサラビアはソヴィエト連邦の手に渡る。ナチ・ドイツは、イギリスとフランスが与えないものをスターリンに与えた。

リッベントロップは、独ソ間の「新しい友好関係」に触れる前文を入れたがったが、スターリンはもっと現実的だった。「もう何年も、われわれは互いに罵倒し合ってきた」、とスターリンはリッベントロップに言った。彼は、世間がもう少し時間をかけて慣れてからでなければ、独裁者どうしが大げさに手を取り合うのは早いと思っていた。


ヒトラーは、民主主義国が自分に向かって宣戦布告するとは思いもしなかった。だが、「感情に流されやすい日和見主義者」が「無力な赤子のような提案」で自分の計画を台無しにするのが心配だ、と繰り返し語った。ネヴィル・チェンバレンが、ミュンヘンでヒトラーにもたらしたトラウマだ。だが、モロトフとリッベントロップが条約に署名した結果、ヒトラーの筋書きは完成した。ドイツの警察はポーランド侵攻に向けて、ほとんど信憑性のないプロパガンダ的口実を、しかるべくこしらえた――一九三三年、フランツ・ベルンハイムがヒトラーの反ユダヤ主義の法律に異議申し立てをした国境の町、グライヴィッツで、ドイツのラジオ局の送信機がポーランド人に襲撃されたかのように偽装したのだ。九月一日の早朝、ドイツ軍は、東プロイセン、ポンメルン、シュレージエン、ボヘミアからポーランド国境を越えた。ナチ・ドイツの戦争が始まった。

そうなれば、民主主義国の戦争がいつ始まるかが問題となる。イギリス政府とフランス政府はポーランドを支援すると約束していたが、ドイツの侵略に直面してもなお躊躇した。ネヴィル・チェンバレンを戦争へと駆り立てたのは、民主主義的な反乱だった。

九月一日、金曜日、チェンバレンは議会で「行動すべきとき」が来たと語ったが、その後は、ドイツ軍がポーランドから出るとドイツが確約するかどうかを静観するとしか言わなかった。イギリス政府は、ポーランドに対する義務を果たすとドイツに警告していた――だが、期限は設けていなかった。全政党の政治家の間に、当惑、不満、恥辱の念が募り始めた。これ以上に明白な侵略があり得るのか、これ以上に明白な、ポーランド支援に急行すべき根拠があり得るのか？翌日には失望と激しい怒りが溢れ、土曜日としては異例の議会が開かれた。あろうことか、チェンバレンはその議会で、ドイツからイギリス政府に回答がないのは、おそらくドイツが「以前イタリア政府からもちかけられた、敵対行為をやめてただちにイギリス、フランス、ポーランド、ドイツ、イタリアの五大国で会談すべきだという提案」を検討しているからだと語った。ミュンヘン会談を再び――皮肉にも、ヒトラーとイギリスの宥和政策反対派がともに恐れていた事態だ。

次に発言した労働党副党首、アーサー・グリーンウッドは、演説の腕は月並みだが、政治家のキャリアにおいて最高の瞬間を迎えようとしていた。立ち上がった瞬間、労働党から声援で迎えられ、彼自身もたいへん驚いたが、保守党からも同様に喝采を受けた。グリーンウッドはいささかふらつきながら、「この瞬間の心情を打ち明けます」と同僚議員たちに言った。そこで保守党の一匹狼、レオ・アメリーが、憤慨して叫んだ。「イ、ン、グ、ラ、ン、ドの代弁をしてくれ、アーサー!」。

議員たちは、アメリーの激しい怒りに耳を疑った。というのも、アメリーはチェンバレンの数十年来の友人で、議員としてのキャリアは、チェンバレンの集票組織のおかげだった。チェンバレンは振り返り、与党側の席にいる秘蔵の弟子、アメリーを驚きの目で見つめた。アメリーは、チェンバレン内閣に入るチャンスを自らふいにしたと悟った。

グリーンウッドはイングランドの声を代弁した。「どれだけの間、逡巡を重ねるつもりなのでしょうか。イギリスとイギリスが支持するすべての国、人類の文明が危機的状況にあるというのに。一分ごとの遅れが今や人命の喪失を意味し、国益」、および――保守党のボブ・ブースビーが上げた声に応えて――「わが国の名誉の根幹を危険にさらしているのです」。グリーンウッドが着席すると、与野党双方から再び歓声が上がった。

庶民院とチェンバレン内閣の反目が始まろうとしているのは明らかだった。もはや、ミュンヘン会談はないだろう。その夜、内閣は、翌朝の一一時を期限とする最後通牒をドイツに発すると合意した。

九月三日、日曜日、最後通牒の期限から一五分後に、ネヴィル・チェンバレンはラジオで、イギリスは再び戦争に突入したと国民に告げた。最初の言葉は心を打ち、悲痛な響きさえあり、声には明らかに絶望が表れていたが、口調は抑制され、威厳があった。

「今朝」とチェンバレンは切り出した。「ベルリン駐在イギリス大使はドイツ政府に、ポーランドから軍を撤退させる準備をすぐに整えるという連絡が午前一一時までになければ、両国は戦争状態になるという最後通告を手渡しました」。さらに彼はこう述べた。「国民のみなさんに申し上げねばなりません。このような働きかけがまったく受け入れられなかったため、この国はドイツと戦争状態に入りました」。運命を決する宣告に続く長い間合いによって、切迫感はいっそう高まった。数百万のイギリス国民が耳を傾け、仰天し、喉を絞めつけられる思いをして、先の戦争の恐怖や失った愛する人の記憶を次々と頭に蘇らせているのが、容易に想像できる。

しかし、その後チェンバレンは、いつもの自己陶酔に浸った。一世代で二度もイギリス国民を、男も女も死と悲しみのどん底に送るというのに、こう述べた。「平和を勝ち取るための長年のあらゆる私の苦労が無に帰して、私がどれほどつらい打撃を受けているかおわかりでしょう。しかしながら、私にこれ以上の何か、あるいは別の何かができて、それがさらに大きな成功につながったとはまったく思えません」。

ロンドンの貧困地区で育ったコメディアンのスパイク・ミリガンは、国のリーダーでありながらイギリス国民が階級の壁を越えて戦時の挙国一致をはかるように導けないチェンバレンを皮肉り、後年こう話している。「首相の物まねをしたチェンバレンという男が、ラジオで話していた」。「彼はこう言ったんだ。『一一時から、私たちはドイツと戦争状態に入りました』(『私たち』だってさ、ふざけてるよね)」。同じくA・J・P・テイラーも、開戦当初の無神経なポスターが記憶に残っていた。「あなたの勇気、あなたの元気、あなたの決意が、私たちに勝利をもたらします」(傍点は著者による付加)。第一次世界大戦の終戦後、社会改革の約束を反故にされたと記憶するイギリスの労働者階級の人々――政府予算で「英雄の家」を与えると約束されていたが、予算はすぐに削減され、望みがかなえられなかった復員兵――には、またしても労働者が、上流階級の特権を守るために死ねと求められているのだと容易に想像できた。

悲観主義の者でさえ、ドイツ軍が瞬く間にポーランドを征服したのには驚いた。ポーランド人は、誇りを持ち大いなる勇気をふるって戦ったが、絶望的な状況だった。戦闘が始まって最初の数日で、ポーランド空軍はドイツ空軍《ルフトヴァッフェ》に完全に破壊された。ポーランドには、ごくわずかな戦車しかなく、騎兵隊は、ドイツの機甲師団を食い止めようにも何もできなかった。とどめを刺すように、九月一七日には、ソヴィエト軍がスターリンのかねてからの目的を果たそうと、東方から侵攻してきた。九月二七日、ワルシャワは陥落した。ポーランド政府は公式には国全体を明け渡しはしなかったが、ドイツは一〇月六日にポーランド軍の最後の抵抗を鎮圧した。約七万人のポーランド兵がドイツ軍との戦闘で殺され、さらに五万人がソヴィエト軍との戦いで命を落とした。ドイツ側の損失はかなり少なかったが、軽微というにはほど遠く、死者が一万四〇〇〇人、負傷者は約三万人いた。

開戦に伴い、チェンバレンは世論と政治の圧倒的な圧力に屈して、チャーチルを内閣に迎えざるを得なくなった。その職位は、実に、第一次世界大戦時にチャーチルが就いていたポスト、海軍大臣だった（その日、ある無線信号がイギリス海軍の全艦隊に飛んだという話はよく知られている――「ウィンストン帰る」）。その後八ヵ月間、長くライバルだったふたりの仕事上の関係は、かつては予想できなかったほどとても円滑に進んだが、それはもっぱらチャーチルの忠誠心と義務感のおかげだった。しかし、常に対極にあるチャーチルの存在によって、チェンバレンにはある問題が生じた。

事態が変わる前触れは、九月中旬にローズヴェルトからチャーチルに送られた注目すべき親書だった。国家元首が別の国の大臣と直接やりとりするのはかなり異例で、不適切でさえあった。しかし、ローズヴェルトはそれをやってのけた。単に、チェンバレンに対する低い評価の表れだったかもしれない。その評価はおそらく、一九三八年一月にローズヴェルトの外交上の提案をチェンバレンが却下したのが発端で、ミュンヘン協定によってさらに固まったのだろう。ヒトラーと同じく、察しの早いローズヴェルトが、チャーチルは近いうちに首相になると感じ取っていたとも考えられる。

「(第一次)世界大戦当時、あなたと私は似たような地位にありましたので」と、ローズヴェルトは書き出している。「あなたが海軍本部に戻られて、私がどれほど喜んでいるかをお知らせしたいのです」。ローズヴェルトは外交上の慣例に最低限の配慮をして、さらに続けた。チャーチル「と首相」には、「私に知らせたいと思われることは何なりと、私に個人的にご連絡をいただければいつでも歓迎する」ので、ご承知おきいただきたい。チャーチルは律儀にチェンバレンに相談し、首相の承認を得たうえでアメリカ大統領と通信を開始した。こうして、政治家どうしによる、歴史上屈指の興味深く建設的な関係が始まった。

チェンバレンは道徳意識が高く、戦争を激しく嫌った。そしていうまでもなく、戦争が起きないように全力を尽くしてきた。しかしその結果、戦時の有能なリーダーとなる実力は身につかなかった。戦争が始まってしばらくは、イギリス国民も、チェンバレン政権さえも、自分たちが何のために戦っているのか、あまり確信がないようすだった。九月下旬になっても、ハリファックス外相と外務事務次官アレクサンダー・カドガンでさえ、イギリスの戦争目的をどうとらえるべきかを判断できなかった。スターリンがポーランドの一部の所有権を主張した後も、ソヴィエト連邦と戦争をせずにポーランドを解放する筋書きについて、話ができなかった。たとえ「ヒトラー主義」の一掃を目標に戦争をしたとしても、その結果、ヒトラーがゲーリングに政権を譲るだけだとしたらどうなるのか？　チェンバレンも方向性を打ち出せず、戦争勃発から一週間後には、「私が望むのは軍事的勝利ではなく――勝てるかどうかはかなり疑わしいと思いますが――ドイツの銃後の崩壊です」と語った。たいした戦略とはいえず、これでは誰も奮い立つはずがなかった。

対照的に、長く政治の荒野にいたウィンストン・チャーチルは、株を上げていた。イギリスが宣戦布告した日には、戦争の意義について庶民院で力強い発言をした。「われわれは、ナチ党独裁の害悪から全世界を救い、人間にとって最も神聖なものすべてを守るために戦うのです……この戦争は……堅固な岩の上に個人の権利を確立する戦いであり、人間の地位を確立し、取り戻すための戦いです」。これこそが戦時のリーダーの言葉だと、多くのチェンバレン支持者でさえも、いよいよ明確に理解し始めた。

不屈の国会議員、エレノア・ラスボーンは、その前年、チャーチルに宛ててこう書き送っていた。「リーダーシップが大いに望まれており、政治的立場がかけ離れている者でさえも、あなたが、わが国の軍事的立場が危険にさらされていると充分に認識しつつ、武力攻撃に対しては国際的な共同行動を取るべきだと確信している人物だと理解しています」。一九三九年秋、ラスボーンは超党派の議員行動連盟を結成し、その連盟が、より効果的な統率力を求める者たちにとって大きなよりどころとなった。連盟に所属して後に回顧録を執筆した者や、男性歴史学者の大半は、統率力を持つリーダーの誕生はラスボーンの功績だと評価していない。しかし、ラスボーンの努力のおかげで、一九三九年一〇月には、ダフ・クーパー、レオ・アメリーといった国会議員が、チェンバレンを失脚させてチャーチルを首相の座に就ける計画を密かに検討していた。

ポーランドが敗北して半年間は比較的平穏な状態が続き、のちにその期間を「たそがれ戦争」または「まやかし戦争」などと呼ぶようになる。休戦状態である限り、チェンバレンは国内の反対意見に蓋をしておけた。だがヒトラーの戦争は、いつまでも休戦状態のままではない。

13

「これがプロイセンの将校か!」

指導者への抵抗

「われはプロイセン人、汝らは知るやわれの色を？……
父祖は自由のために死したと
汝らは知るや、ゆえにわれの色は語った」

ベルンハルト・ティエルシュ、アウグスト・ナイタルト
「プロイセンの歌」（一八三〇〜一八三二年）

ある時期にプロイセン王国の国歌であった「プロイセンの歌」は、一九四〇年には、まだ将校の間でよく知られていた。プロイセンの将校たる者は、厳しい行動規範を受け入れなくてはならない。質素、名誉、義務、そして何より犠牲が、何をおいても重んじられる。それが、不毛の砂地から意志の力で何度も立ち上がり、軍事力を頼りにヨーロッパ列強の仲間入りを果たした貧しい北方の国の規範だった。「プロイセンの歌」の最初のくだりは、要約すると、プロイセンの黒白の国旗のために死んでいった「父祖」を――すべての父祖を指しているように思える――偲んでいる。そして、国旗の黒白を自分の色として、自分も同じ運命をたどると毅然と受け止めている。

プロイセンの将校は誰もが行動規範を知り、自分は規範に従っていると信じているが、この規範は、各自の分別に応じて柔軟に適用できる。その一番の好例は、命令、特に王の命令に従う場合だ。

軍事史は、プロイセンの士官訓練や一般幕僚の修学において、常に主要課題とされた。

過去の司令官、とりわけナポレオン戦争、ドイツ統一戦争の栄誉に浴した司令官は、歴史の記憶のなかで生きている。彼らは、プロイセン人としてのアイデンティティーの基準であるだけではない。過去の司令官は、現在の行動の模範にもなる。

命令を動じずに受け入れるという点で歴然たる模範となるのは、フリードリヒ・ヴィルヘルム・フォン・ザイトリッツだ。ザイトリッツは、名高いプロイセン王、フリードリヒ二世率いる国軍の騎兵指揮官で、フリードリヒ二世の軍の実動部門として騎兵隊を育てたとされる。一七五九年に大敗を喫したクネルスドルフの戦いでは、フリードリヒ二世自らが戦場で指揮を執り、ロシア軍およびオーストリア軍と戦った。戦いが進展し、フリードリヒ二世はザイトリッツ率いる騎兵隊に攻撃を命じる。ザイトリッツが攻撃の先頭に立つも壊滅的な敗北に終わり、大勢の死傷者が出て、ザイトリッツも重傷を負う。その後しばらくして、フリードリヒ二世はもう一度騎兵隊による攻撃を求める。砲撃を受けながら要塞化された拠点に正面攻撃をしかけることになるため、ザイトリッツは王を説得して思いとどまらせようとした。だが、フリードリヒ二世はあくまで攻撃を主張し、騎兵隊は攻撃した。その結果、最初の攻撃よりもさらに大きな敗北を喫して、プロイセン軍の隊列は乱れ、騎兵隊は自国軍の歩兵を踏みつけるにいたった。ザイトリッツはこの結果を予想していたが、王の命令には異議を唱えなかった。ザイトリッツはこうして、たとえばかげていると思えても、耐え難いと思えても、無私無欲で命令に従うというプロイセンの規範に、ある意味で忠実な模範となる。「父祖は自由のために死したと……」。

だが、新しい世代の将校は、プロイセンの規範に即する新たな模範で国王の命令に応えた。その将校とは後世の司令官、ヨハン・ダーヴィト・ルートヴィヒ・ヨルク・フォン・ヴァルテンブルク伯爵だ。一八〇六年、プロイセンはナポレオン軍に完敗する。プロイセン王国は、領土の多くを明け渡すしかなく、フランス軍がベルリンを占領した。そして当時の国王、フリードリヒ・ヴィルヘルム三世は、ナポレオンへの服従をおとなしく受け入れた。

しかし、ヨルク伯爵を筆頭に、軍の指揮官たちは従順ではなかった。彼らは、プロイセンを新しく近代的で活力に満ちた国に生まれ変わらせる改革運動を担うようになり、いずれは再起してナポレオンに勝利すると考えていた。一八一二年、ナポレオンはロシアに侵攻するが、たちまち惨敗する。プロイセンの改革者たちは、ついに機会が訪れたと考えた。一八一二年一二月、ヨルクは、フランスに対抗してロシアとタウロッゲン協定を結び、条項に従って、ロシア軍がプロイセン領を通過してフランス軍を追撃するのを認めた。

ところが、国王フリードリヒ・ヴィルヘルム三世は、タウロッゲン協定に同意していなかった。ヨルクをはじめとする将校——のちに世界一影響力のある戦争理論を執筆するカール・フォン・クラウゼヴィッツを含む——は傭兵だったため、タウロッゲン協定の調印は反逆罪にあたる。とはいえ、彼らは彼らなりにプロイセンの規範を忠実に守っていた。一月初め、ヨルクは国王に書簡を送った。「何もかもがいつも通りに進む限りにおいて、王の僕《しもべ》は状況に従う運命にあります。それが義務だからです」。しかし、状況が変われば、「同様に義務も、二度とは訪れないその新たな状況を利用すべきです」。ヨルクは、王の忠実な僕として語るだけでなく、こう主張した。「このような言葉は、ほぼ例外なく国民の言葉です。国王陛下が宣言なされば、あらゆるものに再び命と情熱が吹き込まれ、われわれは真の古きプロイセン人のように戦い、国王陛下の王位は以後、盤石で揺るぎないものとなるでしょう」。ヨルクは、「これから真の敵に向かって進むべきなのか、あるいは、政治情勢により陛下の有罪宣告を受けるのか」を国王から聞くために、座して待つわけではなかった。答えを待つにあたっては、「忠実な献身の精神を保ち、戦場であろうと処刑場であろうと冷静に銃弾を浴びると国王陛下に誓います」とヨルクは記した。

ヨルクは規範に従っており、国歌に歌われる通りに自らの色と自由のために喜んで死ぬつもりでいた。しかし、それだけではなかった。「国民」の声は、国王の意志に優先する法だと彼は考えた。一八一三年においては新しい考えだったが、真意は後々まで残っていく。ヨルクは英雄になった。プロイセンの極端な愛国主義の歴史家が、（反逆の大きさを著しく軽視したうえで）ヨルクの名を称えるようになり、ベルリンには、ヨルク通りとタウロッゲナー通りができた。一九四〇年の兵士にとって大切だったのは、特別な状況下では国民に対する義務が統治者に対する義務に勝り、場合によっては反逆が必要になるということだ。一九四〇年のドイツの将校には、熟慮すべき問題がたくさん生じる。

一九三九年秋から一九四〇年初頭にかけて、ドイツ軍最高司令部では、戦争の戦い方について、また広い意味でドイツがどのような国であるべきかについて、議論が続いていた。その議論は基本的にはひとつだったが、ふたつの枝に分かれていた。枝のひとつは、欧米列強に対して攻撃に出るべきかどうかという議論で、大半の将官とヒトラーの間で意見が割れていた。もうひとつの枝は、その攻撃はどのような形をとるべきかという議論で、将官どうしが意見を戦わせ、ヒトラーは一方を支持した。ふたつ目の議論には、表面にはっきりと見える以上に深い意味があった。

一九三九年一〇月六日、ポーランドの降伏が明らかになるとヒトラーは演説を行い、ドイツ国民とイギリス国民を団結させるのが「(自分の)人生の使命」だと宣言した。それについてこれまで成功していない理由は、「イギリスの一部の政治家とジャーナリスト」の敵意、これまで自分を「揺さぶってきた」敵意だとした。ヒトラーはチャーチルの名を数回挙げたが、まだ首相の座にいるチェンバレンには言及しなかった。そうして場を盛り上げてから、ヒトラーは「今後数十年間にわたるこの大陸の運命を決める」和平会談を提案した。

しかしヒトラーは、イギリスやフランスの反応を待つわけではなかった。一〇月九日、彼は「戦争指令第六号」を出した。指令の発出には、時間はドイツに不利に働いているというヒトラーの考えが見て取れる。欧米の民主主義国は今後、着実に強くなる一方だろう。そこで彼は、「できるだけ早い日取り」で「ルクセンブルク、ベルギー、オランダから西部戦線の北部地域」を攻撃する準備を整えよと命じた。攻撃対象は比較的限られていた。目標は、「実戦配備されているフランス軍の最も強力な部隊を可能な限り倒し」、オランダ、ベルギー、フランス北部に領土を獲得して、イギリスを容易に襲撃できる範囲内に空軍基地を設け、損傷を受けやすいルール地方の工業地帯を守ることだ。

軍の司令官たちは、たじろいだ。とりわけ、「できるだけ早い日取り」という表現には驚いた。最もヒトラー寄りの陸軍将校、ヴァルター・フォン・ライヒェナウでさえ、すぐに西欧を攻撃するという考えは「犯罪に等しい」と述べた。反ヒトラーの将校や文民の抵抗者たちは、西欧に戦争をしかけると、ドイツ国民とドイツ政府は分けて考えるというイギリスとフランスの方針も消えてしまうのではないかと心配した。民主主義国にとっての戦争は全ドイツ人に対する総攻撃となり、反対勢力がヒトラーを排除して、受諾できる条件で終戦に持ち込むのは不可能になるかもしれない。いいかえれば、戦争は全面戦争――元ドイツ陸軍参謀本部次長ルーデンドルフが語った総力戦――に発展しかねない。

陸軍参謀長を辞したルートヴィヒ・ベックは、もう一度、今回は脇役ながら抵抗活動でひと役買った。九月末、彼は自分の考えをまとめて悲観的な覚書を作成し、もはや絶望的な状況にあると軍司令官たちを説得しようとした。「ドイツは今、世界戦争の瀬戸際にある」、と彼は記している。ポーランドの降伏はあまり重要ではない。この勝利で実際に達成したのは、ソヴィエト連邦を舞台に載せたことで、それは最終的にドイツにとって災いとなる。イギリスとの戦争は世界戦争を意味し、そうなれば海戦となる。ドイツには、その装備はまったくない。ベックは、アメリカとアメリカの資源は戦争においてかつてないほど大きな要素となりそうだと考え、ローズヴェルトは「第三帝国にとって特別に恐ろしい対戦相手だ」と評した。

イギリスとその同盟国は地上戦を避けて勝利を目指し、海上封鎖でドイツを消耗させるだろう、とベックは考えた。結論として、どんな戦争でも最終的に目指す望ましい和平調停に、ドイツは到達できない。皮肉なことに、ちょうどその頃、かねてから海上封鎖を提唱していた軍事理論家、リデル＝ハートは、イギリスには勝利に通じる合理的な道がないという理由で、歩み寄りによる和平を推奨していた。数日後、さらにベックは、フランスで連合軍を相手に決定的な勝利を収めたとしても、イギリスがまだドイツに対して軍事作戦を取れるとしたら、戦争そのものには勝てないだろう、と記した。

両陣営の識者は戦略の情況についてほぼ同じ見方をしていたようだが、彼らは政治行動の倫理基盤についても同じような考え方を持っていた。ヒトラーに抵抗しようとしたドイツの将校と一般市民の多く、というよりもむしろ大多数は、ローズヴェルトと同じく、キリスト教の教義とナチズムは相いれないという考えを基に行動した。「熱心なキリスト教信者は、全体主義国家に抵抗するしか選択肢がない」と、ナチズムに抵抗するハンス・ベルント・ギゼヴィウスは思った。情報将校ハンス・オスターの固い決意と肝のすわった明るさも、「神への揺るぎない信仰」から生じている。オスターは、かつて息子にこう書き送った。「何が起ころうと、私たちが恐れるのは、清らかでないとき、慎ましやかでないとき、義務を果たさないときに下る神の怒りだけだ」。ドイツ軍の情報機関であるアプヴェーアの部長、カナリス提督の抵抗活動も、「考え抜かれた人生哲学と深い信仰心から生まれた」とギゼヴィウスは書いている。

同じく信仰を基に抵抗運動に足を踏み入れた、さらに意外なけん引役が、最古参の重鎮でたいへん尊敬されていたドイツ軍将官のひとり、ヴィルヘルム・リッター・フォン・レープだ。

レープは頭をそり上げ、険しく鋭い目が際立つ鷹のような顔立ちをした、近寄りがたい容貌の男だった。ナチ党に対する軽蔑をさして隠そうともせず、ナチ党の有力者が出席する式典はいつもわざと避けていた。レープは敬虔なカトリック教徒で、ナチ党員からはことあるごとに「神父将軍」と軽視されていた。信仰は、レープが良心を働かせる拠りどころだった。戦後はアメリカ軍の捕虜となり、その間の日記に、全霊を懸けて「(息子の) アルフレートと……私の指揮下で倒れたすべての兵士のためにミサに行った」と書いている。

レープは、ブロンベルク＝フリッチュ事件後の粛清で解任された将官のひとりだった。ズデーテン地方占領の際に一時的に軍務に戻され、その後、一九三九年の開戦で正式に現役復帰し、西部戦線で全軍の指揮を任された。

多くの高級将校と同じく、レープはドイツが敗戦すると考え、息子のアルフレートがポーランドにおける軍事行動で死亡してからは平和を望む気持ちが高まっていた。レープの伝記を執筆したゲオルク・マイヤーは、こう述べている。「父親として、他の親には子どもを失わせたくなかった」のと同時に、「キリスト教徒として、ヒトラーの戦争は不正だと感じていた」。九月下旬、レープは、ドイツ軍は「不必要な」部隊すべてを西部戦線から撤収可能で、そうすればドイツが平和を望んでいると示せると提言したが、ヒトラーはこの考えに激怒した。

ポーランドが降伏した直後、レープは、「オランダ、ベルギー、ルクセンブルクの中立侵害を経たフランス、イングランドに対する攻撃の見通しと効果」という長い表題の連絡文書を、陸軍最高司令官ヴァルター・フォン・ブラウヒッチュ宛てに書いた。非公式ながら、レープ自身が「攻撃の愚かさ」と題した文書だ。

レープは冒頭から単刀直入に、「わが国の将来について深く懸念するあまり、ペンを取らざるを得ません」とつづった。イギリスとフランスを攻撃しても、軍事力を完全に破壊しなければ、両国は怒りのあまり徹底的な攻撃に出てくると彼は考えていた。ドイツ軍の大多数の将校と同じく、レープはイギリス軍の「強靱性」に敬服し、さらに不本意ながらも、フランス軍の強さも評価していた。ドイツ軍がフランスとイギリスの軍事力を弱体化させて、連合軍側が和平を結ぶ気にさせるのは、間違いなく不可能だ。最大の理由は、奇襲攻撃をしかけられないからだ。ドイツが攻撃準備をすると連合軍側はそれを見破り、フランスの効率的な鉄道網を使って、部隊をすぐに適切な場所へ移動させてしまう。

レープは、ヒトラーの第三帝国においても、司令官は世論と国民の士気を考慮しなければならないと明確にするなかで、ポーランド攻撃は「ドイツ国民に一九一四年のような熱狂をまったく呼び起こさなかった」と書いた。むしろ、「戦争以外の解決策はあり得なかったのかと、社会の幅広い識者が自問した」。批判的意見を持たない人は、戦争を続けるべきだと納得するかもしれないが、そういう人でさえも、「国民全体が平和を切望する」とあれば、熱狂は「失望と落胆」に変わるだろう。レープには、「イギリスとフランスの強硬姿勢によって自分は戦争に追い込まれたという総統の主張」をドイツ人が信じるとは思えなかった。ヒトラー配下の古参の将官のひとりが、戦争は不要かつ不評で、ヒトラーはその真意について嘘をついていると主張しているのだった。

おそらくブラウヒッチュの頭には、一〇月一四日にハルダーと戦略について話した際、レープの文書があったのだろう。将官には三つの選択肢がある、とブラウヒッチュは考えた――ヒトラーに命ぜられたら西方で攻撃する、事態の推移を見守る、「根本的変革」を起こす、という選択肢だ。「根本的変革」とは、「政権交代」の遠回しな表現だ。将官たちは一年前の状態に逆戻りした――ヒトラーがドイツを破滅に追い込みつつあると考え、軍事クーデターを企てていた。そして、成功を楽観視するのではなく、政権打倒によって、敵国がすぐにつけ込んできそうな弱点が生じるのを懸念していた。とはいえ、将官の義務として、彼らはヒトラーに軍事上の展望を「冷静に」説明し、平和的解決策を見つけるように促さねばならない。

一九三九年秋に一部の将校が「根本的変革」について熟慮した理由は、他にもあった。ポーランドの征服と占領にあたり、ナチ党の下で蛮行の限りが尽くされた。現地で編成した準軍事組織、あるいは親衛隊員と警察官で構成する移動虐殺部隊、アインザッツグルッペを用いて、ドイツはポーランドの貴族、知識人、聖職者、ユダヤ人を標的に、手当たり次第に大量殺りくを行った。一九三九年の最後の三ヵ月間で、ポーランドでは約六万五〇〇〇人が殺害された。

正規軍の部隊も残虐行為を行った。陸軍の高官のなかには恐怖を覚え、不満を持つようになった者もいたが、そうした将校のほとんどが抵抗活動にかかわった。そのひとりが、情報将校ヘルムート・グロスクルトだった。牧師の家庭に生まれた四一歳のグロスクルトは、プロイセンの規範を体現しているような人物だった。あるとき、ハルダーをはじめとする高官たちがヒトラーと意見交換しながら平常心を失うのを見ていら立ったグロスクルトは、軽蔑の気持ちを日記にぶつけた。「なんてざまだ！　これがプロイセンの将校か！　参謀総長は取り乱すものではない！」。実は、参謀総長のハルダーは、プロイセン人ではなくバイエルン人だ。この話は、他の地域出身の将校も進んで応じ、応じるのがあたり前とされる、プロイセンの規範の威力を大いに物語っている。

グロスクルトの場合も、厳格な行動規範と篤い信仰を基に、倫理面でも現実面でも恐れ知らずのナチズムの敵となった。前年の「水晶の夜《クリスタルナハト》」の後には、「ドイツ人であることを恥ずべきだ」と書いている。ポーランドで軍事行動が始まってから一週間後、グロスクルトはオスターから、親衛隊を率いるハインリヒ・ヒムラーの副官、ラインハルト・ハイドリヒの発言について聞かされた。ハイドリヒは、軍法会議は仕事が遅すぎると不満を口にし、ポーランドの貴族、聖職者、ユダヤ人を、司法手続きを経ずに大量銃殺したがっているという。そのような残虐行為について知らされたグロスクルトは、嫌悪感を持つだけの受け身の立場から、ヒトラー政権の打倒を試みる積極的な立場に変わった――彼は、ザイトリッツではなく急進的なヨルクに倣って、プロイセンの規範を実践することになる。

グロスクルトは、ポーランドで行われている残虐な所業について正式に申し立てた。最終的に陸軍は、殺りくに歯止めをかけるため、ポーランドにおける占領体制の管轄権を求めた。ヒトラーは予想通り、彼特有の「動物学的アナーキズム」をあらわにして回答した。「激しい人種闘争には、どんな法も適用されない」。駐留中のドイツ軍は、「通常の規範には適合しない」方法で行動することになる。ヒトラーは、ポーランドの指導者にふさわしい人物がすべて排除され、住民の生活水準が最低限に留まり、結果としてポーランド人の奴隷労働力だけが残るのを望んだ。そして、淘汰により人口が減少し、ポーランド民族が絶滅するのを望んでいた。二〇年後には、「重労働と飢え、疫病によって、悪魔の業《わざ》が完了するだろう」とヒトラーは説明した。

続いて、注目すべきことが起きた。一〇月二三日、上級大将のヨハネス・ブラスコヴィッツが、ポーランドに駐留するドイツ軍司令官に就任した。すると、たちまちあらゆる階級の兵士がやってきて、残虐行為について不満を述べた。ブラスコヴィッツは政治に左右されまいという信念のある軍人で、グロスクルトやオスターのような抵抗勢力ではなかった。しかし、グロスクルトと同じくブラスコヴィッツも牧師の息子で、ある種の道徳的な土台が彼のなかにとどまっていたようだ。一一月、彼は中立の論調を保ち、部隊の規律維持の問題に焦点を絞って、自身が知った事実についてブラウヒッチュに書面で報告した。ところが、事実を簡潔に述べた文書を見ただけでベルリンは強い衝撃を受け、話は上級将校の間で広まった。ブラウヒッチュはいつものように、その文書をヒトラーに直接わたさず、総統付陸軍副官、ゲルハルト・エンゲルを経由して届けた。ヒトラーは、ブラスコヴィッツへの怒りをほかならぬエンゲルにぶちまけ、陸軍司令官の「子どもじみた態度」について文句を言い、「救世軍式」では戦争はできないと主張した。

ブラスコヴィッツは、それでもひるまなかった。一九四〇年二月には、論調が大きく異なる二通目の文書をブラウヒッチュに提出した。アプヴェーアの部長ヴィルヘルム・カナリスが、その文書の一部、あるいはすべてを書いたと見られる。けれどもブラスコヴィッツは、充分な覚悟を持って文書に署名した。明らかに、ナチ党の首脳が正しい行動を取る可能性が最大限になるように、実利的な見地から説得を試みる内容だった。「今現在行われているような、数万人ものユダヤ人やポーランド人」の大殺りくは「誤り」だと、文書には記されている。そのようなやり方では、ポーランドの思想を根絶したり、ユダヤ人を「一掃」したりはできない。敵にプロパガンダの根拠を与えるだけになる。ユダヤ人の虐殺は、カトリック教徒のポーランド人の同情を呼び、ユダヤ人、ポーランド人、カトリック教会の間で敵対的な同盟が結ばれ、「東方における最大の敵」となる。しかし、ポーランドにおける残虐行為がドイツにもたらす「最も深刻な被害」は、ドイツ兵の間で「疫病のように広がる、計り知れない残虐化と道徳の崩壊」であろう。ブラスコヴィッツは、警察官による残虐行為を目撃したドイツ兵数名の宣誓証言書を添えて、「この野獣たちがどれほどまでに野蛮か」を示した。兵士たちには、これほどの残虐行為がなぜ罰せられないのか、理解できなかった。

この文書を受けて、ハインリヒ・ヒムラーは何らかの対策を取らざるを得なくなった。三月、ヒムラーはコブレンツで開かれた陸軍司令官の集まりで、「私は、総統がご承知でないことはしていない」とわざわざ語った。あからさまに脅された将校たちは、表立っては不満を漏らさなかった。その年の春、ブラスコヴィッツはポーランド駐留の職を解かれ、以後ヒムラーは、ことさらブラスコヴィッツの職歴に傷をつけようと手を尽くす。

将校のなかから、ポーランドで進行中の残虐行為に対する怒りや嫌悪がもとで、西欧への攻撃に反対する者も現れた。一〇月から一一月にかけて、ヒトラーがあくまで西欧への即時攻撃を求めるなか、抵抗派はクーデターに向け邁進した。しかしハルダーは、前年と同様に態度が定まらなかった。一〇月三一日には情報将校のグロスクルトと会って、ゲーリングやリッベントロップをはじめとする大勢のナチ党幹部が「事故」に遭うように手はずを整えると話した。ハルダーは目に涙を浮かべ、この数週間、「あわよくば撃ち殺そうと」、ポケットに拳銃を忍ばせて「エミール」（将校たちがヒトラーを見下してつけたあだ名）に会いに行っているとつけ加えた。一方で、最終的には何を望むのかについて、抵抗派の意見は割れていた――ヒトラーとナチ党幹部数人を殺して、後は万事うまくいくように願うだけなのか、あるいは、暗殺後に権力を奪取する組織をつくっておくのか。ハルダーは、ヒトラーの後釜に座れる者はひとりもいないと確信して、最初の選択肢を支持した。グロスクルトは、ベックやゲルデラーなど、少なくとも一時的には国を率いていける器の人物を挙げ、第二の選択肢を推した。

一一月の最初の数日、予測不能なハルダーが再び勇気を奮い起こした。クーデターの計画は整っていた。一一月三日、グロスクルトは、クーデターの決行をギゼヴィウスに告げた。グロスクルトは、一一月五日以降決行に備えよと、ベックやゲルデラーに通告する権限をハルダーから得ていた。

ヒトラーは、一一月一二日に西欧への攻撃を開始せよと命じていた。一一月五日には、首相官邸でブラウヒッチュと最終会議を持ち、計画について話し合う予定だった。その日は、前年の九月一四日や九月二八日と同じように、抵抗派たちにとって苦悩の日となった。クーデター開始の指令を待つ時間を、ギゼヴィウスはこう振り返っている。「もちろん、われわれはやるべき準備を整えていた。みな、恐ろしく緊張して、待ちきれないようすだった」。だが、ブラウヒッチュとヒトラーの間で起きたできごとについて何ひとつ知らされないまま時間は過ぎていき、「みんな少し不安になった。また決定が先送りされたのだろうか？」とギゼヴィウスは記している。

ブラウヒッチュとともに官邸に行き、ブラウヒッチュがヒトラーと話す間、外の控室で待っていたハルダーは、西欧への攻撃に反対する根拠をあらかじめブラウヒッチュに知らせていた。補充兵はまだ水準が低く訓練も充分でない、将校の一部は「弱い」、多くの装備は依然として修理が必要、といった根拠だった。会議はわずか二〇分で、不首尾に終わった。ヒトラーは、ドイツと民主主義国の間にある問題は、武力でしか解決できないと言い張った。ブラウヒッチュは、部隊のなかに「規律を欠く」例がいくつかあり、一九一八年に陸軍が崩壊したときと状況が似ていると説明しようとした。だが、それをヒトラーに言ってしまったのはまずかった。ヒトラーは烈火のごとく怒り出し、詳細を求めた――何があったのか、どの部隊で、どう処分したのか？　ヒトラーは、すべての規律違反に対して死刑を要求した。

事態はさらに悪化した。ヒトラーは、ドイツ軍に戦う準備ができていないのは、戦いたくないからに他ならないと怒りをぶちまけた。そして、「ツォッセンの精神を知っている、私が破壊してやる」と怒鳴った。ツォッセンは、ベルリン市外にある町で、陸軍参謀本部が置かれていた。ブラウヒッチュは、青ざめて震えながら退席した。「私を責めないでくれ」とブラウヒッチュは、待っていたハルダーに請うた。「私に不満なのはわかっている。あの男と顔を突き合わせると、誰かに首を絞められているみたいになって、言葉が出てこなくなるんだ」。

「この件について（ヒトラーと）話すのは、そもそも無理だ」とハルダーは結論を出したが、彼は間違いなく、以前からその点に気づいていた。ハルダーは、自分自身も感じていた恐怖を控えめに表現したにすぎない。ギゼヴィウスはこう書いている。「ツォッセンでは、誰もが限界まで神経をすり減らしていた。おそらく、非常に抑制して表現したのだろう。本当はむしろ取り乱し、混乱状態だった」。ヒトラーの「ツォッセンの精神」という発言から、クーデター計画について知っているのが窺える。ハルダーは、クーデター計画に関連する文書をすべて破棄するように命じた。グロスクルトには、「攻撃はいずれ行われる」と素っ気なく伝えた。「国民と陸軍が団結していない」以上、それしかない。ハルダーは、「われわれを当てにしていた勢力は、もう縛られずにすむ。私が何の話をしているのか、君にはわかるはずだ」とつけ加えた。ゲルデラーとベックは手を引いて構わないという意味だった。この日は、ホスバッハ会議からちょうど二年となる日だった。

「こういう決断力のない指揮官にはうんざりする」と、グロスクルトは強い不満を述べた。プロイセン人のなかでも、ザイトリッツよりヨルクに倣う傾向の軍人の考え方だ。数年後、ホスバッハも、辛辣な書簡でハルダーに激しい怒りをぶつける――「陸軍最高司令部の不道徳行為」が、ドイツに降りかかったすべての不幸の一因である。さらに彼は、開戦は敗戦を意味していた、と主張した。「それについては、貴殿が参謀総長に就任した一九三八年八月二八日までは、陸軍参謀本部においてまったく疑問の余地はなかった」。

ハルダーとブラウヒッチュがくじけたせいで、一九三九年のクーデターの企ては完全に終止符が打たれた。情報将校のクルト・フォン・ティッペルスキルヒは、ブラウヒッチュに行動を起こさせようと迫ったところで無駄だとグロスクルトに告げ、「この難局をくぐり抜けなければならない」と言った。

一一月二三日、ヒトラーは、陸海空軍の高官を官邸に招集し、またも長々と演説をした。自分は「かけがえのない存在だ」と述べた後、こう主張する。「自分の知力と決断力に確信を持っている……国の運命はひとえに私にかかっている……あらゆる軍備の問題で最高の経験をしている……私が成し遂げたことはこれまで誰も達成していない」。狙いは、反対勢力を怖じ気づかせることだった。ヒトラーは、抵抗者は「全滅させる」と明言した。

グロスクルト、屈強で辛辣なレープなど、少数の将校は、少なくとも西欧への攻撃を阻止する考えについて、あきらめる気はなかった。レープは、西部に駐留する軍集団の司令官たちに、自分とともに集団辞職させるか、あるいは、せめて一緒にヒトラーに抗議させようとした。ひとりが「それは少し度を越している」と言うので、抵抗派の将官たちは、それならば「攻撃開始をできるだけ遅らせよう」と決めた。

レープはさらに粘った。一二月、ポーランドで実行されている残虐行為のあらましをグロスクルトから聞いて、その日のうちに、ハルダー宛ての書簡の下書きをした。「多方面から報告があり、私には、ポーランドにおける警察の行為は文明国にふさわしくないとしか思えません」。レープは、ブラウヒッチュには犯罪行為に対処する力がないと思っていた。結果として、レープ自身の「戦いを望み、この戦いは避けられないという気持ち」は強まる一方だった。レープは、何もかも話すわけにはいかないが、と遠回しな表現を用いて、「親愛なるハルダー、決断力を持って率いれば、陸軍はあらゆる方面で最強の力を発揮する組織だとあなたもご存知でしょう」と記している。

だがこの頃、すでにヒトラーは、ハルダーとブラウヒッチュを徹底的に威嚇していて、彼らがいない陸軍の抵抗運動は、行き詰まる可能性があった。ゲシュタポは、レープ家の電話の盗聴と郵便物の開封を開始した。


西方攻撃に関する陸軍の悲観的な見方は、作戦計画に影響をおよぼした。ハルダーやブラウヒッチュのような高級将校は勝つために戦うのではなく、負けないために戦う。陸軍最高司令部が最初に立案したのは、「黄作戦」という暗号名の計画で、ドイツ軍の前線を広げてオランダとベルギーへ進軍することだけが目的だった。第一次世界大戦の記憶が傷を残し、最高司令部はそれよりも大きな勝利を想像できなかった。

一九三九年の秋に攻撃していたらどのような運命をたどったかと考えてみると、おそらく高級将校たちの見方は正しかった。だが皮肉にも、彼らの悲観主義の影響で攻撃が遅れ、ヒトラーを権力の座から下ろす計画をいじり回すうちに、高級将校たちの予想に反して陸軍がみごとな勝利を収める状況が、意図せずに生まれてしまった。少なくともその勝利の輝きが消えないうちは、ヒトラーに手出しはできまい。

西方への攻撃は、一九四〇年の春まで待たざるを得なくなった。けれどもヒトラーは、将官たちにひとつ警告した——冬でも寒さと晴天がある程度続けば、ドイツ空軍《ルフトヴァッフェ》の視界が開け、ドイツ軍は早期に攻撃する好機を得る。実際、一月にはそのような天候が訪れた。一月中旬には、何もかもが整っているように思われた。攻撃の決行日が一月一七日に決まる。B軍集団の軍務日報には、一一回延期された後、決行日がようやく目前に迫ったと記録されている。だが、それは間違いで、一二回目の延期があった。

理由は、ひとつには再び霧が出て雪が降ったからだ。だがよもや、と思われる理由も他にあった。第七航空師団の参謀将校が、重要な配備計画書を携えてベルギー領空を飛行機で横断することになった。悪天候でしかたなく不時着陸したが、参謀将校は計画書を焼却できなかった。ドイツ軍の司令官たちは、ベルギーが計画書をイギリスとフランスに渡したと想定するしかなかった——実際、その通りになった。

いずれにせよヒトラーは、最高司令部の慎重な考えには以前から不満だった。一〇月二五日にハルダーとブラウヒッチュから計画を提示されると、自分が常に求めてきたのは、ムーズ川の南方を襲撃した後、西方および北西に向かう攻撃であり、そうすれば「ベルギーに進軍する敵を阻止してせん滅」できると反対した。ブラウヒッチュとハルダーは仰天し、その後六時間かけて、計画のあらゆる点についてヒトラーと活発に議論した。ふたりの将軍が去った後、ヒトラーは国防軍統合司令部長のヴィルヘルム・カイテルに、彼らの計画は第一次世界大戦でドイツが取った「シュリーフェン計画」の焼き直しにすぎないと文句を言った。「あのような作戦では、今度こそ切り抜けられはしまい。私にはまったく違う考えがあり、一両日中にはその考えを君に話すつもりだ」。ヒトラーはそう言った。カイテルの話では、その後しばらくしてから、「総統は大喜びで、その考えとは、以前にフォン・マンシュタイン中将と長時間にわたって個人的に議論した戦略で、彼は将官たちのなかでただひとり、自分と同じ計画を検討していて、大いに満足したと私に仰った」。

一九三九年、エーリヒ・フォン・マンシュタイン中将は、ベルギーおよびルクセンブルクとの国境沿いに駐屯するA軍集団を率いる上級大将ゲルト・フォン・ルントシュテットの参謀長だった。のちにマンシュタインは陸軍元帥として、東部戦線の有力な司令官のひとりとなる。第二次世界大戦を戦った他のドイツ軍司令官の大半から、最も有能で聡明な野戦指揮官であり戦略家だと目されていた人物だ。一方で、彼は傲慢で、愚か者には容赦がなかった。とげとげしい性格が出世の妨げになる場合も多かった。ハルダーとはたいへん折り合いが悪く、ヒトラーでさえマンシュタインを引き立てたのは渋々ながらだった。「あの男は私の性に合わない」とヒトラーは陸軍副官のエンゲルに言い、それでも、「ぬかりなくやってくれるだろう」と意味ありげにつけ加えた。

マンシュタインと、装甲軍団長となっていたハインツ・グデーリアンは、ドイツが戦争をどう戦うべきかについて同じような考えを持ち、ふたりとも、最高司令部が立案する弱気な計画に不満を抱いていた。グデーリアンは、のちにこう振り返る。「（一九三九年）一一月のある日、マンシュタインから会いに来るように言われ、その件についての考えを大まかに説明された。戦車でベルギー南部とルクセンブルクを強襲してスダンに向かい……結果として、フランス軍の前線をふたつに分断するという計画だった」。ドイツ軍は、鬱蒼《うっそう》としたアルデンヌの森林を戦車に通過させる。突破して開けた土地に出たら、北西に向きを変え、イギリス海峡沿岸を目指す。英仏軍は行く手を遮られ、ベルギーで立ち往生する。戦車が曲線を描いて前進するので、マンシュタインはこの計画を「鎌刈作戦」と呼んだ。グデーリアンはしばらく地図を眺め、第一次世界大戦中に自身がその地域で体験したことを思い返した。そして、充分な数の機甲部隊と機械化部隊――理想を言えば、ドイツが展開できるすべての装甲車両――で部隊を編成できるならば、その考えはうまくいくとマンシュタインに請け合った。マンシュタインもその日のことを同じように記憶しており、グデーリアンは「われわれの計画に興奮した」と述べている。

だが、用心深い上官たちは違った。最高司令部は、マンシュタインの突破作戦にせいぜい一個、あるいは二個の戦車師団しか配備したがらなかった。マンシュタインは、攻撃を成功させるには、使えるだけの全戦車が必要だと主張した。最高司令部は、望みをかなえるどころか、発案者のマンシュタインを罰した。一九四〇年一月下旬、マンシュタインは、ルントシュテットの参謀から、ドイツ国内に配置されている別の陸軍部隊の指令官に転任させられた。マンシュタインはその理由について、考えを執拗に推された最高司令官が腹を立てたからだと確信していた。

こうなると、ただの軍事計画に関する論争ではなかった。基本的な政治姿勢の問題であり、ドイツがどのような国になるべきか、ドイツが世界にどう位置すべきかという問題だった。レープとベックには、この問題に対する答えがひとつあった。ヒトラー、マンシュタイン、グデーリアンにも別の答えがあった。ハルダーとブラウヒッチュの見解はレープやベックとよく似ており、慎重で悲観的な作戦計画をヒトラーに提示したのは、西方への攻撃を完全に思いとどまらせたかったからだとみられる。その背景にあったのは、戦争そのものに正当性がなく、大惨事となって終わりかねないという認識だ。そのうえふたりは、ヒトラー好みの戦争――侵略的で、機動性が高く、無謀で、絶望的ですらある戦争――がすでにもたらしている、そして今後も否応なくもたらし続ける、犯罪行為には反対だった。

もっとも、ヒトラーが違う何かを探し求めるのは、彼の政権の急進主義の表れだ。最高司令部が、マンシュタインを下位の野戦司令部に左遷し、作戦立案に関与させないようにした事実から、マンシュタインの主張がはらむ危険性を最高司令部がどう見ていたかが浮き彫りになる。一九三九年秋、最高司令部首脳の大半を占めていたのは、民主主義国との戦争に反対する将校だった。

マンシュタインが提案したのは、グデーリアンが何年も前から推奨していたような攻撃だった。敵が多くの資金を投入する前に、ドイツ軍が勝つ可能性がある攻撃だ。フランスやイギリス――および、その背後に控えるアメリカ――のような、植民地を通じて調達できる資源がある大国にドイツが勝つには、非常に大きなリスクを冒すしかない。それは初めから、ヒトラーの政治運動と政権に不可欠な前提だった。どれほど自暴自棄な行動が必要であろうと、英米の資本主義による世界経済の支配を打破するのが、常に目的だった。グデーリアンとマンシュタインは、それをよく理解していた。

ヒトラーは、最高司令部の慎重姿勢にますますいら立った。ヒトラー付陸軍副官のエンゲルは、ハルダーとブラウヒッチュに対する激しい怒りを次のように記録している。「彼らはわざと私の考えを妨害しているが、たとえ訓練を受けた参謀でなくても、私は頂点に立つ」。自分の周りに必要なのは楽観主義者であって悲観主義者ではないので、ブラウヒッチュは更迭せねばならないと、ヒトラーはエンゲルに怒鳴り散らした。ところが、ブラウヒッチュが辞表を提出すると、ヒトラーは受け取るのを拒んだ。

マンシュタインは、指揮系統を回避してヒトラーと連絡をとらねばならなかった。内密の面会を手配したのは、おそらく、ホスバッハの後任の総統付軍務担当副官ルドルフ・シュムントだろう。二月四日、訪問先のコブレンツから戻ったシュムントは、ルントシュテットやマンシュタインと現地で話した内容について熱く語った。そして、マンシュタインの計画には「最も望ましい戦力の結集について、総統が常々おっしゃっていたのと同じ意見が含まれていた」、とエンゲルに話した。翌日シュムントは、コブレンツで話した内容をヒトラーに伝え、マンシュタインをベルリンに呼んではどうかと提案した。エンゲルの記録によれば、「総統はすぐに同意されたが、会談の予定があると（ブラウヒッチュや）ハルダーに知らせてはならないと、シュムントと私に命じた」。

二月一七日、マンシュタインは、エルヴィン・ロンメルをはじめ、新たに司令官に任命された将校たちとともにヒトラーとの朝食会に出席するため、正式にベルリンに呼び寄せられた。朝食会の終わる頃、ヒトラーはマンシュタインとふたりだけで協議するため、彼を書斎に連れて行った。マンシュタインは、書斎で「西方の攻撃遂行について見解を示すように言われた」とのちに振り返っている。自分の計画について、シュムントがどの程度ヒトラーに知らせていたかはわからなかったが、「いずれにせよ、われわれの軍集団が数ヵ月前から主張してきた要点を、総統は驚くべき速さで把握されたと認めざるを得なかった。総統は私の説明に全面的に賛同なさった」。マンシュタインがうぬぼれていたわけではない。エンゲルから見ても、ヒトラーはマンシュタインの考えに「興奮して」いた。

三日後、ヒトラーは新たな攻撃命令を出した。マンシュタインの考えに忠実に従った命令だった。もはや、黄作戦はすっかり様変わりしていた。ヒトラー支配のドイツは、運命を左右する角を曲がった。

14

「力を合わせて、ともに進もうではありませんか」

就任演説

海軍大臣ウィンストン・チャーチルの頭脳は、いつものように目まぐるしく働いていた。近い将来の可能性を見据え、イギリスが戦争に勝つ型破りな応戦法を思い描く。ドイツがフランスを破り、イギリスだけで戦争を続けねばならなくなる可能性はあるだろうか。「だが、たとえナポレオン戦争のときのように単独で戦うとしても、わが国の能力に絶望する理由はない」と彼は判断した。「不安、欠乏、喪失に苦しむのは疑いない――しかし、無限に戦い続ける能力がないと絶望する理由はない」。

勝利への道は、ドイツ全軍と消耗戦をする野蛮な道であってはならない、とチャーチルは信じていた。「両軍の立場が決定的に変わる見込みはないが、それでも、勝利を目指す軍人の精神が満足するには、数十万人の男が命を捧げねばならないのは確かだ」と書いている。より洗練されたやり方――よりイギリスらしいやり方――があるはずだ。「フランドルで有刺鉄線を引きちぎるために軍隊を派遣するのではなく、もっと他にやり方があるのではないか?」とチャーチルは思いめぐらす。たちまち、創意に富む頭脳がそのやり方を思いつく――中東で別の戦端を開くのだ。

中東で戦いの端緒を開いたのは一九四〇年ではなく、一九一四年の話だ。

当時オスマン帝国〔現トルコ共和国〕は、ドイツに味方して参戦したばかりだった。一一月下旬、チャーチルは、ガリポリ半島と小アジアの間に位置し、地中海東部とマルマラ海をつなぐダーダネルス海峡を、イギリス海軍が攻略すべきだと提案する。イギリスがダーダネルス海峡を支配すれば、マルマラ海に戦艦を送り込んでオスマン帝国の首都、コンスタンティノープル〔現イスタンブール〕を砲撃できるようになり、部隊も上陸させられる。敵に包囲されているロシア軍に物資を補給するのも容易になり、早々にオスマン軍を戦争から離脱させられるかもしれない。そして、オーストリア＝ハンガリー帝国に対して、さらにドイツに対してさえも、バルカン諸国で戦線を開けるかもしれない。ドイツ軍の大部隊は西方にいて、オーストリア軍がセルビアに勝てなければ、この作戦でイギリスが戦争に勝つ可能性も出てくる。

容易だと考える者は誰もいなかった。ダーダネルス海峡は全長約六六キロメートルで、場所によっては幅が約一・六キロメートルしかない。両岸にオスマン帝国の要塞と重砲がある。海底には機雷が敷設されているが、海水が黒海からマルマラ海を抜けてダーダネルス海峡に勢いよく流れ込むので、掃海艇で撤去するのは困難だ。チャーチルは、今回限りで使い捨てても構わない旧式の戦艦を用いれば、ダーダネルス海峡を攻略できると考えた。「結果の重要性を考えると、多大な損害が出てもしかたがない」と、チャーチルは地中海の海軍司令官に電信で伝える。そして直後には、任務の成功のためなら「一〇万人失っても文句は言わない」と記している。

その作戦はいかにもチャーチルらしい発想で、大胆かつ想像力に溢れ、危険を伴った。だが、出だしから、すべてがうまくいかなかった。一九一五年三月一八日、イギリス海軍はダーダネルス海峡に入る。代償として、フランスの戦艦一隻とイギリスの古い戦艦二隻が沈没し、さらに数隻が損傷を受ける。海軍は散り散りになって退散した。イギリスの内閣は、海上作戦と陸上作戦を組み合わせてガリポリ半島を攻略することにしていたが、地上作戦の開始に五週間の致命的な遅れが生じた。イギリス、フランス、オーストラリア、ニュージーランドの軍隊四個師団がガリポリ半島に上陸できたのは四月二五日になってからで、すでに遅すぎた。オスマン軍はさまざまな情報を得て、防衛を強化していた。オスマン軍を指揮するのはきわめて有能な元帥、ムスタファ・ケマル。戦後、トルコ共和国の初代大統領となり、その後、大国民議会からアタテュルク〔父なるトルコ人〕姓を授かる人物だ。一方、この地域に展開するイギリスの海軍および陸軍の指揮官は、いずれも二流だった。イギリスの作戦立案を担うある将官は、作戦が失敗すれば「たいへん深刻な問題となるだろう。ドイツがわが海軍にもたらす限られた好機に満足しないウィンストン・チャーチルの激しい衝動の結果、よく考えずに作戦が開始されたのではないかと思う」と友人に書き送った。この手紙を受け取る友人が、当時バーミンガム市長のネヴィル・チェンバレンだ。

この上陸によって連合国側の死傷者は多数に上り、やがてガリポリ半島の作戦は、避ける予定だった塹壕戦となり泥沼化する。最終的に連合軍は撤退を余儀なくされ、作戦は失敗として中止される。

ウィンストン・チャーチルはすでに撤退前から、ガリポリの件で海相の職を失っていたが、失敗は決して彼だけのせいではなかった。地上軍も、作戦立案も、上陸の遅れも、西部戦線からやっと回してもらう不充分な人員も、チャーチルの責任ではない。責めを負わされたのは、実は政治的理由からだ。チャーチルはどんなときも、イギリス海軍の指揮を楽しんできた。したがって、ランカスター公領相――省を所管せず、治安判事の任命が主な責務――という閑職に左遷されたのは、彼にとってはむごい打撃となった。

のちに妻のクレメンタインは、「夫が悲しみのあまり死ぬと思った」と記す。

どんなときも誠実なクレメンタインは、首相のH・H・アスキスに苦悩に満ちた手紙も書いた。夫は「あえて申し上げれば、現在あるいは将来の閣僚の大多数にはない最高の資質といえる、ドイツと戦うための力、想像力、命を懸けて戦い抜く気概を備えています」とクレメンタインは主張した。チャーチルの好戦的な性格が、閣僚、ひいては首相の無気力な取り組みと著しい対照をなすのは、これが最後ではない。

しかし、ガリポリはその後もチャーチルの心の重荷となり、長くついて回る。他の政治家は、チャーチルの向こう見ずな考えや判断力の欠如を非難するたびにガリポリを引き合いに出し、その構図は、チャーチルが再び海軍大臣として計画、指揮する作戦、新たな陸海軍共同作戦が途方もない不首尾に終わるまで続いた。ただし、この二度目の作戦失敗は、チャーチルの職歴にまったく異なる影響をおよぼす。

一九四〇年四月九日の早朝、ドイツがノルウェーに侵攻し、側近が国王ホーコン七世を起こしに行った。「陛下、戦争です！」と側近は言った。国王は、さらりと聞き返した。「相手は？」。国王は、すでにあれこれと考えていたのかもしれない。一九三九年秋から一九四〇年春にかけて、イギリスとドイツは、ノルウェーの中立を犯すさまざまな計画を考えていた。ドイツは、海軍基地を築いてイギリスの北海支配を打破したいと思っていた。イギリスは、ソヴィエト連邦と必死に戦うフィンランドを支援する経路を切り開きたがっていた（スターリンはいよいよ本心をあらわにして、一一月三〇日、フィンランドに侵攻した）。イギリスは、スウェーデンのイェリヴァレ周辺で産出する鉄鉱石をドイツが船で輸送するのも阻止したかった。三月、フィンランドはついに降伏したが、ソヴィエト軍を相手に善戦したおかげで、比較的好都合な条件で講和条約を結べた。チャーチルは依然として、鉄鉱石の産地を押さえたいと考えていたが、閣内の議論で負けた。しかしその後、ノルウェー領海に機雷を敷設してドイツの船舶を阻止する作戦について承認を勝ち取る。四月五日、イギリスの遠征隊がノルウェーに向けて出航した。

その前日、チェンバレンは不適切な演説を行い、これまで西欧を攻撃しなかったヒトラーは「バスに乗り遅れた」と言い放った。だが、ヒトラーはバスに乗り遅れてなどいない。イギリスの遠征隊がノルウェーにたどり着かないうちに、ドイツ軍は攻撃を開始した。ドイツ陸軍がデンマークに侵攻し、それと同時にドイツ海軍はオスロと、トロンヘイムやナルヴィクなど、ノルウェーの主要港に部隊を運んで上陸させ、そこで親ナチのノルウェー人、ヴィドクン・クヴィスリングを支持する守備隊司令官の協力を得た。

イギリスは、圧倒的に優勢な海軍の力を利用すれば、部隊を上陸させて、ドイツ軍のノルウェー攻撃を封じ込められたはずだ。ところがイギリスは、そうはせずに、全軍と政府全体、上から下までの無秩序と無能ぶりをはっきりと露呈させた。計画は変更され、さらにまた変更された。イギリス軍はナルヴィクに上陸するものの、雪で立ち往生するばかりで、何ひとつ結果を出せずに撤退した。トロンヘイム奪取の試みも、完全に失敗する。無能な将校が問題なら、戦争遂行の中心となる方向性がなかったのも問題だった。責任はチェンバレンにあり、チャーチルもいくばくかの責任は免れなかった。作戦の大部分は、チャーチルが責任を負うイギリス海軍によって実行された。チャーチルは四月九日の数日前に、ドイツ軍がノルウェー攻撃のために集結しているという情報部の警告を無視した。そしてチャーチル自身も、ノルウェー作戦の時期と方向性について何度も心変わりした。

対照的に、ドイツ軍は分が悪かったものの――イギリスの優れた海軍力に粉砕されるのを覚悟して部隊を遠方まで運ばねばならない――大胆に効率よく作戦行動を遂行した。もともと小規模な海軍が深刻な損害を受けたが、それでも勝利した。

第一次世界大戦の記憶があるイギリス人から見れば、この海軍の失態はガリポリの戦いにとてもよく似ていた。ガリポリの作戦失敗で責められるべき人物は大勢いたが、チャーチルは危うく政治生命を絶たれそうになった。だが、歴史がもたらす途方もない皮肉というべきか、主としてチャーチルが責めを負うべきこのノルウェーの惨事は、彼の運勢に前回とはまったく異なる影響をもたらす。洞察力の鋭いクレメンタイン・チャーチルは、のちに夫にこう言った。「何年も閣外に出されたり、ドイツの危険性を繰り返し警告したりしていなかったら、ノルウェーの件で破滅していたでしょう」。

チェンバレン政権への不満は高まり、独裁的な手法がとうとう首相自身の首を絞め、反対派はいっそう大胆になっていた。チェンバレンは開戦後に数回、労働党との連立を視野に政権の勢力拡大を試みた。だが、労働党は毎回誘いを断った。労働党の国会議員は、そのうちのひとりが語ったように、チェンバレンの状況が上向いていた時期には「ゴミのように」扱われたのを覚えているので、彼を忌み嫌っていた。冷静で頭の切れる労働党党首、クレメント・アトリーは、演説でこう述べた。「国民が変化を求めるときが来るでしょう。そのときが来れば、われわれには準備ができています」。労働党の同僚議員、ハーバート・モリソンはもっと遠慮がなかった。彼は『デイリー・メール』紙にこう語っている。「その気になればいつだって、チェンバレンを追放する権利がありますから」。

五月に入ると、保守党の国会議員ヘンリー・「チップス」・シャノンは、「ウィンストンが首相になるべきだ、彼の方が活力があり、国民もついていく」という話があちこちで出ているのに気づいた。チャーチルは、「野党の労働党と自由党からも称賛され、首相に対する反乱を率いてはどうかと、けしかけられていた」。

けしかけられていたのは間違いないが、チャーチルは相変わらず忠実だった。保守党議員のハロルド・マクミランから、「われわれには新しい首相が必要だ、それはあなたでなければ」と言われると、航海に出る手続きをしたので船のそばを離れられない、とぶっきらぼうに答えた。「だが、私に怒っていたのではないと思う」と、マクミランは振り返っている。

とはいえ、その五月の第一週には、政治に危機が訪れようとしていた。チェンバレンは、五月四日にまたしても独り善がりの演説をして、ノルウェーの戦いはイギリスの勝利に終わったと主張しようとした。労働党議員のハロルド・ニコルソンは、「それはまったく事実でない」と庶民院議員はわかっていると記録し、こう続けている。「チェンバレン自身がそう信じているのなら、彼は愚かだ。信じていないのなら、欺こうとしているのだ」。デヴィッド・ロイド・ジョージなら、消耗しきったアスキスの後を継いだ一九一六年と同様に、首相に返り咲いて窮地から救ってくれるかもしれない、という話も少なからずあった。ニコルソンはそのような案はあまり評価しなかったが、誰ならばチェンバレンの後任が務まるのかはわからなかった。「イーデンは除外。チャーチルは保守党幹部から痛めつけられている。ハリファックスは使い古しと思われている

（公正に見てもその通り）。リーダーの原則において、われわれの方がドイツよりも優れているのは、いつでも別のリーダーを見つけられる点だと言ってきたが、今は別のリーダーが見つからない」。

五月七日、労働党は、庶民院の休会を提議した。それ自体は毎度のことだったが、一九四〇年五月はいつもと違った。前年八月に、休会をめぐる審議がチェンバレンの権威主義的傾向をめぐる審議に発展したのと同じように、このたびの提議はノルウェーとチェンバレンの戦争遂行についての審議になると誰もが理解していた。

この審議は、イギリスの議会政治の歴史で最も見ごたえのある、重要な審議となった。「議事堂は混み合っていた」とハロルド・ニコルソンは書き留めている。「そして、チェンバレンが入ってくると、『バスに乗り遅れた』という叫び声で迎えられた」――イギリスの国会議員は、そうした無礼な嫌味を言うのが実に上手い。そして、話はそれでは終わらない。

ニコルソンの記録によれば、保守党の平議員で海軍元帥のサー・ロジャー・キーズが、「勲章が六列並んだ礼装姿」で現れた。人目を引くこの人物は前に進み出て、ノルウェー作戦の遂行について「すこぶる痛烈な攻撃」を行い、他の議員は「息を呑んで黙って」聴いていた。キーズは最後に、チャーチルが首相になるようにと単刀直入に求めた。「私は友である海軍大臣閣下に、称賛の念と好意を大いに抱いております。彼の偉大な能力が適切に生かされるのを見たいと切望しています。現行の体制では、そうなるとは思えません」。ニコルソンは、「これまで聴いたなかでは出色の、心を打つ演説」だと思った。キーズが着席すると「割れんばかりの拍手」が起こった。

やがて、さらに心打たれる展開が始まる。レオ・アメリーは長年、保守党内でも一番右寄りの、うるさ型の議員だった。前年の九月二日に、「イングランドの代弁をしてくれ」と労働党副党首アーサー・グリーンウッドに呼びかけ、議場の議員たちを仰天させたのがアメリーだ。アメリーは今回、夕食で席を外した面々が急ぎ議場に戻るタイミングで審議に加わった——そして議場が満員になるなか、議員たちが自分の発言に注意を向けて次々と賛同の声を上げるのがわかった。アメリーはまず、この審議、この戦争には民主主義がかかっていると、はっきりと指摘した。「今現在、議会全体が重大な責任を負っています。何といっても、この戦争で試されているのは議会そのものだからです。戦争に負ければ、この先ずっと非難されるのは、そのときどきの束の間の政権ではなく、一制度としての議会です」。アメリーは、キーズと同じく、チェンバレン政権の能力を手厳しく批判した。「このままではやっていけません」とアメリーは警告した。

アメリーは、第二次世界大戦開戦以降のイギリス軍は、三〇〇年前にイングランド内戦でオリバー・クロムウェルが率いた議会軍と同じく不運続きだという、歴史上の類似性を指摘して演説を締めくくった。彼は演説原稿の準備中に、クロムウェルの言葉の引用もしようと思いついたという。「それなりに刺激が強いだろうと思った」、とアメリーは振り返っている。「だから、演説の山場にきて引用する気になった場合に備えて、念のために用意しただけ」だった。だが現実には、「議場全体が自分の味方になっている」のを感じ、「拍手の音がどんどん大きくなる」のがわかり、「臆病な心をかなぐり捨てて、クロムウェルの戒めによって、言いたいことを洗いざらい話した」。

アメリーが語った言葉は、かつて庶民院で議員の心を激しく揺さぶった数々の演説に引けを取らなかった。「私たちは今、私たちの命、自由、すべてのために闘っています……これはクロムウェルが、長期議会はもう国政を行う資格がないと考え、議会に向かって語った言葉です。『あなたは、これまでの多少の貢献を理由にこの席に長く座りすぎた。立ち去りなさい、もうあなたに用はない。神の名において、出て行きなさい』」。

衝撃は驚くほどだった。アメリーは穏当に、こう記している。「これまで、もっとよい演説をしたかもしれないし、そうでもなかったかもしれないが、時宜の面でも結果の面でもこれほど効果的な演説をしたのは、間違いなく初めてだ」。ロイド・ジョージは後日、庶民院の演説の山場であれほど感動したのは初めてだとアメリーに話した。だが、何よりも重要だったのは、アメリーも記しているように、「それで、政府の運命が決まった」ことだった。

審議は、翌日の五月八日、水曜日に継続されることになった。チャーチルは妙な立場にあった。前年のいくつかのできごとにより、かねてから孤立しながらもヒトラーと宥和政策推進者に反対してきた彼は、正しかったと示された。政界の誰もがそれを知っていた。だが、チャーチルは現在、宥和政策推進者の政権で重要な地位にある。しかも、いうまでもなく、ノルウェー戦の大きな失敗はチャーチルの指揮下で起きた。チェンバレン政権を代表して話す場合は、かなり難しいバランスを取らなければならない。チャーチルの支持者は、この点に神経質になっていた。「われわれの第一の心配は、チャーチルに関する問題だった」、とマクミランは振り返っている。「われわれは政権を打倒すると決め、刻一刻と目的達成の可能性が高まっているように思えた。だが、どうすればチャーチルを政権崩壊から切り離せるか？　初日の第一の問題が政権打倒だったとすれば、二日目の第一の心配はチャーチルの救出だった」。

審議が再開されると、ハーバート・モリソンが、前日に暗に伝えられていた内容を公にした。労働党からの、チェンバレン政権に対する不信任決議の要求だ。チェンバレンは、いつもの尊大でひとりよがりな態度で、議会の「友人たち」に自分を支持するように呼びかけるつもりだと答えた。議員の多くが非常に趣味の悪い発言だと感じたが、痛烈に反論したのは発奮した七七歳の元首相、デヴィッド・ロイド・ジョージで、彼にとって庶民院の審議で最後となる、意義ある発言を行った。第一次世界大戦以降、ロイド・ジョージとチェンバレンは犬猿の仲で、互いに嫌悪し合うチャーチルとチェンバレンよりもはるかに激しく相手を嫌っていた。ロイド・ジョージは、事前にいくつか助言を受けていた――チェンバレンの気に障ることを言ってかんしゃくを起こさせるのがいい、そうすれば、チェンバレンは決まって愚かな発言をする。助言で武装したロイド・ジョージは、この長い論戦に最後の一撃を食らわせた。「これは、誰が首相の友人かという問題ではありません」と彼は指摘した。「それよりも、はるかに重大な問題です」。チェンバレンは犠牲を求めている、とロイド・ジョージは意見した。「心から申し上げますが、首相こそ犠牲の範を垂れるべきでしょう。この戦争において、首相が官職を犠牲に供する以上に勝利に貢献できることはないのですから」。

一方でロイド・ジョージは、チャーチルを守ろうと尽力した。チャーチルが、海軍本部の決定についいては自分に全責任があると臆せず立派に主張すると、ロイド・ジョージは、「破片が仲間に当たらぬようにと、防空壕の役を買って出てはなりません」と応じた。

しかし、チャーチルにとってこの務めが――チェンバレンを、礼節と名誉のためにしっかりと守りつつ、自分が首相になるチャンスは潰さないように適切に守るのが――どれほど困難であろうと、彼は持ち前の好戦的な気性で、首相の地位に上り詰める可能性があった。保守党議員の「チップス」・シャノンは、「あの姿を見れば、彼は獅子奮迅の勢いで、生き生きと嬉しそうで、自分が置かれている皮肉な立場、つまり、政敵と信じてもいない大義を守る立場を楽しんでいるのがすぐにわかる」と感じた。

議員たちは、遠い昔を振り返るまでもなく、チェンバレンの政策に対するチャーチルの痛烈な批判を思い出した。今では、チェンバレンのかつての同調者たちは次第に影を潜め、誰よりも強く首相を批判してもおかしくないチャーチルが、代わりにチェンバレンを擁護していた。チャーチルのように、敵対者からの侮辱に耐え、あれこれ思い悩んできた政治家は、仕返しの機会を楽しむものかもしれない。だがチャーチルは、高度なリーダーシップを発揮するに足る人物であると自ら示した。彼は和解のために口を開き、チェンバレンの「友人たち」という不適切な言葉を取り上げた。「彼は自分に友人がいると思ったのです」とチャーチルは、特有のうなるような声で言った。「彼に友人がいるように願います。ものごとがうまくいっているときには、数多くの友人がいたのは確かです」。チャーチルは団結を訴えて締めくくった。「戦前の確執は捨て、個人的な諍いは忘れ、共通の敵に憎しみを持ち続けましょう。党利は無視し、全精力を注いで、この国のすべての能力と力を戦いに投入し、丈夫な馬すべてに頸環《くびわ》をつけましょう。先の戦争では、今ほどの大きな危機にはさらされませんでした。庶民院議員のみなさんにはぜひとも現在の問題に……議会の尊厳に従って対処して頂きたい」。

チェンバレンは首相在任中、細くとがった顔立ちの院内幹事長、デヴィッド・マーゲッソンを大いに頼り、党規を徹底させて、保守党幹部会で反対意見をつぶしてきた。労働党議員のニコルソンは思った。「(議会の審議で) イエスマンがひとりとして何の役にも立たず、有能な保守党議員はすべて反逆者の立場に立たざるを得なくなったという事実によって、今やマーゲッソン方式の弱点が露見した」。

いずれにしても、マーゲッソン方式は破綻していた。マーゲッソンが登院命令書を発して強い党議拘束をかけたにもかかわらず、不信任決議案が投票にかけられると、保守党議員三三人と保守党以外の政権支持者八人が賛成票を投じた。さらに六〇人の保守党議員が棄権する。結果として、チェンバレン政権の支持票は二八一票、不支持票は二〇〇票となった。全保守党議員が支持票を投じていれば、八一票差ではなく二一三票差で勝っていたところだ。投票結果が発表されると、チェンバレンに向けて「出ていけ！　出ていけ！　出ていけ！」という大きな叫び声が上がった。チェンバレンは充分な票差を得られなかった。事実上の敗北だった。

チェンバレンは当初、労働党を引き込んで、連立による政権再編を考えた。だが労働党の幹部から、チェンバレンが率いる政権のためには働かないが、他の保守党政権の下なら働くと、はっきりと告げられた。

五月九日の夕方、チェンバレンはハリファックス、チャーチル、マーゲッソンだけを集めて私的な会議を開き、チャーチルかハリファックスのどちらかが首相にならなければならないと話した。ハリファックスによれば、チェンバレンは、新政権に入るはずの労働党幹部などが「最も納得できると言っている」人物は、自分、つまりハリファックスだと明らかにした。チャーチルの記憶は少し違う。チャーチルは、前日の審議で自分が好戦的な態度を取ったせいで労働党が敬遠し、チェンバレンはハリファックスが有利になったとみなしていると思った。いずれにせよ、チェンバレンはさらに言葉を継いで、問題は「首相の辞任が受け入れられた後、国王に誰を呼ぶように進言すべきか？」だと言った。

「普段なら、私はかなりしゃべるのだが」とチャーチルはのちに語る。その点については誰にも異論はないだろう。「このときばかりは沈黙していた……私が黙ったままでいたので、かなり長い間沈黙が続いた。間違いなく、休戦記念日に行う二分間の祈りよりも長く思われた。やがて、ついにハリファックス卿が口を開いた」。実は、イギリスの著述家、ジェフリー・シェイクスピアが発見した新情報によると、ハリファックスが話す前にマーゲッソンが決然と口を挟み、ときの人になれるのはチャーチルだけだと主張した。ハリファックスが口を開いたのは、その後だ。のちに彼は、自身が首相になる見込みについて、「私は、望みのない状況だと言った」と述べている。「戦争（軍事作戦）にかかわった経験がなく、庶民院を率いる立場でもないとすれば、私は取るに足りない人間だ。ウィンストンの方がよい選択だと思った。ウィンストンは反対しなかった。とても思いやりがあり、礼儀正しかったが、彼もそれが正しい解決策だと考えているのは明らかだった」。

「（ハリファックスの）話が終わる頃には」とチャーチルは続けている。「その職務が私の肩にかかるとはっきりした――そして実際に、私の肩にかかったのだ。そこで、私は初めて口を開き、国王から組閣の命を受けるまでは、野党のいずれとも連絡を取らないと言った。こうしてこの重大な話し合いは終わり、われわれは再びいつものくつろいだ、うちとけた態度に戻った。それは、幾年もともに働き、政権にあるときも野にあるときも、イギリス政界のあらゆる友好のなかでときをすごしてきた人間の態度だった」。

五月九日の夜はそのような状況――チャーチルは首相就任の覚悟をして、あとは労働党幹部の返答次第という状況――だった。驚くべき突然の変化だ。一九三八年の終わりには、ミュンヘン協定に猛反対したために危うく政界から追放されそうになった男が、今や権力をほぼ手中にしていた。

ところが、さらに大きな衝撃がやってくる。

「太陽が輝き、隊列は森の外れで待機している……明け方の光のなかで発動機の騒音が聞こえ、ときおり航空大隊の飛行音もする。われわれは道が開けるのを待っている」。そう書いたのは、上級大将ルントシュテット率いるA軍集団の第三機械化師団第一信号中隊の兵士、エーリヒ・クビィだ。クビィの中隊は、ルクセンブルク大公国に侵攻しようとしていた。

一九四〇年五月一〇日、金曜日の夜明け前、ドイツ軍の爆撃機がフランス領空に侵入した。午前四時四五分、空襲警報のサイレンがヴァンセンヌで鳴り、すぐにパリ市内でも響き始めた。フェードア・フォン・ボック率いる陸軍のB軍集団は、ベルギーとオランダに侵攻した。当初連合軍は、B軍集団の攻撃がドイツ軍の主たる攻撃だと思った。だが実は、ボックの軍集団は大規模な陽動作戦を実行していた。イギリス軍とフランス軍をベルギーに誘い込み、連合軍に気づかれたり怪しまれたりしないうちに、マンシュタインとグデーリアンの「鎌刈作戦」で行く手を遮って包囲するのが狙いだった。

六時半になるまで、誰も連合軍総司令官のフランス陸軍上級大将モーリス・ガムランを起こさなかった。すでにベルギー政府とオランダ政府は、連合軍に正式に軍事支援を要請していた。連合軍は、長時間かけて準備していた計画に基づいて要請に応えた。予想していたドイツ軍による低地地方《ネーデルラント》〔現在のベネルクス三国と北フランス〕攻撃に対処するため、連合軍切っての部隊（イギリス軍の九個師団とフランス軍の二九個師団）がベルギーのダイレ川に向かって移動し始める。ドイツ空軍《ルフトヴァッフェ》はその動きを阻止しようとしなかった。それでも、連合国側にはひと呼吸おいて熟慮した者はおらず、ドイツ軍の思惑通りの場所に自軍が向かっている可能性を考えた者もまったくいなかった。

この衝撃的なできごとで、ロンドンでは、一歩間違えば政権交代が頓挫するところだった。「（当時、王爾尚書であった）サー・キングスリー・ウッドが、一〇時頃に私に会いに来た」とチャーチルは回想している。ウッドは、その直前まで首相と一緒にいた。「彼の話では、チェンバレン氏は、大きな戦いがわれわれに襲いかかってきたからには、自分は今の地位に踏みとどまるべきだという気持ちに傾いていたらしい」。ウッドは遠慮なくチェンバレンに、むしろ「この新たな危機によってますます挙国一致内閣が求められ、挙国一致内閣でなければ危機に対処できないと述べたところ、チェンバレン氏もその見解を受け入れたというのだ」。

その日の夕方開かれた戦時の閣議で、チェンバレンは辞任すると正式に認めた。彼は労働党の幹部からも、チェンバレンの下では連立に加わらないが、「国民の信頼を集める新首相の下でなら、新政府で全面協力して責任の一端を担う」と、はっきりと聞かされていた。チェンバレンは、これから国王に謁見して今夜辞任すると言った。議事録によると、誰が後任になるかについては何も言っていない。

チェンバレンが国王ジョージ六世に謁見すると、国王は、首相は「はなはだしく不当な」扱いを受けた、と慰めた。「その後、後任について非公式に話をした」と国王は記録している。国王は「当然ながら」、ハリファックスはどうかと提案したが、チェンバレンは彼では困難である理由を説明した。「それで、国民の信頼を得ていて、組閣のために私が使者を遣るべき人物はただひとり、それはウィンストンだとわかった」と国王は振り返っている。「チェンバレンに助言を求めると、使者を行かせる相手はウィンストンだと言われた」。

今度は、チャーチルが国王に謁見する番だった。チャーチルは回顧録で、この劇的瞬間を軽い雰囲気で伝えている。「国王はたいへん丁重に私を迎え、腰を下ろすように言われた。私の顔をしばらく探るように、またからかうようにじっとご覧になってから、こうおっしゃった。『なぜ私が貴下に来て頂いたか、たぶんおわかりにならんでしょうね』。私も調子を合わせて答えた。『陛下、私にはまったく見当もつきません』。すると、国王は笑っておっしゃった。『貴下に組閣をお願いしたい』。私は確かにお引き受けすると申し上げた」。

チャーチルは、その夜のうちに少なくとも五人の閣僚の名前を国王に言上すると約束し、一刻の無駄もなくそれを実行した。労働党党首アトリーと副党首グリーンウッドには、今回は労働党にも政権入りしてもらうが、「挙国一致内閣」と言いつつ保守党が牛耳っていた一九三〇年代の内閣とはまったく異なる真の大連立を行うと、すぐさま確約した。そして、保守党内の支持固めのため——チャーチルは、自分に対する保守党幹部の反感がまだ消えていないのを身に染みて感じていた——ネヴィル・チェンバレンには枢密院議長として、ハリファックス卿には外相として残留を求めた。さらに、古株の宥和政策推進者には、効果的に戦争を行うためにチャーチルが作った五人構成の戦時小内閣のポストを提供し、アトリー、グリーンウッドもその小内閣の一員とした。またチャーチルは、国防担当閣外大臣職を新設して自らがその任に就き、戦争を全面的に統括する権限を握った。

ウィンストン・チャーチルは六五歳にして、生涯を通じて切望し、わずか一年前には永久に手が届かないと思えた地位に就いた。アドルフ・ヒトラーは特有の直感で、この男こそが最も危険な敵だと常々感じていた。かねてから、演説では怒りを向ける一方で不安も込めつつチャーチルに言及してきた。「まやかし戦争」が本物の戦争へと移行するなかで、いよいよ独裁者に立ち向かうのはチャーチルだった。

チャーチルは、前途に待ち受ける苦難を過少評価しようとはしなかった。首相としての最初の演説で、私が「差し出せるのは、血と労苦と涙と汗だけであります」と国民に語りかけた。そして、男女を問わずすべての国民に向けて、「このうえなく過酷な試練が待ち受けています。闘いと苦難の長い長い月日が待ち受けています」と警告した。だが、持ち前の不屈の快活さも健在だった。「私たちの大義が失われるはずはないと確信しています。さあ、力を合わせて、ともに進もうではありませんか」。

開戦時にチェンバレンが行った陰気で自己中心的な演説と比べると、天と地ほども違う、新しさが感じられる演説だった。一九三〇年代を通して民主主義に欠けていたもの――情熱を込めて誰よりも雄弁に語るだけでなく、権力を握る立場から語る演説が、ようやく戻ってきた。

チャーチルに伴って到来したのは、それだけではない。一九三〇年代を通じて、イギリスの政治の基調は、ラムゼイ・マクドナルドに始まり、スタンリー・ボールドウィン、チェンバレンが率いた中央政府によって打ち出されてきた。最初のふたつは慎重で臆病な政権で、中道派を抱き込み、常に最も無難な道を探した。チェンバレンが首相になると、政権の基調は不穏な権威主義を帯び始めた。その間の反主流派はチャーチルのような右派と、不満を抱く一部の自由党議員、左派の労働党だった。一九三〇年代末になると、このような反主流派が反ナチズムで連携するようになり、チャーチルがより民主主義的な観点から自身の政策を明確に語り出すと、労働党は防衛支出の意義を理解し始め、エレノア・ラスボーンのような果断な無所属議員は、チャーチルが最も有能な民主主義の指導者になると認識した。そして、チャーチルの連立政権が成立すると、反主流派はにわかに主流派になった。イギリスの政治に新時代をもたらす変化が起こり、ヒトラーに対する効果的な防衛のためだけでなく、その後の数年間で、イギリスが多くの国民にとってよき母国となるような徹底した社会改革を行うためにも、道が開かれた。チャーチル内閣は、すべてが彼の希望とはいえないが、一九八〇年代までつながる新たな政治的コンセンサスの先駆となる。イギリスは一九四〇年に、ドイツで起きた変化の鏡像となるような政治の変化を経験した。ドイツでは、混乱と決断力不足で軍人による策謀が立ち消えとなり、マンシュタインの攻撃計画をヒトラーが承認した時点で、国は以前にもまして完全にナチ化された。イギリスは、チャーチル政権下でさらに完全な民主主義国となった。

わずか数日前、労働党議員のハロルド・ニコルソンは、イギリスの民主主義ではリーダーは見つかりそうにないと不満を漏らしていた。だが、リーダーは見つかった。しかも、その民主主義を高らかに謳うリーダーが見出された。アメリーは、五月七日に行った演説の冒頭で、この審議には民主主義がかかっていると強調した。審議の結果、前政権よりも有能で精力的である――そのうえ、国民を多いに奮起させる――だけでなく、おそらくかつてのイギリス政府には成し遂げられなかった、すべてのイギリス国民を真に代表する政府が誕生した。歴史学者のジョナサン・シュニールが書いているように、「議会政治の生みの親であるイギリスは、生きた民主主義を世界に示していた。そのためならば戦う価値があり、死ぬ価値さえもあった。ドイツにはそのような実証ができなかった」。

戦時のリーダーとしての能力と快活な自信のおかげで、チャーチルはイギリスで最高の地位に就いた。彼は、自分に何ができるかを知っていた。回顧録には、首相に就任した夜の気持ちをつづった有名な一節がある。「午前三時頃にベッドに入ると、私は深い安堵感を覚えた。ついに私は、あらゆる局面を指揮する権限を手に入れた。私は、運命とともに歩んでいるような気がした。そして、これまでの生涯のすべては、ただこのとき、この試練のための準備にすぎなかったと感じた……自分が失敗するはずはないという自信があった」。

チャーチルは、その後の数週間から数ヵ月間、その自信を総動員する必要に迫られる。これほどの大惨事のさなかに就任したイギリスの首相は――おそらく、どの国のリーダーであろうと――かつていなかった。

マンシュタインの「鎌刈作戦」は、ドイツ軍司令官たちの大それた願望を超える成功を遂げた。グデーリアンの戦車はアルデンヌの森林を数日で突き抜け、一八七〇年にプロイセン軍がフランス軍に決定的勝利を収めたスダンでムーズ川を渡った。眼前には土地が大きく開けており、そこで北西に方向転換し、イギリス海峡を目指して進軍する。戦闘開始から五日もたたないうちに、フランスの首相ポール・レノーは――三月にダラディエの後を継いだ――自分の国が負けたと確信した。「われわれは敗北した」。彼は五月一五日に、電話でチャーチルに伝えた。それから二週間で、ドイツ軍はイギリス軍とフランス軍を分断し、自信に満ちてベルギーに進軍していたイギリスの部隊の行く手を遮り、うろたえるイギリス軍をダンケルクの港まで撤退させた。だがこのとき、ほぼすべての者の予想に反して、イギリスは自軍の大半とフランス軍の一部をどうにか救出した。チャーチルも述べているように、それはイギリスにとっても、彼にとっても救いとなった――撤退成功がまだ判明しない時点で、たとえわずかでも部隊がフランスから生還するかはわからぬまま、ハリファックス卿の反対を押し切り（チェンバレンの支持は得て）、戦争継続を決めるように閣僚を説得せねばならなかったからだ。

イギリス軍が去り、「黄作戦」が大成功を収め、ドイツ軍は呆然として陣容を乱すフランス陸軍に対して作戦の第二段階、「赤作戦」を開始した。フランスは決意をもって戦わないという広く信じられている考えは、真っ赤な嘘だ。五月から六月にかけてのわずか数週間で、フランス軍の死者は一二万四〇〇〇人、負傷者は二〇万人にのぼった。このような短期間の犠牲者としては膨大であり、勇敢に戦っていなければこれほどの数字には達しなかった。ドイツ軍は数のうえで連合軍に勝っていたわけではなく、総じて性能のよい武器があったわけでもなく、戦車の台数が上回っていたわけでもなかった。ドイツ軍にあったのは、より優れた統率力と戦略、度胸、幸運だった。六月一七日、第一次世界大戦時に総司令官として戦った古参のフィリップ・ペタンの指揮の下、フランスは休戦を求めた。ヒトラーがコンピエーニュの森を訪れ、一九一八年にドイツが休戦協定を結んだ鉄道車両――博物館からわざわざ持ち出した鉄道車両――で調印が行われた。ヒトラー政権のドイツは、帝政ドイツが四年半近く戦争してもできなかったことを、六週間で成し遂げた。

フランスの敗北は、世界情勢における激変だった。ひとつの世界秩序から別の世界秩序へ、すなわち、四世紀にわたって続いたヨーロッパの帝国の秩序から、ヨーロッパ以外の列強――特に、アメリカとソヴィエト連邦――が主軸となる、全世界的な多様性が増す秩序へ移行する転換点だった。フランス陸軍はイギリスにとっても、アメリカにとっても、防衛戦略の鍵だった。フランスが敗れて、英語圏の民主主義国は早急に見直しを迫られた。

チャーチルから見れば、どう対応すべきかは明白だった。決して公言はしなかったが、アメリカと完全な軍事同盟を結ばなければ、イギリスはドイツに勝ち目がないとわかっていた。息子のランドルフによれば、すでにフランスが降伏する前から、チャーチルはこの新事実にたどり着いていた。五月中旬のある朝、フランスの危機的状況が明らかになりつつあるなか、ランドルフが父に会いに行くと、父はひげを剃っていた。チャーチルは、旧式のカミソリで「刈り込む」間、座って新聞を読んでいるようにと息子に言った。数分後、チャーチルは息子の方を向いて言った。「おそらく、私には道が見えている……アメリカを引きずり込むことになるだろう」。

その後の一八ヵ月間は、「アメリカを引きずり込む」ように努めるのが、概ねチャーチルの職務だった。一九四〇年の初夏には惨状がさらに悪化し、チャーチルは前年九月にローズヴェルトから送られた言葉に従い、大統領宛ての率直なメッセージを送った。すでに五月一五日には、首相就任後に初めてローズヴェルトに送った電信で、「急速に暗雲がたれ込めてきました」と警告し、ローズヴェルトを何よりも懸念させるに違いない事態――アメリカが軍事国家となる悪夢――を、そつなく示唆した。「必要とあらば、われわれは一国だけで戦争を続ける所存で、それを恐れてはいません。しかし、大統領閣下はお気づきのことと存じますが……ヨーロッパは驚異的な速さで完全に征服され、ナチ化されるかもしれず、その重荷はわれわれが耐えられないほどかもしれません」。数日後、チャーチルはさらに遠慮なく語る。現政権はけっしてナチ党政権には降伏しないとローズヴェルトに請け合ったうえで、しかし、後任がどうするかまでは保証できず、したがって「ドイツとの交渉で残る唯一の切り札は艦隊だという事実に目を塞いではなりません」。イギリスの「命運はアメリカ次第」となっても、「生き残る住民のために、できる限り最良の協定を結ぶイギリスの首脳を責める者はいないでしょう」。海軍次官補の経験があるローズヴェルトには、イギリス海軍を掌握したドイツはアメリカにとってきわめて重大な脅威となると、すぐに理解できるはずだった。

チャーチルのメッセージは急所を突いた。六月一〇日、ローズヴェルトはヴァージニア大学の卒業式で演説を行う。「まぎれもない妄想にいまだ固執する者もいます」と彼は学生に語りかけ、「私たちは……アメリカが力の原理で支配された世界で孤島になろうと、それは問題なく認められるという妄想です」と述べた。そのような孤島は、「自由のない人々、手錠でつながれて投獄され、飢えている人々のどうにもならない悪夢」を表しているとローズヴェルトは話した。そのような事態が起きないように、「力による支配者の敵に、この国の物資を差し向けます」。

ドイツのフランスに対する勝利は、資源の面で優位に立つ連合軍を相手に決死の賭けに出たナチ党政権の、強引で大胆な戦法が正しいという証明のように思えた。ヒトラー、グデーリアン、マンシュタインが正しく、ベックやレープなど、慎重な将官が間違っているかのように見えた。だが、ベックやレープは間違っていなかった。ふたりには、イギリスの軍事理論家、リデル＝

ハートが見た未来が見えていた。すなわち、連合軍が短期戦を何とかしのいで長期戦に持ち込めば、資源と海上支配の面で劣るドイツの勝利は難しくなる。R・J・ミッチェルやヒュー・ダウディング、ネヴィル・チェンバレンをはじめとする人々が築いた高度な防空技術のおかげで、イギリスは早期の敗北を免れた。そして、イギリスが一九四〇年に耐え抜いた結果、ローズヴェルトはアメリカが戦争に備え、国内世論が参戦に傾くのに必要な時間を稼げた。

ヒトラーが自らの戦争にソヴィエト連邦を引きずり込むと、問題はいっそうはっきりとした。歴史学者のポール・ケネディは最近になって、イギリス、ソヴィエト連邦、アメリカの三ヵ国は、程度の差はあるものの、フランスやポーランド（およびドイツ）には太刀打ちできない決定的な強みを持っていたと指摘している。三ヶ国では、きわめて重要な資源が海、あるいは広大な陸地で守られていた。この戦略上の問題は、マンシュタインやグデーリアンの大胆な勇気や技能をもってしても解決できない。

戦争へ突き進むのを抑えようとした人物のうちふたりは、開戦してからも戦闘そのものをあまり体験せずにすんだ。

そのうちのひとり、ヴェルナー・フォン・フリッチュは、数々の困難に遭い、ヒトラーのおかげで不名誉を被ったにもかかわらず、戦端が開かれるとすぐに従軍を志願し、ポーランドを攻撃する第一二砲兵連隊の名誉連隊長に任命された。同僚の将校のなかには、フリッチュがわざと危険を求めて特別任務に志願し、ときには前線のはるか前方まで進んでいくと見ている者もいた。一九三九年九月二二日、フリッチュは偵察任務中に、砲弾の破片、もしくは機関銃の弾を太腿に受けて大腿動脈を切断された。下級士官が傷を縫合しようとしたが、フリッチュは「やめておきなさい」と言い、一分もたたないうちに失血死した。

フリッチュは、前線に赴く直前にルートヴィヒ・ベックを訪問していたが、ベックも、フリッチュは「名誉の死」を求めていると確信した。フリッチュの最期を耳にしたベックは、「数でいえば……私と同じ考えや見解を持つ人間は決して多くはないのに、減る一方だ」と嘆いた。不思議なことに――戦争が始まったばかりで、憎しみの感情がまださほど深くはなかったせいか――BBCでさえも、騎士道精神にかなう気高いプロイセンの最後の軍人としてフリッチュに敬意を表し、命を落とした戦友を哀悼するドイツの伝統的な歌、「私にはかつて一人の戦友がいた」を流した。ベックは、放送を聴いて涙を浮かべた。

ネヴィル・チェンバレンは、首相の座をチャーチルに明け渡してからというもの、落胆し、意気消沈していたが、チャーチル政権で懸命にかつ忠実に働いた。ヒルダには「私の世界はすべて、一瞬で粉々に崩壊した」と五月の中頃に訴え、その一ヵ月後には「人生の楽しみがなく、何の展望もない」とこぼしている。一ヵ月後には、「ずっとよくなかったお腹の調子が深刻になり、さらに悪化しつつある」と妹たちに打ち明けた。七月二九日、チェンバレンは手術を受けた。医師団からは、手術はうまくいったのでこれ以上の手術は必要ないと言われる。ところが、医師はすべての事実を告げたわけではなかった。彼らには、チェンバレンが大腸がんに侵されて死の淵にいるとわかっていた。

九月九日、チェンバレンは本当の病状を知らずにロンドンへ戻り、仕事に復帰しようとした。

だが、もう仕事ができないのはすぐにわかった。九月末には、チャーチルに促される形で閣僚と保守党党首の職を辞し、そのとき初めて、自分の健康状態に関する真実を知った。余命は三ヵ月から一年だと言われた。

一〇月中旬、チェンバレンはアメリカ大使のジョセフ・ケネディに、死にたいと漏らした。「いっそ亡くなればいいのにとたびたび願いました」。ケネディは、まもなくアメリカに帰国するところだった。「これでお別れです」とチェンバレンは大使に言った。一一月九日、チェンバレンは眠っている間に亡くなった。チャーチルがナイトの称号授与を国王に助言するというのを拒み、父親と同じように、ただの「チェンバレン氏」として死ぬのを望んだ。

「父は、脳卒中を起こした後、八年生きました」とチェンバレンは説明した。

三日後、庶民院は亡き元首相を追悼した。チャーチルの追悼演説は、彼の名演説のひとつとされている。人間に備わっていないのは「事態の展開を先々まで予見したり予測したりする力であります。さもなければ、人生は耐えられないでしょう」からむしろ幸いだ、とチャーチルは語った。「ある局面で正しかったように見える人も、別の局面では間違っていたように見えます。また、数年たってから来し方を振り返ると、すべての状況が違って見える場合もあります……歴史とは、揺らめく明かりに照らされ、過去の痕跡をよろめきながらたどり、情景を再現して残響を蘇らせ、淡いかすかな光で在りし日の情熱をかき立てる試みであります」。すなわち、正しいと判断されたかと思えば過ちだと判断されるサイクルを逃れられた者はこれまでいなかった――この事実をチャーチル以上によく知る者は、ほとんどいない。

チェンバレンの計画は失敗に終わった。だが、チェンバレンを導いてきた希望は、「間違いなく、人の心の何よりも気高く慈悲深い本能にありました。大きな危険が差し迫ろうと、人気が落ちるところまで落ちようと、抗議の声が上がろうと、彼は平和を愛し、平和のために骨を折り、平和のために対立し、平和を追い求めました」。この事実は、「いわゆる歴史の審判において、大いに彼の役に立つでしょう」とチャーチルは述べた。

歴史は、ずっとチェンバレンに優しくはなかった。だがチャーチルは、本人が決して認めたがらないような意味で正しかった。私たちは一九三九年の第二次世界大戦勃発は、宥和政策に対するチャーチルの長く孤独な闘いが正しかったという証明であり、同時に、チェンバレンの政策は過ちだったという最終判決でもあると考える。そうみなすのは、フランスが即座に敗北するという一九四〇年の衝撃的な結末があったからで、私たちは、その結末は避けられなかったのだと思い込んでいる。しかし、一九四〇年のドイツの劇的な勝利は、実は確実性がなく、可能性が低い結末ですらあった。結果として、ベックとレープは戦略上の問題について、リデル＝ハートやチェンバレンとほぼ同じとらえ方をしていた。一方、ドイツ軍の司令官たちは、この戦争は先の戦争と同様に、フランスでの長期戦になると予期した。もしもそうなっていたら、一九三〇年代の諸政策は、今私たちが見ている様相とは、大きく異なってくるだろう。いずれにせよ長い目で見れば、第二次世界大戦は、チェンバレンの戦略——空軍をはじめとする軍備の再編、地上戦重視の方針撤回、軍事力の源泉となる経済の健全性重視など——の大部分が正しかったという実質的な証明となった。つまり長期的に見れば、第二次世界大戦は、ベックやレープが恐れ、チェンバレンが願った通りになった。

チェンバレンには、虚栄心、自己陶酔、反対意見や批判に敏感で打たれ弱い性質など、個人としても政治家としても多くの欠点があった。だが、一方で彼は、スピットファイアやレーダー網という、一九四〇年を耐え抜く財産をイギリスに残した。彼は、おそらくローズヴェルトなら心から支持したと思える言葉で、自らの行動をジョセフ・ケネディに説明した。「民主主義は、危険が差し迫らないと覚醒しません。上に立つ者は、世論が形成されるのを待ってから、世論の少し先へ進もうとすべきです」。彼は、たとえば一九三九年、徴兵制を導入する際にその考えに従った。それだけではない。ゲッベルスさえも予見したが、戦争を避けるために懸命な努力を重ね、結果として実際に戦争が起きた場合、責めを負うべきは誰なのかが疑う余地のないほどはっきりするようにした。イギリスはアメリカから道義的かつ現実的な支援を次々と受け、国全体が団結して参戦した。チェンバレン自身も、それをよくわかっていた。「そうした道徳的に正しいという意識は、ドイツ人には感じることができないでしょうが、われわれにとっては非常に大きな力となるはずです」。

第二次世界大戦の最初の二、三年は、連合軍側にとってうまく運ばず、悲惨ですらあった。一九四〇年の夏から秋にかけてバトル・オブ・ブリテンで防空に成功したものの――ミッチェルのスピットファイアやヒュー・ダウディングによる先進的な防空体制によって、国と多くの国民、財産が救われたが――一九四二年一〇月にエル・アラメインの戦いでエルヴィン・ロンメル率いるアフリカ軍団を完全に打ち負かすまで、イギリスが経験したのは敗北ばかりで、それも多くは壊滅的で屈辱的な敗北だった。アメリカとソヴィエト連邦も、参戦当初は敗北が続いた。連合軍が、自信を持って勝利を見込めるようになったのは、一九四三年に入ってかなりたってからだった。

だが重要な何かが、一九三〇年代の半ば以降、変化しつつあった。当時は多くの人が、民主主義は新たな独裁者崇拝に対する答えが出せないと感じていた――民主主義は、世界恐慌のような現下の問題に対処するには、あまりにも緩慢で非効率だった。世界恐慌によって自由国際主義《リベラルインターナショナリズム》の信頼性も傷つき、貿易にしろ移民流入にしろ、問題の解決策は国内にしかなく、鎖国するかどうかの問題だと考える者が世界的に増えた。また、人種差別とナショナリズムもそのような時代の政治に大きな方向性を与え、反国際主義も多いに強まった。

現代の視点で見れば、当時の世界のいくつかの基本的な傾向が、民主主義離れにはマイナスに作用し始めていたと容易にわかる。個人主義へ、消費者主義《コンシューマリズム》へ、権力に対する服従の放棄へと向かう世界的な傾向の高まりは、あらゆる形態の独裁主義にとって問題だった。ヒトラーでさえ、その種の問題を抱えていた。冷戦時代に東欧諸国を率いた共産主義の独裁者はさらに多くの問題を抱え、彼らは最終的にその問題によって失脚するが、他方で民主主義国のリーダーのあり方も複雑になっていく。しかし、当時の情勢を短期的に見れば、民主主義国は非常にさじ加減の難しい問題――軍事国家にはならずに、全体主義の独裁国家との戦争に備えて兵士を動員できる程度には個人主義を抑制するという、ごく小さな針穴に糸を通すような難題――を解決する必要があった。チャーチルとローズヴェルトは、その難題の乗り越え方を知ったからこそ歴史に貢献した。だが重要なのは、チャーチルもローズヴェルトも、計画はその場その場で考えて作成せねばならず、同時に多大な新しい状況――近代の総力戦、全体主義政権の脅威、新しいタイプの大衆民主主義、個人主義へと向かう傾向など――に対処しつつ、日常の政治で日々繰り広げられる争いを切り抜けようとしていた点だ。

このふたりのリーダーが行き着いた処方箋は、驚くほど似ていた。その中心となる柱は、一九三九年からローズヴェルトの演説に登場する「キリスト教と全体主義の二項対立」だ。チャーチルも、同様の言い回しを用いた。一九四〇年六月一八日、有名な「最も輝かしいとき」演説で、チャーチルは、迫り来るバトル・オブ・ブリテンが「キリスト教文明の存続」を目的とする戦いになると主張した。イギリスがこの戦いに勝てば、「全ヨーロッパに自由が訪れ、世界中の生命は広々とした陽が降り注ぐ高地へと前進するでしょう」。もしも敗北すれば、「アメリカ合衆国はもとより、われわれがこれまでに知り得た、また大切にしてきたすべての国を含む全世界が、新たな暗黒時代の奈落に沈むでしょう。それは、ゆがめられた科学が放つ光によって、いっそう不吉になり、おそらく長く続く時代となります」。

ローズヴェルトの方は、一九四一年一月六日の一般教書演説で、すでに戦争に入っているような口調を用い、自分たちが守るべき生き方をしっかりと理解せずに「軍事力だけで戦う」のは無理だとアメリカ人に気づかせた。「われわれは、安心できるようにしたいと望む将来に、人類にとって必要不可欠な四つの自由を土台に世界が築かれるのを期待します」。それは、「言論と表現の自由」と「すべての人がそれぞれの方法で神を崇拝する自由」、「欠乏からの自由」、「恐怖からの自由」であり、このような自由はどれも「世界のあらゆる場所」で享受されるべきだ、とローズヴェルトは述べた。さらに、こうもつけ加えた。「そのような世界は、独裁者たちが爆弾の炸裂によって作り上げようとする、いわゆる独裁国家による新秩序とはまったく対極にあります」。

これが、ナチズムの脅威に対する民主主義国の返答だった。この答えに到達するには時間が必要だった。その過程には必然的な要素はひとつもなく、リーダーが異なれば、あるいは政治、科学技術、軍事に関する不確実なできごとが違う形で起きていれば、このような答えにはならなかったかもしれない。だがそれでも、この答えは導き出された。

エピローグ
「始まりの終わり」

大西洋憲章

屈強なドイツ人移民が、アメリカのミズーリ州に到着した。彼はのちにこう振り返る。「大西洋を越えて合衆国へと私を駆り立てたのは、故郷のおもしろくない事情であり、いうなれば私の持って生まれた行動欲だった。野心的な若者が身を立てるには、当時の合衆国の条件は、今よりもはるかによくて好都合だった」。新大陸の広大な土地で新参者となった彼は「青二才《グリーンホーン》」と呼ばれるが、たちまちライフル銃と乗馬の腕前を認められ、測量師として雇われて、当時は辺境の町だったセントルイスを越えて荒野に足を踏み入れる。そこで彼が出会ったのは、アメリカ先住民、それも「アパッチ族の偉大なる酋長」ヴィネトゥだった。彼はこの気高い酋長、「すべての友人のなかで誰よりも誠実で、誰よりも犠牲心が強い一番の友で、自らの種族のまさに模範となる人物」とたいへん親しくなる。

しかし、渡米して数年がたち、新しい合衆国がアメリカ大陸に広がっていくと、彼は、新たに入ってきたヨーロッパ人がアパッチ族を大量虐殺する残虐行為を目の当たりにする。「弱者が強者に屈しなければならない残酷な掟」だと彼は語る。土地は間違いなく先住民のものだったのに「奪い取られ」、「当時どれほどの血が流され、どれほどの残虐な行いがあったかについては、かの『有名な』コンキスタドーレス[*5]の歴史を読んでいれば誰でも知っている」。北アメリカの入植者はコンキスタドーレスに倣ったにすぎない、と彼は続けている。「白人は口ではうまいことを言いながら、腰に鋭い短刀を忍ばせ、手には装塡した銃を構えてやって来た」。彼らは先住民から土地を「買い取る」こともあったが、代金を払わなかったり、「何の価値もない品との交換」で支払ったりした。また彼らは天然痘など、村を全滅させかねない病気だけでなく、「徐々に人をむしばむ毒となる火の水〔アルコール〕」まで持ち込んだ。それは疑う余地がない。ヴィネトゥの種族は絶える寸前だった。

この屈強な移民は、オールド・シャッターハンド〔鉄腕〕という名で通っていた。ドイツ語で書かれたベストセラー小説シリーズのひとつに登場する英雄で、著者は囚人から作家になったカール・マイだ。彼は一八九三年にこの作品を出版したが、北アメリカ大陸へ渡った経験はなかった。それでも、マイの作品は驚異的な人気を得て、何十年も人気を失わなかった。アドルフ・ヒトラーの世代の若いドイツ人は、マイの物語に夢中になる。ヒトラーものちに、カール・マイの作品に出会って「圧倒された！　すぐにのめりこんで、成績が著しく下がった」、と振り返る。ドイツ陸軍の最高司令官として、将官たちにはヴィネトゥが展開する機略にたけた戦術に注目せよと要求し（特に黄作戦の立案に関する議論の場で）、前線の兵士のためにマイの作品の特別版が確実に出版されるように取り計らった。ヒトラーが愛蔵していたのは、高級な上質皮紙装丁のマイの全集だった。かなり擦れてはいたが、常に少なくとも数冊を枕元に置いていた。前線から凶報ばかりが届くと、ヒトラーは「高齢者が聖書を手に取るように」、マイの作品を頼りに勇気を取り戻していると、友人の建築家アルベルト・シュペーアは気づいた。

ヒトラーが初めて見たアメリカは、オールド・シャッターハンドの目を通して見たアメリカだった。自分の足でオールド・シャッターハンドの足跡をたどる経験はついぞしていないが、ドイツ人入植者のアメリカに関する考えには同調できた。ヒトラーは一九二七年に、三〇〇年前のニューヨークはただの漁村だったと聴衆に語った。「住民は次から次へと西へ移動し、新世界を手に入れた」。その一連の変化は「平和的な話し合いによって」起きたのではなく、「小火器、そして何といっても火酒」によって起きた。ヒトラーはオールド・シャッターハンドを通じて、どうすればジェノサイドで生存圏を勝ち取れるかについて何かしらを学んだ。一九四〇年から一九四一年にかけて東欧の征服に乗り出すにあたり、『アメリカ』と名づけた列車で移動したのは、それなりの意味があったのだ。

だがヒトラーは、オールド・シャッターハンドの目を通して、ただアメリカを見ただけではなかった。自分と同時代のアメリカの近代性と力を、ときに痛いほど理解した。一九三九年、ヒトラーはニューヨーク市の空撮映像を見た。政府報道局長のオットー・ディートリヒの記憶によれば、ヒトラーはニューヨーク市の「とてつもない活気と力強い進歩の勢い」に、感銘を受けると同時に恐れをなした。そして、世界につながるドイツの港湾都市、ハンブルクを発展させれば、ニューヨーク市と同様の気風が生まれるのではないかと考え、ハンブルクに世界最大の吊り橋をかけ、ニューヨークのクライスラービルを思わせるようなビルなど、超高層ビル群も建設する計画を立てた。ヒトラーは、自動車製造会社の創業者ヘンリー・フォードを称賛していたが、それは、フォードが激しい反ユダヤ主義者だからというだけでなく、彼の革新的な生産方式や賃金体系も理由だった。

アメリカはヒトラーにとって手本となり、刺激となり、教訓となる。彼はアメリカを敵に回したくはなかった。だが一九四〇年、および一九四一年には、より強い確信を持って自分が直面する窮状を理解する――それは、自らのナショナリスティックで帝国主義的な自給自足経済と、アメリカの民主主義的な資本主義との闘いが頂点に達しつつある、という窮状だった。

一九四〇年の六月中旬から七月中旬にかけて、すなわちフランスが陥落してからバトル・オブ・ブリテンが始まるまでの数週間、ヒトラーは自分の戦争は終結したと思っていた。フランスが休戦を求める二日前の六月一五日には、陸軍の師団を一五五個から一二〇個に削減するように命じた。「敵の崩壊は目前だ」とハルダーに説明し、「陸軍の任務を完了し、敵国を新しい平時の秩序の基盤に組み入れるようにゆっくりと再構築する」つもりだと話した。ヒトラーは、空軍と海軍は「独力で」イギリスとの戦争を続けられると考えていた。大きな戦力であった陸軍の三五個師団の兵士は、家に送り返しても構わない。

ところが六週間後、ヒトラーは方針を変更し、大規模なソヴィエト連邦侵攻を開始する計画を立てるように命じた。明らかに、七月半ば頃に重大な何かが起きている。

七月一九日、ヒトラーは、直近の勝利について解説するために国会を召集した。彼はいつもの大演説と同じく、記憶を遡って少し前の歴史の話から始め、ヴェルサイユ条約も、第一次世界大

＊5【コンキスタドーレス】一六世紀に中南米を征服し、探検し、植民地経営などを行ったスペイン人。

戦後に連合国側が確立しようとした民主主義的でリベラルな秩序も不当だと語った（ヒトラーはその秩序を「金権民主主義の少数の搾取者階級と連鎖するユダヤ資本主義」と呼んだ）。さらに、第一次世界大戦当時は今とは異なり、ドイツは「非常にお粗末な指導者」に率いられたと不満を述べた。その後、大勢の上級将校の昇格を発表し、イギリスに向かって、降伏して戦争を終わらせよと求める「理性への訴え」で締めくくった。

同じ日、フランクリン・デラノ・ローズヴェルトは、ようやくスフィンクスと決別した動きを見せて、シカゴで開催されていた民主党全国大会に向けてホワイトハウスからラジオで語りかけ、三期目の大統領候補指名を受諾した。

「われわれの世界を支配せんとする現実は、武力侵略の現実です」と、ローズヴェルトは国際情勢を珍しく端的に要約した。ヨーロッパで繰り広げられていた戦争はフランスを降伏させて、イギリスだけをナチズムに立ち向かわせる、「普通ではない戦争」だ。この戦争は「武力によって強いられた革命」で、「人々の解放ではなく、奴隷化を企てている」。ナチズムの脅威に対する防衛にはふたつの任務が兼ね備わる。ひとつは「必要とあらば、この国の軍事力によって成し遂げねばならない」任務である。もうひとつは、ローズヴェルトがかつての演説で言及し、一九三三年以降ニューディール政策の根幹となった、「近代民主主義において膨らむ要望に連邦政府、州政府、地方政府を対応させる」という任務だ。富の公平な分配と、「さまざまな産業の規制」の緩和や拡大を意味している。ローズヴェルトは、孤立主義の反対派に宥和政策支持の烙印を押した。「万が一、来年一月に政権交代が起きたら……この国を含め、あらゆる場所ですべての民主主義国を滅ぼそうとする者たちとの宥和や妥協に転じないでほしいと望み、祈るしかありません」。彼は、チャーチルの「最も輝かしいとき」演説と似た論調で、この戦争は「われわれが知る文明を存続させるか、われわれが大切にするすべてのものを徹底的に破壊されるかがかかっている戦いです――すなわち、信仰か神の否定か、正義という理想か実力行使か、道徳的良識か銃殺隊か、声を上げて行動する勇気か宥和政策というまやかしの子守唄か、という戦いなのです」と主張した。

ローズヴェルトの演説は、ドイツで非常に重く受け止められた。ナチ党政権にとっては、事実上の宣戦布告だった。実際、ドイツ人はローズヴェルトの敵意を、演説した本人よりも強く実感したようだった。元駐米ドイツ大使のハンス＝ハインリヒ・ディークホフは、ローズヴェルトの演説は「異常なまでの憎悪」の表れであり、「大統領は、全体主義国家は敵だと断言し、そうした国の国内の状況を非難するだけでなく、イデオロギーを国外に拡散する危険があるなどと汚名を着せた……名指しこそしていないが、ドイツ、イタリア、日本、そしてソヴィエト連邦を指しているのは明白だ……今回の演説で、この戦争の勃発と長期化にローズヴェルトが荷担しているのが、かつてないほど明らかになった……演説を聞けば、われわれがこれまでずっと、ローズヴェルトについていかに間違いのない評価をしてきたかがわかる」。ディークホフは、ローズヴェルトが国民社会主義を拒否するのは「イギリスのイデオロギー」と「ニューヨークのユダヤ人の影響力」が根本にあるからだと考えた。

イタリア外相のチャーノ伯爵は、その日、七月一九日にベルリンに到着したところだった。ヒトラーの「理性への訴え」演説の前にリッベントロップと会い、ドイツ人は「(ヒトラーのイギリスへの)訴えが却下されないように願い、祈っている」という印象を持った。そして、その日の夜遅くに、ヒトラーの演説に対する「イギリス側の最初の冷ややかな反応」が放送されると、「あらわな失望」を目の当たりにした。

続きはまだある。チャーチルは手抜かりなく、引き続き外相の職にあるハリファックス卿に、ヒトラーに返答する仕事を任せた。ハリファックスは七月二二日の演説で、三日前のローズヴェルトの演説に具体的に触れて、「自由なヨーロッパ」というイギリスの絵を「アメリカ大統領が輪郭を際立たせて改めて描いた」と語った。敬虔なキリスト教徒であるハリファックスは、演説の大部分を割いて「キリスト教と全体主義の二項対立」についてあらましを述べた。ヒトラーは反キリストに他ならず、「それと全力で戦うことは、キリスト教徒としての私たちの義務」である。ハリファックスは再度、アメリカ人は「あの邪悪な男にわれわれが勝つように祈る偉大な人々」だと引き合いに出し、それは「彼らの国は、わが国と同じく、キリスト教の教義と神への信仰を国の土台としてきた」からだと語った。

ヒトラーはここにいたり、自分は予想外に激しいイギリスの抵抗とアメリカの募る憎悪の双方に直面していると理解した。だとすれば、ヒトラーが次に取る行動とその理由の説明がつく。

一九四〇年七月二一日、ヒトラーは最高司令官たちを集め、「ロシア問題に着手する」ように命じていた。アメリカも気がかりではあった――敵として。「アメリカは、イギリスとロシアに物資を供給する可能性がある」と、彼は司令官たちに告げた。この流れはずいぶんと不可解に思える。そもそもアメリカとソヴィエト連邦は公式には中立の立場にあり、ソヴィエト連邦は事実上ドイツと同盟関係にある。ヒトラーのグレート・ブリテン侵略に向けたウォームアップとなるはずの空襲は、まだ数週間は本格的に始まらない。だが、ヒトラーの考えはすでに、ソヴィエト連邦とアメリカに向かいつつあった。理由はナチズムの本質、およびナチズムによる二〇世紀半ばの世界に対する攻撃の本質と関係がある。

それに先立つ七月一三日、フランツ・ハルダーは、最新のグレート・ブリテン侵攻計画のあらましをヒトラーに説明した。ヒトラーは、一番の懸念はなぜイギリスが和平を求めないのかという問題だと話した。彼の考えでは、イギリスはソヴィエト連邦が今後寝返り、フランスの代わりに大陸側の強力な同盟国となるという希望を抱いている。イギリスを軍事力で直接倒しても、イギリス帝国がドイツの手に入るわけではなく、ドイツ人にとって恩恵はないという悩みもあった。イギリスを完敗させたところで、アメリカと日本が強くなるだけだろう。一週間後、ヒトラーは陸軍最高司令官、ヴァルター・フォン・ブラウヒッチュに、イギリスは「アメリカの方針転換」を当てにしていると語った。そして、イギリスの最後の希望を打ち砕き、ドイツがアメリカからのいかなる攻撃にも対抗できる力を得るため、ソヴィエト連邦に対する攻撃の検討開始を指示した。

七月三一日、ヒトラーは自身の山荘ベルクホーフに軍の司令官たちを再び招集し、イギリス、アメリカ、ソヴィエト連邦に関する考えを再度述べた。ヒトラーの結論は明確だった——「ロシアを始末しなければならない。一九四一年の春に」。

一九三九年一月には、ヒトラーの心にはさまざまなものが渦巻いていた——アメリカの内務長官イケスとローズヴェルトによる辛辣な非難に対する激しい怒り、ミュンヘン協定についての不満、チャーチルへの尽きぬ執着、英米の民主主義とソヴィエト連邦の共産主義を結びつけずにはいられない残忍な反ユダヤ主義。その結果が、金融資本と共産主義に立ち向かうドイツの世界戦争でユダヤ人が絶滅するという、ヒトラーの「予言」だった。一年半たって、同じ流れが繰り返される。イギリスとアメリカの敵意に直面したヒトラーは、ソヴィエト連邦を壊滅させれば民主主義国に勝てるとの結論にいたった。

「バルバロッサ作戦」と名づけられたこの侵略は、一九四一年六月二二日に始まった。人類史上最大の軍事作戦であり、侵略部隊には三〇〇万人以上の兵士が投入された。この作戦は人類史上最大の犯罪行為でもあり、立案の過程で次第に野蛮性が増していった。ドイツ軍はバルト諸国、ベラルーシ、ウクライナ、およびロシアのヨーロッパ側の地域を占領し、奴隷労働に「必要な」者を除く住民の大半を追放して、残りは餓死させようと目論んだ。計画では実に、数千万人の餓死が紛れもなく求められていた。悪名高い命令——「バルバロッサ命令」、「コミッサール指令」——によって、ドイツの兵士と警察は文明人であれば守るべきあらゆる規範を破り、ソヴィエト連邦の市民にも兵士にも一様にジェノサイドを行えと、はっきりと命じられたのだ。戦争捕虜となる数百万人のソ連兵はドイツ軍に拘束されて命を落とすが、大半は飢えによる死だった。私たちが今日、ホロコーストとして知るできごとは、こうした異なる形態の蛮行を経て進展した。

ドイツ軍の戦車がソヴィエト連邦に侵入してから数週間後、ローズヴェルトとチャーチルはニューファンドランド島のプラセンティア湾で（少なくとも、一九一八年に行われた、ローズヴェルトがいら立ち、チャーチルが覚えていなかった面会以来）、久しぶりに対面した。この会談の主な成果は大西洋憲章、すなわちリベラルで民主主義的で平和な世界のための計画であり、それは憲章で露骨に指摘される「ナチ党独裁の最終的な破壊」の後にもたらされる予定だった。

ナチズムの脅威に対する民主主義国の反応と同じで、大西洋憲章には、計画性も深慮もほとんどない。ローズヴェルトと国務次官のサムナー・ウェルズは、声明で基本原則を発表して会談を締めくくるのが重要になると考えていた。実のところふたりは、イギリスは、唯一の強力な同盟国であるソヴィエト連邦をつなぎとめておくために、モロトフ＝リッベントロップ条約〔独ソ不可侵条約〕でソヴィエト連邦が得た利益を公式に認めるのではないかと懸念していた。だがアメリカ側は、自分たちが求めるような声明はイギリス帝国にとって難しい課題だと鋭く認識し、イギリス側に草稿を書かせるのが戦術として賢明だと考えた。サムナー・ウェルズと同等の立場にあるイギリスの外務次官、アレクサンダー・カドガンが、その任を引き受けた。のちに戦争が後半に差しかかると、チャーチルとローズヴェルトは、実際には署名していないなどと奇妙な理由を挙げて、大西洋憲章と距離を置く。それでも、ふたりが共同でまとめた大西洋憲章は、戦後の民主主義による世界秩序の基礎をなす文書のひとつとなった。

大西洋憲章は、ローズヴェルトの「四つの自由」を基にした同盟の指針だった。ふたりのリーダーは、「すべての国民が政治体制を選択する権利の尊重」、「恐怖と欠乏からの自由」、国際的な「総合安全保障体制の確立」について検討し、「経済発展」と「社会保障」への取り組みを誓った。一九四二年初め、イギリス、アメリカ、ソヴィエト連邦および他の二三ヵ国が、連合国《ユナイテッド・ネイションズ》――一九四一年末にチャーチルがホワイトハウスを訪問した際に、ローズヴェルトがこの名前を思いついた――の一員であると宣言する書類に署名し、大西洋憲章を連合国の公式の指針として宣言した。リベラルで民主主義的な国際秩序を構築する最初のチャンスが一九三〇年代の危機で惨めな失敗に終わった後、連合国が枢軸国に勝利して二度目のチャンスが与えられる。大西洋憲章は、二一世紀に入ってもなお国際連合《ユナイテッド・ネイションズ》と呼ばれる国際機関の憲章の基礎となった。

しかし、高尚な精神があるからといって、醜い現実に目をつぶるのはよくない。ローズヴェルトとチャーチルがプラセンティア湾で宣言した内容の多くに、偽善が見え隠れする。チャーチルは、多くのアフリカやアジアの植民地に暮らす人々の自由を否定し、場合によっては残酷な扱いをする帝国の支配者だ。彼が大西洋憲章を受け入れたのは、イギリスの立場が弱く、アメリカに合わせるしかなかったからだ。一方、ローズヴェルトがイギリスに大西洋憲章を押しつけたのは、イギリスがソヴィエト連邦と戦争計画を立てるのを黙認すれば、必然的に第一次世界大戦時の密約と裏取引の再現につながると恐れたからだ。ローズヴェルト自身の経歴についても、汚点がないとは決していえない。ニューディール政策の法案を通過させるには、常に南部の人種差別主義者の票が頼りだったため、戦時中もアフリカ系アメリカ人の平等な扱いについて、できるだけ進めないようにした。また、ユダヤ人を含むヨーロッパからの難民支援についても、戦争の進行につれて徐々に関心を失くした。

とはいえ、高潔な目標の宣言は、往々にして意図せぬ効果をもたらす。一旦発表した原則を、もう一度引っ込めるわけにはいかない。トマス・ジェファソンは奴隷を所有していたが、それでもアメリカの人々は、彼が唱えた「生命、自由、幸福の追求の不可侵の権利」に触発されて、さらに大きな自由と人権を求めるさまざまな運動を起こした。大西洋憲章もそれと似ていた。起草されてから半世紀以上たった頃、ネルソン・マンデラは、大西洋憲章が「ひとりひとりの人間の尊厳に対する信念をあらためて確認し、多くの民主主義の原則を広めた」と書いた。アフリカ民族会議と、自由を求めるすべてのアフリカ人は、大西洋憲章、および連合軍の「独裁と抑圧に対する」戦いによって鼓舞されてきたと彼は語る。一方、インドについて懸念するイギリスの帝国主義者には、問題点がはっきりと見えていた。レオ・アメリーは、「われわれは必ずや、最後にこの浮ついたたわごとの報いを受けるだろう」と、大西洋憲章に対して悲観的な反応を示した。アメリーは当時、チャーチル内閣のインド・ビルマ大臣で、「浮ついたたわごと」とは、「すべての国民が政治体制を選択する権利の尊重」にまつわるさまざまな議論を指していた。

大西洋憲章の原則の狙いが独裁者たちであったのは、間違いない。イギリスの外相アンソニー・イーデンは、一九四一年一二月初めにスターリンと会い、モロトフ＝リッベントロップ条約によって利益を得るという認識があるとすれば、それは大西洋憲章の原則に反すると告げた。すると、スターリンは怒って答えた「大西洋憲章は、世界征服を試みる者に向けられていると思っていた。それでは、まるでソヴィエト連邦に向けられているみたいではないか」。

だが、誰よりも破滅的な反応を示したのはヒトラーだ。

総統付空軍副官ニコラウス・フォン・ベロウは、大西洋憲章の話を聞かされたヒトラーが「逆上し、とりわけ『ナチ党独裁の最終的な破壊』を約束する第六項目に憤慨していた」と記憶している。だが、ヒトラーは激怒しながらも、民主主義国がかなり危険なプロパガンダを考え出したという認識を持った。大西洋憲章が公表されてから四日後の八月一八日、ゲッベルスが東プロイセンの総統大本営に空路で向かうと、総統は体調が悪く、神経衰弱で苦しんでいた。ヒトラーはゲッベルスに、大西洋憲章という「危険なダイナマイト」をいとも簡単に配備できたのは、ヨーロッパで反ユダヤ主義の気運が高まっているからに他ならないと言った。この反ユダヤ主義と大西洋憲章を結びつける考え方は、ヒトラーの思考を探る重要な手がかりだ。

一九四一年八月中旬、ソヴィエト連邦侵攻は引き続き順調に進んでいたものの、もはやヒトラーや司令官たちが期待したほどではなかった。それでもヒトラーは、ソヴィエト連邦が敗れ、イギリスが正気を取り戻してチャーチルを辞任させ、最終的には一気に激しい反米主義に傾いて、アメリカとの戦争に参戦してくれる未来を楽観視していた。しかし八月一四日、イギリスの副首相クレメント・アトリーが、ラジオ放送で大西洋憲章を読み上げる。その一撃で、ヒトラーの戦略は破綻した。ソヴィエト連邦侵攻の真意は、それによってイギリスの最後の同盟国を排除できるからだ。けれども、今やイギリスは、アメリカと固い同盟で結ばれているらしい。すなわち、世界を支配するためのアメリカとの戦いで、イギリスは絶対にヒトラーとは手を組まない。

ヒトラーは一九三九年の演説で、ドイツと民主主義国およびソヴィエト連邦との世界戦争が始まり、「ヨーロッパのユダヤ人は絶滅する」と「予言」している。したがって、大西洋憲章の発表を受けてナチ党政権がジェノサイドへ向かい始めたのは、偶然の一致ではない。八月一八日にヒトラーとゲッベルスが大西洋憲章について話した際、ふたりは、今後ドイツ系ユダヤ人は衣服のよく見える場所に黄色の星をつけるように義務づけると決めた。その後、迫害は着実に激しさを増していった。一〇月末、最も憂慮すべき事態が起きる――ハインリヒ・ヒムラーが、ほぼすべてのユダヤ人について、ドイツが支配する全領土から出てはならないという指令を出した。この指令は、ヒトラー支配のヨーロッパに閉じこめられたユダヤ人の殺害計画の一環であったとしか考えられない。

民主主義国が追求する目標を最も明確に打ち出したのが、大西洋憲章だった。そして、ナチ党政権が最も本領を発揮したのが、バルバロッサ作戦とホロコーストだった。暴力的で極端なナショナリズム、反ユダヤ主義をはじめとする人種差別、リベラルで民主主義的な世界とソヴィエト連邦の共産主義に対抗する盾として自給自足経済のドイツを築きたいという欲求――どれもが常にナチ党の計画の中心にあった。ヒトラーは、ホスバッハ会議や「予言」演説などでたびたび自分の目標を説明してきた。けれども、目標は変化も遂げていた。民主主義国との長年の敵対で目標が変化し、民主主義国の側では、ナチズムと敵対する経験からまったく異なる構想が生まれた。一九四一年、それぞれの側に理想的な構想が完成した。バルバロッサ作戦とホロコースト、そして大西洋憲章がその目に見える姿だった。

民主主義国（および、意外な同盟相手のスターリン）は、まだ勝利にはほど遠いところにいた。チャーチルが語ったように、「ヒトラーのすべての足跡、むしばまれて化膿した指のすべての染み」が、「ぬぐい取られて清められ、必要とあらば地表から吹き飛ばされる」までには、大勢の人が苦しみ、死ななければならない。だが、一九三七年および一九三八年の暗い年月の後には、決定的な変化があった。チャーチルとローズヴェルトは、自分たちが何のために戦うのかを理解した。ふたりは未来の世界、国民が納得する勝利後の世界の姿を、詳しく説明できた。やがて、その世界は訪れる。一九四一年は、まだ終わりは見えていないものの、チャーチルの言葉をもう一度借りるならば、少なくとも「始まりの終わり」だった。

訳者あとがき

本書は、同じ著者による『ドイツ人はなぜヒトラーを選んだのか――民主主義が死ぬ日』（二〇二〇年、亜紀書房刊）の続編にあたります。

前作では、第一次世界大戦でドイツが敗戦し、ドイツ革命を経てヴァイマル共和国が成立したのち、アドルフ・ヒトラー率いるナチ党の台頭によりヒトラーが政権に就き、ドイツ国を掌握するまでが描かれました。本作では、総統《フューラー》およびドイツ国首相となったヒトラーが領土の拡大を目指して戦争に突き進み、第二次世界大戦の端緒を開くところまでが、前作と同じく臨場感あふれる筆致で記されています。

また本作では、アドルフ・ヒトラーにとどまらず、ネヴィル・チェンバレン、ウィンストン・チャーチル、ヨシフ・スターリン、ベニート・ムッソリーニ、フランクリン・デラノ・ローズヴェルトなど、際立った個性を持つ面々が登場します。ドイツの状況のみならず、イギリス、フランス、ソヴィエト連邦、アメリカ、そして東欧諸国が、ドイツの脅威とどのように立ち向かい、渡り合うべきかと知恵を絞り、同調したり裏をかいたりする展開が詳述されている点が、前作との大きな違いです。

さらに今回注目すべきは、ドイツ陸軍の将官たちの人間らしい側面を取り上げていることではないでしょうか。プロイセンの伝統を受け継ぎ尊敬を集めるふたりの将軍が、ひとりは「過去のある」女性と関係を持ち、結婚したために更迭され、もうひとりは同性愛者の濡れ衣を着せられて更迭されるという事件が起こり、誉れ高き将軍を解雇したことに反感を抱く他の将官たちが、戦争に向かって突っ走るヒトラーに反旗を翻します。その顚末は歯がゆくも感じられますが、将官たちが国を滅ぼしかねない戦争を何とかして止めようと必死であったことは充分に伝わってきます。

本書を読むと、第二次世界大戦前の世界と、現在の世界には共通点が多いと感じる方もいらっしゃるでしょう。一九三〇年代後半と同じく、現代においても、さまざまな国で社会の分断が深まり、人種差別的な感情が高まり、陰謀論が広がり、経済のブロック化を厭わず、自国中心主義が勢いを増しています。しかも、二〇二〇年の春以降、世界は新型コロナウイルスに苦しめられ、グローバルな思考をいっそう妨げられた面があります。日本では新型コロナウイルス感染症の広がりとともに、「新しい生活様式」が盛んに喧伝されて、多くの人が自主的にそれを取り入れ、強制ではない緊急事態宣言に従いました。すべての判断は国民ひとりひとりに任されていましたが、敵（コロナウイルス）に対する恐怖や同調圧力、行政の判断があいまいに見えたことなどから、対処の基準を早く政府に決めてもらい、それに従いたいと望む傾向が国民に生まれました。世界的なパンデミックは多くの人にとって未知であり、国民が得る情報や知識は決して多くはなく、しかたのない部分がありましたが、誰かに決めてもらったことに従いたいという傾向が極端に強まれば、その先には個人の自由な判断が許されない日常が待つ可能性もあります。けれども、そのような事態の進行に気づくのは難しく、気づいたときには後戻りできないかもしれません。全体主義体制の始まりは突然ではなく、無理やり押しつけられるとは限らないと、本書は示しています。ヨーゼフ・ゲッベルスのタイピスト兼秘書を務めた、ブルンヒルデ・ポムゼルもこう述べています。「あの当時、自分たちの手から自由が奪い取られていたことに私たちはまるで気づいていなかった。私たちはただ、規定されていた筋書き通りに考え、新聞やラジオが伝えるまま思考していただけだった――」(ブルンヒルデ・ポムゼル、トーレ・D・ハンゼン『ゲッベルスと私――ナチ宣伝相秘書の独白』二〇一八年、紀伊國屋書店刊)。

本書の訳出にあたっては、神戸大学大学院国際文化学研究科講師の衣笠太朗先生に多くの時間を割いていただくとともに、丁寧なご指導をいただきました。この場をお借りいたしまして、心から御礼申し上げます。

また訳出作業については矢倉美登里さん、高橋未来さんにご尽力いただき、たいへんお世話になりました。深く感謝申し上げます。

最後になりましたが、亜紀書房編集部の足立恵美さん、西山大悟さんにはひとかたならぬお世話になりました。厚く御礼申し上げます。

二〇二三年　九月

寺西のぶ子

参考文献

◆アダム・トゥーズ『ナチス　破壊の経済　上　1923-1945』山形浩生・森本正史訳、みすず書房、二〇一九年

◆ジョン・トーランド『アドルフ・ヒトラー』（2、3）永井淳訳、集英社文庫、一九九〇年

◆ベンジャミン・カーター・ヘット『ドイツ人はなぜヒトラーを選んだのか——民主主義が死ぬ日』寺西のぶ子訳、亜紀書房、二〇二〇年

◆イアン・カーショー『ヒトラー　下——1936-1945 天罰』石田勇治監修、川喜多敦子・他訳、白水社、二〇一六年

◆マーク・マゾワー『暗黒の大陸——ヨーロッパの20世紀』中田瑞穂・網谷龍介訳、未来社、二〇一五年

◆ウィンストン・チャーチル『第二次世界大戦　1』佐藤亮一訳、河出文庫、二〇一〇年

◆ティモシー・スナイダー『ブラックアース——ホロコーストの歴史と警告』（上、下）池田年穂訳、慶應義塾大学出版会、二〇一六年

◆ティモシー・スナイダー『ブラッドランド　上——ヒトラーとスターリン 大虐殺の真実』布施由紀子訳、筑摩書房、二〇一五年

◆サイモン・セバーグ・モンテフィオーリ『スターリン　上——赤い皇帝と廷臣たち』染谷徹訳、白水社、二〇一〇年

◆ロバート・コンクエスト『スターリン——ユーラシアの亡霊』佐野真訳、時事通信社、一九九四年

◆ロバート・コンクエスト『誰がキーロフを殺したのか』新庄哲夫訳、時事通信社、一九九二年

◆ロバート・コンクェスト『スターリンの恐怖政治　上』片山さとし訳、三一書房、一九七六年

◆アラン・ブロック『対比列伝　ヒトラーとスターリン　第一巻』鈴木主税訳、草思社文庫、二〇二一年

◆マーティン・ギルバート『チャーチルは語る』浅岡政子訳、河出書房新社、二〇一八年

◆アーチ・ゲッティ、オレグ・V・ナウーモフ『ソ連極秘資料集　大粛清への道――スターリンとボリシェヴィキの自壊1932-1939年』川上洸・他訳、大月書店、二〇〇一年
◆河合和秀『チャーチル』中公新書、二〇一八年
◆ジョン・コルヴィル『ダウニング街日記』（上、下）都築忠七訳、平凡社、一九九〇年
◆ロバート・ペイン『チャーチル』佐藤亮一訳、法政大学出版局、一九九三年
◆阿部良男『ヒトラー全記録――20645日の軌跡』柏書房、二〇〇一年
◆山上正太郎『チャーチルと第二次世界大戦』清水書院、二〇一八年
◆佐藤千登勢『フランクリン・ローズヴェルト――大恐慌と大戦に挑んだ指導者』中公新書、二〇二一年
◆産経新聞「20世紀特派員」取材班『20世紀特派員3』産経新聞ニュースサービス、一九九八年
◆ゲルハルト・エンゲル『第三帝国の中枢にて――総統付き陸軍副官の日記』八木正三訳、バジリコ、二〇〇八年
◆石津朋之『リデルハート――戦略家の生涯とリベラルな戦争観』中公文庫、二〇二〇年
◆F・スコット・フィッツジェラルド『夜はやさし』森慎一郎訳、作品社、二〇一四年
◆中谷安男『オックスフォード　世界最強のリーダーシップ教室』中央経済社、二〇二〇年
◆坂井秀夫『近代イギリス政治外交史III―スタンリー・ボールドウィンを中心として―』創文社、一九七四年
◆H・エーベルレ『ヒトラーコード』高木玲訳、講談社、二〇〇六年
◆丸山直起『ホロコーストとアメリカ――ユダヤ人組織の支援活動と政府の難民政策』みすず書房、二〇一八年
◆エリック・ラーソン『第三帝国の愛人――ヒトラーと対峙したアメリカ大使一家』佐久間みかよ訳、岩波書店、二〇一五年
◆ハンナ・アーレント『新版　全体主義の起源2　帝国主義』大島通義・大島かおり訳、みすず書房、二〇一七年
◆ハインツ・グデーリアン『電撃戦　上　グデーリアン回想録』本郷健訳、中央公論新社、一九九九年
◆アドルフ・ヒトラー『我が闘争』（上、下）平野一郎・将積茂訳、角川文庫、二〇一六年
◆ヴィクトール・クレムペラー『第三帝国の言語〈LTI〉――ある言語学者のノート』羽田洋・他訳、法政大学出版局、一九七四年
◆エーリヒ・ルーデンドルフ『総力戦』伊藤智央訳、原書房、二〇一五年

◆パウル・シュミット『外交舞台の脇役（1923-1945）：ドイツ外務省首席通訳官の欧州政治家達との体験』長野明訳、国書刊行会、一九九八年
◆ヴィル・ベルトルト『ヒトラー暗殺計画・42』田村光彰・他訳、評論社、二〇一五年
◆エドワード・グレー『グレー回顧録――英國が大戦に勝つ迄』石丸藤太訳、日月社、一九三一年
◆関静雄『ミュンヘン会談への道――ヒトラー対チェンバレン　外交対決30日の記録』ミネルヴァ書房、二〇一七年
◆ヨアヒム・フェスト『ヒトラー　下』赤羽龍夫・他訳、河出書房新社、一九七五年
◆ポール・ジョンソン『チャーチル　不屈のリーダーシップ』山岡洋一・高遠裕子訳、日経BP、二〇一三年
◆ウォルター・リップマン『幻の公衆』河崎吉紀訳、柏書房、二〇〇七年
◆芝健介『ヒトラー――虚像の独裁者』岩波新書、二〇二一年
◆ロドリク・ブレースウェート『モスクワ攻防　1941――戦時下の都市と住民』川上洸訳、白水社、二〇〇八年
◆ロナルド・スティール『現代史の目撃者』（上、下）浅野輔訳、TBSブリタニカ、一九八二年
◆ジェイムズ・Q・ウィットマン『ヒトラーのモデルはアメリカだった――法システムによる「純血の追求」』西川美樹訳、みすず書房、二〇一八年
◆ウォルター・リップマン『世論　上』掛川トミ子訳、岩波文庫、一九八七年
◆A・J・P・テイラー『第二次世界大戦の起源』吉田輝夫訳、講談社学術文庫、二〇二一年
◆E・V・マンシュタイン『失われた勝利　上――マンシュタイン回想録』本郷健訳、中央公論新社、一九九九年
◆マンゴウ・メルヴィン『ヒトラーの元帥　マンシュタイン　下』大木毅訳、白水社、二〇一六年
◆清水雅夫『王冠のないイギリス王　オリバー・クロムウェル――ピューリタン革命史』リーベル出版、二〇〇七年
◆トニー・ジャット『失われた二〇世紀　下』河野真太郎・他訳、NTT出版、二〇一一年
◆新川健三郎『ローズヴェルト　ニューディールと第二次世界大戦』清水書院、二〇一八年
◆カール・マイ『ヴィネトゥの冒険　上――アパッチの若き勇者』山口四郎訳、筑摩書房、二〇〇三年
◆ドリス・カーンズ・グッドウィン『フランクリン・ローズヴェルト　上――日米開戦への道』砂村榮利子・山下淑美訳、中央公論新社、二〇一四年
◆マーク・マゾワー『国際協調の先駆者たち――理想と現実の200年』依田卓巳訳、NTT出版、二〇一五年

主な出来事

一九一九年	二月― 翌年三月	ポーランド・ソヴィエト戦争
	八月一四日	ドイツ国憲法（ヴァイマル憲法）公布、施行
一九二一年	五月一九日	（米）緊急割当移民法制定
一九二二年	四月三日	スターリン、ソビエト連邦共産党中央委員会書記長就任
一九二四年	五月二六日	（米）移民法（ジョンソン・リード法）制定
一九二九年	一〇月二四日	経済恐慌（ウォール街→世界）
一九三一年	九月一八日	満州事変
一九三二年	三月一日	満州国建国宣言
一九三三年	一月三〇日	ヒトラー首相就任
	二月三日	ヒトラー、ノイラートの誕生を祝う会合に出席 於ハンマーシュタイン＝エクヴォルト邸
	二月三日	日本、国際連盟脱退
	三月四日	ローズヴェルト第三二代大統領就任
	三月二七日	ベルンハイム、国際連盟に請願書→六月承認 於グライヴィッツ（オーバーシュレージエン）
一九三四年	六月三〇日	（独）長いナイフの夜
	七月二五日	オーストリア・ナチ党、ドルフース首相暗殺。後任シュシュニック

一九三四年	一二月一日	(ソ)セルゲイ・キーロフ暗殺事件。大粛清始まる
一九三五年	三月	(独)徴兵制復活、空軍設置を宣言。再軍備
	三月	(英)保守党、フラムイースト選挙区補欠選挙で議席を失う
	八月三一日	(米)中立法制定
	一〇月三日	イタリア、エチオピア侵攻
一九三六年	一月二〇日	ジョージ五世逝去、エドワード八世即位
	三月五日	(英)戦闘機スピットファイアの試作機、初飛行
	三月七日	(独)ラインラント進駐
	五月七日	イタリア、エチオピア併合
	一一月二五日	日独防共協定　於ベルリン
	七月一七日	スペイン内戦
	一二月一〇日	エドワード八世退位
	一二月一一日	ジョージ六世即位
一九三七年	五月二八日	ネヴィル・チェンバレン首相就任
	六月一一日	トゥハチェフスキー他、赤軍将校処刑
	七月七日	盧溝橋事件、日中戦争
	一一月五日	ホスバッハ会議(ホスバッハ覚書作成)　於首相官邸
	一一月五日	ローズヴェルト、シカゴにて隔離演説
	一一月六日	日独伊防共協定調印　於ローマ
	一一月一八日	外相ハリファックス、国際狩猟大会参加　於ベルリン
	一一月一九日	ハリファックス、ヒトラーと会談　於ベルクホーフ

一九三七年	一二月二二日	ブロンベルク、グルンとの結婚をヒトラーに伝える
一九三八年	一二月二二日	チェンバレン内閣、地上部隊を仏に派兵しないと決定
	一月一二日	ブロンベルク、結婚。ヒトラー、ゲーリング立ち会う
	一月二六日	ブロンベルク罷免
	一月二七日	ヒトラー、ブロンベルクとフリッチュの解任を決意
	二月四日	(独)無血粛清、国防省廃止と国防軍統合司令部新設を公表
	二月一二日	オーストリア首相シュシュニック、ヒトラーと会談
	三月一二日	ドイツ、オーストリア侵攻
	三月一三日	ドイツ、オーストリア併合
	七月六日	ローズヴェルトの提案でエビアン会議招集、政府間難民委員会発足
	九月六日	第一〇回ナチ党全国党大会　於ニュルンベルク
	九月七日	チェコ、モラフスカ・オストラヴァ事件
	九月一五日	ヒトラー・チェンバレン会談　於ベルヒテスガーデン
	九月二二日	ヒトラー・チェンバレン会談　於バート・ゴーデスベルク
	九月二九日	ミュンヘン会談　チェコ、ミュンヘン会談を受けて
		一〇月一〇日までにズデーテン地方からの撤退を承諾
	一〇月〇一日	ドイツ、チェコスロヴァキア侵攻開始
	一〇月一〇日	ドイツ、ズデーテン地方占拠完了
	一一月九日	一一月九〜一〇日にかけて。水晶の夜《クリスタルナハト》
一九三九年	二月二四日	ハンガリー、日独伊防共協定に調印
	三月一四日	残部チェコスロヴァキア解体

一九三九年	三月一四日	スロヴァキア独立宣言
	三月一五日	ドイツ・チェコ合併協定調印
	八月二三日	独ソ不可侵条約締結　於モスクワ
	八月三一日	タンネンベルク作戦（放送局襲撃）
		於グライヴィッツ（オーバーシュレージエン）
	九月一日	ドイツ軍ポーランド攻撃開始
	九月三日	ドイツ政府、イギリス政府からの最後通牒を受け取る
	九月三日	午前一一時一五分、チェンバレン、
		ラジオでドイツと交戦状態に入ったと告げる
	九月一七日	ソヴィエト軍、東方からポーランドに侵攻
	九月二七日	ワルシャワ陥落
	一一月三〇日	ソヴィエト軍、フィンランド侵攻
一九四〇年	四月九日	ドイツ軍、デンマーク、ノルウェー侵攻
		イギリス軍ノルウェー作戦失敗、撤退
	五月八日	労働党、チェンバレンに対する不信任決議案提出
	五月一〇日	ドイツ軍、オランダ、ベルギー侵攻。フランス空襲
	五月一〇日	チャーチル、首相就任
	五月一三日	チャーチル、首相就任演説
	六月一四日	パリ陥落
一九四一年	六月二二日	ドイツ軍、ソヴィエト連邦侵攻（バルバロッサ作戦）
	八月一四日	チャーチル、ローズヴェルト、大西洋憲章共同宣言

著者プロフィール

ベンジャミン・カーター・ヘット

1965年、ニューヨーク州ロチェスター市生まれ。
ハーバード大学にて歴史学博士号取得。専門はドイツ史。
ヒトラーの台頭とヴァイマル共和国の崩壊を取りあげた著作、
Death in the Tiergarten: Murder and Criminal Justice in the Kaiser's Berlin と
Crossing Hitler: The man Who Put the Nazis on the Witness Stand は
広く知られ、複数の賞を受賞した。
邦訳に『ドイツ人はなぜヒトラーを選んだのか』(亜紀書房)がある。

訳者プロフィール

寺西　のぶ子

京都府生まれ。
訳書にブース『英国一家、日本を食べる』
『英国一家、ますます日本を食べる』(以上角川文庫)、
『英国一家、インドで危機一髪』『英国一家、日本をおかわり』(以上KADOKAWA)、
『ありのままのアンデルセン』(晶文社)、
レヴェンソン『ニュートンと贋金づくり』(白揚社)、
タッカー『輸血医ドニの人体実験』(河出書房新社)、
ヘット『ドイツ人はなぜヒトラーを選んだのか』(亜紀書房)など。

装丁　鈴木千佳子

ヒトラーはなぜ戦争《せんそう》を始《はじ》めることができたのか
民主主義国《みんしゅしゅぎこく》の誤算《ごさん》

2023年9月30日　第1版第1刷発行

著者
ベンジャミン・カーター・ヘット

訳者
寺西のぶ子

発行者
株式会社亜紀書房
〒101-0051
東京都千代田区神田神保町1-32
電話 (03)5280-0261
https://www.akishobo.com

DTP
山口良二

印刷・製本
株式会社トライ
https://www.try-sky.com

ISBN 978-4-7505-1817-6　C0022

シリーズ第一作！

ドイツ人はなぜ ヒトラーを選んだのか

民主主義が死ぬ日

ベンジャミン・カーター・ヘット 著

寺西のぶ子 訳

独裁者は見慣れた場所から生まれる。

分断、移民、グローバリズム、フェイクニュース……

アメリカを代表する歴史家が描く、

ヒトラーがドイツを掌握するまで。

現代は1930年代の再来？

定価（本体2200円＋税）　四六判／並製／414頁